HISTOIRE PARLEMENTAIRE

DE LA

RÉVOLUTION FRANÇAISE,

OU

JOURNAL DES ASSEMBLÉES NATIONALES,

DEPUIS 1789 JUSQU'EN 1815.

PARIS. — TYPOGRAPHIE D'ÉVERAT,
Rue du Cadran, n. 16.

HISTOIRE PARLEMENTAIRE

DE LA

RÉVOLUTION

FRANÇAISE,

OU

JOURNAL DES ASSEMBLÉES NATIONALES,

DEPUIS 1789 JUSQU'EN 1815,

CONTENANT

La Narration des événemens; les Débats des Assemblées; les Discussions des principales Sociétés populaires, et particulièrement de la Société des Jacobins; les Procès-Verbaux de la commune de Paris; les Séances du Tribunal révolutionnaire; le Compte-Rendu des principaux procès politiques; le Détail des budgets annuels; le Tableau du mouvement moral, extrait des journaux de chaque époque, etc.; précédée d'une Introduction sur l'histoire de France jusqu'à la convocation des États-Généraux;

PAR P.-J.-B. BUCHEZ ET P.-C. ROUX.

TOME VINGT-ET-UNIÈME.

PARIS.

PAULIN, LIBRAIRE,

RUE DE SEINE-SAINT-GERMAIN, N° 33.

—

M. DCCC. XXXV.

AVERTISSEMENT.

Nous interrompons, pour quelques instans, la suite des préfaces philosophiques, ou plutôt des commentaires de *philosophie politique* dont nous avons cru, jusqu'à ce jour, devoir accompagner chacun des volumes de cette histoire, afin de nous occuper un moment de la publication elle-même. Voici le vingt-unième volume achevé, et aussi bientôt nos premières prévisions dépassées. Bien que personne, à notre connaissance, ne nous ait reproché l'extension donnée à notre collection, nous pouvons cependant craindre que l'on vienne à se plaindre. Quoiqu'un très-grand nombre de nos souscripteurs nous aient engagés à ne faire aucun sacrifice à la brièveté, nous croyons cependant leur devoir quelques mots d'explication sur l'impossibilité où nous sommes de fixer, d'une manière immuable, l'étendue d'une collection telle que celle-ci, et sur les nécessités que la probité historique impose à l'écrivain dans un ouvrage pareil.

Lorsque nous avons jeté le plan de notre entreprise, nous avons pris pour base les collections partielles qui avaient été publiées antérieurement. Nous savions qu'elles étaient incomplètes; mais nous étions loin de nous douter à quel point. Deux publications de ce genre étaient sous nos yeux, celle de Lallement et celle de Bossange : la première n'est composée, comme on le sait, que des discours remarquables prononcés à la tribune des Assemblées législatives, classés tantôt par ordre de matières, tantôt par ordre de dates. On n'y trouve ni la narration des séances, ni celle des événemens, ni les commentaires de la presse, ni les discussions des clubs, rien, en un mot, de ce qui constitua la vie révolutionnaire. Il était donc certain pour nous que nous aurions beaucoup à ajouter à cette collection (1); mais nous avions cru apercevoir la possibilité d'un grand nombre de retranchemens. Lallement avait en effet conçu son œuvre d'un point de vue tout spécial. Il l'avait adressée plutôt aux hommes qui sont par état obligés d'étudier la jurisprudence et l'art oratoire, qu'aux hommes politiques. Beaucoup de discours nous paraissaient donc pouvoir être laissés de côté; de cette manière, nous espérions dépasser seulement sa collection de quelques volumes. Mais il n'en put être ainsi; la réflexion changea notre premier projet : nous pensâmes qu'opérer un retranchement dont le résultat serait qu'il y eût quelque chose dans l'ouvrage de Lallement que l'on ne pût trouver dans le nôtre, serait faire une faute grave; que c'était priver notre œuvre d'une partie de sa valeur, et enfin tromper l'espérance de nos souscripteurs. Cette réflexion, et le devoir qu'elle nous imposa,

---

(1) Elle est composée de vingt-deux volumes in-8°, y compris le supplément et la table.

nous fit une nécessité de dépasser le nombre de volumes que Lallement avait employés, quelque serré que fût d'ailleurs le caractère d'impression dont nous nous servions.

Le second ouvrage sur lequel nous avons pu établir nos prévisions était l'exposé des débats de la Convention publiés par Bossange (1); celui-ci était non moins incomplet que le précédent. Il ne contenait non plus rien de ce qui était extérieur à la Convention, et semblait avoir été conçu plutôt dans le but d'exposer la partie dramatique, que la partie sérieuse des séances; encore, sous le premier rapport, présentait-il à tous momens la marque de retranchemens considérables, nécessités par l'absence complète de narration et par l'impossibilité qui s'ensuivait de rendre intelligibles quelques-unes des journées les plus orageuses et les plus disputées de cette célèbre assemblée. Cependant ce travail fut un des élémens du calcul sur lequel nous essayâmes de prévoir l'étendue et la durée de nos annales révolutionnaires. Nous comptions que huit volumes suffiraient à l'histoire de la Constituante, autant à celle de la Convention, trois ou quatre à celle de la Législative. Or, nos lecteurs savent déjà à quel point nous nous sommes trompés. Quant à nous, nous avons dû bientôt renoncer à nous fixer une limite positive. Placés vis-à-vis de matériaux immenses, appelés à rectifier de nombreuses et graves erreurs, nous nous sommes arrêtés à n'avoir d'autres bornes que le critérium sévère d'un choix fait dans la seule vue de l'intérêt historique, de l'utilité pratique et de l'enseignement politique; et, afin de ne nous point tromper sous ce rapport, de

(1) Il se compose de cinq volumes.

ne point dépasser les limites que nous fixerait la vérité elle-même, quant au nombre des faits et des pièces, de concilier, en un mot, l'exactitude avec la brièveté, nous avons pris le parti de ne nous servir que des pièces officielles et des documens originaux. Nous avons maintenant acquis, par expérience, la preuve que ce parti était le meilleur, car il nous a été possible de concentrer dans un nombre assez restreint de volumes, la substance de matériaux dont la masse était effrayante au premier coup d'œil, et de présenter sous leur aspect réel les grands comme les petits événemens du mouvement révolutionnaire.

L'usage de ce mode a donné à notre travail l'une des qualités les plus précieuses dont nous ayons désiré de le revêtir, celle d'être le moyen de vérification assuré pour toutes les histoires, tous les mémoires qui avaient été déjà publiés sur la révolution. Par ce moyen, nous avons acquis même la possibilité de rectifier des faits et des actes dont la presse ou les passions contemporaines avaient dénaturé le caractère; de placer, en un mot, le doute ou la négation, en face d'assertions contemporaines, ainsi qu'elles devaient exister : nos lecteurs en ont dû trouver, et ils en recueilleront dans l'avenir plusieurs preuves.

Les matériaux dont nous nous sommes servis étaient pour la plupart oubliés dans le fond de quelques bibliothèques, publiques ou particulières. Aucun historien, par exemple, avant nous, n'avait, nous pouvons l'assurer, fouillé l'immense, quoique incomplète, collection amassée à la bibliothèque royale. Les archives de la ville avaient seules été consultées par MM. Berville et Barrière, et nos lecteurs ont pu voir comment et dans quel esprit. Il est d'autres archives, d'autres collections qui n'avaient jamais été visitées, et ici nous devons adresser de sincères remercîmens aux hommes honorables qui ont bien voulu nous servir de guides, et mettre sous nos yeux les richesses qu'ils avaient péniblement amassées ou découvertes. Ne serions-nous pas coupables, ne manquerions-nous pas à nos devoirs d'historien, si, par une pensée misérable de spéculation, si, pour tenter, par l'amoindrissement du volume et du prix, la faiblesse de quelques acheteurs, nous ne profitions pas pour compléter l'histoire de la révolution, de circonstances qui peut-être ne se représenteront plus, car les collections particulières pourront être dispersées par la mort de leurs propriétaires, et il est des pièces uniques qui peuvent être égarées; tant d'autres, et par milliers, ont déjà disparu ! Ajoutons que le meilleur moyen d'assurer la conservation des documens rares, c'est certainement une œuvre telle que la nôtre, qui donne un prix à des choses, en apparence, indifférentes, uniquement en les mettant à leur place.

Ces explications doivent rassurer ceux de nos souscripteurs qui, de plusieurs parts, viennent de nous exprimer la crainte de nous voir tronquer notre travail. Nous ne sacrifierons rien à une briéveté qui rendrait notre œuvre stérile, tout en nous efforçant d'éviter une redondance qui la rendrait fastidieuse : la probité historique et le but que nous poursuivons nous en font une loi. Sous ce rapport, M. Paulin, notre éditeur, partage complétement nos intentions et nos convictions. Il commença cette entreprise plutôt dans une pensée d'utilité que par esprit de spéculation. Il la tenta dans un temps où, en librairie, toutes les chances étaient contre les ouvrages sérieux, où toutes les faveurs du feuilleton et des annonces appartenaient aux œuvres amusantes d'imagination. Le succès a couronné ses bonnes intentions; maintenant qu'il ne s'agit plus que de marcher, il ne nous proposera d'autres bornes que celles que nous nous imposerons nous-mêmes.

Nous terminons ici cette note, que la nécessité de parler de nous, nous a rendue difficile, et nous reprenons nos habitudes philosophiques.

PRÉFACE.

Considérations sur les institutions militaires.

Parmi les modifications que la révolution introduisit dans l'organisation sociale en France, l'une des plus grandes et des plus graves est, sans contredit, celle qui résulte des changemens que subirent à cette époque les institutions militaires, autant par suite de l'insurrection de 1789 que par les nécessités de la guerre. Il est difficile d'en apprécier la valeur d'un simple coup d'œil, surtout aujourd'hui que nous vivons dans la ferveur de cette conquête nouvelle, et que nous la disputons encore aux prétentions qui veulent nous la ravir. Mais, elle est, au fond, d'une portée telle que dans quelques siècles elle sera probablement considérée comme d'une importance égale à celle de la révolution des communes. Aussi nous croyons utile de consacrer quelques pages à examiner la valeur politique de ce système nouveau auquel nous tenons plutôt par sentiment que par raison; bien entendu qu'il ne s'agit point ici de traiter la question en militaire, mais de l'étudier sous son aspect historique et philosophique.

L'institution militaire la constitution du mariage, l'institution industrielle, sont les trois modes principaux par lesquels s'opère la conservation matérielle des nationalités et par suite de toute société parmi les hommes. Les progrès accomplis par les populations, autant dans l'ordre du développement moral que dans l'ordre politique, peuvent être mesurés par l'état même de ces institutions et par les formes qu'elles revêtent. C'est sous ce rapport que nous allons examiner l'histoire des systèmes d'organisation militaire.

La constitution militaire, fut toujours considérée, après celle du mariage, comme la plus importante dans l'ordre matériel. En effet, elle se rapporte directement à la conservation du corps social lui-même, tandis que l'industrie est plutôt relative à la conservation des individus. L'œuvre du soldat est à un haut degré, une œuvre de sacrifice et de dévouement, tandis que celle de l'industriel est très-souvent un simple calcul d'égoïsme. Aussi, selon cette loi, qui bien que tardivement proclamée, n'en est pas moins une nécessité qui domine toujours parmi les hommes, savoir, que le droit découle du devoir, les droits furent accordés selon les devoirs accomplis. Celui qui remplissait la fonction guerrière, la fonction la plus difficile, fut toujours privilégié, vis-à-vis de celui qui n'obéissait qu'au devoir d'un travail sans péril. C'est à l'histoire de nous apprendre quels furent ces priviléges, comment et pourquoi, après avoir été le partage du petit nombre, ils devinrent successivement celui de tous.

Afin de suivre régulièrement ces changemens jusqu'aux temps où nous sommes, on est obligé de remonter jusqu'à l'organisation militaire des Romains ; car de ce système naquit celui qui fut en vigueur sous les deux premières races de nos rois, et qui est le point de départ de toutes les modifications apportées par la civilisation moderne. Chez les Romains, dans les premiers temps de la république, la ville n'était qu'un camp ; la hiérarchie entre les tribus du peuple n'était fondée que sur la hiérarchie des fonctions militaires, sur la valeur du rôle que chaque classe de citoyens remplissait dans la guerre. Le sénat était le pouvoir spirituel, et le chef de ce corps. Lorsque Rome eut étendu ses conquêtes, ses citoyens acquirent, vis-à-vis des peuples soumis, la position d'une caste guerrière et souveraine. Ils n'eurent plus alors qu'une fonction, celle de soldat : c'était parmi eux qu'on levait les légions destinées à maintenir l'obéissance, et à garder ou à étendre le domaine de la république. Parmi les priviléges dont ils jouissaient, nous n'en examinerons et nous n'en suivrons qu'un seul, celui du *serment*; il nous paraît comprendre et résumer tous les droits dont la jouissance était attachée au devoir militaire. En effet, celui qui a le droit de prêter serment, possède aussi le droit de refuser l'obéissance ; c'est-à-dire en d'autres termes, qu'il a une part quelconque dans la décision des affaires politiques. Cela était vrai chez la nation que nous examinons; le peuple participait en effet au gouvernement par l'élection des magistrats, et à la formation des lois par ses votes. Mais, ce qu'il y avait de remarquable à Rome, c'est que le serment militaire ne se prêtait pas une seule fois pour toute la vie.

Le serment n'engageait l'enrôlé que pour une seule expédition, ou plutôt envers un seul chef. S'il survenait un nouveau général, il y avait aussi lieu à un nouvel engagement de la part du soldat. Sans doute, lorsqu'un citoyen était appelé, il arriva rarement qu'il refusât de donner cet engagement ; ce fait pouvait la plupart du temps être considéré comme une rébellion, puisque c'était en quelque sorte résister à la volonté de la majorité qui avait élu le consul qui présidait à l'appel. Cependant chacun pouvait faire valoir ses raisons bonnes ou mauvaises, de refuser et de se retirer, de telle sorte qu'il arrivait quelquefois qu'un général parvenait assez difficilement à former une armée, tandis que dans d'autres circonstances les historiens nous apprennent que le peuple courait avec empressement se faire enrôler. Enfin, il y a quelques exemples d'un refus général de prêter le serment militaire, et ce fut pour répondre à des cas pareils que fut imaginé le pouvoir dictatorial. Tout ce que nous venons de dire prouve seulement une chose, c'est que le privilége de prêter serment emportait la faculté de le refuser, et la participation au gouvernement des affaires publiques ; que le serment n'engageait jamais au-delà d'un certain devoir bien spécialisé, et par la situation politique qui était connue de tous, et par le caractère de l'homme que l'élection avait élevé au commandement.

Sous les empereurs, la constitution de la république romaine changea : car, ce fut sous leur règne que commença et s'acheva rapidement l'œuvre dont la fin fut d'effacer toutes les petites divisions hiérarchiques que la conquête avait conservées comme un moyen de gouvernement, et de les réduire à une seule, celle qui partagea les hommes en hommes libres et en esclaves. Alors les armées ne furent plus seulement composées de Romains, mais de levées opérées dans toutes les parties du territoire de la république, ou en majorité de barbares selon l'expression de quelques historiens. L'usage du serment resta ; mais il se prêtait à l'empereur, c'est-à-dire à un homme qui devait régner pendant toute la durée de sa vie, à un homme revêtu par ce titre même d'*imperator* du commandement militaire universel et supérieur. Il paraît cependant qu'il y eut long-temps, si ce n'est toujours, deux espèces de serment; celui dont nous venons de parler et qui se rapportait au chef militaire de toute la république, et en outre un serment spécial qui se rapportait au commandant d'un corps d'armée, ou d'un camp. Quoi qu'il en soit, l'engagement n'avait plus le même caractère que dans les premiers temps de Rome; il avait déjà en partie la signification usitée dans nos armées modernes. Ce privilége du serment entraîna celui de le refuser et de le rompre; en sorte qu'il arriva que les troupes firent les empereurs, et formèrent la seule classe de citoyens qui, par le moyen de ces élections, conservât une influence sur le gouvernement du monde romain. Il est à remarquer en effet que, sauf dans quelques cas qui devinrent de plus en plus rares à mesure que l'on avance dans l'histoire des empereurs, il n'était demandé aucun engagement semblable aux habitans des cités.

Nous franchissons ici l'espace de plusieurs siècles, afin d'arriver sous nos rois de la première race. La constitution des armées avait éprouvé quelques changemens sous les derniers empereurs; la difficulté de trouver des soldats et la nécessité d'assurer des gardiens à une ligne de frontières d'une étendue immense, les avait obligés de rendre le devoir militaire en quelque sorte héréditaire et forcé. Nous renvoyons, à cet égard, nos lecteurs à notre introduction sur l'histoire de France. Ils y trouveront des détails suffisamment étendus sur l'organisation des armées provinciales dans les derniers temps de la domination romaine. Le serment avait subi des changemens analogues. Il se prêtait pour toute la vie non plus seulement à un homme, mais à la fonction elle-même. On l'appelait le serment du Baudrier, parce que, en le prêtant, on ceignait un baudrier et une épée. On le prononçait d'abord à dix-sept ans. Les fils de soldats étaient appelés les premiers, et en contractant l'enrôlement, ils acquéraient le droit de succéder au manoir de leur père. Mais ils pouvaient le refuser, ils pouvaient fuir, et l'on ordonna que le serment serait déféré dès l'enfance, c'est-à-dire à l'âge de onze ans. On assura ainsi le recrutement de l'armée en rendant la fonction héréditaire de fait. Cette situation étant établie, il en résulta que l'importance du serment fut plutôt relative au devoir d'obéir, qu'à la personne de celui qui commandait. Il y avait donc alors deux espèces d'hommes libres: les habitans des cités, qui devaient seulement le cens, et n'avaient pas le droit de serment (1), et les habitans des camps et bourgs militaires qui le possédaient, mais devaient le service guerrier. Ce fut, dans cet état, que nos rois de la première et ceux de la seconde race prirent la France, et ce fut ce système qu'ils répandirent sur le sol de l'Europe.

Si la fonction militaire comme la fonction civile étaient héréditaires, les grades ne l'étaient pas. Dans les villes, les citoyens conféraient par élection les magistratures; dans les camps, c'était la volonté du commandant en chef qui formait les rangs de la hiérarchie. A cette époque l'hérédité royale elle-même n'était pas assurée comme de nos jours. Le roi n'était que le chef suprême de l'armée, et, à ce simple titre, il ne pouvait donner à ses enfans la succession de sa couronne, qu'en les appelant de son vivant à occuper les premiers grades militaires après lui, de telle sorte qu'ils se trouvassent naturellement à sa mort les premiers dans l'ordre de la hiérarchie. Nous renverrons encore à cet égard à notre Introduction sur l'histoire de France.

---

(1) Il paraît cependant que, dans quelques cas, on demanda le serment aux habitans des cités; mais les exemples que l'on peut citer se rapportent tous à des circonstances exceptionnelles, à des guerres civiles.

Bien que le serment militaire à cette époque ne paraisse pas avoir été relatif à la fonction, on aperçoit cependant dans quelques cas que l'on invoqua la forme première usitée par les Romains, et qu'indépendamment de l'engagement général, on demanda des engagemens spéciaux, c'est-à-dire relatifs à des individus. Mais il semblerait que cela n'eut lieu que dans des circonstances extraordinaires; au moins on n'en trouve des traces que lorsqu'il s'agissait de s'assurer la fidélité soit des soldats nouvellement acquis, soit de camps nouvellement formés pour garder une province que l'on venait de conquérir. Ainsi les légions campées au bord de la Loire prêtèrent serment aux cités armoricaines et au roi Clovis. Ainsi Charlemagne recevait cet engagement des Marches qu'il avait établies en Lombardie.

Bien entendu que nous ne parlons ici que de ce qui constituait l'État légal en quelque sorte, et de ce qui se rapportait à l'institution militaire en général. En effet, dans les guerres civiles tout changeait. Alors, il se prêtait des sermens uniquement relatifs aux personnes, et quelquefois les habitans des villes même étaient reçus à contracter cet engagement. Il faut dire, en outre, que les commandans supérieurs, les rois, les ducs et peut-être même les comtes, avaient autour d'eux une espèce de garde personnelle dont ils avaient emprunté l'usage aux Romains; c'était les *milites comitatenses* de ceux-ci; les hommes, les fidèles chez les Francs. Or, ces soldats étaient nécessairement liés par un devoir spécial envers la personne même qu'ils servaient. C'était parmi eux sans doute que le supérieur choisissait les chefs qui lui étaient immédiatement subordonnés. L'École du Palais, établie par Charlemagne, eut pour but de perfectionner cette institution, en donnant à ces hommes une instruction qui les rendît plus capables de remplir les hauts grades. Nous voyons qu'à cette époque ces gardes étaient divisés en deux catégories, les *Tyrones* et les *Milites* ou *Caballeri*, c'est-à-dire en français moderne les écuyers et les chevaliers. Probablement il en avait été de même dans tous les temps. Or, cet usage nous explique ce qui se passait dans les guerres civiles, où des commandans de camps provinciaux, de bourgs militaires, se faisaient pour un moment les hommes, les fidèles d'un chef de parti, en se liant à lui par un serment spécial, serment qui ne pouvait néanmoins jamais détruire celui qu'ils avaient prêté, au commencement de leur vie, à la fonction militaire, c'est-à-dire au devoir national, qui était alors si nettement défini.

Les armées dites permanentes des rois et des princes, qui furent établies quelques siècles plus tard, ne furent qu'un développement de cette institution primitive que nous venons d'examiner. L'une et l'autre étaient dévouées par leur serment à un service purement personnel; sous les deux premières races, elle se recrutait de deux manières : d'abord, parmi les fils des hommes déjà revêtus de grades, qui envoyaient leurs enfans à la cour afin qu'ils y reçussent l'instruction et y courussent la chance d'une haute fortune; ensuite, de tous les hommes, de quelque rang qu'ils fussent, que leur courage jetait dans la carrière des armes. Les chroniques constatent en effet que les hommes sortis des *Gynécées*, des *Villa*, y acquirent une place.

Lorsque, sous la fin de la seconde race, les fiefs devinrent héréditaires, tout changea. Ce ne fut pas seulement le devoir d'accomplir la profession guerrière qui devint transmissible du père aux enfans, mais ce fut le grade, en sorte que le serment ne lia plus seulement l'homme à la fonction, mais l'attacha à son supérieur immédiat. Les rapports de vassal à suzerain vinrent à naître, et ce fut par une conséquence naturelle de cet état de choses, et comme un complément nécessaire pour former une unité dans cette organisation, que s'établit l'hérédité royale telle que nous la connaissons aujourd'hui. Plus tard il y eut diverses variétés d'engagemens et d'hommages ; mais toutes revêtirent le caractère général que nous venons de fixer, et à cause de cela il serait aussi inutile que long et fastidieux d'en parler. Dans le système dont il s'agit, la fidélité des inférieurs vis-à-vis des supérieurs était assurée par le seul fait de l'hérédité. Mais il y avait alors, et il ne faut pas l'oublier, un pouvoir spirituel supérieur, qui dominait par la foi, et qui ne cessait d'agir et d'améliorer. Ce fut lui qui introduisit dans l'organisation féodale une discipline qui effaça, amoindrit tous les vices qu'une organisation semblable, établie par la seule fatalité des événemens, n'eût pas manqué d'engendrer. D'abord, le pouvoir spirituel pouvait délier de l'obligation du serment, et ceux qu'il proposait étaient les plus sacrés de tous, les seuls qui fussent irréfragables ; ensuite le serment n'obligeait que dans certaines limites, dans celles mêmes du devoir qui était imposé au supérieur, en sorte qu'en définitive le serment donnait toujours à ceux qui le prêtaient le droit de juger les actes de celui envers qui ils étaient obligés, et supposait le droit de se retirer. Cette conséquence logique du fait même de l'hommage fut poussée à tel point que, dans l'intérêt même de la conservation de la hiérarchie, il fut établi un système de justice uniquement relatif aux questions de discipline féodale.

L'esprit d'égalité et de fraternité fit naître dans le sein de cette population féodale une institution qui en modifia encore plus profondément la puissance : nous voulons parler de la chevalerie. Son origine, comme on le sait, se perd dans l'obscurité même des siècles où le système héréditaire des fiefs, dont nous nous occupons, vint à naître. On n'en a pu fixer la date, et ce qui est certain, c'est qu'il en est question comme d'une chose établie, et nullement nouvelle dans les poèmes du commencement du douzième siècle.

Quant à nous, elle nous semble une modification et en même temps un perfectionnement de ces anciennes milices personnelles, de ces *milites comitatenses* dont nous parlions il y a un instant. Nous en trouvons la preuve et dans le fait du serment qui était suivi du don du baudrier et de l'épée, et dans l'épreuve essentiellement militaire qu'il fallait subir, celle de servir comme écuyer avant d'être libre comme chevalier. Mais l'introduction des formes et des devoirs chrétiens changea son caractère primitif à tel point, qu'il est difficile de reconnaître un usage romain dans cette création du moyen âge. Il y avait deux espèces de serment pour le chevalier : l'un était seulement relatif à ses devoirs comme chrétien ; il était indélébile, il était pour toute la vie ; l'autre était spécial, libre, et n'avait pour résultat que de l'engager à un devoir déterminé quant à son objet et à sa durée. L'acte de se croiser était un acte de chevalerie. Dans les premiers temps, sans doute, cette institution se recrutait à la manière des gardes du palais de Charlemagne, c'est-à-dire parmi les cadets de familles possédant fiefs, et parmi tous les hommes de courage, de quelque lieu qu'ils sortissent. Plus tard elle s'introduisit parmi les possesseurs même de fiefs. Ce fut un honneur pour tout le monde d'en faire partie. Avec elle s'établit parmi les seigneurs féodaux une fraternité, une égalité, indépendante du rang héréditaire. Le mérite individuel put montrer sa réelle supériorité et la faire reconnaître. Il se trouva un corps de soldats libres, capables de juger les questions de devoir et d'honneur, dont l'accession donnait la victoire au parti de la justice, qui fournit la matière de ces armées de croisés ou d'avanturiers qui rendirent tant de services dans le moyen âge, et fondèrent tant de royaumes et de duchés, armées dans lesquelles le rang héréditaire ne donnait pas le commandement, mais le mérite. Cette institution, en un mot, fut assez puissante pour annihiler les dangers qu'eût fait courir à la civilisation le principe vicieux qui gouvernait l'organisation militaire du moyen âge.

Mais sous le rapport militaire, la révolution la plus importante, qui eut lieu du onzième au douzième siècle, fut, sans contredit, celle des Communes; car ce fut là le passage des temps anciens aux temps modernes. Ce grand événement a été, selon nous, jugé d'un point de vue trop étroit, et jusqu'à un certain point faux, à cause de cela, par la plupart des historiens contemporains. A lire leurs narrations, on croirait qu'il ne s'agissait alors que de conquérir le droit d'administration municipale, ou de le reprendre sur des usurpateurs. S'il en fut ainsi quelquefois, si le plus souvent il en résulta un accroissement de libertés locales, le fait grave, le fait important, celui qui irritait à un si haut point l'orgueil des barons féodaux, n'était point celui-là; ce fut le droit de serment que s'attribuait le peuple des villes. Jamais jusqu'alors, sauf dans quelques circonstances exceptionnelles, les cités n'avaient eu le droit du serment: l'acquérir, c'était devenir soldats, chevaliers, nobles; et, sous ce rapport, les preuves historiques abondent. Examinons, en effet. Il est des cités dont les libertés municipales ne furent jamais contestées; tel est Paris, par exemple. Il n'en est pas, si nous nous en souvenons bien, où elles aient été complétement confisquées dans les désordres du dixième siècle, par les seigneurs ou les évêques qui veillaient à leur conservation. Au contraire, dans cette période, plusieurs bourgs, plusieurs *villa* qui étaient devenues des villes, acquirent des libertés qu'ils n'avaient pas auparavant. Que leur manquait-il pour participer ainsi que la noblesse aux affaires politiques? Il leur manquait le droit de serment; et cette conquête fut en effet si importante que plusieurs seigneurs se firent par suite affilier à la bourgeoisie de certaines villes. La révolution des Communes, qui de France se propagea en Flandre, en Allemagne, en Suisse, en Italie, eut pour conséquence de créer dans ces contrées, où un travail habile et constant de centralisation n'était pas poursuivi par le pouvoir comme cela avait lieu chez nous; cette révolution, disons-nous, eut pour conséquence de créer des bourgeoisies souveraines, qui se dirent nobles comme en Suisse et eurent des vassaux, ou qui se donnèrent des chefs, firent la guerre, contractèrent des alliances comme en Italie, en Flandre, en Allemagne. Dans notre pays, le droit de serment, conquis par les Communes, créa une milice nationale, mue par des passions publiques et par des intérêts autres que ceux de la population féodale, milice qui fut, entre les mains des rois ou de quelques grands capitaines, un instrument à l'aide duquel ils écrasèrent tous les ennemis de l'unité; milice qui sauva plusieurs fois la France du fédéralisme.

L'insurrection de 1789 acheva ce qu'avait commencé la révolution des Communes. L'institution de la garde nationale donna à tous les Français le devoir des armes et le droit du serment militaire. Il suffit pour l'affirmation de ce fait de rappeler, et la première fédération du Champ-de-Mars, et le Champ de Mai, dans les Cent Jours, en 1815, et la Charte même qui nous gouverne aujourd'hui, dont la conservation est confiée au courage de tous les Français. Mais depuis que l'obligation militaire est devenue, par suite de la révolution, un des devoirs communs imposé à tous les membres de la société, on a maintenu les usages du temps où le service guerrier était une fonction exceptionnelle, et en quelque sorte un privilége. En cela on a obéi à des habitudes établies, et l'on n'a pas un seul instant pensé à rechercher s'il y avait lieu à introduire, dans le fait même de la prestation du serment, quelque modification correspondante à celle que la Constitution sociale avait éprouvée. Quant à nous, nous croyons que la question est changée; que les occasions et le but du serment ne sont plus les mêmes. Dans une prochaine préface, nous nous occuperons de l'examen de ce problème.

HISTOIRE PARLEMENTAIRE

DE LA

RÉVOLUTION

FRANÇAISE.

NOVEMBRE 1792 (suite).

COUP D'ŒIL SUR LA PRESSE.

Les passions qui depuis la séance du 5 faisaient à peu près silence à la Convention, ou se cachaient sous des questions législatives, se manifestaient, avec toute leur énergie, dans la presse quotidienne. Nous allons en recueillir les preuves ; mais nous ferons choix seulement des articles qui contiennent quelques éclaircissemens, et nous ne citerons non plus que les journaux qui jouaient un premier rôle dans chaque opinion. Il serait d'ailleurs inutile et impossible de conserver toutes les phrases où l'hostilité mortelle des deux partis se témoignait, et, qui se trouvent semées jusque dans le compte-rendu des séances de l'assemblée.

Le *Patriote Français* se distingue, parmi les journaux girondins, par l'habileté des commentaires interlinéaires dont il accompagne les mindres discours; par l'habileté de ses citations. Une société populaire vient-elle de lancer un manifeste contre Robespierre, et le nombre de ces sortes d'attaques fut assez grand, il s'en empare. Y a-t-il un article quelque part qui lui paraisse bien personnellement incisif, il le réimprime. Ainsi il emprunta à la *Chronique* celui que nous donnons ici en partie.

« On a remarqué, dit la *Chronique*, que l'on avait amené beaucoup de femmes à la séance du 5; les tribunes en contenaient sept à huit cents, et deux cents hommes tout au plus, et les passages étaient obstrués de femmes. Paris était tranquille, nul groupe, nul mouvement; un groupe seulement de cinquante personnes sur la terrasse des Feuillans, et deux ou trois hommes à la porte, avec des tripes, pour les faire manger, disaient-ils, à ceux qui auraient voté contre Robespierre.

» On se demande quelquefois pourquoi tant de femmes à la suite de Robespierre, chez lui, à la tribune des Jacobins, aux Cordeliers, à la Convention? C'est que la révolution française est une religion, et que Robespierre y fait une secte : c'est un prêtre qui a ses dévots; mais il est évident que toute sa puissance est en quenouille. Robespierre prêche; Robespierre censure; il est furieux, grave, mélancolique, exalté à froid, suivi dans ses pensées et sa conduite. Il tonne contre les riches et les grands; il vit de peu et ne connaît pas de besoins physiques; il n'a qu'une seule mission, c'est de parler et il parle toujours; il crée des disciples; il a des gardes pour sa personne; il harangue les Jacobins quand il peut s'y faire des sectateurs; il se tait quand il pourrait exposer son crédit; il refuse des places où il pourrait servir le peuple, et choisit les postes où il peut le gouverner; il paraît quand il peut faire sensation; il disparaît quand la scène est remplie par d'autres; il a tous les caractères non pas d'un chef de religion, mais d'un chef de secte; il s'est fait une réputation d'austérité qui vise à la sainteté; il monte sur des bancs; il parle de Dieu et de la Providence; il se dit l'ami des pauvres et des faibles; il se fait suivre par les femmes et les faibles d'esprit. Il reçoit gravement leurs adorations et leurs hommages, disparaît avant le danger, et l'on ne voit que lui quand le danger est passé; Robespierre est un prêtre, et ne sera jamais que cela.

» Le reproche de dictature était donc une gaucherie, et la proposition de l'ostracisme une absurdité : c'était la massue d'Hercule pour écraser une puce qui disparaîtra avant l'hiver. » (*Patriote Français*, n° MCXCII.)

Le *Patriote Français* ne resta pas en arrière de la *Chronique*; il publia, le lendemain, un article dont le titre, les *Cagots en patriotisme*, indique qu'il avait le même sens, le même but que le précédent; c'est-à-dire de déverser quelque parcelle de la haine allumée contre les prêtres, sur les *dévots*, les *tartufes* de patriotisme.

Le *Patriote Français* préfère citer cependant à écrire lui-même. Ainsi il nous a conservé une affiche qui, après avoir été apposée sur les murs de Lyon, fut ensuite transportée sur les murs de Paris, grace, sans doute, aux soins du ministre de l'intérieur ou du journal lui-même.

« *Une portion du peuple au peuple.*

» La discorde endormie sur des cadavres s'est réveillée au son d'une cloche, et le sang a rougi la terre. O peuple! jusqu'à quand ta volonté devancera-t-elle la loi? Jusqu'à quand le barbare espoir d'allumer la guerre civile restera-t-il à tes ennemis? Laisse s'égorger les sauvages, et ne leur envie pas les entrailles sanglantes des victimes qu'ils dévorent.

» La force est la loi de ces peuples féroces; la loi est la force d'un peuple libre. Nul ne doit dépouiller la loi de sa force pour s'en revêtir et frapper... La tyrannie fut écrasée par la loi; la tyrannie renaîtrait de la violation de la loi... O peuple! respecte la loi, la loi sur laquelle est assise ta liberté... Des agitateurs, soi-disant patriotes, égarèrent ton bras; ferme l'oreille à leurs voix perfides; repousse leurs noirceurs : sois tranquille, tes magistrats veillent; Roland a les yeux sur toi; l'assemblée conventionnelle t'a pris sous sa garde. Sois tranquille, le règne de la liberté, le règne de la loi, feront éclore celui de l'abondance.

— *Les membres de la société populaire de la section de la rue Tupin.* » (*Patriote Français*, n° MCXCVIII.)

— Le *Patriote* est aussi impitoyablement anti-religieux qu'anti-jacobin. Dans son numéro MCCIII, il insère un article signé Charles Villette et adressé aux *citoyens philosophes*.

« Frères et amis, dit Charles Villette, je vous dénonce les imbéciles et les fripons qui font dresser et peindre tout à neuf un beau crucifix de dix pieds de haut sur le pont de Sèvres. Puisque chacun a le droit de prêcher pour son saint, je demande place pour un Mahomet, un Confucius, un Zoroastre, etc., car, sans cela, les Turcs, les Chinois, les Persans, les Indiens, allant et venant sur le pont, auraient le droit de se plaindre.

» Je dénonce les imbéciles ou les fripons qui promènent leur bon-dieu dans la rue Montmartre, et qui vont gravement bénir les soldats du corps de garde... Frères et amis, ne souffrez pas plus long-temps de pareilles badauderies. »

Ce Charles Villette présenta à sa section dans ce mois même un enfant qui venait de lui naître, et lui donna pour nom celui de *Voltaire Villette*. Cela fut raconté dans les journaux girondins, comme une prouesse délicieuse ; Manuel lui écrivit une lettre de compliment ; aussi pour cette fois il eut l'honneur d'être cité dans les feuilles qui louaient Villette.

— Dans le n° MCCIV du *Patriote* on trouve une citation qui donnera une idée de la tactique littéraire de son parti.

« Extrait, dit le *Patriote*, du *Journal français ou tableau politique et littéraire de Paris*.

» On jugera, continue-t-il, de l'esprit dans lequel est composé ce journal nouveau, par la lettre suivante. Il paraît que les auteurs se vouent à la tâche courageuse de poursuivre les anarchistes qui déshonorent notre révolution. Ils emploient avec succès le *ridiculum acre*.

« *Lettre d'un émigré à F. D.*

» Courage, mon ancien, tu fais merveilles ; ton génie a eu de quoi s'exercer bien fructueusement à travers les massacres, les dépenses secrètes, et autres accessoires révolutionnaires... J'ai reçu, dans son temps, la brochure de Robespierre, sur son accusation par Louvet : quoi, vraiment, il existe à Paris des êtres assez profondément bêtes pour croire à sa dictature : va, mon ami, la seule qu'il exercera jamais sera celle de la médiocrité; elle lui appartient, en tout point, exclusivement et en toute propriété, si toutefois, Merlin ne réclame la priorité... Ton Camille Desmoulins dont tu m'as fait un si pompeux éloge n'est qu'un maigre écolier, soumis à Robespierre... Tu ne me parles plus de Marat; l'auriez-vous laissé dans ses souterrains, parce qu'il ne peut plus servir ? tu m'avais pourtant fait espérer quelques massacres pour le commencement du mois, et Paris est tranquille. Vous avez l'infamie de souffrir l'exécution des lois, et, si vous n'y prenez garde, il est possible que l'ordre vienne un jour se rétablir dans la capitale ; et alors vous seriez perdus : car, plus de troubles, plus de plaisirs; plus de massacres, plus d'argent; et je te vois coulé à fond.

» Il me semble que vous négligez trop l'article de la calomnie; je ne vois guère que Robespierre qui en tire un certain parti; mais le reste de votre bande est si maladroit qu'en vérité cela fait pitié... Vos tribunes, à ce que tu me mandes, sont toujours bonnes; tant mieux! Flattez-les toujours, donnez-leur du *souverain* tant qu'elles en voudront, et prêtez-leur quelques secours fraternels en billets de quinze et dix sous : l'argent, voilà le nerf de la sédition...... Tous les émigrés de ma connaissance attendent avec impatience le massacre que tu m'as annoncé. Nous n'espérons plus qu'en vous, et si vous nous manquez, nous sommes absolument ruinés sans ressource. »

— Dans le n. MCCV, le journal de Brissot imagine lui-même, et il dépasse tous ceux que quelquefois il copie.

« *Sur une contre-révolution prédite pour le 10 novembre.*

» On avait annoncé cette contre-révolution en Hollande; on l'attribuait aux anarchistes qui devaient, dit-on, mettre le roi en liberté.

» Celui qui a bâti ce roman connaît mal le projet obscur de quelques anarchistes. On n'a pas cette tendresse pour le ci-devant roi ; mais on n'a pas renoncé à avoir un roi, seulement on en veut un autre. Il faut en conséquence que la place soit vacante.

» C'est une chose remarquable que le système qui commence à être défendu par quelques-uns de ces anarchistes ; ils veulent conserver des rois en Europe, ils veulent en mettre un en Belgique.

» Républicains, soyez sur vos gardes ; observez, on vous l'a déjà dit : les assassins ont besoin de royauté.

» On lit dans *la Chronique* une comparaison très-curieuse des premiers chrétiens aux Jacobins. Un passage m'a singulièrement frappé, le voici :

« Malheureusement il y eut des rois qui se firent Jacobins
» (chrétiens), et tout fut perdu ; car on garda les rois, on leur
» fit la cour ; ils dirent qu'ils voulaient la bonne-nouvelle (l'Évan-
» gile), toute la bonne-nouvelle, rien que la bonne-nouvelle. On
» s'endormit là-dessus, et chacun sait comme ils conspirèrent avec
» les aristocrates pour détruire l'égalité, etc. »

— Cet article désigne-t-il le duc d'Orléans, ou Robespierre ? nous l'ignorons ; mais ce qui est certain, c'est que parmi les reproches que nous avons vu adresser à Brissot, à la tribune des Jacobins, est celui d'avoir pensé, sous la législative, à faire monter sur le trône soit un prince anglais, soit le duc de Brunswick, un protestant en un mot. Quant à l'amour des Jacobins pour d'Orléans, il n'était pas très-vif ; car, dans ce mois même, Marat dénonçait Égalité fils.

Le *Patriote Français* paraît au reste donner le mot aux nombreux journaux de sa couleur. Lorsqu'il juge à propos de citer un article, tous les autres le réimpriment ou le commentent ; souvent une de ses phrases devient pour d'autres un sujet qui suffit à remplir plusieurs pages. Ainsi voici Gorsas qui commente une citation que nous venons de lire.

« Il y a toujours, dit-il, dans les révolutions, de petits hommes, de petites intrigues et de petits événemens qui font un certain bruit de passage, que la turbulence du moment gonfle ; c'est une bulle de savon que l'haleine grossit, que le vent emporte, ou, si l'on veut, c'est une bulle du pape.

» Une de ces circonstances d'un jour est l'accusation intentée, certain lundi, contre un petit homme accusé d'un gros péché. Le petit homme a demandé huit jours pour prouver...... que son individu était trop petit pour faire un triumvir. Tout le monde a remarqué cependant qu'on avait mené sept à huit cents femmes pour grandir le petit homme ; mais, las ! le plus grand événement qu'ait produit cette grande journée en faveur du petit homme, ce fut un triumvirat de trois honorables membres qui portaient des tripes au bout d'un bâton, pour les faire manger, disaient-ils, à ceux qui auraient voté contre le cher petit homme.

» On s'en va demandant pourquoi tant de fracas? pourquoi tant de femmes sur les talons du petit homme, et chez lui, et là, et encore là-bas, et encore dans les grandes tribunes ? — Pourquoi ? C'est que notre révolution est une religion comme celle de *Jésus*; dans celle-ci, *Jésus* fit une secte ; il eut ses dévotes, ses saintes, qui venaient lui chatouiller les pieds et les graisser avec du saindoux ; quand il fut crucifié, ses disciples se partagèrent sa robe ; le rénégat Pierre en prit un peu, un autre, un autre ; et voilà comment il en parvint un lambeau au petit homme qui allongea son nom (1). — Comme Pierre et Jésus, il a donc ses *Marie tout court*, ses *Marie-Magdeleine*, ses *Marie-Salomée*, ses *Marie* sœur de Lazare, enfin tous ses *Lazaroni* et *Lazaronesses*. Jésus allait dans les temples, dans les marchés, dans les poissonneries et sur la *montagne*, etc., et là, il prêchait contre les pharisiens et les princes des prêtres, et le texte de ses sermons était toujours celui du magnanime Ami du peuple (2) :

Ut redeat miseris, abeat fortuna superbis.

c'est-à-dire « il faut dépouiller tous les coquins de bourgeois de » Jérusalem pour revêtir les sans-culottes. » Puis il se fâchait contre ceux-là ; puis il disait *mes chers frères* à ceux-ci.—Le petit

---

(1) Gorsas fait ici un pitoyable calembourg ; il joue sur le nom de Robespierre.
(*Note des auteurs.*)
(2) Marat.

homme use de la même recette; le petit homme prêche, le petit homme censure, le petit homme est furieux, grave, mélancolique, exalté à froid; il tonne contre les riches, il crie contre les grands, il vit de peu, sa seule mission est de parler, et il parle, il parle presque toujours, il crée des disciples, il les illumine, il leur fait croire que des *langues de feu* s'arrêtent sur leurs têtes, enfin le petit homme a aussi tous les petits caractères : c'est un chef de secte au *lavis*. — Il n'a qu'une seule ambition, c'est de se faire une grande réputation de sainteté; il veut absolument qu'on l'enchâsse quand il sera mort, aussi parle-t-il de Dieu, de la Providence; il se fait suivre des faibles d'esprit auxquels il promet le royaume des cieux, etc..... » (*Courrier des départemens*, n. XII.) — On voit que cet article est un commentaire exact de l'article extrait de la *Chronique*.

— Voici un autre article sérieux de Gorsas, qui ne vaut pas moins que le précédent.

« Le *Créole* (nouveau journal rédigé par Milcent, et dont nous citerons bientôt des passages), le *Créole*, en rendant compte de la dernière séance des Jacobins, paraît s'étonner de l'espèce d'acharnement que quelques membres ont mis à soutenir la cause des prêtres. Cette surprise cesserait d'exister si, moins prévenu pour es personnes, il les jugeait par les choses. La masse des Jacobins, nous le répétons, est pure et a des sentimens droits, et c'est précisément parce qu'elle est pure qu'elle se laisse plus facilement égarer par des meneurs adroits qui ont un jargon de tribune, des éclats de voix à propos, des phrases à prétention toutes prêtes à intercaler au besoin. Les hommes honnêtes qui jugent des autres par leur conscience sont dupes de la comédie, et, s'ils ne sont pas toujours de l'avis du rôle, ils applaudissent au comédien.

— Comment pourrait-il parler avec tant d'ame *s'il n'était pénétré*? Comment pourrait-il parler du *bon peuple* avec tant d'onction *s'il ne le portait pas dans son cœur?* — Tel est le résultat de l'impression de MM. les tribuns, ou, si l'on veut, de MM. les orateurs de tribune qui, dans leur for intérieur, rient comme Tartufe de la bêtise de ces bons et honnêtes Orgons.

» Dans les départemens, le même abus ne peut pas exister; chacun se connaît, et un membre n'aurait pas le droit de parler le langage de la vertu s'il n'était pas vertueux......... Sociétés des départemens, conservez toujours cette honorable simplicité..... Amour de la justice, obéissance aux lois, paix et concorde entre vous, anathème à l'aristocratie et au fanatisme, et *vive la République unique!*

» Plusieurs orateurs ont parlé, dit le *Créole*, non comme des hommes de 1792, mais comme des superstitieux du quatorzième siècle. — Si le *Créole* avait pris la peine de rétrograder et de comparer les opinions de ces mêmes orateurs dans d'autres temps, il aurait vu que c'était moins le cœur qui parlait que le besoin pressant de se faire des prosélytes pour étayer une faction aujourd'hui trop à découvert pour qu'elle soit dangereuse. — Qu'il examine bien encore quels sont ceux qui, dans la Convention, établissent les opinions les plus modérées sur la carte émigrante, et il ne doutera pas du projet bien formé de se faire des partisans de ceux-là même qu'on a le plus justement persécutés..... Un fait! Dans un moment où Robespierre voyait décliner l'empire de tribune qu'il exerçait, on l'a entendu parler au peuple de la *Providence* et de *l'Eternité;* qui osera démentir ce fait (1)? »

— Tels sont les articles les plus saillans de critique politique que renferme le *Courrier des départemens* du mois de novembre. Comme les journaux de sa couleur, il annote les faits qu'il enregistre toutes les fois qu'il y trouve un occasion de faire usage de cette polémique amère dont nous avons vu des exemples; il cite les adresses les plus énergiques des sociétés affiliées qui se séparent des Jacobins. Il donne tout au long une adresse des administrateurs du département du Finistère aux quarante-huit sections de Paris, en soulignant ces phrases : *Chassez tous ces agitateurs du peuple, qui ne le mettent en insurrection que pour l'asservir,*

(1) Pour que nos lecteurs apprécient la véracité de Gorsas, nous répondrons à cette dernière assertion en rappelant ce que contient notre *Histoire* elle-même ! A la Constituante, Robespierre défendit les pauvres ecclésiastiques; en 1791, il se fit huer presque, aux Jacobins, pour avoir parlé en faveur des idées religieuses.
(*Note des auteurs.*)

ces hommes de sang, etc. — *Nous sommes tous prêts à marcher pour assurer* la liberté à nos représentants, etc. Il n'omet aucun des mots qui peuvent nuire à ses ennemis; aucune des justifications écrites en faveur de son propre parti, par exemple, aucune page de Roland; et, obéissant sans doute à une recommandation qu'il a reçue, il ne prononce plus un mot en faveur du fédéralisme. Mais il se distingue de tous ses confrères par une citation que nous devons mentionner. Il réimprime, en grande partie, un mémoire que Necker, du fond de sa retraite, écrivit et fit publier en faveur de Louis XVI. Dans cette défense, l'ancien ministre discute toutes les pièces, tous les faits sur lesquels est basée l'accusation du roi, et, avec une habileté remarquable, mais ordinaire d'ailleurs aux avocats, il jette du doute ou de l'obscurité sur tout ce qui accuse, et, avec le même talent, il met en lumière ce qui tend à la justification. En imprimant ce mémoire, Gorsas lui donna une publicité qu'il n'aurait pas eue autrement; et il l'accompagne de si peu de notes, de si peu de contradictions, et encore qui semblent plutôt une concession faite aux passions du jour qu'un effet de la conviction, qu'on eût pu l'accuser lui-même de partager l'opinion de Necker.

Nous terminerons cette analyse de la presse girondine par quelques extraits des *Annales patriotiques*. Nous aurons ainsi donné la mesure du style usité dans la polémique de ce parti.

Les *Annales patriotiques*, depuis l'absence de Carra, avaient une couleur d'impartialité à peu près analogue à celle choisie par les *Révolutions de Paris*; mais, au retour de celui-ci, elles prirent quelque chose de la tactique des Girondins; seulement elles observèrent une sorte de juste milieu; il semblait que le rédacteur en chef voulût se ménager des protecteurs. Carra annonça sa rentrée dans son numéro du 13 novembre. « Mes chers lecteurs, disait-il, me voilà rendu à mes travaux ordinaires et à ma surveillance accoutumée. Les *Annales patriotiques* marcheront toujours sur la ligne que j'ai suivie depuis le commencement de la révolution; toujours je serai l'apôtre de la vérité et de l'impartialité; toujours l'esprit de justice dirigera mes opinions et mes principes. Il est des circonstances où, avant de juger, il faut examiner ; c'est ce que j'ai fait en revenant de ma mission. Je ne me suis point hâté de prononcer, mais je serai bientôt en état de vous dire ce que je pense sur la force départementaire dont il est tant question aujourd'hui, et que j'appellerai *la force unitaire*, puisque l'unité de la République, ce principe sublime de fraternité universelle, est reconnu et déclaré par la Convention. »

Maintenant, pour faire apprécier la différence de caractère que la présence de Carra imprima aux *Annales*, nous allons extraire quelques passages imprimés avant son arrivée.

« *Paris*, 10 *novembre*. — Ils sont au moins bien inconséquens ceux qui se disent les amis de la patrie et qui calomnient Paris dans les départemens, qui cherchent à y accréditer l'opinion absurde de la domination de cette ville sur les autres parties de la République. Déjà plusieurs adresses prouvent que cette calomnie a fait quelque fortune ; il ne lui manquerait que d'avoir un succès général pour amener le désordre, l'anarchie, la désorganisation et la guerre civile..... Ils disent qu'il ne faut point de *capitale* dans une république. Mais qu'entendent-ils par le mot *capitale?* Veulent-ils désigner une *cité reine*, dont les habitans, possédant exclusivement les droits politiques, aient pour sujets et pour tributaires tout ce qui compose le reste de la nation ? Si c'était là la seule acception du mot *capitale*, ils auraient raison de ne pas en vouloir dans une république fondée sur l'égalité des droits ; mais depuis quand Paris a-t-il exprimé le vœu d'une pareille usurpation ? N'est-ce pas dans son sein que s'est développée, accrue, propagée, la doctrine de l'égalité ? Cette ville a-t-elle jamais manifesté l'intention de séparer sa cause de celle des départemens ? A-t-elle réclamé le moindre privilége pour prix de tous les sacrifices qu'elle a faits à la révolution ? Et lorsqu'elle ne cherche qu'à maintenir cette unité d'intérêts, de droits, de vœux, de sentimens qui la lient à toutes les autres parties de la République, n'est-ce pas une chose déplorable que le besoin de satisfaire quelques passions particulières jette sur la sainteté de cette alliance des doutes calomnieux, qui seraient toujours profondément impolitiques, si l'on admet qu'ils ne sont pas criminels.

» Si vous entendez par capitale un lieu dans lequel se trouvent réunis les établissemens nationaux, vous en imposez lorsque vous dites qu'une république ne doit point avoir de capitale; car la nature des choses exige que ces établissemens soient rapprochés. Il faudra toujours qu'un même endroit les réunisse, et ce local, quel qu'il soit, deviendra le centre; le chef-lieu de la République; mais c'est moins un avantage particulier qu'un bien général, et, sous ce rapport, on peut dire que toute la République est intéressée à maintenir ce que vous voudriez détruire. Comment pouvez-vous accorder votre système d'unité avec le projet de *décapitaliser* Paris? Vous y prendriez-vous autrement si vous vouliez établir des républiques fédératives? Ne serait-ce pas là votre première opération, et n'est-on pas fondé à vous imputer cette arrière-pensée, lorsqu'on vous entend répéter qu'il ne faut point de capitale?

» Citoyens des départemens, gardez-vous d'écouter les insinuations mensongères et calomnieuses qu'on vous débite contre Paris; de tous les piéges qu'on vous a tendus, c'est le plus dangereux. Souvenez-vous que cette ville est le *palladium* de votre existence politique.... Que vous importe qu'elle renferme des intrigans, des factieux, des agitateurs? C'est un mal qui lui est particulier; c'est à elle à se purger de ces sortes d'immondices, à les balayer comme la boue de ses rues. Tout cela n'a rien de commun avec la République. » (*Annales patr.*, n. CCCXVI.)

— « *Paris*, 11 *novembre.* — Le citoyen Cambon a dit, dans la dernière séance, que l'Assemblée législative, ne pouvant pas opérer directement l'insurrection, avait pris tous les moyens de la préparer indirectement; qu'en conséquence elle avait désorganisé elle-même la force armée de Paris, cassé l'état-major, fermé les yeux sur l'impuissance des autorités constitutionnelles, etc. Cette marche était sans doute conséquente dans l'Assemblée législative; mais, à moins que la Convention n'ait aussi une insurrection à préparer, pourquoi suit-elle les mêmes erremens?

Pourquoi ferme-t-elle aussi les yeux sur l'impuissance des autorités constituées? Au lieu de s'occuper de sa garde particulière, pourquoi ne s'empresse-t-elle pas de réorganiser cette force armée de Paris, désorganisée par l'Assemblée législative? Pourquoi favorise-t-elle les dénonciations vagues qui, sans doute, entraient dans le système désorganisateur de l'autre? Pourquoi souffre-t-elle que des redites inutiles sur les journées des 2 et 3 septembre lui fassent perdre un temps précieux?.... Voilà des questions que nous soumettons aux hommes qui, n'ayant en vue que le bien de la patrie, n'ont point à satisfaire des passions particulières. » (*Ann. patr.*, n. CCCXVII.)

— « *Paris, 14 novembre.* — La dernière ressource des ennemis de la République est d'inventer chaque jour de fausses nouvelles, de fausses alarmes, et de chercher à exciter continuellement les défiances, soit entre les membres de la Convention nationale, soit entre les bons citoyens de la capitale, en profitant de la crédulité des uns, des passions des autres, et de l'ignorance ou de la pusillanimité de plusieurs. Le point sur lequel l'opinion est le plus unanime, en effet, la juste punition du traître Louis le dernier, est précisément celui qui sert de prétexte aux agitateurs secrets. Ils veulent faire croire d'abord qu'il y a deux partis bien prononcés dans la Convention nationale, et ensuite que chacun de ces deux partis veut sauver le tyran de la mort qu'il a si bien méritée par toutes les lois divines et humaines. La stupidité de ce moyen va si loin, que dernièrement on dénonça à la Commune le respectable et courageux Roland, comme ayant rassemblé en secret plusieurs milliers d'hommes pour enlever le traître découronné. Cette absurde dénonciation a été rejetée à la vérité, mais elle prouve au moins jusqu'où s'étend l'intrigue des agitateurs qui cherchent à jeter d'avance sur les ministres et sur les membres de la Convention nationale le soupçon du projet qu'ils méditent eux-mêmes. « Oui, dit Jérôme Pétion dans un discours qu'il vient de publier sur l'accusation intentée contre Robespierre, on ose penser à relever nos tyrans abattus, on jette quelque intérêt sur leurs personnes, on apitoie sur leur sort; leurs crimes sont des égaremens, des gentillesses royales qu'on attribue à des conseils perfides..... » Ces idées circulent dans des lettres manuscrites; elles se propagent; on parle d'employer tout à la fois la ruse et la force pour favoriser l'exécution du projet; on parle d'un mouvement populaire et de la facilité de profiter de ce trouble.

» Il est très-inutile de chercher à calmer les inquiétudes sur une trame aussi follement atroce. Non, la France ne courbera jamais sa tête altière sous le joug d'aucun tyran, et encore moins d'un tyran que la justice universelle condamne à la mort, pour l'effroi des autres tyrans, et pour la satisfaction des générations passées, présentes et futures. Nous avons voulu être libres, nous le sommes, nous le serons; nous n'avons à redouter que nous-mêmes : soyons unis, nous serons invincibles, ayons la paix, nous serons heureux. C'est à la Convention nationale dont l'exemple est si puissant sur toute la République, à imprimer ce mouvement salutaire en prenant cette attitude imposante qui lui convient, cette dignité calme des hommes libres, éloignant d'elle toutes ces petites passions, toutes ces personnalités avilissantes qui dégradent la majesté d'une assemblée. Nous ne pouvons avoir qu'un sentiment, celui de la liberté; nous ne pouvons vouloir qu'un gouvernement, celui qui nous rendra libres et heureux. Il n'est plus là de roi, ni de liste civile pour corrompre; notre ouvrage ne sera qu'un projet; la nation l'examinera. On parle de parti! je vois des haines, des préventions, des choses de vanité et d'amour-propre, mais qu'on indique quel est le parti qui ne veuille pas de la république, qui ne veuille pas l'unité, qui ne veuille pas la fraternité de tous les Français, qui ne veuille pas, la punition du traître découronné, de ce traître qui a violé son inviolabilité politique en la regardant comme un attribut de sa propre personne, tandis qu'elle n'était qu'un attribut de la nation elle-même, dont il trahissait les intérêts sous tous les rapports. Non, aucun Français, à moins qu'il ne soit insensé, ou ennemi juré de la justice, de la raison et de la liberté, ne peut vouloir autre chose que le châtiment sévère de Louis le dernier, et l'affermissement de la République. *Signé* Carra. » (*Annales patriotiques*, n. CCCXX.)

L'article que nous venons de transcrire peut être considéré comme le spécimen de ceux qui existent dans les quinze derniers numéros du mois. Carra cite quelquefois Gorsas, mais en adoucissant son expression. Il cite plus souvent, et quelquefois en entier, quelques écrits de Pétion dont nous parlerons plus bas. Ce journal continue il est vrai à mentionner sans réflexion les arrêtés violens de quelques sections de Paris, mais cela était le fait des autres rédacteurs qui n'avaient pas cessé de prendre part à la composition du journal. Ainsi le numéro du 22 *des Annales* rapporte un arrêté de la section des Piques qui provoque une réunion de toutes les sections, à l'effet de concerter une adresse pour déclarer à la Convention que Roland a mérité, par son compte moral imprimé sur l'état de Paris, de perdre la confiance des habitans de la capitale et l'a perdue. Mais dans le 24, on trouve une lettre de Roland par laquelle celui-ci demande à Carra, attendu *les égards que son caractère et son civisme connus méritaient,* si c'est par son ordre que l'arrêté de la section a été mentionné. Et Carra répond *non*; et il ajoute : « Je n'ai jamais prétendu que les *Annales,* dont je suis propriétaire avec les citoyens Buisson et Brion, devinssent une tribune où mes collaborateurs parleraient en sens contraire de mes opinions : cela est arrivé plusieurs fois à mon insu pendant mon absence et depuis mon retour : cela n'arrivera plus..... Carra. »

Nous terminerons notre coup d'œil sur ce journal en donnant l'origine exacte d'une pièce ayant pour titre *Précis historique sur l'origine et les véritables auteurs de la célèbre insurrection du 10 août,* que nous avons citée page 270 du tome XVII de cette histoire, sans pouvoir en indiquer exactement la source. C'est un article de Carra inséré sous le même titre dans le n. CCCXXXV, ou du 30 novembre 1792 *des Annales patriotiques.*

Nous aurions pu allonger considérablement la liste des journaux et des articles girondins ; mais il nous serait impossible d'en offrir une complète ; car presque tous les journaux étaient en opposition, les uns avec les Jacobins en masse; les autres au moins avec la députation et la Commune de Paris; et c'est, nos lecteurs le savent, à l'un de ces deux caractères que l'on reconnaît l'opinion dont nous nous occupons en ce moment. Nous avons donc été obligés de nous borner à donner un spécimen, en quelque sorte, des diverses manières de faire usitées par ce parti pendant ce mois, et nous devons terminer ici.

Cependant, avant de passer à l'analyse des écrits jacobins, nous dirons un mot d'un journal que Robespierre dénonça dans son discours sur la Calomnie. Il a pour titre : *Journal de Perlet* (1). Celui-ci n'attaque pas moins vivement que Gorsas, mais avec peut-être plus d'indépendance; il suit moins la discipline du parti. Ainsi il fait quelquefois feu, même sur les neutres; par exemple, il attaque Condorcet parce qu'il n'a pas assez maltraité Robespierre; il calomnie avec audace, mais il affirme maintes fois que le but des Jacobins est de dissoudre la Convention; il prête même des phrases dans ce sens à Robespierre jeune, phrases qu'il annonce avoir été prononcées à la tribune des Jacobins, et que nous n'avons point trouvées. Il essaie, en un mot, de grandir l'apparence des Jacobins, afin de la rendre plus menaçante; et, à côté des articles dans ce sens, on rencontre la paraphrase de la diatribe de Gorsas sur le *petit Robespierre, cagot, bavard, peureux,* etc. D'ailleurs, nous n'y avons rien vu qui méritât d'être transcrit textuellement. Passons à l'analyse des journaux du parti jacobin. Marat doit occuper le premier rang.

« *Du 2 novembre. — Adresse de Marat, l'ami du peuple, à ses commettans.*

» Frères et amis, c'est d'un souterrain que je vous adresse mes réclamations. Le devoir de conserver pour la défense de la patrie des jours qui me sont enfin devenus à charge, peut seul me déterminer à m'enterrer de nouveau tout vivant pour me

---

(1) In-8° d'une demi-feuille, paraissant tous les jours.

soustraire au poignard des lâches assassins qui me poursuivent sans relâche. L'auriez-vous imaginé? Dans ces jours prétendus de triomphe et de gloire, un de vos députés est outragé par nombre de ses collègues, au sein même du sénat; pour avoir dévoilé les complots tramés contre le salut public. Eh quoi! pour se garantir des attentats d'une horde de factieux qui en veulent à sa vie, un représentant de la nation sera-t-il donc réduit à demander vainement secours à ses concitoyens, à chercher un asile dans un sombre caveau, pour se mettre à l'abri du fer des brigands (1) qui souillaient un corps de militaires égarés par des chefs perfides, tandis que sa maison est menacée des flammes par une foule de ces militaires pris de vin (2).

» Qui de vous se serait attendu que des gardes nationaux (3), aux ordres de cette faction atroce, eussent provoqué, par d'horribles placards, le peuple entier à égorger un de ses plus fidèles défenseurs, accusé par la calomnie comme agitateur, et dénigré par des scélérats pour des opinions dont la multitude prévenue n'est pas en état d'apprécier la justice. Mais quoi! si l'assemblée constituante a eu la constance d'entendre, d'un bout à l'autre,

(1) L'examen que j'ai provoqué sur les individus qui composent les légions de cavalerie cantonnées à l'École-Militaire, vient d'y faire découvrir une trentaine de scélérats flétris par la main du bourreau, tous échappés des galères, et qui viennent d'être traduits dans les prisons de la Conciergerie. C'est là un premier coup d'écumoire qui doit faire apprécier l'adresse de leurs officiers contre leur trop juste inculpation. Il faut espérer que des recherches plus sévères purgeront complétement les légions de tout garde-du-corps, de tout escroc, de tout souteneur de tripot, et de tout chef contre-révolutionnaire. (*Note de Marat.*)

(2) Mercredi soir (31 octobre), plusieurs centaines de Marseillais et de cavaliers de l'École-Militaire ont défilé dans la rue des Cordeliers, en s'arrêtant devant mes croisées pour vomir mille imprécations contre l'ami du peuple, crier *Marat à la guillotine!* et menacer de mettre le feu à la maison. Voilà, je pense, de vrais provocateurs au crime sous la direction des factieux conventionnels; mais au diable si la Convention donne la moindre suite à la dénonciation de ces attentats, tandis qu'elle n'est occupée qu'à forger des projets de décrets d'accusation contre les amis de la liberté, qui prêchent au peuple les dangers de la sécurité et de l'aveugle confiance. (*Note de Marat.*)

(3) Ces gardes nationaux sont les mêmes qui se répandent dans les sections pour empêcher les citoyens d'aviser aux moyens de pourvoir à la sûreté de leurs députés, et qui insultent les femmes dans les promenades; nouveaux excès qui font sentir combien il est urgent pour les Parisiens de rappeler leurs bataillons patriotes pour la garde de leur ville. (*Note de Marat.*)

un système de contre-révolution débité du haut de la tribune par Depresménil, la Convention nationale, qui a consacré la liberté illimitée des opinions, me fera un crime de quelques maximes politiques, dont l'adoption populaire a tant de fois sauvé la patrie! La force publique s'est déployée nombre de fois pour protéger Maury, Cazalès et Malouet, ces ennemis déclarés de la liberté; laissera-t-elle l'ami du peuple toujours exposé sans défense aux poignards des assassins soudoyés que la perfidie rassemble aux portes mêmes de la Convention? Quel vacarme l'assemblée n'aurait-elle pas fait, si de pareils outrages eussent été dirigés contre quelques-uns de ses membres dévoués au cabinet ministériel, au tartufe Roland!

» L'atroce faction n'est pas seulement acharnée contre Marat, mais contre tous les autres députés qu'elle désespère pouvoir jamais amener à composer avec les principes et le devoir, tels que Robespierre et Panis, auxquels elle vient d'accoler Danton et Santerre..... Ajoutons, à la liste des proscrits qu'elle a dressée, les membres du comité de surveillance de la mairie et les membres de la municipalité du 10 août. Comment! les libérateurs de la France seraient livrés aux poursuites inquisitoriales de cette faction royaliste, aux attentats de ses ministres, au fer de ses assassins; et les ennemis de la révolution, les membres contre-révolutionnaires de la Commune, du département et des tribunaux du 9, les Menou, les Chambon, les Borie, les Rœderer, ces traîtres infâmes qui auraient dû porter la peine de leurs crimes le jour de la prise des Tuileries, sont tranquilles dans leurs lits, et bravent aujourd'hui le ressentiment du peuple, sous les auspices de leur patron Roland, et des valets de la faction conventionnelle!... Et par quels ennemis publics sont donc poursuivis les ardens défenseurs de la patrie? par ces mêmes hommes qui, dans l'assemblée constituante, ont sacrifié à la cour les droits et les intérêts du peuple, je veux dire les Camus, les Grégoire, les Chassey, les Roland, les Sieyes, les Buzot; par ces mêmes hommes qui, dans l'assemblée législative, ont connivé avec le pouvoir exécutif, ont fait décréter une guerre désastreuse, ont blanchi Mottié, Narbonne, Rochambeau, Duport, Chambonas, Lajarre ; ont favorisé l'émigration de presque tous les officiers de l'armée ; ont nommé au ministère les Servan, les Clavière, les Roland, les Dumourier, et qui, le 9, allaient transférer l'assemblée à Rouen pour y décréter la contre-révolution ; je parle des Lasource, des Lacroix, des Moriseau, des Fauchet, des Gensonnet, des Cambon, des Vergniaud, des Kersaint, des Brissot, des Guadet ; enfin de ces vils mannequins conventionnels, les Dulaure, les Miroteau, les Rebecqui, les Barbaroux, les Biroteau, les Chénier, les Lantenas, les Gorsas, les Louvet et autres, très-humbles libellistes des coqs de la faction criminelle.....

» Depuis la fameuse séance du 25 septembre, dans laquelle ils firent éclater l'affreux projet d'écraser la députation de Paris par des imputations absurdes, chaque jour ils ont renouvelé leurs menées odieuses. Après en avoir préparé l'exécution par d'éternelles impostures et des dénonciations calomnieuses faites à la tribune, répandues dans le public et propagées dans les départemens ; calomnies qui ont été détruites à Paris et qui le seraient également dans toute la République, si les postes n'étaient pas encore dans les mains du traître et perfide Roland ; car tandis que les libellistes à gages de ce fourbe inondent et infectent l'état de leurs puans mensonges, ce caffard prépare le succès de ses atroces projets en interceptant à la poste les missives patriotiques.

» Le bon homme Roland, pour un bigot, paraît si familier avec le mensonge qu'il n'en rougit plus, pas même des plus puans.

» On sait qu'il a produit un compte où il prétend, d'après une addition par sous et deniers, n'avoir dépensé que 27,000 livres sur les sommes immenses mises à sa disposition pour frais extraordinaires. Qu'il nous dise donc qui paie les affiches de la *Sentinelle*, placard destiné, depuis près d'une année, à endormir le peuple, à flagorner Roland, et dont le prix doit aller au moins à 20,000 livres par année ! qu'il nous dise qui paie les feuilles de Gorsas et Dulaure, dont il prend quelques centaines d'exemplaires chaque jour ! qu'il nous dise qui paie les libelles de Gorsas et de Dulaure, que l'on distribue chaque jour aux députés, sous toutes espèces de forme, tantôt sous celle de placard ou de journal, et tantôt sous celle de feuille volante ou de brochure? qu'il nous dise qui a payé sa lettre aux Parisiens, et son compte moral tiré à quarante-huit mille? qu'il nous dise qui paie les nombreux commissaires dépêchés dans les départemens pour y prêcher ses louanges, et notamment le sieur Bonneville, envoyé à Rouen pour se consulter avec les contre-révolutionnaires et corrompre les patriotes, mission qui doit avoir coûté, depuis deux mois, plus de 100,000 livres, vu les fêtes et les banquets que donne chaque jour cet intrigant, lorsqu'il ne tient pas table ouverte, indépendamment des sommes qu'il distribue pour corrompre les patriotes.

» Depuis dix jours, l'infidèle Roland a intercepté à la poste toute ma correspondance ; je recevais plus de trente lettres par jour et je n'en reçois pas une aujourd'hui. » (*Journal de la République française*, n. XXXVIII.)

Du 7 novembre. — « Des citoyens irréfléchis ou perfides ont osé me faire un crime de m'être rejeté dans mon souterrain pour échapper au poignard des nuées d'assassins soudoyés et au fer d'une multitude de soldats égarés, que soulevaient contre moi leurs chefs contre-révolutionnaires. Qu'eussent donc fait à ma place ces plaisans censeurs, s'ils eussent été poursuivis aux portes du sénat par les pelotons qui en cernaient l'enceinte, s'ils eussent été insultés dans leurs maisons par cinq ou six cents forcenés qui menaçaient d'y mettre le feu?..... Je ne doute pas de leur héroïsme ; mais je les invite à se montrer, comme moi, dans les grandes occasions où le sacrifice de la vie n'est pas en pure perte, et à venir faire mon rôle à la Convention. Lorsque ma mort pourra cimenter la liberté et assurer le bonheur du peuple, je leur permets d'insulter à mon courage, s'ils me voient pâlir. Mais lorsqu'elle n'aurait fait qu'assurer le triomphe des ennemis publics, quel homme sensé osera me reprocher d'avoir conservé des jours qui peuvent encore être utiles à la patrie? »
(*Journal de la République française*, n. XXXIX.)

Marat, au reste, ne resta pas caché long-temps. Bientôt les journaux ses ennemis annoncèrent son apparition à peu près dans les mêmes termes. Voici ceux d'un journal :

» On a cru devoir évoquer Marat de son tombeau, il a reparu en public, escorté de ses gardes-du-corps armés de sabres et de gros bâtons. Ce ne sont pas là tout-à-fait les faisceaux et la hache que portaient les licteurs devant les consuls de Rome ; mais enfin cela fait courir les petits enfans et les bonnes femmes, et c'est quelque chose pour la vanité de ceux qui ne sont rien. Marat a même fait à la Convention la faveur de la visiter. » (*Journal de Perlet du 11 novembre.*)

Mais continuons de lire le journal de Marat. « On m'accuse, dit-il, dans son numéro du 8, d'être un agitateur, un perturbateur du repos public..... Sans doute, mes écrits ont fait le désespoir des faux patriotes, des intrigans, des dilapidateurs....... Que n'ont-ils pas fait pour en contrebalancer l'influence ? non contents de les intercepter à la poste, de les saisir chez les distributeurs, de briser mes presses, de jeter dans des cachots les colporteurs, ils ont soudoyé une foule de libellistes pour me diffamer ; ils ont fait circuler sous mon nom, une multitude de faux écrits tendant à égarer l'opinion publique et à l'imprégner des maximes funestes de l'aristocratie et du royalisme....... Ils avaient soin de faire imprimer ces faux écrits par mes imprimeurs et débiter par mes publicateurs. Le maire Bailly et deux municipaux, dévoués comme lui à Mottié, en ont fait débiter par l'un de mes distributeurs, auquel ils ont offert une somme considérable pour l'engager à continuer. Le ministre de l'intérieur les faisait distribuer gratis à Paris par des gens à la livrée du roi, après en avoir inondé le royaume.

» A mon retour de Londres, où l'atroce expédition du 22 janvier 1790 m'avait forcé de chercher un asile, je trouvai cinq faux *ami du peuple*, dont les fripons de rédacteurs se disputaient mon nom et ma devise avec le titre de mon journal, en s'accablant chaque jour d'injures dégoûtantes. Indigné d'un spectacle aussi grotesque que révoltant, je m'adressai par lettres à la police, pour avoir justice de ces fripons déhontés qui desservaient la cause publique en égarant le peuple. Les agens de la police prétextèrent mon absence pour mettre de côté mes réclamations; réduit à braver et les poignards des assassins et les sbires du Châtelet, je me présentai à quelques fonctionnaires publics, pour forcer leur feinte incrédulité et obtenir d'eux l'autorisation de paralyser les presses des faussaires, et d'enlever les éditions pseudonymes. Mes démarches ne furent pas toutes infructueuses. En juin 1790, je fis mettre les scellés, par le district de Saint-Étienne-du-Mont, sur les presses du sieur Rosé; et j'enlevai, rue Percée, une édition entière du faux *ami du peuple*, laquelle fut déposée à la mairie. Ces deux derniers faits se sont passés sous les yeux de Manuel, membre de la Convention, alors administrateur de police. Je le somme de déclarer si j'avance ici une chose qui ne soit conforme à la plus exacte vérité.

» Comme je n'ai jamais cessé de poursuivre à outrance les ennemis de la liberté, mon lot fut toujours d'en être persécuté avec fureur. Je dois le dire sans détour; les meneurs de la clique atroce qui s'acharne aujourd'hui à ma perte, à quelques nouveaux venus près, sont ces mêmes hommes que j'ai tant de fois dénoncés comme d'infidèles mandataires du peuple; ces mêmes hommes qui, sous le masque du patriotisme, ont si long-temps sacrifié à une cour scélérate les droits et les intérêts de la nation. Dans le nombre, sont les Rabeau, les Buzot, les Camus, les Sieyes, les Brissot, les Vergniaud, les Lasource, les Guadet, les Gensonnet, les Kersaint, les Cambon, les Barbaroux, les Miroteau, les Rebecqui; intrigans barbares et cupides, dont les uns, à la faveur d'un massacre concerté à loisir (l'affaire du Champ-de-Mars), ont aidé à dénaturer la Constitution; et dont les autres, à la faveur d'un nouveau massacre encore plus affreux (la conspiration royaliste du 10 août), allaient fuir de nos murs pour s'installer à Rouen et y décréter la contre-révolution.

» Le grand cheval de bataille de mes détracteurs est de me peindre comme un homme sanguinaire qui est sans cesse à prêcher le meurtre et l'assassinat. Mais je les défie de faire voir autre chose dans mes écrits, si ce n'est que j'ai démontré la nécessité d'abattre quelques centaines de têtes criminelles pour conserver trois cents mille têtes innocentes, de verser quelques gouttes de sang impur pour éviter d'en verser des flots très-purs, c'est-à-dire d'écraser les principaux contre-révolutionnaires pour sauver la patrie; encore n'ai-je conseillé les exécutions populaires que dans les accès de désespoir où me jetait la douleur de voir les lois protéger les traîtres, et les conspirateurs échapper au glaive de la justice... Oui, c'est le plus pur amour de l'humanité, le plus saint respect pour la justice qui m'ont fait renoncer, quelques momens, à la modération philosophique, pour crier haro sur nos implacables ennemis. Cœurs sensibles et justes, c'est à vous que j'en appelle contre ces hommes de glace qui verraient périr le genre humain sans s'émouvoir; les transports de fureur que vous éprouvez à la vue d'une nation entière entraînée dans l'abîme par une poignée de scélérats sont mon apologie; et le salut public, qu'ont toujours assuré ces expéditions populaires, sera la seule réponse que j'opposerai à la calomnie. » (*Journal de la République française*, n. XL.)

— 10 *novembre*. — « C'est la coutume des intrigans, des fripons et des traîtres de s'envelopper d'une robe d'innocence, et de couvrir leurs attentats du voile de l'amour de l'ordre, du respect des lois et du zèle du bien public. Hé! que peut donc être l'amour de l'ordre pour les intrigans qui voudraient pêcher en eau trouble? que peut être le respect des lois pour des perfides qui les font servir à leur gré à écraser l'innocence et à protéger le crime? Que peut être le zèle du bien public pour des ambitieux qui s'enfoncent dans les ténèbres, qui poursuivent leurs intérêts particuliers et qui abusent de la confiance du peuple pour se servir de sa puissance et trafiquer de ses droits?

» On les accuse du projet désastreux d'une république fédérative. Il est simple que de petits intrigans calculent leurs intérêts personnels, et que leur amour-propre s'épanouisse à l'idée de jouer un rôle principal dans leur ville natale : sentiment assez naturel au cœur humain, mais qui n'annonce pas un civisme fort éclairé..... Le moment n'est pas encore venu pour eux d'avouer hautement ce projet; s'ils s'en défendent aujourd'hui, c'est pour mieux en imposer aux patriotes, qui portent leurs regards sur l'avenir, qui craignent de voir la France démembrée ou replongée dans le chaos du régime féodal.....

» Barbaroux, sachant très-bien que je n'étais pas à la Convention, le 25 octobre, m'a sommé, en brave, de lui dire où je l'entendis jamais parler de la république fédérative? — Dans l'asile où tu vins me trouver avec Rovère, pour me proposer de passer à Marseille, pouvais-je lui répondre : c'est là que j'appris de ta bouche que tous les départemens méridionaux avaient formé le projet de s'ériger en republiques fédératives. » (*Journal de la République française*, n. XLII.)

— Ainsi Marat commença par mêler à ses justifications des attaques; puis il prit un système complétement offensif. Dans son numéro du 12, il discuta le bulletin de Dumourier sur la victoire de Jemmapes : il le déclara mensonger; selon lui, nos pertes avaient été dissimulées. L'attaque à l'arme blanche des hauteurs fortifiées de Jemmapes avait été commandée dans le but de faire détruire les bataillons patriotes. Les rodomontades et les exagérations de Dumourier sont le moyen de quelque machination dangereuse qui éclatera plus tard. Ce général est une créature du roi de Prusse. — Dans son numéro du 13, il accuse Roland d'avoir détourné une partie des richesses du garde-meuble, pour solder ses libellistes, et les envoyés qu'il fait voyager dans les départemens. — Dans le numéro du 14, il insère une lettre qui lui a été adressée et qu'il appelle *Chronique scandaleuse ou le Pot-Pourri des politiques à l'usage de ceux qui désirent avoir la clef des affaires du temps.*

» A *l'Ami du peuple.* — Vous ne serez peut-être pas fâché de connaître les allures de plusieurs meneurs de la faction brissotine. Voici quelques renseignemens :

» La clique se rassemble assez souvent chez la Saint-Hilaire, maîtresse de Brûlard, dit Sillery; c'est là un de ses repaires ordinaires. On commence par le conciliabule et on finit par des orgies; car les nymphes des émigrés s'y rendent pour s'amuser, faute de mieux, avec les pères conscrits.

» Saladin y a dîné le 27 dernier avec plusieurs députés de la clique, entre autres Kersaint et Buzot. Lasource y a soupé avec d'autres membres de la clique, plusieurs contre-révolutionnaires et leurs nymphes, entre autres, Bellanger, architecte de d'Artois, Veimérange, ex-administrateur des postes. C'est à la campagne de celui-ci, aux Tilles, près Gonesse, que se rassemblent, une fois la semaine, les meneurs de la clique, comme s'y rassemblaient, il y a deux ans, Chapelier, Cazalès, d'André, Maury, etc.

» Le 28 et le 29, il y a eu grande assemblée chez la Saint-Hilaire. Saladin y a conduit madame Laborde et le président Mannibau.

» Mais c'est sur le quai des Théatins, à l'ancien hôtel de la Briffe, dont le nom a été effacé, que se rassemblent, journellement, les meneurs Buzot, Kersaint, Gensonné, Vergniaud, Lacroix, Lasource, Camus, Lecointre-Puyraveau, Sieyes, Rabeau, Brissot et Caritat dit Condorcet, que les patriotes, sur la parole de Chabot, ont eu la bonhomie de croire séparé de la clique... etc. » (*Journal de la République française*, n. XLV.) Ce même numéro contenait une autre dénonciation sur les mœurs des officiers supérieurs de la légion dite du Midi que l'on commençait à former. Mais nous sommes obligés de renoncer à entrer dans plus de détails. Nous avons dû nous borner aux faits de quelque importance. Au reste, dans les numéros suivans, Marat ne fait que poursuivre la voie dans laquelle nous venons de le voir entrer; il reproche à Roland des infidélités commises à la poste; il critique les opérations de Dumourier, il poursuit ce qu'il appelle *la clique*; il mêle à tout cela des doutes sur leurs intentions à l'égard de Louis XVI; et il dénonce leur presse :
« Tous les papiers-nouvelles sont vendus à Roland, dit-il, à l'exception de quelques feuilles patriotiques, telles que Audoin qui se remonte, Camille qui pourrait être meilleur, et Prudhomme

qui ne vaut pas grand'chose. » Marat oublie plus d'un journal dans cette liste, ainsi que nos lecteurs le voient. Enfin, pour en finir avec l'*Ami du Peuple*, cet écrivain traite longuement la question des subsistances; il nous apprend que le pain coûtait 7, 8, 9 sous la livre, et qu'il était des départemens où il coûtait 11 sous la livre; or, ajoute-t-il, bien souvent la journée d'un manœuvre est de 15 sous seulement.

— L'histoire de la révolution offre peu d'époques où les combats de la presse aient été plus animés. Aussi nous reste-t-il encore beaucoup de citations à faire, et que, malgré notre vif désir d'abréger, l'intérêt de rendre cette collection complète, ne nous permet pas de passer sous silence. En octobre, Camille Desmoulins s'était associé avec Merlin de Thionville pour publier un journal dont le premier numéro parut, le 11 octobre, sous le titre de *Révolution de France et de Brabant, et des royaumes qui, arborant la cocarde nationale, mériteront une place dans les fastes de la liberté*; avec cet épigraphe : « *Victima haud ulla amplior potest magisque opima mactari Jovi quam rex.* Senec. trag. » Ce journal est très-rare, nous n'avons pu le posséder complet. Quoi qu'il en soit, voici un article extrait de son vingt-cinquième numéro, et rédigé par le spirituel Desmoulins.

» Il faut convenir que Robespierre a une fière obligation au fier Barbaroux (1), et qu'en reconnaissance de l'accusation officieuse de Louvet, le jour qu'elle lui fut intentée, il aurait dû sauter au cou de celui-ci, et supporter un moment le supplice de Mézence. Robespierre était à la Convention comme n'y étant pas ; il ne pouvait paraître à la tribune sans être assailli des murmures de la prévention et poursuivi par les clameurs de toutes les passions soulevées. Mais Louvet a eu la folie de l'accuser et la folie encore plus grande de bâtir une accusation en l'air qu'il n'appuyait d'aucun fait, mais de conjectures ridicules et de la logique somnambule d'un romancier de profession. La jalousie, la haine,

---

(1) C'est ainsi que le *ministre vertueux* appelle Barbaroux dans son Compte moral. (*Note de Desmoulins.*)

l'amour-propre irrité, le feuillantisme désespéré, et toutes les passions, avaient prêté avidement l'oreille aux promesses emphatiques de Louvet de montrer un coupable dans Robespierre ; et, après avoir entendu l'accusateur, il n'y avait pas moyen de refuser d'entendre l'accusé : la fureur aveugle et la curiosité avaient ouvert l'arène, la pudeur défendait de la fermer. Tremblez, intrigans, vous avez donné aux gens de bien le spectacle de la Vérité combattant avec le Mensonge, et aux rieurs celui d'Hercule aux prises avec un basset enragé, qu'il ne daigne combattre qu'avec son talon.

» Une foule de citoyens avaient passé la nuit aux portes de la salle pour entrer les premiers. Quelle fut leur surprise le matin ! Personne n'y était entré, et cependant il y avait une tribune déjà pleine. Sans doute c'était cette tribune du côté droit d'où je n'ai pas vu partir un seul applaudissement, tandis que tout le reste des galeries et des tribunes battaient des mains avec un transport unanime au triomphe à la fois de la vérité, du patriotisme et de l'éloquence. Mais de quoi a-t-il servi à la nouvelle liste civile de garnir la tribune, quand tous ces citoyens, interdits par la force de la vérité, investis et comme pénétrés de toutes parts de sa lumière à mesure qu'il parlait, semblaient rendre par les oreilles toutes les calomnies dont Brissot, Roland et Louvet les avaient saturés. Pas un applaudissement à Robespierre, mais aussi pas un murmure de cette tribune ; et ce silence de leurs billets donnés ne condamnait-il pas bien plus fortement encore les Brissotins que les applaudissemens universels du reste des galeries ?

» Au reste je ne sais si Robespierre ne doit pas trembler d'un si grand succès que celui qu'il a obtenu hier : « C'est la seconde
» philippique, dit Juvénal, c'est ce discours sublime de Cicéron,
» et cette justification immortelle, qui l'ont fait assassiner. » Si c'était de Robespierre seul que je fusse l'ami, c'est-à-dire l'ami vulgaire et intéressé, et non de la cause qu'il défend, celle de l'humanité, pour laquelle je suis déterminé à périr avec tous les vrais patriotes, je croirais que le moment est venu de lui écrire, comme Amasis à Polycrate : « Tu as trop vaincu ; tes ennemis sont trop

» écrasés pour que tant de succès ne présagent pas une catastro-
» phe prochaine ; tant de bonheur doit t'avoir jeté dans l'envie
» même des dieux, et je renonce à l'amitié d'un homme si heu-
» reux, et qui va m'entraîner dans sa perte. » En effet, il n'est
pas possible d'humilier plus ses ennemis, et je ne crois pas que
Louvet, attaché au carcan pendant une heure, eût pu souffrir
davantage que pendant que Robespierre, du haut de la tribune,
chargeait cette tête chauve de cinquante pieds de fumier. Cependant, lorsque tous les yeux des tribunes cherchaient à voir ce
Thersite; ce Zoïle, non pas de la valeur et des talens, mais, ce
qui est bien plus vil, de la probité et du patriotisme, Louvet eut,
dirai-je, le courage de se montrer à la tribune après Robespierre,
et de s'y présenter à l'infamie. Tel on a vu à Paris, il y a un
mois, un malheureux, lié au poteau, prier le bourreau de l'y
laisser encore quelques minutes, afin que les passans eussent le
temps de jeter quelques sous de plus dans son chapeau, au pied
du carcan ; tel était le courage de M. Louvet, buvant l'ignominie
comme un verre d'eau ; et restant à la tribune, sans doute pour
que M. Roland jetât quelques écus de plus dans son chapeau.

« Je reviens à la réflexion philosophique que je faisais, il y a un
moment. C'est à cette séance surtout que j'ai pu reconnaître la
sagesse du conseil que Pythagore donnait à son ami l'athlète Eurymène, quand il lui écrivait « de bien combattre à la vérité,
» mais pourtant sans obtenir la victoire, afin de ne se point char-
» ger de l'envie qui la suit. » Si, d'un côté, je félicitais la patrie
en voyant l'effet sensible du discours de Robespierre, et comme
il dissipait peu à peu les préventions amoncelées contre lui et enlevait les suffrages de la majorité de la Convention ; d'un autre
côté, lorsque, cessant de regarder cette majorité, je fixai mes regards sur certains personnages de l'assemblée que j'aurais voulu
estimer, combien je devais gémir et mal augurer de leur petitesse ! Si le plus beau spectacle pour le ciel, comme dit Sénèque,
est la lutte de l'homme de bien avec le méchant qu'il terrasse,
n'aurais-je pas dû croire, par exemple, que Pétion était dans
l'assemblée un des hommes les plus faits pour jouir avec ravis-

sement de ce spectacle du triomphe de la vertu sur la calomnie ? Eh bien ! j'observais Pétion, et je le dis avec regret pour l'honneur du cœur humain, au milieu de cette éclatante justification de son collègue, il paraissait crucifié de son triomphe, et, après Louvet et Buzot, c'est lui qui m'a semblé souffrir davantage des applaudissemens donnés à Robespierre, et je ne crois pas qu'Aman tenant la bride du cheval de Mardochée fît une plus mauvaise figure. Cela me rappela la lettre de Pythagore à Eurimène ; et combien j'ai dû me confirmer dans cette pensée en lisant aujourd'hui l'article de la *Chronique* dont on ne peut imputer l'injustice révoltante, qu'à ce même sentiment de jalousie d'un si grand succès, d'autant plus que Condorcet depuis quelque temps semblait avoir quitté la livrée de Brissot et de Roland.

» Peut-être peut-on expliquer d'une autre manière moins déshonorante pour la nature humaine, ce dépit secret de la justification de Robespierre, qu'on lisait sur le visage de Pétion, et qui perce dans l'article de Condorcet. Pétion avait dans sa poche un énorme discours de trente pages qu'il avait composé, non pas POUR, non pas CONTRE, mais SUR. Pétion avait eu l'ambition digne de son écharpe, de jouer le rôle de médiateur entre Louvet et Robespierre. Or, après un discours si éloquent et une si éclatante victoire que celle de Robespierre sur ses calomniateurs, on sent bien que la médiation de Pétion devenait aussi superflue et aussi ridicule, que celle du roi George, entre la république de France et le roi de Prusse, après les pluies de septembre, la bataille de Valmy, et la dyssenterie et l'expulsion des Prussiens. J'aime mieux expliquer ainsi la mauvaise humeur de Pétion et de Condorcet.

» Je dois apprendre ici au lecteur qui l'ignore, que depuis quelque temps, il s'est formé dans la Convention un troisième parti qui vaut la peine qu'on le définisse : dans la plupart de ceux qui l'ont embrassé, c'est affaire de tempérament et on pourrait l'appeller le parti des FLEGMATIQUES. Pétion, Barrère, Rabaud, Condorcet et je crois même Lacroix et Vergniaud sont ceux qui m'ont paru faire le noyau de ce parti, qui, comme on voit, ne

manque pas de gens de mérite. Tous ces citoyens sont de véritables agioteurs qui se sont placés entre Brissot et Robespierre, entre Danton et Roland, comme l'abbé d'Espagnac entre la hausse et la baisse; et voici le calcul fort simple qu'ont fait ces messieurs : « Il y a dans l'assemblée deux partis qui se haïssent
» de cette haine vigoureuse que la vertu a pour le vice, et Alceste
» pour Philinte ; ces deux partis se combattront, s'excluront
» sans cesse de toutes les nominations ; ayons l'esprit de nous
» placer dans le milieu, et, sans effort, sans que nous ayons be-
» soin de beaucoup de talens, ni de travail, et par les lois seules
» du mouvement et de la physique et comme par la diagonale,
» nous ne pouvons manquer d'arriver à la présidence, et à la
» plus grande autorité, car, par exemple, jamais Brissot ne
» pourra avoir la voix de Robespierre, ni Robespierre celle de
» Brissot, c'est donc sur moi Jérôme Pétion que, dans l'alterna-
» tive, ces deux voix doivent nécessairement se réunir. » On voit que ce calcul n'est pas trop maladroit, ni d'un Jérôme. Au reste, il ne faut pas confondre ensemble tous ces modérés, il y a comme dans le corps constituant, les modérés du côté droit et les modérés du côté gauche, qui, chacun de leur côté, s'éloignaient de la Montagne et venaient de se réunir dans ce qu'on appelle le marais et autour du président. C'est là que Malouet le modéré du côté droit donnait la main à Dandré le modéré du côté gauche. On voit qu'en général, le meilleur de ces modérés, est de fort mince aloi ; quant à moi, je reste de l'avis et de Solon qui bannissait de la république ceux qui gardaient la neutralité, entre les Brissotins et les Jacobins, et de dieu le père qui, dans Saint-Jean l'apocalypse, dit à je ne sais qui : « Si tu étois chaud ou
» froid, tu pourrais trouver grace, mais parce que tu es tiède,
» je te vomis. » J'en appelle aux hommes de bon sens, qui ont depuis quelques jours écouté les discours neutres de Barrère. Y a-t-il rien de plus insupportable et qui choque plus la bonne foi? Et comment peut-on dire ainsi blanc et noir à la fois. Que signifient toutes ces phrases? « Il y a des agitateurs. Non, il n'y a
» point d'agitateurs. Il y a des intrigans. Non, il n'y a point d'in-

» trigans. Barbaroux a tort. Non, c'est Robespierre. » Et n'osant pas dire Robespierre, parce qu'après le discours de celui-ci, il aurait été opprimé d'une huée universelle, il dit : « Ce sont des » hommes d'un jour, de petits entrepreneurs de révolutions; des » politiques qui n'entreront jamais dans la domaine de l'his- » toire. » Et puis il propose un amendement équivalent à un hors de cour contre Robespierre. Mais Barrère ; au nom des dieux, je vous prie, qu'est-ce que tout cela, sinon un galimathias double et la jalousie la plus dévergondée sous le masque de la modération? Qu'avez-vous voulu dire : « Ne faisons pas de pié- » destaux à des pygmées? » Sans doute, nous ne souffrirons pas de piédestaux à aucun homme; fiez-vous-en à nous sur ce point : mais si Robespierre est un pygmée, que serez-vous donc, vous monsieur Barrère? et ne voyez-vous pas que vous avez rappelé à tout le monde la réponse de Rabelais : « Si monsieur le cardinal baise » la mule du pape, que restera-t-il à baiser au curé de Meudon? »

« Croyez-vous donc que la vertu et l'incorruptibilité soient si communes, pour qu'on en puisse parler avec ce mépris? Car je vous le demande : qu'est-ce que la vertu éprouvée, si ce n'est pas celle sur laquelle tout l'esprit de Louvet, aidé de la haine, a pu si peu mordre, et qu'avant même d'entendre l'accusé, l'accusateur avait été obligé de resteindre ses conclusions à l'ostracisme? Qu'est-que l'éloquence et le talent, si vous n'en trouvez pas dans ce discours admirable de Robespierre, où j'ai retrouvé d'un bout à l'autre l'ironie de Socrate et la finesse des *Provinciales*, mêlée de deux ou trois traits comparables aux plus beaux endroits de Démosthènes. Gardez-vous, monsieur Barrère, d'avilir si fort cette réunion de talent et de vertu, et craignez que tout le monde ne voie trop clairement que vous foulez l'orgueil de Robespierre avec un orgueil plus grand encore, et que vous élevez votre piédestal plus haut que celui de ce pygmée.

» Robespierre, ta justification suffit à tout homme de bonne foi. Le conseil-général de la Commune, le corps électoral, les députés de Paris, t'ont l'obligation d'avoir dessillé les yeux de cette portion de l'assemblée en qui l'esprit de parti et la prévention n'avaient pas étouffé le sentiment de la justice. Tu n'en avais pas besoin pour ceux qui te connaissent, et s'il était vrai que tu eusses dit le mot que Lacroix t'accuse, d'avoir prononcé, telle est l'idée que j'ai de ta vertu, que j'en aurais conclu qu'il fallait bien que ce mot ne fût pas criminel, puisque tu l'avais dit. Tous ceux qui te connaissent, qui connaissent tes défauts comme ta probité et ton patriotisme, on dit de Louvet : *Facilius efficiet crimen honestum, quam turpem Catonem.* Quant aux Brissotins aveuglés par l'esprit de parti, désespère de les persuader. J'en ai vu qui trouvaient ton discours détestable, vu même du côté du talent : il me semblait voir les partisans du bouffon Parmenion, qui, après avoir entendu le paysan qui avait fait grogner sous son manteau un cochon véritable, sifflait ce cochon et s'écriait que Louvet l'avait contrefait bien mieux. *Nihil iste ad Parmenionis suem.* »

— Voici un autre article non moins bien écrit, non moins curieux, non moins propre à faire connaître l'opinion à laquelle appartenait alors Camille Desmoulins, extrait du n. XII des *Révolutions.*

« Le parti des intrigans, cherchant à donner aux patriotes qui les combattent un nom aussi heureusement trouvé que celui de Brissotins, dont on les a baptisés, et à ridiculiser autant leurs adversaires par le nom d'un patron également ridicule, n'ont trouvé rien de mieux que d'appeler *Maratistes* tous ceux dont le patriotisme a été rectiligne; mais il y a cette différence entre l'ancien patriarche Jean-Pierre Brissot et l'autre pape Jean-Paul Marat, que celui-ci, ne marchant avec personne, toujours seul sur son brûlot, que nous nous gardons bien d'approcher de trop près, toujours dans les nues, ou par des chemins de traverse, sans que personne puisse l'accompagner sur aucun élément; Jean-Paul Marat, en un mot, aussi isolé au milieu de la Convention que lorsqu'il était sur une fesse, dans sa cave, et fidèle à sa devise :

L'aigle va toujours seul, et le dindon fait troupe,

ne pourra jamais, auprès des hommes de bonne foi, passer pour faire un parti, et pour chef de dindonnière, surtout s'ils se rappellent que, pour imprimer ses élucubrations politiques, ne pouvant trouver 15,000 francs après avoir frappé à toutes les portes, il a été réduit à mettre l'écritoire sur la gorge à Philippe Égalité.

» Mais Jean-Pierre Brissot ! C'est celui-là qui est un chef digne que le nom de *Brissotin* soit donné à tout membre de la législature qui a servi à la nation quelque beau plat de ce métier d'intrigant, comme on donnait le nom d'*imperator* au général qui avait tué sept mille ennemis.

» J'en faisais il y a deux jours, aux Jacobins, la remarque, au sujet de l'excellente adresse dans laquelle Couthon s'élevait, avec force, contre le parti des intrigans qui dominent dans la Convention, mais dans laquelle il prétendait qu'il y avait aussi dans l'assemblée nationale un autre parti, à la vérité nullement dangereux, celui des *têtes exaltées*. Je vois bien, lui dis-je, que vous voulez parler de ceux qu'on commence à appeler les *maratistes* ; mais vous m'avouerez qu'un individu ne fait pas un parti à lui tout seul. S'il faut au moins trois cordeliers pour faire un chapitre, il faudra un moins six personnes pour faire un parti ; car encore faut-il que le chef du parti ait de quoi organiser son bureau. Or, je défie l'honnête Couthon, et qui que ce soit dans l'assemblée nationale, de me nommer, je ne dis pas le *parti Marat*, mais seulement un disciple de Marat, et quelqu'un à qui il puisse laisser son manteau, comme à Élisée. Il est bien vrai qu'il a appelé quelquefois Stanislas Fréron l'*orateur du peuple*, son *cher disciple*. Mais on a été si content à Metz de Fréron, qui y était allé comme commissaire du pouvoir exécutif, que les Jacobins l'ont obligeamment consigné dans leur ville, où on dit qu'il a fait des merveilles, et ils ne lui ont pas encore permis de venir prendre sa place à la Convention.

» Marat m'appelle aussi quelquefois son fils, son cher fils ; car Marat, au fond, est un bon homme, et d'une meilleure pâte que beaucoup de ces sournois, hypocrites de modération, que je vois dans l'assemblée, et qui feraient pendre de fort grand cœur ceux qui ont fait, à la barbe du corps législatif et malgré lui, la révolution du 10 août; mais bien que Marat m'appelle son fils, cette parenté n'empêche pas que je ne me tienne parfois à une distance de l'honorable père, respectueuse et de bien plus de quatre degrés, où on sait que la parenté cesse. Et si par maratisme on entend l'exaltation, je défie M. Couthon de me ranger dans ce parti; car, dans les sept à huit volumes révolutionnaires in-8° que j'ai écrits, il ne trouvera pas une seule ligne où il puisse se récrier contre l'exaltation et l'exagération des principes. Or, si Camille Desmoulins n'est point maratiste, qui est-ce qui dans la Convention le sera? Il est donc démontré par A plus B que le parti Marat, lequel parti Marat compose à lui tout seul, est un ridicule épouvantail dressé par les intrigans au milieu de la Convention, et qui ne peut effrayer qu'un peuple de pierrots, ou des oisillons stupides.

» Mais Jean-Pierre Brissot, c'est là un personnage! C'est lui qui a un parti! C'est à lui qu'on peut dire, comme Danton le lui disait à lui-même si plaisamment : « *Vous êtes un brissotin.* »

» Jetez les yeux sur la formation des comités de l'assemblée, et voyez les noms, ceux qui ont été élus et ceux qui sont omis; admirez surtout le bel ordre, les *alpha* et les *omega*, Brissot partout et Robespierre nulle part, et voyez si Jean-Pierre est un brissotin, et s'il a mis la main dans ce tripotage.

» Cette composition des comités a paru dessiller les yeux à bien des gens, et Couthon, Thuriot et Antoine, que personne ne taxe d'exaltation, ont dénoncé à la séance de vendredi, aux Jacobins, un parti de la Convention, qu'ils ont appelé le parti des *intrigans*, et qu'ils ont accusé de tendre à faire une république aristocratique. Couthon a lu à ce sujet une excellente adresse dont la société avait arrêté l'impression et l'envoi aux sociétés affiliées. Mais une phrase de cette adresse, où Couthon parlait d'un autre parti de têtes exaltées, quoiqu'il avouât que ce parti n'était nullement dangereux, a empêché une foule de députés de mettre leur signature au bas d'une adresse où se trouvait une assertion qui leur paraissait fausse.

» On voit que les patriotes ne sont pas bien d'accord entre eux sur le nom qui convient le mieux à ce parti, nommé par l'un les *brissotins*, par l'autre les *intrigans*, et par moi les *autocrates*.

» Comme c'est moins un seul parti qu'une coalition de plusieurs, je définirai bientôt cette faction, en expliquant de quelles passions elle se compose.

» Autocrates, intrigans, brissotins, n'importe le nom, depuis que je vois de près vos intrigues dans l'assemblée nationale, vos prétentions si grandes et vos talens si médiocres, et votre méprisable coalition, je vous rends grace de m'avoir fait retrouver mon talent avec ma colère. Ce ne sera pas vous qui ferez chavirer la grande caraque des cordeliers. Elle a éprouvé d'autres coups de vent; elle a échappé à d'autres écueils; elle a essuyé d'autres tempêtes qui ne l'ont point brisée. Si les Jacobins, les patriotes, les vrais amis de la liberté et de l'égalité ont triomphé des Maury et des Cazalès, des La Fayette, des Mirabeau et des Dandré, des Barnave, des Lameth et des Duport, qui avaient des talens et de l'éloquence, que vous n'avez jamais eus, et des millions que votre Roland ne gardera pas long-temps à sa disposition; si nous, inconnus, sans moyens, sans inviolabilité, forts seulement de la raison publique, nous avons tour à tour écrasé tous ces partis, croyez-vous que la victoire nous sera difficile sur des brissotins, sur cette coalition d'intrigans à qui on ne peut rien dire de pis que leur nom? Croyez-vous que cette victoire nous sera difficile, aujourd'hui que le peuple a anéanti nos décrets de prise de corps, et a nommé pour ses représentans à Paris la plupart des plus intrépides confesseurs de sa cause? Hier, aux Jacobins, nous avons entendu un député de Chartres nous dire à la tribune, en présence de plus de deux mille personnes, ces paroles remarquables : « Citoyens, ce ne sont point mes con-
» jectures dont je vais vous faire part, mais les confidences que
» l'on m'a faites. Les intrigans ont voulu me mettre de leur bord ;
» ils m'ont communiqué leurs projets. Ces projets odieux sont
» de faire sortir la Convention de Paris, de diviser le peuple
» français en républiques fédératives. Ils ont convenu d'appeler

» maratistes tous ceux qui veulent l'unité du peuple français. »
Voilà ce qui a été dit hier à la tribune des Jacobins; et on a
ajouté : O intrigans, vous n'êtes pas ennemis de Paris parce que
c'est la ville de Paris, mais parce que cette ville a une population immense, et renferme dans son sein une multitude de citoyens éclairés, la terreur des intrigans. Si Bordeaux, ou Marseille, ou Évreux, ou Chartres, étaient aussi peuplés, aussi
éclairés, vous les haïriez à l'égal de Paris; car ce n'est pas Paris
que vous haïssez, mais c'est le peuple, c'est une ville qui a deux
millions d'yeux. Mais vous avez beau vous coaliser, autocrates,
intrigans, brissotins, vous n'êtes qu'une poignée d'hommes, qui
serez submergés dans les crachats de vingt-cinq millions de
citoyens. »

— Nos lecteurs ont dû remarquer l'usage que Camille Desmoulins fait du mot *autocrate*, il s'en sert souvent dans son journal; voici comment il le définit et l'intronise :

« Déjà j'ai fait le sacrifice du mot *brissotin*. A la vérité, j'ai
regret à ce mot ; il sonnait si bien à l'oreille, et il avait fait dans
le monde une certaine fortune, dont il semblait que Molière,
prophète, eût pris soin, en établissant sur la scène les *trissotins*
qui ont quelque affinité avec les *brissotins*. Mais les observations
que j'ai faites et la justice m'obligent à substituer le *genre* à l'*espèce*, et à me servir désormais du mot générique *autocrate*, *autocratie*; il désigne mieux le but de toutes ces intrigues qu'on
voit dans l'assemblée.

» Les *autocrates* sont proprement dits ceux qui veulent dominer, gouverner eux-mêmes et tout faire; s'emparer, eux ou
leurs créatures, du bureau, des comités, de la sonnette et du
ministère. Les exemples expliqueront ce mot autocrate mieux
qu'aucune définition.

» Un ministre affecte le désintéressement d'Aristide; pour
mettre ce désintéressement à l'épreuve, quelqu'un lui fait la malice de le faire nommer à la Convention, et le voilà nécessité à
opter entre un palais ou un second étage, entre un carrosse ou

ses jambes sexagénaires, entre 75,000 livres ou 6,000 livres de rentes. Que va faire Aristide? D'un côté, il fait contester sa nomination de député; de l'autre, il prie ses amis de s'opposer à ce que sa démission de ministre soit reçue. Guiton-Morvaux s'écrie que, C'en est fait de la République si le grand homme quitte les rênes. Tous les familiers du ministre répètent en chœur, C'en est fait de la République. Voilà qui va bien, se dit Aristide, et aussitôt le ministre désintéressé, pour avoir à la fois l'honneur et le profit, envoie sa démission, qu'il croit qui va être rejetée par acclamation et comme une calamité; mais, au lieu de cette acclamation, la discussion s'ouvre, les esprits semblent partagés, et vite il a peur d'être pris au mot, et il retire sa démission, malgré le principe, que donner et retenir ne vaut; et le lendemain, la première chose qu'on lit à l'ouverture de la séance à l'assemblée, c'est une lettre de Roland, où il dit : *Je sens tout l'honneur de coopérer à la formation d'un gouvernement qui doit être le code du monde. Mais je sacrifie cet honneur, je renonce au repos, je reste au ministère, j'achève le sacrifice et je me dévoue tout entier.* » (*Révol. de France*, n. 10.)

— Le mot *autocrate* n'eut pas la même fortune que celui de brissotin, bien qu'il en méritât davantage; car il désigne très-bien une classe de gens devenue fort nombreuse, et aujourd'hui plus que jamais. Nous appelons avec Desmoulins, *autocrates*, ceux qui se préfèrent eux-mêmes à tout et à tous, ceux qui veulent donner le gouvernement de la chose publique à un seul intérêt, le leur; qui ne voient rien qui ne doive obéir à leur personnalité; qui ne trouvent beau, bien, vrai, juste, convenable, qu'eux-mêmes. Or, ces gens-là sont de tous les temps, et jamais il n'y en eut plus que du nôtre. Ainsi, le gouvernement sous lequel nous avons le bonheur de vivre, et celui que nous promettent les estimables candidats qui se présentent, ne sont rien de plus que de belles et bonnes autocraties.

Après Desmoulins, nous devrions citer parmi les journaux anti-girondins, *les Révolutions de Paris*; mais elles ne présentent rien qui ne soit, pour la vigueur, au-dessous de ce que nous venons de lire ; *le Républicain, journal des hommes libres de tous les pays* ; *le Créole, par Milscent* ; mais ces deux derniers ne présentent aucun article intéressant. Le premier est dénoncé par Marat comme appartenant à *la clique* ; cependant il parle avec éloges de Robespierre, et il attaque Roland. « Chacun se demande, dit-il, numéro 28, où veut arriver Roland avec ses perpétuelles dénonciations contre des hommes qu'il paraît craindre ou haïr, contre la Commune de Paris dont l'énergie et la surveillance gênent son insatiable avidité de pouvoir, et même contre les membres de la Convention nationale composant le comité d'agriculture, qu'il a dénoncé à la Convention comme contrariant ses vues ? — Certes, si les vues du ministre ont été d'affamer la République en négligeant son approvisionnement, quoique, depuis long-temps, il ait reçu douze millions pour y pourvoir ; si ses vues ont été de provoquer la guerre civile en ne prenant aucune mesure pour les subsistances, et en criant qu'on va en manquer, au moment même où des ressemblemens partiels sont en mouvement pour s'en procurer ; si enfin ses vues ont été d'effrayer la Convention nationale par le faux bruit du canon d'alarme prêt à tirer ; certes, il n'est pas étonnant que des hommes purs et qui désirent le bien, contrarient ses vues et surtout en empêchent absolument l'effet. »

Le *Républicain* ne venait que de commencer. Son premier numéro parut le 1er novembre. Il contient un bulletin abrégé des séances les plus intéressantes des Jacobins et de la Commune. Quant au *Créole*, il manifeste aussi de grandes sympathies pour les Jacobins ; mais il ne se prononce pour aucun parti.

Nous terminerons cette notice de la presse périodique par un article de Robespierre sur la presse, moins intéressant pour le fond que parce qu'il est de lui. Nous le tirons du numéro VI des *lettres à ses commettans*.

Des papiers publics.

« Citoyens, l'opinion est la reine du monde ; comme toutes les reines, elle est courtisée et souvent trompée. Les députés visibles ont besoin de cette souveraine invisible, pour affermir leur propre puissance, et ils n'oublient rien pour faire sa conquête.

» Le secret de la liberté est d'éclairer les hommes, comme celui de la tyrannie est de les retenir dans l'ignorance. Un peuple qui connaîtrait ses droits et ses intérêts, qui pourrait se former une idée juste des opérations de ses délégués, serait toujours bien gouverné, parce qu'il ne pourrait jamais être trompé. Aussi vit-on de tout temps ceux qui gouvernent attentifs à s'emparer des papiers publics et de tous les moyens de maîtriser l'opinion. C'est pour cela uniquement que le mot de gazette est devenu le synonyme de celui de roman, et que l'histoire elle-même est un roman. Le sort du peuple est à plaindre quand il est endoctriné précisément par ceux qui ont intérêt de le tromper, et que ses agens, devenus ses maîtres par le fait, se constituent encore ses précepteurs. C'est à peu près comme si un homme d'affaires était chargé d'apprendre l'arithmétique à celui qui doit vérifier ses comptes.

» Le gouvernement ne se contente pas de prendre sur lui le soin d'instruire le peuple, il se le réserve comme un privilége exclusif, et persécute tous ceux qui osent entrer en concurrence avec lui. De là, les lois contre la liberté de la presse, toujours justifiées par le prétexte de l'intérêt public. On peut juger par là combien le mensonge a d'avantages sur la vérité. Le mensonge voyage aux frais du gouvernement; il vole sur l'aile des vents, il parcourt, en un clin d'œil, l'étendue du plus vaste empire; il est à la fois dans les cités, dans les campagnes, dans les palais, dans les chaumières; il est bien logé, bien servi partout; on le comble de caresses, de faveurs et d'assignats. La vérité au contraire marche à pied et à pas lents; elle se traîne péniblement et à ses frais de ville en ville, de hameaux en hameaux; elle est obligée de se dérober aux regards jaloux du gouvernement; il faut qu'elle évite à la fois les commis, les agens de la police et les juges; elle est odieuse à toutes les factions. Tous les préjugés et tous les vices s'ameutent autour d'elle pour l'outrager; la sottise la méconnaît ou la repousse. Quoiqu'elle brille d'une beauté céleste, la haine et l'ambition affirment qu'elle est laide à faire peur. L'hypocrite modération l'appelle exagérée, incendiaire; la fausse sagesse la traite de téméraire et d'extravagante; la perfide tyrannie l'accuse de violer les lois et de bouleverser la société. La ciguë, les poignards, sont le prix ordinaire de ses salutaires leçons; c'est sur un échafaud qu'elle expie souvent les services qu'elle veut rendre aux hommes. Heureuse si, dans sa course laborieuse, elle trouve quelques mortels éclairés et vertueux qui lui donnent un asile jusqu'à ce que le temps, son protecteur fidèle, puisse terminer sa captivité et venger ses outrages!

» A ce prix, vous jugez bien qu'elle doit avoir peu de sectateurs. Croyez-vous que ce soit pour l'amour d'elle que cette multitude d'écrivains se déclarent les apôtres de la liberté, et que toute leur ambition soit de sacrifier au bonheur de l'humanité leur repos, leur fortune et leur vie? Voyez s'ils ne se trouvent pas toujours sous la bannière du parti le plus fort; voyez s'ils n'arrivent pas plus promptement au pouvoir et à la fortune que le peuple à l'égalité. Voyez si, pour eux, les principes ne sont pas le système de la faction qu'ils servent, s'ils ne pardonnent pas plus aisément à l'incivisme qu'à l'inflexibilité républicaine. Voyez si l'unique objet de leur confédération n'est pas d'effacer insensiblement les principes de la raison et de la justice, en calomniant ceux qui les préfèrent à toutes les combinaisons des politiques ambitieux. Contens d'avoir obtenu d'abord de l'influence sur l'opinion, en plaidant la cause de la révolution, ils ne songent qu'à en recueillir les fruits en la prostituant à l'ambition des dépositaires du pouvoir. Que serait-ce s'ils l'exerçaient eux-mêmes? si les hommes, par qui le peuple voit ou croit voir les événemens publics, non-seulement se liguent, mais s'identifient avec ceux qui les créent? Quelle est l'erreur qu'ils ne pourront pas accréditer? Quelle est la vérité morale ou politique qu'ils ne peuvent point altérer? Quel est le citoyen qu'ils ne peuvent diffamer? l'innocent qu'ils ne peuvent sacrifier? Si le simple habitant des campagnes, si l'ignorant ou le crédule citadin, voit tous les jours des libellistes qu'il est accoutumé à croire sur parole lui peindre le même homme sous les plus noires couleurs, si chaque jour les écrits périodiques qu'il attend avec impatience et qu'il dévore avec avidité lui apportent régulièrement le poison de la calomnie préparé avec un art nouveau, ne faut-il pas que les citoyens les plus dévoués au bonheur de leur pays finissent par paraître des monstres odieux? De quelle manière, dans quel lieu, un seul homme se défendra-t-il contre cette lâche persécution? Opposera-t-il des écrits véridiques à ceux qui diffament? Mais s'il a le caractère que j'ai dépeint, il est pauvre; comment pourra-t-il lutter contre toutes les ressources de ses adversaires? comment pourra-t-il même franchir toutes les entraves qu'ils mettraient à la circulation de sa défense? S'adressera-t-il aux tribunaux? Quand il pourrait descendre à ce genre de justification insuffisant et indigne de lui, est-il sûr de trouver là une protection assurée contre la faction dominante? Réclamera-t-il l'appui du ministre? c'est lui qui le persécute. Montera-t-il à la tribune du sénat? Mais si là même ses adversaires sont assez puissans pour l'en écarter, ou si ce sont eux qui recueillent ses discours pour les dénaturer?

» Qu'est-ce que la liberté dans un pays où de tels excès sont soufferts, si ce n'est le règne de la plus vile faction et la proscription des honnêtes gens?

» Telle est notre position actuelle. Une trentaine de fripons politiques ont dit : « Emparons-nous de l'opinion et nous régnerons. » Ils ont accaparé les folliculaires accrédités; ils ont multiplié les libelles sous toutes les formes ; ils n'ont pas cessé un instant de se préconiser eux-mêmes et de diffamer tous les citoyens qui ne voulaient connaître d'autre parti que celui de l'intérêt public. Ils se sont emparés du ministère, des contributions publiques, de la poste et du ministère de l'intérieur, c'est-à-dire à peu près de toute la puissance royale. Le ministre qui règne sous ce titre a fait plus de libelles que d'actes de gouvernement, il a dépensé en affiches calomnieuses des trésors qui auraient suffi pour nourrir cent mille familles indigentes. Ses rapports à la Convention nationale, ses proclamations, ne sont que des pamphlets diffamatoires. Les corps administratifs, les corps municipaux, sont devenus les ministres de ses haines personnelles et les colporteurs de ses libelles. Il n'est pas un département, pas une ville, un hameau, qui n'ait été infecté de ses calomnies distribuées partout aux frais de la nation. Que dis-je? La Convention nationale elle-même, trompée par la coalition dont il est la créature et le protecteur, leur a quelquefois imprimé, sans le savoir, le sceau de son autorité sacrée.

» Jamais faction ne propagea les fausses maximes du feuillantisme avec une hypocrisie plus impudente; jamais tyran ne se joua plus insolemment de l'honneur, de la liberté des citoyens, et ne proscrivit avec plus de fureur la vertu républicaine.

» Aussi nous avons le nom de République et tous les maux du despotisme anarchique. On nous étourdit du bruit de nos succès militaires, mais nous n'avons point encore de lois que celles que la tyrannie royale ou constitutionnelle nous avait données. Nous nous glorifions de porter la liberté dans les pays lointains, et nous ne songeons pas même à la fixer au milieu de nous.

» Citoyens, s'il est pour vous un besoin pressant, un devoir sacré, c'est celui d'éclairer l'opinion publique que cette coalition redoutable cherche à égarer. Délégués du peuple, je soumets cette question à votre sagesse. La liberté de la presse, destinée à mettre un frein aux usurpations du gouvernement, doit-elle devenir entre les mains du gouvernement même un moyen d'opprimer la liberté des citoyens et de dépraver l'esprit public? Pouvez-vous protéger le ministre coupable qui, depuis long-temps, en abuse avec une aussi scandaleuse impunité? »

— De nombreuses brochures furent publiées aussi pendant ce mois. Nous avons choisi celles qui sont indispensables à connaître, et nous en ferons l'objet d'un chapitre de documents complémentaires. Parmi ces brochures, on remarquera un discours que Pétion devait prononcer sur l'accusation de Robespierre, et qu'il fit imprimer; une réponse de Louvet à Robespierre, etc. Mais, parmi elles, la plus intéressante est celle d'Anacharsis Clootz: cet écrit, dans lequel il prouva l'existence cachée, mais toujours présente de la doctrine fédéraliste, fit un bruit considérable. Les journaux de toutes les couleurs en parlèrent; il serait fastidieux, et trop long, d'exposer les opinions qu'ils émirent à ce sujet; il suffira de dire que les journaux impartiaux l'approuvèrent non moins que les journaux jacobins. Roland écrivit une lettre où il faisait moins que répondre, il insultait Clootz. Gorsas, Brissot, etc., prirent aussi la plume contre lui; mais les assertions du Prussien restèrent intactes, et lui-même répondit dans le style de ses adversaires, c'est-à-dire d'une manière aigre et injurieuse : or, toutes ces choses ne regardent point autrement l'histoire. Il fut question de la brochure d'Anacharsis Clootz dans une séance des Jacobins; elle fut approuvée, bien que quelques membres se fâchassent du peu de cas qu'il faisait de Marat.

CHRONIQUE DE LA COMMUNE DE PARIS ET DU TRIBUNAL CRIMINEL DU 17 AOUT.

De tous les reproches que l'on adressait au conseil général, le seul qu'il ne put pas supporter, était celui d'improbité. Qu'on l'accusât d'avoir usurpé le pouvoir municipal, de vouloir le conserver, de l'avoir exercé avec une sorte d'omnipotence dictatoriale, et de l'avoir étendu au-delà des limites que les habitudes et les usages semblaient lui prescrire, la nécessité des circonstances, la nécessité de pourvoir au salut public, le justifiaient suffisamment et à ses propres yeux et à ceux du peuple, et à ceux de tous les hommes qui savaient apprécier les difficultés de la position tout exceptionnelle qui avait suivi le 10 août. Tout le monde sentait que ces imputations n'étaient pas même faites de bonne foi; mais s'il eût été vrai qu'il eût été complice des infidélités financières dont on se plaignait et dont on faisait tant de bruit, il sentait qu'il perdait tout le mérite des services qu'il avait rendus, puisqu'on n'aurait plus dû y voir autre chose que le prétexte dont se serait couverte l'avidité de ses membres. Aussi, pendant ce mois, il s'occupa avec ardeur de préparer la reddition de ses comptes. Dès le 3, il rédigea une proclamation qui fut affichée le 5 dans Paris. Elle était ainsi conçue :

« Citoyens, le conseil-général fait imprimer ses comptes, il va leur donner la plus grande publicité. Il est essentiel que le peuple connaisse ceux qu'il a investis de sa confiance; mais, pour ôter aux malveillans tout prétexte de calomnier les hommes du 10 août, le conseil-général arrête que tous les citoyens qui auraient fait des dépôts, dans les comités de sections, à des particuliers ou à la Commune, seront invités à faire leurs déclarations dans un bureau établi à cet effet à la maison commune ; comme aussi à expliquer la nature des dépôts, et à apporter un extrait du procès-verbal ou de la déclaration qu'ils en ont faite. Le conseil général croit devoir prendre cette dernière précaution pour se mettre à portée de vérifier toutes les réclamations qui seraient faites de nouveau, et pour mettre sous le glaive de la loi les membres qui auraient prévariqué dans leurs fonctions. »

— Un grand nombre de réclamations furent en effet adressées à la Commune, et le conseil en ordonnait, au fur et mesure, la vérification. Parmi ces réclamations, nous en avons remarqué deux. La commune de Senlis vint redemander de l'argenterie que les commissaires de la municipalité de Paris avaient saisie sur son territoire : elle lui fut remise. Pétion vint solliciter le remboursement d'une somme qu'il avait prêtée à Louis XVI, et pour laquelle ce prince lui avait signé le billet suivant :

« Le roi reconnaît avoir reçu de M. Pétion la somme de 2,526 livres, y compris les 526 livres que MM. les Commissaires de la municipalité se sont chargés de remettre à M. Hue qui les avait avancées pour le sevice du roi. Paris, 3 septembre 1792.

» *Signé* Louis. »

La Commune ordonna que cette somme fût sur-le-champ remboursée. (*Journal de Paris*, n. CCCXII, *et Procès-verbal de la Commune du 5 novembre.*)

Le 2 novembre, le conseil général, sur la demande de Fournier, ordonna qu'il serait demandé au pouvoir exécutif, une somme de 15,000 livres pour rembourser ce citoyen des avances qu'il avait faites pour aller chercher les prisonniers à Orléans. Ce voyage avait déjà été l'occasion de quelques dépenses de la part de la Commune ; car nous trouvons dans son procès-verbal du 8, qu'un sieur Dehaune cadet, bijoutier, avait déjà reçu 6,000 livres pour le même fait. (*Procès-verbal de la Commune.*)

Le 3 novembre, la Commune arrêta le montant des frais pour les grosses réparations ou constructions faites au Temple, à la somme de 32,662 livres.

Le 5, elle reçut l'état des troupes qui tenaient garnison à Paris; elles s'élevaient, sans compter la gendarmerie et les canonniers, à quinze mille quatre cent quatre-vingt-dix-neuf hommes.

Le 7, Panis demanda la parole. Il annonça que le comité allait rendre ses comptes, et demanda qu'on fixât un jour pour l'entendre. Il dit que quant à lui, il était impatient de mettre ainsi un terme aux imputations calomnieuses dont un parti avait essayé de souiller les meilleurs amis de la liberté, et de montrer qu'il n'avait pas un instant cessé d'être digne du titre de républicain. Les journaux lui prêtèrent d'avoir comparé tout cet échafaudage de mensonge à un château de cartes ou à des capucins de carte qui n'étaient pas de force à résister à une chiquenaude. Quoi qu'il en soit, le procès-verbal de le Commune ajoute que la franchise de ses expressions, et le ton de vérité employé par l'orateur, ne laissa aucun doute sur une justification complète.

Le 8, Panis prit la parole au nom du comité de surveillance, et rendit compte de l'état des dépôts confiés à ses soins. Une vive discussion suivit ce rapport, et il fut décidé que les différentes interpellations à faire au comité, lui seraient adressées par écrit, et que lui-même répondrait de la même manière.

» Le rapporteur, disent les *Révolutions de Paris*, a déclaré à la Commune que dans le nombre des objets précieux qui se trouvent manquer, tels que bijoux, argenterie, louis, etc., on comptait trois montres d'or, une agate montée en bague, et autres bijoux, lesquels effets, a dit le rapporteur, sont entre les mains de Sergent député de Paris à la Convention et alors présent. Sergent est convenu du fait à l'exception d'une montre qu'il a dit ne pas avoir, et a déclaré que son intention était de payer les effets au prix auquel ils auraient été portés. Ce disant, on a remarqué qu'il avait au doigt l'agate réclamée. (*Révolution de Paris*, n° CLXXVII.) » De là, Sergent reçut le sobriquet de *Sergent-Agate*. Tous les journaux girondins au reste mentionnent cette anecdote.

Il est fâcheux que nous n'ayons trouvé, même dans les procès-verbaux de la Commune, aucun détail sur ce rapport et sur la discussion qui le suivit. Sans doute les accusations avaient été bien des fois exagérées; et sans doute aussi il y en avait plus d'une de fondée. On avait dit qu'un chapeau plein de louis apporté à la Commune, avait été volé. Cette inculpation fut vivement poursuivie. On remonta à la source du bruit; et il se trouva qu'il s'agissait dans l'accusation primitive d'une pendule apportée dans un chapeau et non de louis. On ne dit pas si la pendule se retrouva.

Le 9, il y eut une discussion relative au portefeuille qui avait été saisi chez M. de Septeuil, trésorier de la liste civile. Il s'agissait d'en constater la conservation. Il fut ordonné une information à cet égard.

Le 11, on arrêta à 50,506 liv. les dépenses de décoration faites dans l'intérieur du Temple.

Le 14, un membre du comité de surveillance fut vivement compromis par une dénonciation. Nous laissons parler le *Moniteur*.

« Le concierge de la Conciergerie s'est présenté au conseil-général, en exécution d'un de ses arrêtés, et a déclaré que le commissaire qui a levé les scellés apposés au greffe de la Conciergerie, est le citoyen Duffort, membre du comité de surveillance, et que ce citoyen a emporté une malle pleine de planches de faux assignats, et une serviette pleine de faux assignats.

» Le conseil a arrêté que le citoyen Duffort, désigné par le concierge, serait amené sur-le-champ.

» En vertu de cet arrêté, le citoyen Duffort a été amené au conseil. Il lui a été fait lecture de la déclaration du citoyen Richard, concierge de la prison, et du procès-verbal de la section du Pont-Neuf, qui avait fait apposer ces scellés. On lui a demandé en vertu de quel ordre il avait brisé les scellés apposés sur une malle contenant des planches de faux assignats. Il a répondu que c'était en vertu d'un ordre du comité de surveillance, et qu'il avait brisé ces scellés en présence des commissaires de la section du Pont-Neuf.

» Sur sa demande, le conseil-général a nommé des commissaires pour aller, avec le citoyen Duffort, chercher la minute de l'ordre qu'il dit avoir reçu du comité de surveillance ; et a de plus arrêté que les commissaires de la section du Pont-Neuf seraient invités à venir donner des renseignemens sur cet objet.

» Le citoyen Duffort, de retour au conseil, a communiqué le pouvoir qu'il a reçu du comité de surveillance, en date du 4 septembre. Ce pouvoir est signé : DUPLAIN, MARAT, DEFORGUES, JOURDEUIL et DUFFORT.

» On observe qu'il doit être regardé comme nul, arbitraire et abusif, attendu qu'il n'est signé d'aucun membre de la Commune, que les signataires ont fait un faux en prenant le titre d'administrateurs de police. Duffort soutient que Duplain, Jourdeuil, Deforgues et Marat ont été choisis par Panis et Sergent, et que leur choix a été confirmé par le conseil. Beaucoup de membres s'écrient que cela est faux, que jamais le conseil n'a approuvé ce choix.

» Duffort dit qu'*il est bien étonnant qu'après avoir tout fait pour la chose publique, il soit à chaque instant mandé à la barre du conseil. Au reste,* ajoute-t-il, *fort de mon innocence, je viens ici sans répugnance.* La discussion recommence sur les assignats dont il est question. Un membre déclare que, lors de l'enlèvement de ces assignats, Duffort n'en a fait aucune description ; que lui déclarant, lui offrit de l'accompagner à la mairie ; mais que Duffort le refusa, en disant qu'il trouverait bien un commissionnaire. Duffort répond qu'il n'y avait pas assez loin de la Conciergerie à la mairie, et qu'il avait voulu éviter de la peine à un bon citoyen.

» On a interpellé Duffort de dire s'il avait un reçu du comité de surveillance, à qui il avait dû remettre les assignats. Il a dit qu'étant lui-même membre de ce comité, le comité n'avait point exigé de reçu ; que d'ailleurs il avait opéré avec des commissaires de section.

» Après de longs débats, le tout est ajourné à la séance de demain au soir. » (n° CCCXXI.)

Mais, le lendemain soir, personne ne se présenta, c'est ce que constate le procès-verbal du 15.

Le 16, la Commune ordonna que Duffort fût de nouveau sommé de comparaître.

Enfin, le 17, il vint, mais avec Panis, Sergent, Tissot, Rossignol. Il s'agissait ce jour-là de s'expliquer sur diverses affaires. Mais il paraît qu'il fut particulièrement question du portefeuille de M. de Septeuil ; on avait convoqué d'assez nombreux témoins qui furent successivement entendus sur cette dernière affaire. La justification paraît avoir été complète à cet égard. La Commune ordonna que toutes les déclarations seraient écrites et signées (*procès-verbal*), et qu'elles lui seraient soumises le 19, pour qu'elle prononçât définitivement. Mais le 19 arrivé, personne ne se présenta (*Moniteur*). Le lendemain 20, ces pièces furent enfin apportées et lues. Un long débat s'ensuivit. Quelques membres invoquèrent l'incompétence de l'assemblée pour juger les questions en litige. Leur avis prévalut, et l'affaire fut renvoyée par-devant le département. Ce même jour, Sergent reçut ordre de dresser un compte des dépenses qu'il avait faites pour la fête commémorative du 10 août, dont il avait été l'ordonnateur.

Enfin, le 27, des commissaires nommés pour vérifier les comptes du comité de surveillance depuis si long-temps en litige firent leur rapport. Il fut ordonné que celui-ci fût imprimé à cinq cents exemplaires pour être distribué aux quarante-huit sections, aux membres du conseil-général et aux commissaires des sections.

— C'est avec beaucoup de peine que nous avons rassemblé ces courts renseignemens. Nous tenions beaucoup à savoir ce qu'il y avait de vrai dans les accusations adressées au comité de surveillance. Mais les procès-verbaux ne mentionnent que les arrêtés et ne disent pas un mot des discussions ; la presse ne rapporte que ce qui convient à son système de polémique. Il est seulement évident, tant par la lecture des procès-verbaux que par les quelques notes éparses dans les journaux, que cette Commune du 10 août mit une rigueur et une sévérité extrêmes dans ses poursuites ; qu'elle appela à son secours tous les témoignages et tous les renseignemens. Son ardeur était grande ; car elle se soutenait malgré mille interruptions qui venaient la détourner. Outre celles qui étaient relatives à l'administration, elle avait à répondre aux appels qui étaient le moins en rapport avec ses fonctions, mais auxquels, dans ce temps de confusion, il fallait de toute nécessité répondre. On lui venait soumettre des questions de divorce. Le 13, on lui demanda sa protection pour une jeune fille que son père et sa mère tenaient en charte privée afin de la forcer par violence à épouser un homme qu'elle n'aimait pas. La Commune ordonna de délivrer la jeune fille et de la remettre entre les mains de sa grand'mère. Le 17, elle ordonna la formation d'une école de musique pour la garde nationale ; elle devait être composée de trois élèves par sections, et élus par celles-ci. Des affaires plus graves furent celles que lui suscita la faillite de la caisse de secours : nous en avons déjà parlé. Son attention fut aussi très-vivement sollicitée par l'état des subsistances. D'après un rapport du comité des subsistances en date du 17, il n'y avait en magasin à Paris, ou dans les moulins qui fournissaient à la ville, que trente mille sacs de farine de trois cent vingt-cinq livres ; or, la consommation journalière en employait onze cents. La réserve en riz n'était que de deux millions de livres. Ensuite, il fallut que la Commune réglementât sur les combustibles, etc. Elle avait tant à faire, que deux séances par jour l'une le matin, l'autre le soir, suffisaient à peine au travail. Et cependant il ne se passa pas un jour sans qu'elle ne s'occupât de mettre en ordre la comptabilité passée, et de soumettre à une vérification sévère la conduite des divers agens qu'elle avait employés.

Pendant ce temps, les sections s'occupaient de l'élection du maire. Le 16, le résultat des suffrages fut apporté au conseil-général. Il n'y avait point de majorité; les voix s'étaient dispersés sur une multitude de noms. Les deux citoyens qui avaient obtenu le plus de voix étaient *d'Ormesson*, ex-contrôleur-général, alors juge dans un des tribunaux du département, candidat préféré des Girondins, et *Lhuillier*, accusateur public, candidat des Jacobins. Le premier avait 2,567 voix, et le second 2,081. On décida qu'il y aurait ballottage entre eux; bien que l'on vînt de recevoir une lettre de d'Ormesson, lettre qui fut rendue publique, et par laquelle il déclarait se désister de la candidature.

Voici les réflexions insérées sur ce sujet dans le *Patriote Français* du 19 :

« Nous nous contenterons d'observer que c'est Lhuillier qui fut désigné pour la mairie dans la séance des Jacobins, où l'on prétendit qu'il fallait nommer un homme nul...

» *Note sur Lhuillier.* — Lhuillier a été cordonnier, établi rue du Petit-Lion. Sa qualité ne serait pas à considérer, mais elle indique l'habitude du travail des mains et l'éloignement de celui d'esprit; il est sans éducation; il n'a fait aucune étude, il est ignorant, vindicatif, violent, emporté à l'excès. Après des égaremens de jeunesse, il s'est fait homme de loi en 1789. Dans le mois de juillet et d'août, il s'est donné de grands mouvemens dans la section de Bon-Conseil, et il a été nommé accusateur public d'une section du tribunal du 17 août; il suffit de l'entendre parler pour juger de son ignorance. Il paraît s'abandonner au vin..... voilà le maire proposé, proposé par Robespierre aux Jacobins; ce sera Robespierre qui sera maire pour Lhuillier. » (*Patriote Français*, n. MCXCVII.)

Le ballottage commença sous l'influence de réflexions semblables. D'Ormesson eut 4,910 voix, et Lhuillier seulement 4,896. Le premier fut donc proclamé le 21 ; mais il répondit par un nouveau refus. Il fallut encore recommencer un scrutin. La majorité des voix se partagea entre un médecin nommé Chambon et Lhuillier, le premier en eut 5,682, le second 2,491. Il fut décidé qu'il y aurait ballottage entre ces deux candidats ; mais l'on remarqua qu'à chaque scrutin le nombre des votans diminua. La première fois il y eut plus de 12,000 votans ; la seconde moins de 11,000 ; et la troisième à peine 10,000.

Enfin, pour en finir avec les diverses élections relatives à la Commune, il fut décidé le 26 que les quarante-huit sections seraient convoquées pour procéder au renouvellement du corps municipal ; et le 30, le conseil-général fit savoir aux sections que : « ne voulant pas représenter la Commune de Paris contre le vœu des citoyens qui la composaient, il avait arrêté que les sections seraient convoquées à l'effet de déclarer si elles pensaient que le conseil-général fût encore digne de leur confiance. Le conseil-général disait espérer que, dans tous les cas, les sections lui accorderaient au moins le droit de se réunir en bureaux, pour suivre la grande opération de la reddition des comptes. »

Tels sont les détails qui nous ont paru particulièrement devoir être recueillis sur l'intérieur de la Commune en novembre. Nous y avons trouvé en outre deux faits assez curieux et surtout assez inattendus, consignés dans les procès-verbaux ; un *Te Deum* fut chanté à *Notre-Dame* pour remercier Dieu des triomphes de la République. La section Poissonnière discuta sur le projet d'une nouvelle fédération républicaine ; elle vint apporter cette proposition au conseil-général, elle fut très-applaudie ; mais l'ordre du jour la fit oublier.

Nous ne terminerons pas cette notice sur l'histoire de Paris, sans dire un mot du tribunal criminel établi le 17 août pour juger les conspirateurs, et supprimé par un décret du 29 novembre. Nous avons sous les yeux le *Bulletin* complet de ce tribunal, il se compose de trente-huit feuilles in-4° et d'une table. Ce journal portait pour épigraphe ces deux vers :

> Celui qui met un frein à la fureur des flots
> Sait aussi des méchans arrêter les complots.

Voici sa préface; elle nous a paru intéressante à conserver.

« Tous les événemens de notre révolution doivent être connus et jugés par la postérité; il faut qu'elle sache ce que la liberté dont elle jouira aura coûté à ses pères.

» C'est pour l'instruire sur cet objet que j'ai cru devoir recueillir les décisions du tribunal extraordinaire, établi, pour ainsi dire, sur les débris fumans du palais du dernier despote de la France, sur les corps sanglans des Français morts pour la liberté.

» Le crime se trouve tracé à côté du nom du coupable. L'instruction est brièvement extraite; et l'homme qui lira ce recueil sous le règne de la liberté et de l'égalité, loin du désordre inséparable d'une révolution, jugera et ceux qui ont établi ce tribunal, et la mémoire de ceux qu'il a condamnés. Dégagé de passions et d'intérêts, il ne verra que des hommes; il louera ou blâmera avec impartialité; il me saura gré sans doute de lui avoir fourni ces bases sur lesquelles il pourra asseoir son opinion. »

Liste des membres composant le tribunal établi par la loi du 17 août 1792.

Président de la première section. — P.-A.-N. Pépin-Dégrouhette.

Président de la seconde section. — J.-A. Lavau.

Juges. — Desvieux; Dubail; Maire; Jaillant; Roulx, de Château-Renard; Naulin.

Commissaire national de la première section. — Scellier.

Commissaire national de la seconde section. — Legagneur.

Accusateur public de la première section. — Lhuillier.

Accusateur public de la seconde section. — Réal.

Directeurs du juré d'accusation. — Loiseau; Dobsen; Fouquier-Tinville; Lebois; Guillaume-Sermaise; Paré; Crével.

Greffiers. — Bruslé ; Hardy ; Méchin ; Georges.

Commis-greffiers. — Vivier ; Montessuit ; Masson ; Binet ; Bocquené ; Laisné ; Laplace ; Neirot.

Huissiers. — Trippier ; Nicol ; Doré ; Heurtin ; Tavernier l'aîné ; Tavernier jeune ; Nappier ; Bissonnet.

— Nous allons mettre nos lecteurs en position de juger par eux-mêmes, en leur donnant les analyses textuelles, de quelques-unes des séances de ce tribunal. Nous commencerons ainsi à satisfaire à la promesse inscrite au titre de cet ouvrage. Nous choisissons les séances qui se rapportent le plus à l'histoire, et qui en même temps ont trait aux questions qui étaient alors les plus irritantes et les plus puissantes.

SÉANCE DU 28 AOUT. — *Procès du sieur Dossonville.*

« La seconde section du tribunal a commencé, hier vers les onze heures du matin, le procès du sieur Dossonville, accusé d'être l'agent et le complice du sieur Collenot, dit d'Angremont, en ce qui concerne les enrôlemens et soldes d'espions contre-révolutionnaires.

» Interrogé de ses nom, surnom, qualités, lieu de naissance, âge et demeure :

» A répondu se nommer Jean-Baptiste Dossonville, natif de..., être limonadier de son état, et officier de paix de la section de Bonne-Nouvelle, âgé de quarante ans.

» A lui demandé, s'il avait connaissance du complot qui éclata le 10 août dernier :

» A répondu que non.

» A lui demandé, en sa qualité d'officier de paix, à qui il rendait compte de ses opérations :

» A dit le rendre à l'administration de police.

» A lui demandé ce qu'il a fait le 9 août dernier au soir :

» A dit s'être rendu au château des Tuileries, sur le bruit qui courait que le tocsin devait sonner dans la nuit ; que de là il fut auprès du corps législatif.

» A lui demandé à qui il a parlé à l'assemblée nationale :

» A répondu n'avoir parlé à personne.

» A lui observé, à cet égard, qu'il est étonnant que lui, fonctionnaire public, et obligé par état de chercher à prévenir les attroupemens, se soit écarté des lieux où il devait s'en former, et se soit rendu de préférence aux Tuileries pour y attendre l'état des événemens :

» A répondu y avoir été sans intention autre que celle de voir ce qui s'y passait.

» A lui demandé ce qu'il a fait le 10 au matin :

» A dit, qu'étant à sa section, il a vu les esprits en grande fermentation, sur ce que l'on y disait que le maire de Paris était gardé en otage au Château, et que l'on se disposait à y aller en armes pour le délivrer; qu'alors il s'était mis en devoir de s'y transporter aussi.

» A lui demandé en quel temps il a connu pour la première fois le sieur d'Angremont :

» A répondu l'avoir vu et connu pour la première fois sur le quai Voltaire, le 1er août dernier.

» A lui demandé, si ce ne fut pas alors que ledit d'Angremont lui communiqua un plan pour servir à rétablir la tranquillité publique, en remettant les choses sur l'ancien pied :

» A répondu, qu'effectivement ledit d'Angremont lui fit part de ce qu'il appelait un excellent projet, et l'invita à se rendre chez lui pour en prendre connaissance, en lui ajoutant qu'il en avait donné communication au ministre; lequel en avait paru fort satisfait.

» A lui demandé quel était le ministre auquel ledit d'Angremont lui avait assuré avoir donné communication de ce projet :

» A répondu que c'était au ministre de l'intérieur.

» A lui demandé si ce ministre est le sieur Terrier de Montciel, ou si c'est le sieur Champion :

» A répondu ne pouvoir le dire, ne se rappelant pas dans ce moment lequel de ces deux ministres lui fut nommé par ledit d'Angremont.

» A lui demandé s'il n'a pas, à différentes époques, remis des notes audit d'Angremont, lesquelles contenaient des noms d'individus bons à enrôler dans les brigades et compagnies que le même d'Angremont se proposait de former pour l'exécution de son projet :

» A dit que, dans la matinée du 8 août dernier, il rencontra ledit d'Angremont au Palais-Royal, et lui remit une note où étaient inscrits les noms de sept à huit personnes.

» A lui demandé quelles pouvaient être ses intentions, en livrant ainsi les noms et demeures des particuliers qui allaient devenir suspects, en s'inscrivant pour un corps dont la formation était ignorée par les autorités constituées :

» A répondu qu'il en avait fait l'objection au sieur d'Angremont; mais que ce dernier lui avait protesté avoir communiqué, chez le roi, son projet à M. Pétion ; que ce même magistrat lui en avait témoigné sa satisfaction en lui serrant la main.

» A lui demandé s'il n'a pas touché de l'argent pour la solde des hommes qu'il produisait au sieur d'Angremont :

» A répondu que non.

» A lui demandé ce qu'il a fait dans l'après-midi de la journée du 10 et dans le courant de celle du 11 août dernier :

» A répondu avoir, en sa qualité d'officier de paix, employé le temps dont on lui demande l'usage à arrêter des voleurs, et à faire les perquisitions nécessaires pour s'assurer de fabricateurs de faux assignats.

» A lui demandé s'il croyait que le plan du sieur d'Angremont était constitutionnel :

» A répondu que d'abord il l'avait cru, mais qu'ensuite il lui avait paru suspect.

» A lui observé qu'il est bien étrange que lui, fonctionnaire public, n'ait point instruit les autorités constituées des opérations du sieur d'Angremont :

» A dit que c'étaient bien ses intentions, que même il devait, la journée du 10, en instruire M. le maire et les administrateurs de police; mais qu'il fut arrêté dans sa résolution par les événemens de cette fatale journée.

» A lui demandé pourquoi il n'a pas fait le 11 cette déclaration :

» A répondu que le grand nombre de ses occupations dans la journée du 11 ne lui en a pas laissé le temps.

» A lui demandé ce qu'il allait faire le 11 chez le sieur d'Angremont :

» A dit qu'il y était allé pour s'informer de ce qu'il était devenu, attendu qu'il ignorait son arrestation.

» A lui demandé s'il n'a pas remis au sieur d'Angremont, à différentes reprises, des notes sur les dispositions des esprits de la capitale :

» A répondu en avoir remis trois ou quatre fois.

» A lui observé qu'il est bien étrange qu'étant fonctionaaire public, nommé par le peuple, payé par le peuple pour en être l'agent fidèle, lui, Dossonville, ait préféré rendre compte à un contre-révolutionnaire, des mouvemens de la capitale, de préférence aux administrnteurs de police, magistrats spécialement chargés de la surveillance publique :

» A répondu que, devant hommage à la vérité, il avoue n'y avoir pas bien réfléchi.

» A lui demandé par quel hasard le 21 juin et le 10 août dernier, jours où la vie de M. Pétion fut en danger, lui Dossonville se trouva sur les pas du maire de Paris, au château des Tuileries, sans avoir été appelé :

» A dit que c'est par excès de zèle.

» Ici lecture a été faite à l'accusé d'une grande quantité de lettres qui prouvent la plus entière correspondance avec d'Angremont. Interpellé de répondre sur les faits y contenus, le sieur Dossonville s'est constamment armé de la négative.

» Parmi les témoins entendus dans le cours de la contradiction, on a remarqué un sieur Deschamps, espion aux gages du sieur Dossonville, qui remettait à ce dernier des notes que l'accusé faisait passer au sieur d'Angremont, lequel, à son tour, les faisait circuler dans d'autres mains. On peut juger leur atrocité à la lecture de l'extrait suivant : cette note est datée du 9 août ; il y est dit : « Le petit émissaire bleu, jacobite, a monté ce matin

» sur une chaise au Palais-Royal ; il a harangué le peuple sur les
» événemens qui se préparent ; il a même promis de revenir ce
» soir, son projet étant de se faire des partisans pour cette nuit.
» Les Jacobins sont la cause de tous les maux qui désolent la
» France par les écrits incendiaires qu'ils font circuler, et que le
» maire de Paris protége. Il faut espérer que nous serons bien-
» tôt débarrassés de ces j... f..... de démocrates, le maire lui-
» même étant le plus grand ennemi de Louis XVI, etc. »

» Interpellé de répondre si cette note lui a réellement été remise par le sieur Deschamps, l'accusé a dit que effectivement
elle lui avait été remise par ledit Deschamps, mais qu'il n'y avait
fait aucune attention.

» Interpellé à son tour de répondre s'il reconnaissait cette note
pour être de son écriture, Deschamps a balbutié et n'a fait entendre aucune réponse satisfaisante.

» D'après la lecture de cette note, et les diverses interpellations faites à Deschamps et à Dossonville, MM. les jurys et juges
du tribunal ont pensé qu'il était nécessaire de mettre le sieur
Deschamps en état d'arrestation, et de faire immédiatement apposer le scellé chez lui, tant parce qu'il était un des enrôlés dans
la bande assassine, que parce qu'il était instant d'avoir de son
écriture pour la comparer à celle de ladite note ; en conséquence,
perquisitions ont été faites chez lui par deux commissaires de la
section des Gravilliers, nommés à cet effet ; il résulte du procès-
verbal qu'ils ont dressé, que l'on n'a trouvé chez le sieur Deschamps rien de suspect.

» M. l'accusateur public, ayant comparé sommairement les
pièces d'écriture trouvées chez le sieur Deschamps, avec la note
ci-dessus, a cru reconnaître le même corps d'écriture. Le prévenu a persisté, mais d'une voix tremblante, à dire qu'il n'avait
point écrit cette note.

» Lecture a ensuite été donnée de l'interrogatoire que le sieur
Dossonville avait déjà subi devant le juré d'accusation, et du registre d'enrôlement trouvé chez le sieur d'Angremont, sur lequel
le nom Dossonville est écrit en lettres majuscules, comme devant

être chef de brigade ; mais où il n'est point marqué que ledit Dossonville ait reçu de l'argent, au lieu que les autres enregistrés y sont tous portés pour les sommes qui leur ont été payées.

» M. le président a fait observer au tribunal que MM. Ogé et Dorival, officiers de paix, témoins au procès, et sur lesquels on avait de violens soupçons de complicité, avaient disparu.

» M. l'accusateur public, dans son résumé des faits, a dit : « que le sieur Dossonville, en sa qualité d'officier public, ne devait agir que d'après les autorités constituées ; que, voyant se former, dans les ténèbres, une armée inconnue à ces mêmes autorités, une armée dont les chefs, dirigés par une main invisible, avaient à leurs ordres un nombre immense de subalternes, dont le sieur Dossonville lui-même faisait partie, il devait en donner connaissance aux chefs de la municipalité ; si réellement, comme il l'avait avancé précédemment, son intention n'était que de suivre la trame criminelle qui s'ourdissait depuis assez long-temps pour pouvoir en faire une déclaration authentique ; mais qu'ayant coopéré, dans le silence, aux travaux de ces insurgens contre-révolutionnaires, il était lui-même au rang des conspirateurs. »

» Ici a parlé le défenseur officieux du sieur Dossonville, qui l'avait été déjà des sieurs Laporte et du Rosoy ; si les talens de ce jeune orateur n'étaient point déjà connus, il suffirait de l'avoir entendu, dans la défense du sieur Dossonville, pour apprécier son rare mérite.

» Après ce plaidoyer, M. le président analysa les faits, et posa les questions sur lesquelles avaient à prononcer MM. les jurys : ces messieurs se retirèrent dans leur chambre, où, après deux heures d'opinions, ils ont fait la déclaration suivante :

« Il est constant qu'il a été formé à Paris, dans les premiers
» jours d'août, présent mois, un complot d'embauchage ou levée
» d'hommes soldés, étranger aux autorités constituées, pour exé-
» cuter la conspiration qui a éclaté le 10, et allumer la guerre ci-
» vile, en armant les citoyens contre les citoyens ; que le sieur Dos-
» sonville est convaincu d'avoir trempé dans ledit complot, mais
» qu'il n'est point convaincu de l'avoir fait à dessein de nuire. »

» D'après cette déclaration, M. le président a annoncé au sieur Dossonville qu'il était acquitté de l'accusation ; que, conformément à la loi, son élargissement aurait lieu au bout de vingt-quatre heures, s'il ne survenait point d'autres charges contre lui (il était alors une heure du matin.)

» De vifs applaudissemens couronnèrent la décision du tribunal en faveur du sieur Dossonville, qui prononça d'une voix très-faible :

» Qu'il était vivement pénétré ; qu'à la vérité il avait commis une erreur, mais que son intention n'avait jamais été de nuire à la chose publique.

» Le sieur Dossonville s'attendait si peu au jugement rendu en sa faveur, il croyait sa mort tellement inévitable, qu'avant de boire un verre de vin, dans le temps où l'on était aux opinions, il dit à celui qui le lui donna : « Ah ! mon cher monsieur, ce verre » de vin est le dernier que je boirai de ma vie ! »

» De grands criminels ont souvent échappé à la vengeance des lois, par le défaut de preuves.

» Malgré la décision du tribunal à qui il était impossible de prononcer autrement, nous sommes loin de croire à l'innocence du sieur Dossonville. De pareilles erreurs ne sont point involontaires. Le défaut de réflexion n'entraîne point à conspirer. Si cependant, contre toute présomption humaine, le sieur Dossonville ne s'est prêté à des machinations aussi perfides que dans la vue *de ne pas nuire* ; si le législateur interne qui règne sur tous les hommes n'a de reproche à lui faire qu'une confiance trop aveugle ; qu'il se souvienne qu'il en faut moins que ce qu'il a fait pour être toujours suspect à l'opinion publique. Elle est grande, la différence entre l'innocent justifié et le criminel élargi, parce qu'il manquait le complément de sa culpabilité. Il ne reste au sieur Dossonville que de répandre, en défendant sa patrie, un sang qu'il a vu près de couler pour s'être associé à des conspirateurs. *Une femme, des enfans* seraient une vaine excuse. Fénelon disait : « J'aime mieux ma famille que moi, ma patrie que ma fa- » mille, et l'univers que ma patrie. »

A ce procès succéda celui de M. Montmorin, maire et gouverneur de Fontainebleau, que l'on a en général confondu avec M. Montmorin, le ministre, massacré en septembre. Nous donnons seulement la dernière scène de ces débats; elle eut lieu le 30 août.

« Le jury a déclaré, en son ame et conscience, qu'il a existé une conspiration, des complots, des machinations tendant à allumer la guerre civile, en préparant la désorganisation du corps législatif, en armant les citoyens les uns contre les autres, en faisant tirer les gardes suisses contre les gardes nationales, lesquels ont amené les crimes commis dans la journée du 10 ;

» Qu'il est également constant que Louis-Victoire-Hippolyte-Luce Montmorin est convaincu d'y avoir coopéré, d'avoir écrit de sa main un plan de conspiration, un projet de contre-révolution, dont l'effet a éclaté le 10 août dernier, lequel a été trouvé parmi ses papiers; qu'il est convaincu d'en être l'auteur, mais qu'il n'est pas convaincu de l'avoir fait *méchamment et à dessein de nuire.*

» Après cette déclaration, le sieur Montmorin a été ramené à l'audience. M. le président lui annonçait que, conformément à la déclaration du jury, il était acquitté de l'accusation, lorsque de violens murmures se sont fait entendre. Saisis de toute l'instruction du procès, les citoyens ont cru que la déclaration du jury était injuste. « Vous le déchargez aujourd'hui, s'est écriée une
» voix, et dans quinze jours il nous fera égorger. » L'indignation était à son comble, et de funestes effets en eussent peut-être résulté, si M. Osselin n'eût fait valoir l'empire des lois. « Citoyens,
» a-t-il dit, voulez-vous renverser les bases de l'égalité, vous ren-
» dre indignes de la liberté, continuez à mépriser les lois ; à ma-
» nifester votre improbation sur les opérations du tribunal, et
» par-là vous amènerez la subversion totale de l'empire. » C'est dans de pareilles circonstances que les magistrats du peuple sont à même de juger le degré d'estime auquel ils sont parvenus dans son esprit. Ici M. Osselin harangue les citoyens au nom du tribunal; il est entendu avec ce silence admiratif, expression de la confiance. « Ce n'est point au tribunal, lui dit-on, que nous avons

des reproches à faire. Dépositaire de la confiance publique, on le voit tous les jours gagner un degré de plus ; mais dans le nombre des jurés, il y en a que l'on reconnaît pour avoir appartenu à la maison Montmorin ; leurs opinions ont pu être influencées. Nous demandons que ce procès soit révisé par un autre jury. » M. Osselin rétablit le calme en se chargeant de conduire lui-même le sieur Montmorin aux prisons de la Conciergerie, et de le faire écrouer de nouveau au nom du peuple. On applaudit. M. le président donne le bras au sieur Montmorin qui, au milieu des huées, parvient auxdites prisons où il est remis à la responsabilité du concierge.

» Dans la cour du palais, M. Osselin pensa recevoir un coup de sabre que lui portait un garde national qui croyait avoir à venger sur la personne d'un juge la déclaration du jury, prononcée en faveur du sieur Montmorin. Le coup fut heureusement arrêté : et le citoyen-soldat, qui avait oublié dans ce moment que la force armée doit donner l'exemple d'un respect solennel pour les autorités constituées, ce citoyen, disons-nous, sera long-temps à se repentir d'avoir menacé les jours d'un magistrat savant et infatigable pour venger une nation outragée.

» A l'ouverture de l'audience du samedi matin, des citoyens en grand nombre, sur le bruit que l'on avait fait évader le sieur Montmorin des prisons de la Conciergerie, ont demandé que MM. du tribunal voulussent bien rassurer les esprits à cet égard, et même autoriser légalement une députation de six membres, choisie parmi le peuple pour se transporter auxdites prisons et se convaincre de la vérité. Le tribunal, faisant droit sur cette demande, a donné, au nom du peuple, les pouvoirs nécessaires à MM. les commissaires pris dans le sein de l'auditoire ; lesquels de suite se sont rendus auxdites prisons, et ont apporté l'assurance que rien n'était plus faux que l'évasion du sieur Montmorin qu'ils ont vu de leurs yeux. »

Procès de M. Backmann, major-général des ci-devant gardes-suisses.

La seconde section s'est occupée, samedi 1ᵉʳ septembre, de

l'affaire du sieur Backmann, lequel interrogé de ses nom, surnom, âge, qualité, lieu de naissance et demeure,

A répondu se nommer Jacques-Joseph-Antoine-Léger Backmann, natif du canton de Glaris; être âgé de cinquante-neuf ans, militaire depuis son jeune âge, demeurant ordinairement à Paris, rue Verte, faubourg Saint-Honoré.

« Après lecture faite de l'acte d'accusation, dans lequel il est dit que, depuis long-temps, lui, Backmann, est connu pour avoir constamment manifesté des principes ennemis de notre révolution; qu'il est un de ceux qui ont contribué à égarer les sous-officiers et soldats suisses, pour les amener à commettre la trahison qui a éclaté le 10 août, en donnant les ordres de faire feu sur les citoyens; qu'il a abusé à cet effet de son ascendant sur les esprits qui lui étaient subordonnés; que, depuis le dimanche 5 août, les gardes suisses ont laissé apercevoir des mouvemens anticiviques; qu'il résulte des différentes dépositions de plusieurs gardes suisses, que, le matin de la journée du 10, il accompagna le roi à la revue que ce dernier fit des gardes nationales et suisses; qu'il s'est même mis, décoré de son cordon rouge, à la tête d'un peloton de Suisses, a présenté les armes, lorsque Louis XVI passa devant lui, afin de donner par-là aux soldats suisses l'impulsion de l'obéissance aux ordres du roi; que deux officiers municipaux étant venus, lors de ladite revue, faire une espèce de proclamation qui consistait à demander que l'on demeurât fidèle aux ordres du roi, et que l'on opposât la force à la force; que cette proclamation, perfide et insidieuse, fut traduite en allemand par lui, Backmann; que l'on a de violens soupçons que le feu qui a eu lieu dans les escaliers a été exécuté par ses ordres; qu'Étienne Berger, soldat suisse, dans la déposition qu'il a faite à la section du Roule, a déclaré que c'étaient les officiers supérieurs qui les avaient forcés à tirer sur le peuple, particulièrement sur les citoyens armés de piques; etc.

» M. l'accusateur public annonce que le sieur Backmann et autres Suisses de nation, qui sont, en ce moment, entre les mains de la justice, ont dressé une protestation, par laquelle ils déclinent la juridiction du tribunal, prétendant qu'ils ne doivent être jugés que par leur nation. M. le commissaire national observe que, dans les traités et capitulations qui nous lient à la nation helvétique, le cas dont est question n'a pas été prévu; que le délit dont il s'agit est du ressort de la nation française, attendu qu'il n'est pas dans l'ordre des choses de penser qu'une nation, lorsqu'elle contracte des traités avec une autre nation, ait prétendu se lier les mains, en renvoyant par-devant une nation quelconque la punition des délits qui concernent les attentats commis contre la sûreté du peuple, et s'en rapportent à sa juridiction. Il demande qu'il soit passé outre, et que l'instruction du procès soit commencée sur-le-champ, sauf le recours à l'assemblée nationale, s'il y a lieu.

» M. Jullienne, homme de loi, défenseur officieux du sieur Backmann, observe qu'il est de la loyauté du peuple français d'en référer à l'assemblée nationale, attendu, ajoute-t-il, qu'en ce moment peut-être les Français qui voyagent dans la Suisse sont retenus en otage jusqu'au moment où l'on aura appris le résultat de ce qui se passe en ce moment à Paris.

» Le tribunal ordonne qu'il sera, à l'instant, donné lecture d'une lettre de M. le ministre de la justice. Il y est dit, en substance, qu'il y a lieu de croire que le peuple, dont les droits ont été si long-temps méconnus, ne sera plus dans le cas de se faire justice lui-même, devant l'attendre de ses représentans et de ses juges.

» M. le commissaire national observe que les juges, en acceptant les traités et capitulations, ont obtenu le libre exercice de leur religion, et se sont soumis à la justice civile pour les délits privés qui seraient commis envers l'autorité nationale, se réservant de statuer eux-mêmes sur les délits militaires, ce qui leur fut accordé, ainsi qu'il est porté dans les traités et capitulations conclus avec les cantons suisses, savoir, dans le premier, conclu en 1481, dont M. le commissaire national a donné lecture : « Les » deux nations conviennent de se remettre réciproquement les » voleurs et mauvais citoyens qui attaqueront la souveraineté de

» l'état; » de sorte qu'en ce moment les cantons suisses, si ledit Backmann s'y était réfugié, seraient obligés de le remettre à la France, attendu qu'il est prévenu de délits qui intéressent la sûreté de l'état.

» Les Suisses ont le préjugé de croire qu'ils ne doivent obéir qu'aux rois; mais en observant que, dans le cours de 1789, ils ont juré d'être fidèles à la nation française, et qu'ils sont coupables d'avoir violé leurs sermens, il requiert que le déclinatoire présenté soit rejeté, et qu'il soit passé outre.

» Le tribunal, attendu qu'il s'agit d'une réclamation de la plus haute importance, se retire en la chambre du conseil pour en délibérer.

» Après avoir repris son audience, le jugement suivant a été prononcé :

» Le tribunal, après s'être retiré en la chambre du conseil, et y avoir délibéré sur les protestations faites par le sieur Backmann, et consignées dans les déclarations qu'il a faites devant le directeur du juré d'accusation, devant lequel il a comparu, protestations tendantes à réclamer contre la compétence du tribunal; sur les observations de M. l'accusateur public, lecture faite d'une lettre de M. le ministre de la justice, écrite, à ce sujet, à M. l'accusateur public, M. le commissaire national entendu; considérant que l'assemblée nationale, en déterminant les délits ou les crimes qui sont de la compétence du tribunal criminel établi par la loi du 17 août 1792, n'a fait ni prononcé aucune acception de personnes; que le privilége réclamé par le sieur Backmann n'est justifié par aucun article positif, qui ait un rapport direct aux délits ou crimes de lèse-nation, ou de conspiration et complots contre l'état : ordonne qu'il sera passé outre à l'instruction, et que néanmoins, et à l'instant, le présent jugement sera communiqué, à la diligence de M. le commissaire national, au ministre de la justice, lequel sera invité, sous sa responsabilité, à faire passer au tribunal, dans le plus court délai, le résultat précis de ses conférences avec le ministre des affaires étrangères ou avec l'assemblée nationale, s'il a cru devoir en référer au corps législatif, pour être ensuite statué par le tribunal ce que de droit.

» Le sieur Backmann, interrogé s'il était au château le matin de la journée du 10 août dernier :

» A répondu y avoir été le matin, mais qu'il n'y était plus lorsque le feu a commencé.

» A lui demandé où il a passé la nuit du 9 au 10 :

» A dit l'avoir passée au Château.

» A lui demandé s'il n'était pas près du roi lors de la revue qui fut faite sur les six heures et demie :

» A répondu avoir été en ce moment près de la chapelle, et après la revue, avoir accompagné le roi à l'assemblée nationale; que de suite il était sorti avec les Suisses sur la terrasse des Feuillans; qu'ils y restèrent environ une demi-heure; qu'ils virent venir des citoyens criant *vive la nation!* que les Suisses répétèrent ce cri; qu'un instant après, ils entendirent un coup de canon, lequel semblait partir du Château; qu'il ne peut dire qui avait donné les ordres de faire feu; qu'immédiatement après, ils virent venir à eux un grand nombre d'hommes qui leur crièrent de loin de rendre les armes; que cette sommation a été effectuée en partie, et qu'après cette opération, les Suisses se sont retirés près du roi dans l'assemblée nationale; que lui personnellement fut aussi désarmé, conduit au comité de section, et de suite à l'Abbaye Saint-Germain.

» A lui demandé de combien d'hommes était composée la garde suisse de service au château des Tuileries dans la nuit du 9 au 10 août :

» A répondu sept cent cinquante.

» Ici M. le commissaire national a remontré à l'accusé qu'il en impose à la justice, en alléguant qu'il n'y avait que sept cent cinquante hommes de gardes suisses au Château dans la nuit du 9 au 10, tandis qu'il appert, par les procès-verbaux qui lui seront exhibés, qu'il y en avait neuf cent cinquante.

» A lui demandé combien il y avait d'individus décorés du cordon rouge dans le régiment des gardes suisses :

» A répondu quatre, savoir : lui Backmann, major ; Maillardor, lieutenant-colonel ; d'Affry père et fils, colonels.

» A lui demandé combien chaque soldat avait de cartouches dans la nuit du 9 au 10 :

» A répondu douze à quinze.

» A lui remontré que son assertion n'est pas exacte, attendu qu'il est prouvé qu'on a trouvé dans les gibernes de plusieurs Suisses morts sur le champ de bataille, jusqu'à soixante cartouches, ce qui porterait à croire qu'ils devaient en avoir chacun quatre-vingts :

» A répondu que, depuis longues années, il existait dans les magasins de Ruelle un nombre considérable de cartouches ; qu'il est vraisemblable que des Suisses en auraient pris, sans ordres, du moins à sa connaissance, puisque le procès-verbal dressé par la municipalité de Ruelle, le soir, attestait qu'il n'en restait plus aux magasins.

» A lui demandé si, vers six heures trois quarts, dans la matinée du 10, il n'a pas accompagné le roi dans la revue qu'il fit des gardes nationales et suisses au Pont-Tournant, et s'il est instruit que les Suisses dudit poste se sont repliés pour accompagner le roi :

» A dit que les Suisses le firent à l'exemple de la garde nationale.

» A lui demandé ce qu'il était venu faire au château des Tuileries dans la nuit du 9 au 10 :

» A répondu que c'était l'usage depuis long-temps que, lorsque les postes étaient doublés, les officiers supérieurs s'y rendissent.

» A lui demandé si, dans ladite nuit, il ne coucha pas au Château dans l'appartement de Mesdames :

» A répondu qu'il ne coucha point, ayant été sur pied toute la nuit.

» A lui demandé quelles étaient ses fonctions, en qualité de major audit régiment :

» A répondu que sa partie était l'habillement, la solde, etc.

» A lui demandé si, depuis quelque temps, la paie des Suisses n'avait pas été augmentée :

» A répondu que non.

» A lui demandé si la paie des Suisses s'effectuait en numéraire ou en assignats :

» A répondu que c'était en écus et en pièces de 50 sous.

» A lui demandé combien il croit qu'il était resté d'hommes à Courbevoie dans la journée du 10 :

» A répondu trente-deux ou trente-quatre.

» A lui demandé s'il ne s'est pas opposé au décret qui enjoignait aux gardes suisses de sortir de la capitale, et s'il n'a pas écrit à ce sujet aux cantons suisses :

» A répondu avoir écrit au corps helvétique pour lui faire part de tout ce qui se passait, mais non point pour s'opposer au départ des Suisses; que si les Suisses n'étaient point tous partis, c'est que le décret n'en avait point fixé le nombre, parce que si le décret avait porté que tous les Suisses devaient partir pour les frontières, il aurait été exécuté sur-le-champ.

» A lui demandé si, dans la nuit du 9 au 10, il n'a pas fait une ronde dans le jardin et dans les appartemens du Château :

» A répondu qu'il l'a faite afin de s'assurer si les postes étaient complets.

» A lui demandé pourquoi les gardes suisses, accoutumés à une discipline exacte, paraissaient depuis quelque temps abandonnés à eux-mêmes en fréquentant les cabarets, les mauvais lieux, principalement dans les rues de Saint-Nicaise, de Rohan et autres adjacentes, se tenant ordinairement sous le bras et pris de boisson, au grand scandale des citoyens voisins :

» A répondu qu'il avait fait tout ce qui avait dépendu de lui pour maintenir l'ordre; qu'il y avait des têtes qui n'étaient pas saines, et que ce n'était pas sa faute.

» A lui demandé s'il n'est pas un de ceux qui ont constamment persévéré à égarer et pervertir l'esprit des Suisses, de manière qu'on s'apercevait, même dans les départemens, que les gardes suisses marchaient dans les sentiers d'une contre-révolution, que leurs dires et gestes semblaient désirer et provoquer, ainsi qu'il appert des lettres venues de Normandie, etc., et pourquoi, lors de l'arrivée des Marseillais aux Champs-Élysées, il se trouva deux sergens suisses avec des soldats contre-révolutionnaires :

» A répondu que ces deux sergens étaient d'excellens citoyens, que le hasard, et non une mauvaise intention, avait conduits dans ce lieu.

» On entend un grand nombre de témoins qui tous déposent des faits qui se sont passés aux Tuileries la nuit du 9 au 10 août, mais cependant sans trop parler du sieur Backmann.

» Un autre témoin dépose que, dans le moment que le roi passait sa revue, il vit MM. Rœderer, Beaumetz et Barré, faire une espèce de proclamation par laquelle, en adressant la parole aux gardes nationaux et suisses qui se trouvaient dans la cour, ils leur dirent : « Vous avez juré de défendre la Constitution, la loi et le » roi ; eh bien ! messieurs, vous ne pouvez trouver une plus belle » occasion. » Après cette courte harangue, un officier municipal qui se trouvait là ajouta qu'il fallait exécuter la loi en repoussant la force par la force. A ces mots, un garde national répondit : marchez devant nous, et nous vous suivrons. A quoi le municipal répondit que son devoir était de proclamer la loi et non de l'exécuter.

» Un autre témoin dépose que dans la matinée de 10 août, se trouvant cour des Princes, au château des Tuileries, près d'un nombreux peloton de Suisses, il vit venir M. Roux, médecin, officier municipal, lequel s'approcha d'eux et leur fit part de l'arrivée d'une prétendue horde de brigands qui venaient, disait-il, piller le Château et assassiner la famille royale ; que de suite, adressant la parole, tant à la garde nationale qu'auxdits Suisses, il leur dit qu'il fallait défendre la Constitution, la loi et le roi, et qu'à l'appui de ces mots, tout le peloton suisse avait crié : oui ! que quelques minutes après, un sous-officier suisse apporta de l'eau-de-vie et de la poudre à canon, et qu'il en a été bu par un assez grand nombre.

» Un caporal suisse dépose que dans la nuit du 9 au 10 on leur annonça que des brigands des faubourgs devaient venir assassiner le roi ; mais que le jour étant venu, et n'ayant vu paraître que des bataillons de gardes nationaux armés, ils commencèrent à s'apercevoir qu'ils avaient été induits en erreur ; que n'ayant rien mangé ni bu de la nuit, on leur apporta de l'eau-de-vie et du pain à eux appartenant, étant celui de l'ordinaire, mais qu'il doit à la vérité de dire qu'il n'y avait pas dans l'eau-de-vie de poudre à canon ; que dans ces entrefaites M. Backmann passa dans les rangs, accompagné des capitaines, lesquels dirent aux Suisses : *Avez-vous de bonnes pierres ? vos fusils sont-ils bien amorcés ? c'est aujourd'hui qu'il faut vaincre* ; que le sous-lieutenant Ignace Maillardor était le seul qui s'opposait à ce que l'on fît feu ; que vers les huit heures et demie, les Suisses, ne voyant plus le roi, demandèrent ce qu'il était devenu ; qu'alors on leur répondit qu'il était à l'assemblée nationale ; que plusieurs d'entre eux ajoutèrent : Tant mieux, nous ne serons pas obligé de faire feu ; que leur peloton se mit en devoir de retourner dans le corps-de-garde de la cour de Marsan ; qu'il avait déjà fait environ vingt pas, lorsque le peuple, qui remplissait les cours, fut fusillé ainsi que le peloton qui se trouvait en ce moment sur le grand escalier près la Chapelle ; que lesdits coups partirent des appartemens, sans que l'on sût quels étaient ceux qui les avaient tirés, et que c'est ce qui les obligea de se défendre ; que des citoyens qui croyaient que c'était eux qui avaient fait feu, tiraient de tous côtés sur eux ; que chacun d'eux, Suisses, se réfugièrent, tant dans le jardin que dans les appartemens, où le plus grand nombre fut massacré ; que lui, s'étant réfugié près du roi, à l'assemblée nationale, il avait depuis été conduit au palais Bourbon.

» A lui demandé pourquoi il ne se trouvait pas, pour ainsi dire, de gardes nationaux dans l'intérieur des appartemens, tandis qu'il avait plus de quatre cent trente Suisses :

» A dit que les postes avaient été ainsi distribués par les ordres du sieur Mandat, commandant-général de la garde nationale.

» Un autre soldat suisse dépose qu'on les fit partir de Ruelle le 10, vers les trois heures du matin; que lors de leur arrivée aux Tuileries, ils virent un nombre considérable de gardes nationaux, ou du moins des individus revêtus de l'habit de la garde nationale; qu'on les fit ranger en bataille, et que le roi les passa en revue; que deux officiers municipaux, notamment M. Rœderer, y revinrent, accompagnés de Backmann, major; de Salis, capitaine; Turler, officier; Fifre, capitaine; Erlach, capitaine; Cholet, adjudant; Alimand, adjudant; que M. Rœderer, après les avoir harangués, ajouta : *Vous avez entendu, messieurs*; que le sieur Turler répéta en allemand les mêmes mots; que le nommé Dain, sergent de la compagnie d'Affry, leur ordonna de faire feu, lorsque le moment serait venu, en observant que l'on tirerait sur ceux qui ne le feraient pas; que c'était l'ordre exprès des chefs. Il confirme sur le restant des événemens de cette journée ce que la majeure partie des autres témoins ont déjà déposé.

» M. le président interpelle l'accusé de déclarer si, pour parvenir à rendre la garde du château des Tuileries plus nombreuse, il n'avait pas, quelques jours auparavant, rappelé les travailleurs du régiment :

» A répondu que lesdits travailleurs avaient été rappelés, parce qu'on se préparait à partir pour Évreux.

» A lui observé que, vu le grand nombre de mauvais citoyens qui se rendirent au château dans la nuit du 9 au 10, il y avait lieu de croire que plusieurs d'entre eux s'étaient revêtus de l'habit de suisse; et que si lui, qui a précédemment déclaré que son département était de pourvoir à leurs habillemens, n'avait pas procuré à cet égard un supplément :

» A répondu pouvoir attester qu'il n'existe point de supplément d'habits.

» A lui demandé qui est-ce qui avait coutume de délivrer les cartouches :

» A répondu que c'étaient les adjudans.

» A lui demandé s'il peut dire depuis combien de temps il n'a pas été fait d'inventaire de l'état des poudres déposées à Ruelle :

» A répondu qu'il croit se rappeler qu'il y a environ deux ans.

» Un autre témoin dépose qu'il connaît Backmann depuis 1790 ; qu'il a entendu dire que le 28 février il était au château des Tuileries au rang des chevaliers du poignard ; qu'il y fut désarmé et frappé.

» Ces mêmes faits sont à peu près certifiés par un sergent suisse, lequel, parlant ensuite de l'affaire du 10 août, dit qu'il croit qu'il existait un complot de la part de l'état-major, par l'attention que l'on eut de faire raser le capucin qui leur servait d'aumônier, et en l'emmenant au château habillé en bourgeois, ainsi que le chirurgien de Ruelle, qui fut choisi de préférence à ceux de Paris et de Courbevoie ; que ce fait paraît être aisé à éclaircir, lorsque l'on sait que le chirurgien préféré était le plus aristocrate qu'il fût possible de trouver, et que l'aumônier était un de ceux qui tourmentaient le plus les soldats suisses sur leur opinion, en abusant de son ministère, principalement envers ceux qui n'entendaient pas la langue française.

» Ici est entré dans l'audience un grand nombre de gens armés, qui, adressant la parole au tribunal, demandèrent Backmann, en disant que c'était le jour des vengeances du peuple, et qu'il fallait leur livrer l'accusé.

» Ces paroles jetèrent la consternation dans l'esprit des Suisses qui déposaient au procès, et qui étaient prisonniers à la Conciergerie : ils se couchèrent dans l'audience, afin de n'être point aperçus des hommes armés. Backmann seul, lui qui n'avait point dormi depuis plus de trente-six heures que durait l'audience, conserva la plus grande tranquillité ; son visage n'en fut point altéré : il descendit du fauteuil où il était assis, et se présenta à la barre, comme pour dire au peuple : *sacrifiez-moi*. Le président (M. Mathieu), harangua le peuple en l'exhortant à respecter la loi et l'accusé qui était sous son glaive. Ces mots, dits avec énergie, furent écoutés avec silence par la multitude, qui sortit pour aller achever l'œuvre qu'elle avait commencée dans les prisons de la Conciergerie, et dont vingt-deux prisonniers étaient déjà les victimes en ce moment.

» Backmann continua d'écouter avec tranquillité l'analyse que fit M. l'accusateur public des charges et informations résultant du procès.

» M. le président posa les questions en ces termes :

» A-t-il été préparé une conspiration, laquelle a éclaté le 10 août dernier, tendante à allumer la guerre civile, en armant les citoyens contre les citoyens et contre les autorités légitimes?

» Le sieur Backmann est-il convaincu d'avoir préparé et secondé ladite conjuration?

» Est-il convaincu de l'avoir fait méchamment et à dessein d'exciter la guerre civile?

» Le juré spécial de jugement déclara l'affirmative.

» M. le commissaire national, après avoir exposé l'état où s'est trouvé le peuple français depuis la révolution, après avoir exposé la conduite des auxiliaires suisses, et fait lecture de la loi, qui prononce la peine de mort contre les traîtres et les conspirateurs, requit que ladite peine fût appliquée au sieur Backmann.

» Le tribunal conclut, et jugea de même.

» M. le président fit ensuite un superbe discours au condamné, qui l'écouta, ainsi que son arrêt, sans mot dire.

» A sept heures du matin, tout étant prêt pour l'exécution, il monta avec résignation dans la charrette de l'exécuteur. Arrivé sur l'échafaud, il se prêta de la meilleure grace à cette cruelle opération. »

Les exemples que nous venons de donner suffisent pour faire connaître la manière de procéder du tribunal. Cette formule *qu'il n'est pas convaincu de l'avoir fait méchamment et à dessein de nuire*, se retrouve dans plusieurs autres procès, et devient toujours, comme nous l'avons déjà vu, un motif d'acquittement. Assez souvent, soit après une condamnation, soit après un acquittement, le président adressait aux accusés un discours où l'on remarque une dignité et une noblesse de sentimens que l'on est étonné de rencontrer, lorsqu'on a lu les imputations de toute espèce qui furent adressées soit à ces cours de justice révolutionnaires, soit aux membres qui les composaient.

Le tribunal du 17 août fut chargé d'instruire l'affaire du vol du garde-meuble de la couronne. Ce vol est qualifié dans les actes du tribunal des noms de complot et de conjuration. Le nombre des accusés et des condamnés fut considérable. Les débats sont cependant moins intéressans qu'on ne le croit ordinairement, et comme ils ne nous ont offert rien qui eût trait à l'histoire, nous les passons sous silence.

En parcourant le *Bulletin*, nous avons trouvé les débats de deux procès intentés à des hommes qui, abusant des circonstances, avaient usurpé des fonctions publiques.

L'un était un sieur *Louvalière* qui, sans autorisation, s'était revêtu de l'écharpe tricolore et des épaulettes d'aide-de-camp de Santerre, dans les journées de septembre. Il avait, sous ce déguisement, été assez hardi pour se présenter au conseil-général de la Commune, y prendre des missions, assister à des appositions et des levées de scellés. Ce fut lui, dit l'acte d'accusation, qui présida le 3 septembre à l'enlèvement, en douze voitures, de deux cent soixante cadavres de prisonniers massacrés et amassés sur le Pont-au-Change. Mais, il fut constaté qu'il n'avait rien détourné des dépôts qui lui avaient été confiés ; et en conséquence, quoique coupable, il fut acquitté comme n'ayant pas agi méchamment et à dessein de nuire.

L'autre était un sieur *Stévenot*, qui fut convaincu d'avoir, avec plusieurs autres, et à l'aide de la force armée qu'il trompait, en supposant des ordres, commis sciemment, méchamment et à dessein, des violations d'asile, des arrestations illégales et arbitraires, des bris de portes et serrures, des dilapidations, et enfin des enlèvemens d'armes, de papiers, vaisselles, bijoux, argent, assignats, etc. Ce Stévenot fut condamné à douze années de fer et à l'exposition.

DERNIÈRE AUDIENCE DU TRIBUNAL.

« Le tribunal qui, depuis trois mois et demi, rendait jours et nuits la justice à ses concitoyens, aux grands regrets des vrais ennemis de la République, s'attendait, depuis quelque temps, à être supprimé au premier jour; cependant il ne pensait pas l'être avec tant de célérité; sur la proposition de Garran-Coulon, organe du comité de législation, la Convention nationale, dans sa séance du 29 novembre, a supprimé le tribunal pour le surlendemain 1ᵉʳ décembre; les jurés avaient été appelés pour une cause intéressante, dont les débats devaient commencer le 30, et qui était susceptible de durer peut-être quarante-huit ou cinquante heures, ce qui aurait porté le jugement bien au-delà du terme fixé par la loi du 29; en conséquence, le tribunal, craignant que le jugement qui devait suivre ne fût frappé de nullité, dépêcha un message vers la Convention nationale, à l'effet de savoir s'il pouvait commencer la cause pour laquelle les jurés et les témoins avaient été mandés.

» Vers les onze heures du matin, le tribunal reçut expédition du décret qui prononçait sa suppression, par une ordonnance que lui envoya le ministre de la justice.

» Le tribunal donna ordre à la gendarmerie de service d'amener à l'audience les nommés Chambon, Douligny, Depeyron, dit *Francisque*, Badarel, Gallois, dit *Matalot*, et ci-devant condamnés à mort pour le vol du garde-meuble de la République.

» Traduits devant le tribunal, le citoyen Pepin, président, leur déclara que le sursis qui leur avait été accordé cessait avec l'existence du tribunal. A ces mots, les condamnés crurent qu'il était question de marcher sur-le-champ à la guillotine : Chambon et Gallois se trouvèrent mal; mais ayant entendu le président ajouter qu'ils avaient le droit de se pourvoir en cassation, cela leur ranima les forces; cinq, sur-le-champ, demandèrent acte au tribunal de la demande qu'ils en firent à l'audience, ce qui leur fut accordé.

» Le président demanda à Douligny si son intention était

aussi de se pourvoir ; celui-ci répondit que le tribunal l'avait traité avec humanité, ainsi que ses complices, et qu'il ferait ce qu'il ordonnerait.

» Le tribunal lui donna, comme aux autres, acte de son appel.

» Ne recevant aucune nouvelle de la Convention nationale, le tribunal envoya un huissier savoir ce qui s'était passé à son égard; il arriva au moment que la séance venait d'être levée; ayant parlé à un membre, il l'assura qu'il avait été rendu un décret de prorogation.

» Étant venu rendre compte de sa mission, le tribunal, qui était resté depuis le matin en état de permanence, députa l'un de ses membres (le citoyen Desvieux) vers le ministre de la justice, afin de savoir, oui ou non, s'il avait été rendu un décret; les citoyens gendarmes, jaloux de témoigner leur gratitude et leur civisme, demandèrent d'accompagner le député, ce qui leur fut accordé.

» Vers les huit heures du soir, le citoyen Desvieux est revenu, apportant le décret, portant que la Convention nationale avait passé, sur la demande du tribunal, à l'ordre du jour. Sur-le-champ le tribunal, faisant droit sur les conclusions de l'accusateur public, a déclaré que ses fonctions étaient finies. Le citoyen Lhuillier demanda la parole et prononça le discours suivant :

« Citoyens, nommé par le peuple, ce tribunal en a eu la force et l'énergie.

» Toutes les autorités ont paru devant nous, sans aucune acception particulière, parce que nous n'avons connu que l'égalité; mais un caractère de justice aussi prononcé, en nous faisant redouter de cette classe d'hommes farouches qui tendent sans cesse à la suprématie, et qui n'usent de la puissance du peuple que pour l'asservir; ce caractère, dis-je, devait faire de tous ces hommes des ennemis cruels pour le tribunal : en effet, vous avez vu la calomnie verser sur nous ses poisons subtils et dangereux; mais vous étiez là, vous avez applaudi à nos travaux; et, fiers de vos suffrages, nous avons méprisé la calomnie.

» Aujourd'hui, citoyens, le tribunal est supprimé, mais toujours dignes de vous, toujours dignes de nous-mêmes ; nous dédaignons de regarder en arrière pour connaître la main qui nous a frappés. La loi a parlé, nous suspendons nos fonctions ; c'est à vous de juger de quelle manière nous les avons remplies. »

SITUATION DES ARMÉES.

Jusqu'à ce moment les Français, en prenant les armes, n'avaient cru courir qu'à la défense de la révolution. Une publication, qui fut répétée par tous les journaux, leur apprit qu'il s'agissait aussi de conserver l'intégrité du territoire national. Nous citons cette pièce d'après le *Moniteur* du 18 novembre.

[Ce n'est pas sans fondement, dit le *Moniteur*, que beaucoup de personnes ont prétendu qu'un traité de partage de la France avait été conclu, dès l'année 1791, entre les principales cours de l'Europe. On connaît aujourd'hui ce traité : c'est un monument authentique de l'audace des rois et de la patience des peuples.

Extrait d'un traité conclu et signé à Pavie, au mois de juillet 1791.

« L'empereur reprendra tout ce que Louis XIV avait conquis sur les Pays-Bas autrichiens ; joignant ces provinces aux Pays-Bas, il les donnera en échange à l'électeur Palatin, de sorte que les nouvelles possessions, jointes au Palatinat, porteront le nom de royaume d'Austrasie.

» L'empereur aura à perpétuité la propriété et la possession de la Bavière, pour faire à l'avenir masse indivisible avec les domaines héréditaires de la maison d'Autriche.

» L'archiduchesse Marie-Christine sera, avec son neveu l'archiduc Charles, mise en possession héréditaire du duché de Lorraine.

» L'Alsace sera restituée à l'Empire. L'évêque de Strasbourg et le chapitre recouvreront leurs priviléges, ainsi que les souverains ecclésiastiques de l'Allemagne.

» Si les cantons suisses accèdent à la coalition, on leur proposera d'annexer à la ligne helvétique l'évêché de Porentrui, les gorges de la Franche-Comté et celles du Tyrol, avec les bailliages qui les avoisinent, ainsi que le territoire de Versoy, qui coupe le pays de Vaud.

» Si le roi de Sardaigne souscrit à la coalition, on rendra à la Savoie la Bresse, le Bugey et le pays de Gex, usurpés sur cette monarchie par la France.

» Au cas qu'il puisse opérer une assez grande diversion, on lui laissera prendre le Dauphiné, pour lui appartenir dorénavant, comme aux plus proches descendans des anciens dauphins.

» Le roi d'Espagne aura le Roussillon, le Béarn et l'île de Corse, et s'emparera de la partie française de Saint-Domingue.

» L'impératrice de Russie se charge de faire une invasion dans la Pologne, moyennant quoi elle conservera Kaminiek, avec la partie de la Podolie qui confine la Moldavie.

» L'empereur contraindra la Porte à lui céder Chockzim, ainsi que les petits forts en Servie, et ceux sur l'Anna.

» Le roi de Prusse, au moyen de l'invasion de la Russie en Pologne, fera l'acquisition de Thorn et de Dantzig, et y joindra un palatinat, à l'orient des confins de la Silésie.

» Le roi de Prusse acquerra en outre la Luzace, et l'électeur de Saxe recevra en échange le reste de la Pologne, pour en occuper le trône comme roi héréditaire.

» Le roi actuel de Pologne abdiquera le trône, moyennant une pension convenable.

» L'électeur de Saxe donnera sa fille en mariage au prince puîné, le grand-duc de toutes les Russies, qui sera souche des rois héréditaires de Pologne et de Lithuanie.

» Signés, LÉOPOLD, le prince DE NASSAU, le comte FLORIDA-BLANCA, BISSCHOFSWERDER.

Nota. L'Angleterre y a passivement accédé en mars 1792. Ensuite la Hollande, moyennant que l'arrangement des limites avec l'empereur se fît au gré de la République, avant le partage.

L'Espagne a renoncé, lors de la rentrée du comte d'Aranda au ministère, avec l'assurance d'une neutralité complète.]

Le titre donné à cette pièce dans tous les journaux est celui d'*authentique*, mot qui répond à celui d'*officiel*, usité aujourd'hui, et par lequel nous désignons les communications du gouvernement. Il n'est pas difficile de deviner quel but le pouvoir exécutif voulait atteindre par cette publication. Il se proposait sans doute de donner une nouvelle ardeur aux bataillons volontaires qui, l'ennemi chassé du territoire, menaçaient de se dissoudre, attirés par l'intérêt des affaires de la politique intérieure. On craignit, en effet, dans ce mois, de voir les hommes qui s'étaient engagés pour *sauver la patrie* rentrer dans leurs foyers, maintenant que son salut était assuré. En effet, quelques-uns commencèrent à quitter les drapeaux ; on vit revenir dans les sections de Paris plusieurs des enrôlés d'août et de septembre. Si cette désertion fût devenue générale, l'armée se fût encore une fois trouvée dans l'impossibilité d'agir. Il était donc important de faire comprendre que les coalisés avaient d'autres projets que celui d'établir le pouvoir monarchique en France, projets d'ambition personnelle qu'ils abandonneraient difficilement, et qu'on ne pouvait combattre qu'en leur enlevant les moyens de les réaliser.

Il fallait en outre justifier l'arrêté du conseil exécutif, qui avait été communiqué à l'assemblée nationale le 1er novembre, en ces termes :

« Le conseil exécutif provisoire arrête que les armées fran» çaises ne quitteront point les armes et ne prendront point de
» quartiers d'hiver, jusqu'à ce que les ennemis aient été repoussés
» au-delà du Rhin. »

Cet arrêté fut couvert d'applaudissemens par la Convention, c'est-à-dire que son approbation lui fut assurée. C'était, en effet, le premier pas fait dans le seul système de sécurité qui pût alors convenir à la république française. Il fallait conquérir, si l'on ne voulait pas être, l'année suivante, encore exposé à être conquis soi-même. Il fallait répondre aux projets des coalisés par des entreprises qui les rendissent irréalisables. Enfin, il fallait faire comprendre toutes ces choses au public, afin qu'il ne retirât point les forces volontaires qu'il avait mises entre les mains du gouvernement. Il les comprit en effet, et cela de suite, sans en être entretenu par les journaux. La menace contenue dans le traité de Pavie souleva son indignation à tel point, que toutes les violences lui semblèrent justes, et que ceux même qui étaient enfans alors en ont conservé et nous en ont transmis la mémoire.

Le système nouveau de sécurité fut complété par la Convention dans la séance du 19 novembre. Voici le compte que le *Moniteur* rend de la discussion qui eut lieu à ce sujet ; nous en avons réservé la citation pour ce moment.

[*Ruhl*. Je vais vous dénoncer un fait qui prouve que tandis que vous travaillez avec tant de zèle à la propagation de la liberté et de l'égalité chez tous les peuples qui nous environnent, les ministres de France auprès des cours étrangères travaillent avec un zèle égal à étrangler cette même liberté. Le bailliage de Darmstadt, qui devait vous appartenir d'après le traité de Riswick, a arboré la cocarde nationale, et a demandé à être Français. Le duc des Deux-Ponts, pour arrêter ce mouvement, s'est hâté d'envoyer des troupes dans ce bailliage, pour saisir les magistrats et les amener dans les cachots de Deux-Ponts ; à la tête de ces troupes, on a remarqué le sieur Delporte, ministre de France à la cour des Deux-Ponts. Les citoyens du duché de Limbourg et du bailliage de Darmstadt demandent donc notre protection contre l'invasion des despotes. D'un autre côté, le club des amis de la liberté et de l'égalité établi à Mayence m'a écrit pour m'engager à vous demander si vous voulez accorder votre protection aux Mayençais, ou les abandonner à la merci des despotes qui les menacent. Je demande, moi, que vous déclariez que les peuples qui voudront fraterniser avec nous, seront protégés par la nation française.

Fermont. Dans le moment où les armées de la République marchent pour assurer la liberté des peuples voisins, je ne vois pas comment on peut douter des intentions de la France. Je demande le renvoi de la proposition de Ruhl au comité diplomatique, qui doit s'occuper en ce moment de déterminer le mode dont nous devons non pas protéger, mais garantir la liberté des peuples qui nous environnent.

Legendre appuie cette proposition, et demande que le comité fasse son rapport le plus tôt possible.

Brissot. Le comité diplomatique vous fera un rapport vendredi prochain, sur les principes d'après lesquels la France doit accorder sa protection à tous les peuples qui la réclament. Le citoyen Grégoire est chargé de vous faire le rapport. Quant à la protection à accorder aux Mayençais, elle a été proclamée plusieurs fois dans des adresses. J'en demande le renvoi au comité diplomatique, pour servir de base au rapport que je vous annonce.

Ruhl lit une adresse des Mayençais par laquelle ils marquent qu'on les menace de l'abandon de la nation française.

Brissot. Alors je demande qu'on décrète le principe, et qu'on en renvoie la rédaction au comité diplomatique.

N... Je demande que le pouvoir exécutif soit chargé de donner des ordres aux généraux d'armée, pour venger à l'instant les peuples qu'on a opprimés.

Carra. En déclarant la souveraineté de la nation française, vous avez reconnu la souveraineté de toutes les autres nations. Avant de renvoyer au comité, vous devez donc commencer par déclarer que vous reconnaissez la souveraineté de tous les peuples de la terre. Vous avez délivré vos voisins de la tyrannie, vous ne devez pas les abandonner quand ils se jettent dans vos bras.

Lepaux. Je demande que la Convention déclare que la nation française accordera fraternité et secours à tous les peuples qui voudront jouir de la liberté.

Lasource. Je ne m'oppose point à la proposition qui est faite de déclarer que vous accorderez fraternité et secours aux peuples qui voudront conquérir la liberté. Je vous prie d'observer qu'ici plusieurs questions sont enchaînées les unes aux autres. Vous aurez d'abord à régler la conduite des généraux envers les peuples chez lesquels ils porteront les armes de la République. Vous déciderez ensuite la proposition d'aujourd'hui. Enfin, il vous restera à traiter une grande question que je n'ai pas aperçu qu'on discutât ; c'est la conduite que vous aurez à tenir envers les peuples qui voudront se réunir à vous. Englober toutes ces questions, ce serait faire une mauvaise loi, ou plutôt ce serait n'en point faire. Je demande donc la priorité pour le projet de décret du comité diplomatique sur la conduite des généraux en pays étranger.

Lepaux propose, et la Convention adopte la rédaction suivante :

« La Convention nationale déclare, au nom de la nation fran-
» çaise, qu'elle accordera fraternité et secours à tous les peu-
» ples qui voudront recouvrer leur liberté, et charge le pouvoir
» exécutif de donner aux généraux les ordres nécessaires pour
» porter secours à ces peuples, et défendre les citoyens qui au-
» raient été vexés, ou qui pourraient l'être pour la cause de la
» liberté. »

Sergent. Je demande que ce décret soit traduit et imprimé dans toutes les langues.

Cette proposition est décrétée.

— Nous allons maintenant voir commencer l'exécution des vastes projets que contenaient ces diverses décisions.

Conquête de la Belgique et des Pays-Bas autrichiens.

Avant de quitter Paris, le général Dumourier avait concerté son plan de campagne avec le conseil exécutif ; il avait reçu le commandement en chef depuis Dunkerque jusqu'à Givet. Le général Valence formait la droite avec l'*armée des Ardennes* forte de seize mille hommes. Il devait se porter sur Namur, et empêcher la jonction du général Clairfait qui accourait du Luxembourg au secours du duc de Saxe-Teschen. Il atteignit en effet Clairfait à Virton, le 24 octobre, mais sans pouvoir l'entamer, et, retardé par des délais dans le service des fournitures, il se trouvait encore le 6 novembre à Givet.

Le centre, sous le nom d'*armée de la Belgique*, était commandé par Dumourier en personne. Ce corps avait réuni quarante mille hommes dans le camp de Famars sous Valenciennes, dès le 22 octobre. Il devait pénétrer dans le pays ennemi par la route de Mons.

L'aile gauche ou *armée du Nord*, forte de dix-huit mille hommes aux ordres du général Labourdonnaye, occupait l'intervalle entre Dunkerque et l'Escaut. Cette armée devait menacer Tournai pour forcer l'ennemi à étendre et partager ses moyens de défensive.

A la droite de l'armée des Ardennes, celle de la Moselle devait se porter en même temps sur Trèves et Coblentz, tandis que, avec une partie de l'armée du Rhin, Custine descendrait le fleuve.

Ce plan vaste et combiné, dit Servan (1), s'il eût été exécuté dans son entier, eût donné, en une seule campagne assez courte, pour limites des cantonnemens des troupes françaises, le Rhin de Bâle à Nimègue. — Mais déjà la plus grande partie de ce projet était abandonnée. L'armée de la Moselle paraissait trop faible; celle de Custine s'amusait à lever des contributions en Allemagne. L'armée de Belgique seule accomplit la tâche qui lui avait été réservée.

Les trois corps qui la composaient formaient, ainsi que nous venons de le voir, vers la fin d'octobre, un total de soixante-quatorze mille combattans; mais ce nombre s'accrut rapidement par l'adjonction des divers cantonnemens dispersés de Lille à Châlons, et de quelques corps venus de Paris qui rejoignaient successivement, de telle sorte qu'il s'éleva bientôt à plus de cent mille hommes. Parmi ces renforts, on remarqua à son passage à Lille, une légion de gendarmerie formée à Paris des débris des anciennes gardes françaises et des autres compagnies soldées de la garde nationale. Cette légion, dont le chiffre n'était pas de moins de cinq mille hommes, était un corps d'élite sous tous les

---

(1) *Tableau historique de la guerre de la révolution*, t. 1, p. 228.

rapports, aussi remarquable par la tenue, par la beauté, que par l'expérience des soldats.

Le duc de Saxe-Teschen et Clairfait, dont la réunion s'était opérée le 31, n'avaient ensemble que quarante mille hommes à opposer à une pareille masse. Le succès ne pouvait donc être un instant douteux.

Le 28, Dumourier porta son avant-garde à Quiévrain, c'est-à-dire, environ à moitié route de Valenciennes à Jemmapes. Après un léger combat, ce poste fut enlevé par le général Beurnonville. Le même jour, le général Berneron avec huit mille hommes, traversa Condé et vint occuper la forêt de Berinsart, menaçant la communication de Mons à Tournay; et le même jour encore, le général Labourdonnaye sortit de Lille pour chasser les postes ennemis dispersés en avant de Tournay; en même temps le général d'Harville, commandant le camp de Maubeuge, recevait l'ordre de marcher dans la direction de Mons. Tous ces mouvemens ne pouvaient donner à l'ennemi aucun doute sur le point qui allait être attaqué. Les forces françaises convergeaient évidemment dans la direction de Mons. Ce fut aussi sur ce point que les Autrichiens concentrèrent toutes les forces dont ils pouvaient disposer; et elles ne s'élevaient pas à vingt-cinq mille hommes. Ils se préparèrent à compenser la différence du nombre par l'avantage de la position.

Du côté de la France, Mons est couvert par des hauteurs. La plus considérable est un vaste plateau triangulaire qui devint le centre de la position des Autrichiens. Au pied de ce plateau et du côté du nord, qui répondait à la droite des Autrichiens, passait la route de Valenciennes. En suivant cette route, lorsqu'on venait de Valenciennes, on rencontrait d'abord et l'on traversait le village de Quaregnon, qui était jeté comme un poste avancé sur un des côtés du triangle; après avoir traversé ce village et après environ une demi-lieue de marche, on arrivait à l'angle nord du triangle où était situé le village de Jemmapes. Il fallait donc être le maître du plateau, pour arriver à Mons en tenant la route sur laquelle Dumourier faisait marcher son armée; mais ce n'était pas tout, nous n'avons décrit qu'un des côtés du triangle; il nous reste à parler de l'autre, de celui qui répondit à la gauche de la position qui fut occupée par les Autrichiens. De ce côté, deux autres villages occupaient une position à peu près parallèle à ceux de Quareignon et de Jemmapes. C'étaient le village de Frameries qui formait également comme une position avancée sur la gauche du plateau, et le village de Cuesmer qui en occupait l'angle sud du côté de Mons. En face de ce plateau, à sa droite, à sa gauche, il y avait un terrain plat complétement dominé, et qu'il fallait traverser pour arriver au pied de la hauteur; celle-ci fut couverte de retranchemens, de redoutes élevées en étages, garnies d'une artillerie nombreuse, et défendues par des abattis pratiqués sur les penchans boisés. C'est dans cette position, protégée par tous les moyens de l'art, que le duc Albert de Saxe-Teschen attendait les Français.

Cependant, le 3, le corps formé des réfugiés belges attaqua le village de Thulin en avant de Quiévrain, mais il fut repoussé. Le lendemain, 4, Dumourier ordonna de réattaquer; et l'avant-garde renforcée de neuf bataillons aux ordres du général *Égalité*, prit sans peine les postes évacués la veille.

Nous allons maintenant laisser Dumourier raconter lui-même l'histoire de la bataille qui eut lieu le 6, et qui est restée si célèbre sous le nom de bataille de Jemmapes. Cette narration fut lue à la Convention dans sa séance du 9 novembre.

Lettre de Dumourier au ministre de la guerre.

Au quartier général de Mons, le 7 novembre, l'an 1ᵉʳ de la République.

« Vous verrez par le lieu d'où je date ma lettre, combien le temps a été bien employé depuis la dernière lettre que je vous ai écrite du quartier-général d'Honning. Je l'ai quitté, le 3, pour aller avec mon avant-garde prendre ma position entre Delonge et Vhiéries. Cette position nécessitait la prise d'un village, nommé Thilun, dont nous avons été repoussés, parce que les Belges, qui étaient chargés de cette attaque, s'étaient trop aventurés au-delà du village près du moulin de Boussu, et n'avaient point pris de canons avec eux. Ils ont été enveloppés par douze ou quinze cents hussards, qui ont taillé deux compagnies, et qui auraient détruit tout ce corps sans l'extrême valeur du deuxième régiment de hussards, qui n'était pas de plus de trois cents hommes, qui a chargé cette forte troupe de hussards autrichiens, et a dégagé les Belges dont il a assuré la retraite.

» Le même jour, 3, le général d'Harville est arrivé avec son armée à Bavay; le lendemain, 4, j'ai tiré du camp d'Honning, neuf bataillons pour fortifier l'attaque de Thulin, et prendre de force la position de Boussu; mon projet était lors d'effectuer ma réunion avec le général d'Harville; il était nécessaire de chasser les Autrichiens de la longue bande de bois qui s'étend depuis Sar jusqu'à Boussu. J'ai arrangé une attaque combinée, d'après laquelle le général d'Harville devait s'emparer du château de Sar. Le colonel du onzième régiment de chasseurs devait, avec son régiment, et de l'infanterie légère, pénétrer par le Blangy, et, se dirigeant ainsi sur le même château de Sar, et remontant par la droite des bois, devait s'emparer du village de Framery, pendant que, longeant les mêmes bois par la gauche, je m'emparerais de celui de Boussu : ces trois attaques ont parfaitement réussi. Les Autrichiens ont défendu avec assez d'opiniâtreté le moulin de Boussu, dont je les ai dépostés avec mon artillerie; ils y ont perdu cinq ou six cents hommes. Le combat s'est passé en artillerie. J'ai bivouaqué la même nuit avec l'avant-garde, à la tête du bois de Boussu, et j'ai ordonné à l'armée de venir bivouaquer sur le terrain de Delonges. Je me suis renforcé en grosse artillerie et en obusiers, d'après le succès de cette journée.

» Le 5, j'ai reconnu la position des ennemis sur les hauteurs de Jemmapes; j'ai attaqué avec de l'infanterie le village de Carignon, pendant que j'occupais leur gauche par une canonnade assez vive. Le même jour, le colonel Fregville a tâté leur gauche, et il y a eu divers petits combats d'infanterie et de cavalerie, où nous avons toujours eu le dessus. Le général d'Harville n'a pu arriver ce même jour qu'avec la moitié de son armée, d'environ six mille hommes, à la hauteur de Framery. J'ai pris alors mon camp en face de Jemmapes, la gauche appuyée à Horme, la droite à Framery. J'ai fait venir ma grosse artillerie à Boussu, ainsi que l'hôpital ambulant. M'étant déterminé à attaquer le lendemain les hauteurs de Jemmapes d'une manière décisive, pour ne pas laisser le temps à l'armée de Clairfait d'opérer sa jonction, j'avais fait abandonner le même soir le village de Carignon. On ne pouvait pas se soutenir contre les forces qui étaient à Jemmapes, étant dominé par ce village.

» Le 6, au matin, j'ai fait avancer douze pièces de seize, douze de douze, et douze obusiers, que j'ai placés en batteries sur tout le front de ma ligne. Le général d'Harville, placé sur les hauteurs de Ciphy, flanquait la gauche de l'ennemi, dont j'attaquais la droite, en reprenant le village de Carignon par les Belges, soutenus par neuf bataillons aux ordres des maréchaux-de-camp Ferrand, Rozière et Blotfière.

» Le centre de l'attaque, composé de dix-huit bataillons, était aux ordres du lieutenant-général Égalité et des maréchaux-de-camp Stetenboffe, Desforets et Drouet; la droite, composée de l'avant-garde, était aux ordres du lieutenant-général Beurnonville et du maréchal-de-camp Dampierre. La division du général d'Harville ne pouvait nous secourir dans notre attaque que par son canon, étant trop éloignée des retranchemens de l'ennemi. L'armée des Autrichiens était composée, suivant les calculs les plus modérés, de vingt mille hommes, dont trois mille cinq cents de cavalerie, d'autres la portent à vingt-huit mille. Nous n'avions pas plus de trente mille combattans. La position des Autrichiens était formidable; leur droite, appuyée au village de Jemmapes, formait une équerre avec leur front et leur gauche, qui était appuyée à la chaussée de Valenciennes; ils étaient placés dans toute cette longueur sur une montagne boisée, où s'élevaient en amphithéâtre trois étages de redoutes garnis de vingt pièces de grosse artillerie, d'au moins autant d'obusiers, et de trois pièces de canon de campagne par bataillons; ce qui présentait une artillerie de près de cent bouches à feu. Nous en avions autant, mais l'élévation de leurs batteries leur donnait un grand avantage, si nous persévérions à vouloir terminer l'affaire à coups de canon. Déjà, depuis long-temps, les troupes, se confiant en leur valeur, m'avaient témoigné le désir le plus vif de se mesurer de près avec l'ennemi. Je partageais cette confiance, parce que dans tous les mouvemens que je leur avais fait faire sous le feu de l'ennemi, je les avais vues manœuvrer et marcher comme à l'exercice, dans les trois journées précédentes; surtout j'avais admiré moi-même leur précision à exécuter les manœuvres et les déploiemens que je leur ordonnais.

» La canonnade la plus vive, de part et d'autre, s'est ouverte à sept heures du matin; elle a duré jusqu'à dix heures, sans que j'aperçusse un succès assez décisif pour me borner à ce genre de combat. A mesure que je parcourais le front de la ligne, les troupes me témoignaient la plus vive impatience d'approcher l'ennemi à la baïonnette. Le général Beurnonville me le proposait depuis très-long-temps, ainsi que le général Égalité. Je retenais leur ardeur, pour la rendre encore plus vive; car mon projet était bien décidément de terminer cette affaire en emportant les redoutes. Je me contentai cependant de rapprocher les batteries, pour faire plus d'effet; et j'ordonnai l'attaque du village de Carignon, parce que je ne pouvais pas de ce côté attaquer Jemmapes avant d'avoir pris ce premier village.

» J'envoyai le colonel Thouvenot, adjudant-général, officier du plus rare mérite, pour diriger cette attaque, et chargé d'emporter Jemmapes et tout le flanc droit de l'ennemi. Je mandai au général d'Harville de rapprocher ses batteries, pour qu'elles fissent plus d'effet sur la gauche de l'ennemi. Je mandai au général Beurnonville de faire la même manœuvre, et d'être prêt à attaquer à midi précis. Je fis passer le même ordre à la gauche, parce qu'alors je calculai que nous serions maîtres de Carignon, qu'il était nécessaire d'occuper, parce que mon attaque de gauche aurait pu être tournée par ce village, si l'ennemi en était resté maître. A midi précis, toute l'infanterie se mit en un clin d'œil en colonne de bataillons, et se porta avec la plus grande rapidité et la plus grande allégresse vers les retranchemens de l'ennemi. Pas une tête de colonne ne resta en arrière.

» Le premier étage des redoutes fut d'abord emporté avec la plus grande vivacité ; mais bientôt, les obstacles se multipliant, le centre courut du danger, et je vis bientôt de la cavalerie ennemie prête à entrer dans la plaine pour charger les colonnes par leur flanc : j'y envoyai le lieutenant-général Égalité qui, par sa valeur froide, rallia très-vite les colonnes et les mena au second étages des redoutes. Je venais de faire soutenir cette attaque par le 5ᵉ régiment de chasseurs et le 6ᵉ de hussards qui arrivèrent très à propos pour contenir et charger la cavalerie ennemie. Je me portai en même temps à la droite où je trouvai qu'après un plein succès de la part du général Beurnonville, dans l'attaque des redoutes qu'ils avaient tournées et emportées, un peu de désordre s'était mis dans la cavalerie pendant qu'il était occupé à la tête de son infanterie. Je la ralliai très-vite, et elle chargea dans l'instant même avec la plus grande vigueur la cavalerie ennemie qui gagnait déjà notre flanc droit. Pendant ce ralliement, un corps de cavalerie ennemi voulut enfoncer le premier bataillon de Paris qui le reçut avec la plus grande vigueur et lui tua soixante hommes d'une décharge. Dans l'intervalle de ce combat de la droite, notre gauche avait emporté le village de Jemmapes, notre centre avait enlevé les secondes redoutes ; il fallut donner un nouveau combat sur la hauteur, mais il fut moins vif et moins long, les Autrichiens étant entièrement consternés de la valeur opiniâtre et toujours croissante de nos troupes.

» A deux heures, ils firent leur retraite dans le plus grand désordre ; nos troupes occupaient alors tout le terrain des ennemis, jonché de morts des deux partis ; sa perte était si considérable et sa consternation si grande, qu'il traversa la ville de Mons sans s'arrêter ni sur Berthomon, ni sur le mont Palisèle, ni même sur les hauteurs de Nieucy.

» Je portai toute l'armée victorieuse sur la hauteur du village de Cusmes que j'occupai avec de l'infanterie. On prit dans ce village une pièce de canon de treize ; on y ramassa des blessés, des déserteurs. Je fis occuper dans la même journée le mont Palisèle par la division du général Harville, et celui de Bertellemont par celle du maréchal de camp Stetenbosse.

» J'ai envoyé une sommation à la ville de Mons, et l'on entra dans des pourparlers dont vous verrez le détail dans les pièces ci-jointes. Les troupes qui avaient déjà bivouaqué depuis trois jours, qui n'avaient point pu faire la soupe le jour de cette terrible bataille, montraient toujours la même ardeur et me demandaient avec instance de marcher à Mons et de l'escalader. Je fus obligé de leur promettre qu'elles auraient cette satisfaction le lendemain, et je fis en effet toutes mes dispositions pour compléter la circonvallation de Mons, et pour l'attaquer dans plusieurs endroits à la fois. Les ennemis avaient profité de la nuit pour l'évacuer, et les derniers quatre cents hommes qu'ils y avaient laissés en sont sortis vers neuf heures du matin.

» Je m'occupais à placer mes batteries, lorsqu'à neuf heures les habitans, après avoir rompu les portes que les Autrichiens avaient fermées, sont venus m'inviter à entrer dans la ville, ce que j'ai exécuté sur-le-champ. Les magistrats se sont trouvés à la porte de la ville, et m'ont offert les clefs. Je leur ai dit, en posant mes mains dessus, que nous venions comme frères et amis pour les engager à tenir toujours leurs portes fermées contre leurs anciens oppresseurs, et à défendre la liberté que nous venions de leur conquérir.

» Cette journée, à jamais mémorable, couvre la nation française d'une gloire immortelle. Il n'est point un bataillon ni un escadron, il n'est pas un individu dans l'armée qui ne se soit battu, et de très-près. Vous connaissez déjà les talens et la valeur du général Beurnonville. Tous les autres généraux, et surtout le général Égalité, ont mis la plus grande intelligence dans la conduite des troupes. Les officiers d'état-major et les aides-de-camp ont porté les ordres avec la plus grande activité et la plus grande précision au milieu du feu et du carnage le plus terrible. Le général Drouet a eu la jambe cassée d'un coup de feu ; le colonel Chaumont, adjudant-général, a eu le bras traversé d'une balle, et son cheval tué sous lui. Le général Ferrand a eu une forte contusion à une jambe et un cheval tué sous lui ; l'adjudant général, Mousoi, a eu la bouche percée d'une balle qui lui a enlevé sept dents ; le colonel, Dubouret, du 104ᵉ régiment, a été grièvement blessé, ainsi que le citoyen Bertiche, lieutenant de la gendarmerie nationale, blessé de quarante et un coups de sabre, après avoir tué sept hommes ; le citoyen Lafosse, lieutenant-colonel des deux bataillons des Deux-Sèvres, a eu un bras cassé d'une balle. Beaucoup d'autres officiers et soldats ont été tués ou blessés.

» Je ne sais pas encore au juste quelle est notre perte ; mais je l'estime à trois cents morts et six cents blessés : je vous en enverrai l'état dès que j'aurai pu le recevoir des différens corps. Les ennemis ont perdu huit canons, dont cinq pris par l'avant-garde du général Beurnonville, et trois à notre attaque de gauche. L'artillerie a servi avec son courage, son habileté ordinaire, si redoutés de nos ennemis. La perte des ennemis, tant tués, blessés ou déserteurs, monte au moins à quatre mille hommes, sans compter presque autant d'hommes égarés, débandés et perdus, que nous ramassons tous les jours. Tel est le détail de cette bataille, qui est décisive pour la conquête de la Belgique, car les Autrichiens n'oseront plus se mesurer en bataille rangée, et nous avons prouvé dans celle-ci qu'aucun obstacle, même en réunissant les ressources de l'art à celles du terrain, n'arrête le courage des troupes françaises. *Le général en chef,* DUMOURIER. »

Cette bataille donna la Belgique à la révolution ; on ne vit que cela, et la gloire et la popularité de Dumourier s'en accrurent. Le succès avait été brillant ; mais il avait été plus chèrement acheté que le général ne l'avait dit. Servan évalue notre perte à plus de deux mille hommes, dont treize à quatorze cents blessés ; et les tacticiens prouvaient que la conquête des Pays-Bas eût pu être obtenue d'une manière aussi sûre et par des manœuvres, moins brillantes il est vrai, mais moins meurtrières pour nous et peut-être plus destructives pour l'ennemi. Aussi concluaient-ils que Dumourier avait plus en vue sa gloire personnelle que l'avantage de la France et le soin de ses soldats. Quoi qu'il en soit, à peine Mons fut-il au pouvoir des Français, que le peuple fut convoqué et appelé à élire ses magistrats. Voici le premier acte politique des nouveaux élus.

VIVE LA LIBERTÉ, L'ÉGALITÉ.

Promulgation des administrateurs provisoires, élus provisoirement par le peuple de Mons, en suite de la déclaration du général Dumourier, en date du quartier-général en ladite ville, le 8 novembre, l'an 1er de la République.

« AU NOM DU PEUPLE SOUVERAIN,

» Nous déclarons, à la face du ciel et de la terre, que tous les liens qui nous attachaient à la maison d'Autriche-Lorraine sont brisés ; jurons de ne plus les renouer, et de ne reconnaître en qui que ce soit aucun droit à la souveraineté de la Belgique ; car nous voulons rentrer dans nos droits primitifs, imprescriptibles et inaliénables.

» Tout pouvoir émanant essentiellement du peuple, nous déclarons que le corps des états, toute judicature supérieure et subalterne cessent, d'autant qu'ils n'ont pas été constitués par le peuple ; leur défendant expressément, en son nom, d'exercer aucune fonction, à peine d'être poursuivis comme usurpateurs du pouvoir souverain.

» Fait en assemblée générale, tenue en la ville libre de Mons, ce 8 novembre 1792, an 1er de la République belgique. »

Le même jour, une société des amis de la liberté et de l'égalité s'établit, à l'imitation des Jacobins de Paris. Dumourier assista à l'ouverture de sa première séance. Le président lui adressa un discours qu'il termina en lui offrant un *bonnet rouge, comme gage de leurs sentimens républicains*. Dumourier répondit que, « dévoué sans réserve à la cause sublime des peuples, rien ne pourrait changer ses sentimens, et qu'il acceptait avec reconnaissance la couronne civique qu'on voulait bien lui offrir. »

Cependant les Autrichiens se concentraient sur Bruxelles ; ils évacuaient Nieuport, Ostende, Bruges, Menin, Tournai, Gand : le général Labourdonnaye occupa toutes ces villes sans difficulté, et marcha sur Anvers.

Le 13, Dumourier attaqua et emporta le village d'Anderlecht à la vue de Bruxelles ; le 14, il y mit une garnison française, et le reste de l'armée se porta en partie sur Malines, qui se rendit le 16 à discrétion, et sur Louvain, suivant les Autrichiens, qui prenaient le route de Liége.

En même temps, l'armée des Ardennes s'était mise en mouvement ; elle entra le 10 dans Charleroi, le 12 à Nivelle, elle eut un engagement avec le corps de Clairfait à Mazi le 17, et se présenta le 18 aux portes de Namur. La ville capitula et se rendit le 20 ; mais la citadelle tint jusqu'au 1er décembre, et arrêta ainsi le général Valence qui, de cette position, s'il eût pu marcher, eût pu couper la route de retraite des Autrichiens par Liége. Aussi ce ne fut que le 27 qu'ils passèrent la Meuse, moins pour sortir d'une situation dangereuse, que forcés par l'armée de Dumourier qui, après avoir traversé derrière eux Louvain, Tirlemont, Saint-Tron, les atteignit et les attaqua le 27 dans les faubourgs de Liége. L'arrière-garde autrichienne tint toute la journée, et put le soir traverser la Meuse sans avoir été entamée. Ce fut la dernière action de la campagne ; car Anvers s'était rendu le 26 au général Miranda.

ARMÉE DU RHIN.

L'armée prussienne, qui venait d'évacuer la France, se trouvait, le 4 novembre, concentrée à Coblentz, où son avant-garde était arrivée le 1er, ainsi que nous l'avons vu. Pendant ce temps, Custine semblait occupé à surveiller les progrès des orateurs qu'il payait pour proposer dans les clubs la réunion à la France ; mais en réalité, si nous en croyons Servan, c'était dans des débauches qu'il oubliait le soin de son armée. On lui proposa une entreprise sur Hanau, mais il resta sourd. Enfin, le 7, des rapports d'espions vinrent le réveiller, en lui apprenant que les Prussiens, après avoir laissé une forte garnison à Coblentz, s'approchaient de la Lahn, dans l'intention de la passer, et de forcer par suite les Français à évacuer Francfort et à repasser le Rhin. Alors Custine envoya au colonel Houchard l'ordre de se porter sur Limbourg, qui était déjà occupé par les Prussiens, et lui-même se porta, avec une douzaine de mille hommes, sur Kœnigstein. Houchard exécuta avec vigueur l'ordre qu'il avait reçu; il surprit les Prussiens et les chassa de Limbourg, après un combat de moins d'une heure. Ils se retirèrent sur Montabaur. Quant à Custine, au lieu de pousser en avant, il se borna à lever des réquisitions sur les habitans des rives de la Lahn, et, le 17, il se rapprocha de Francfort en se repliant sur Hambourg.

Le 25, l'armée ennemie se mit en mouvement sur quatre colonnes : les deux de la droite, aux ordres du prince Hohenlohe-Ingelfingen, partirent de Coblentz et côtoyaient les deux rives du Rhin; une troisième, commandée par le roi de Prusse en personne, marcha sur Limbourg, et la quatrième, sous les ordres de Kalkreuth, s'était jetée sur la gauche, pour marcher sur Francfort, par Butzbach. Ainsi, l'armée française était menacée de flanc sur toute la ligne qu'elle occupait depuis Mayence jusqu'à Francfort. Custine se replia donc encore, et vint occuper une ligne qui s'étendait de Hochst à Oberursel, entre Mayence et Francfort, et il donna l'ordre au général Van-Helden, qui commandait dans cette dernière ville, de ne l'évacuer qu'à la dernière extrémité. Celui-ci n'avait que trois bataillons et deux pièces de canon; il était dépourvu de munitions, et, de plus, la ville n'était entourée que de mauvais fossés. Il adressa donc les représentations les plus vives pour obtenir l'ordre de faire retraite; mais, selon Servan, Custine désirait que Van-Helden prît sur lui cette démarche, qu'il sentait pouvoir devenir un sujet d'accusation; et, en conséquence, il persista. Cependant, le roi de Prusse arriva le 28 à Hambourg, et le général Kalkreuth à Bergen, d'où il envoya sommer Van-Helden de se rendre prisonnier de guerre avec sa garnison. Celui-ci adressa cette sommation à Custine, qui se chargea d'y répondre. Il le fit, et sa lettre, pleine de jactance et de plaisanterie, effraya le général prussien en lui faisant craindre une résistance sérieuse soutenue par toute l'armée de Custine, au point de le déterminer à suspendre sa marche et à opérer sa jonction avec le corps commandé par le roi. Il y eut donc un instant de suspension dans les hostilités que la garnison de Francfort était destinée à subir; et ce ne fut que le 1er décembre que l'ennemi se décida à l'attaquer, ainsi que nous le verrons dans la narration militaire du mois prochain.

ARMÉE DU MIDI.

Les opérations militaires furent à peu près nulles de ce côté; elles se bornèrent à quelques combats auxquels donna lieu une forte reconnaissance poussée par les Piémontais pour tâter l'armée qui occupait le comté de Nice. Dans la nuit du 17 au 18, huit mille Autrichiens et Piémontais débouchèrent de Saorgio, se partagèrent en divers corps, et replièrent d'abord tous les détachemens français, non sans leur faire éprouver quelques échecs; mais ils furent bientôt obligés de se retirer à leur tour devant le nombre, et le 19, ils étaient rentrés dans leur première position, à Saorgio. Ce fut à cette petite escarmouche que se bornèrent, au pied des Alpes, les hostilités pendant ce mois. Mais le comté de Nice fut plus ravagé par *les dilapidations, les concussions et les vols*, selon l'expression de Servan, que se permirent les officiers et les agens de l'administration militaire, qu'il ne l'eût été par la guerre la plus active. Ce fut plus tard le sujet d'une accusation contre le général Anselme.

Nous terminerons ce court récit en rendant compte des opérations maritimes de l'amiral Truguet dans les derniers jours d'octobre. On avait résolu de s'emparer de la principauté de Monaco, et d'y porter un corps de troupes destiné à prendre à revers l'armée qui défendait Nice. Dans ce but, deux mille hommes avaient été embarqués. Cette mesure était devenue inutile, grace à la prompte évacuation du comté; mais l'opération n'en fut pas moins continuée. Nous avons vu qu'en conséquence l'escadre se présenta le 23 octobre devant la ville d'Oneille, et qu'après avoir mouillé, elle envoya une chaloupe en parlementaire. Le canot approcha à la faveur d'apparentes démonstrations pacifiques; mais à peine toucha-t-il le rivage qu'une décharge, faite à bout portant, tua trois officiers, quatre matelots et blessa six autres personnes. Les hommes qui restaient se hâtèrent de s'éloigner, et réussirent heureusement, malgré une grêle de pierres et de balles, à regagner l'escadre, où l'on se prépara à exercer une de ces vengeances terribles autorisées par le droit de la guerre. On commença par foudroyer la ville, et l'on eut bientôt éteint le feu d'un fort qui essaya de riposter. Le lendemain, 24, une décharge générale avertit les habitants de s'éloigner. Ensuite, les troupes de débarquement, renforcées de mille hommes tirés de la garnison des vaisseaux, et armés de haches, furent mis à terre. La ville était évacuée; elle fut livrée pendant quelques heures à l'incendie, à la destruction et au pillage. Quelques prêtres trouvés dans les couvens furent massacrés. Le soir, à neuf heures, tout était fini. Les troupes rentrèrent à bord; et le 26, elles furent déposées à Villefranche, d'où l'amiral Truguet fit voile pour favoriser une autre entreprise dont nous parlerons en son lieu.

DOCUMENS COMPLÉMENTAIRES

AU

MOIS DE NOVEMBRE 1792.

En commençant cette histoire, nous avons pris l'engagement d'en faire une collection complète de documens sur la révolution. Des circonstances qui ne se retrouveront peut-être plus ont placé sous nos yeux des matériaux que les accidens de chaque jour rendent de plus en plus rares. Aussi, bien que nous ne cessions de penser à l'utilité de nous borner au moindre nombre de volumes, nous croirions manquer aux engagemens que nous avons pris envers nos souscripteurs, nous croirions manquer à l'histoire, si nous passions sous silence une seule des pièces propres à éclaircir les événemens que nous racontons. Nous ne devons pas oublier en effet que ce que l'on nous demande c'est un travail qui puisse servir aux amis comme aux ennemis de la révolution, un travail où l'homme sans prévention, celui qui veut étudier la plus grande expérience politique des temps modernes, et apprendre ainsi l'art social, trouve toutes choses claires jusqu'au détail. Nous ne devons pas oublier que cette œuvre sera probablement la première et la dernière du même genre sur l'histoire de la révolution, soit parce qu'il sera inutile de refaire ce qui sera déjà fait, soit surtout parce que les matériaux n'existeront plus. Il faut donc que nous l'achevions ainsi que nous l'avons commencée, et tel est aussi l'avis de la majorité de ceux qui veulent bien s'y intéresser.

Les documens complémentaires qui vont suivre se composent d'un discours que Pétion avait préparé sur l'accusation intentée à Robespierre, et qu'il fit imprimer. Ce discours contient de précieux renseignemens sur les journées de septembre. — Viendra ensuite l'extrait d'une réponse de Louvet à Robespierre. Cette brochure renferme des renseignemens, qu'on ne trouve nulle part ailleurs, sur ce qui se passa dans la réunion des électeurs de Paris. Elle donne le secret des haines qui éclatèrent plus tard dans le sein de la Convention et produisirent le 9 thermidor. — Le troisième document est une brochure d'Anacharsis Clootz, qui contient des indications sur le parti fédéraliste de l'époque que nous parcourons maintenant. Pour comprendre combien ces indications sont importantes à recueillir, il faut savoir que le parti fédéraliste se sentant repoussé par l'opinion populaire, obligé, par suite, pour conserver quelque influence, d'abonder dans la doctrine de la souveraineté du peuple et de l'unité de la République, sut se faire un langage tel qu'il est difficile de trouver, dans ses écrits, une preuve de son existence. Aussi, la plupart des historiens, trompés par ce silence des Girondins sur l'avenir qu'ils réservaient à la République, n'ont vu en eux que des hommes injustement accusés. Quant à nous, nous avons déjà pu donner quelques révélations de leurs pensées secrètes, prises dans leurs propres écrits. La brochure que nous réimprimons vient les confirmer. Elle fit, à l'époque de son apparition, un grand scandale. Tous les chefs de la Gironde prirent la plume pour l'attaquer; et tous ceux de la Montagne pour la défendre.

Clootz, à son tour, répondit. Nous ne pouvons reproduire ici cette polémique; il suffit de dire qu'elle n'infirma en rien, c'est-à-dire par le moyen d'argumens ou de démentis positifs, les assertions contenues dans l'écrit que nous livrons à nos lecteurs.

DISCOURS
SUR L'ACCUSATION INTENTÉE
A ROBESPIERRE.

Avis préliminaire.

La Convention nationale ayant passé à l'ordre du jour après avoir entendu Robespierre, je n'ai pas pu prononcer mon discours. Pour le composer, je me suis renfermé en moi-même, je me suis dépouillé, autant qu'il a été en moi, de toute espèce de prévention : j'ai été sourd à la voix de l'amitié, et à toute espèce de considérations particulières ; je n'ai vu ni consulté personne ; je n'ai communiqué avec qui que ce soit. Bien pénétré de mes devoirs, bien pénétré de ma position, j'ai senti que j'étais peut-être le seul dans cette assemblée à qui il ne fût pas permis de hasarder la moindre conjecture ; j'ai senti que ma franchise austère pourrait déplaire et me faire des ennemis ; mais j'ai obéi à ma conscience, je ne connais pas d'autre guide.

Les uns ont dit : *Il sera pour Robespierre*; les autres ont dit : *Il sera contre Robespierre*. Je n'ai été, je ne serai que pour la vérité.

En affaires publiques, je ne fais point acception des personnes. Mon silence était celui de la raison, celui de l'homme qui sait sacrifier son amour-propre à l'amour du bien de tous.

Il est des personnes cependant qui ont feint d'attribuer ce silence à la faiblesse : qu'elles connaissent mal mon caractère ! Dans toutes les occasions importantes je me suis prononcé et je me prononcerai toujours avec courage. Jamais je ne me suis vanté d'être prêt à mourir pour la liberté de mon pays; mais je me suis exposé cent fois, seul, à périr pour elle, sans parler des dangers que j'avais courus. Peut-être ils ne sont pas passés; eh bien! ils me trouveront toujours le même. En attendant, faisons le bien et ne nous occupons que de lui.

Discours de Jérôme Pétion sur l'accusation intentée contre Maximilien Robespierre.

Citoyens, je m'étais promis de garder le silence le plus absolu sur les événemens qui se sont passés depuis le 10 août : des motifs de délicatesse et de bien public me déterminaient à user de cette réserve.

Mais il est impossible de me taire plus long-temps. De l'une et l'autre part on invoque mon témoignage; chacun me presse de dire mon opinion; je vais dire avec franchise ce que je sais sur quelques hommes, ce que je pense sur les choses.

J'ai vu de près les scènes de la révolution; j'ai vu les cabales, les intrigues, ces luttes orageuses contre la tyrannie et la liberté, entre le vice et la vertu.

Quand le jeu des passions humaines paraît à découvert, quand on aperçoit les ressorts secrets qui ont dirigé les opérations les plus importantes; quand on rapproche les événemens de leurs causes, quand on connaît tous les périls que la liberté a courus, quand on pénètre dans l'abîme de corruption qui menaçait à chaque instant de nous engloutir, on se demande avec étonnement par quelle suite de prodiges nous sommes arrivés au point où nous nous trouvons aujourd'hui.

Les révolutions veulent être vues de loin ; ce prestige leur est bien nécessaire : les siècles effacent les taches qui les obscurcissent; la postérité n'aperçoit que les résultats. Nos neveux nous croiront grands ; rendons-les meilleurs que nous.

Je laisse en arrière les faits antérieurs à cette journée à jamais mémorable, qui a élevé la liberté sur les ruines de la tyrannie, et qui a changé la monarchie en république.

Les hommes qui se sont attribué la gloire de cette journée, sont les hommes à qui elle appartient le moins : elle est due à ceux qui l'ont préparée; elle est due à la nature impérieuse des choses; elle est due aux braves fédérés et à leur directoire secret qui concertait depuis long-temps le plan de l'insurrection; elle est due au peuple; elle est due enfin au génie tutélaire qui préside constamment aux destins de la France; depuis la première assemblée de ses représentans.

Il faut le dire : un moment le succès fut incertain; et ceux qui sont vraiment instruits des détails de cette journée, savent quels furent les intrépides défenseurs de la patrie, qui empêchèrent les Suisses et tous les satellites du despotisme de demeurer maîtres du champ de bataille; quels furent ceux qui rallièrent nos phalanges citoyennes un instant ébranlées.

Cette journée avait également lieu sans le concours des commissaires de plusieurs sections, réunis à la maison commune. Les membres de l'ancienne municipalité, qui n'avaient pas désemparé pendant la nuit, étaient encore en séance à neuf heures et demie du matin.

Ces commissaires conçurent néanmoins une grande idée et prirent une mesure hardie en s'emparant de tous les pouvoirs municipaux, et en se mettant à la place d'un conseil-général dont ils redoutaient la faiblesse et la corruption. Ils exposèrent courageusement leur vie dans le cas où le succès ne justifierait pas l'entreprise.

Si ces commissaires eussent eu la sagesse de savoir déposer à temps leur autorité, de rentrer au rang des simples citoyens après la belle action qu'ils avaient faite, ils se seraient couverts de gloire; mais ils ne surent pas résister à l'attrait du pouvoir, et l'envie de dominer s'empara d'eux.

Dans les premiers momens d'ivresse de la conquête de la liberté, et d'après une commotion aussi violente, il était impossible que tout rentrât à l'instant dans le calme et dans l'ordre accoutumé; il eût été injuste de l'exiger. On fit alors au nouveau conseil de la Commune des reproches qui n'étaient pas fondés :

ce n'était connaître ni la position, ni les circonstances. Mais ces commissaires commencèrent à les mériter, lorsqu'ils prolongèrent eux-mêmes le mouvement révolutionnaire au-delà du terme.

L'assemblée nationale s'était prononcée; elle avait pris un grand caractère, elle avait rendu des décrets qui sauvaient l'empire, elle avait suspendu le roi, elle avait effacé la ligne de démarcation qui séparait les citoyens en deux classes, elle avait appelé la Convention, le parti royaliste était abattu : il fallait dès-lors se rallier à elle, la fortifier de l'opinion, l'environner de la confiance : le devoir et la saine politique le voulaient ainsi.

La Commune trouva plus grand de rivaliser avec l'assemblée; elle établit une lutte qui n'était propre qu'à jeter de la défaveur sur tout ce qui s'était passé; qu'à faire croire que l'assemblée était sous le joug irrésistible des circonstances. Elle obéissait ou résistait aux décrets, suivant qu'ils favorisaient ou contrariaient ses vues; elle prenait, dans ses représentations au corps législatif, des formes impérieuses ou irritantes; elle affectait la puissance, et ne savait ni jouir de ses triomphes, ni se les faire pardonner.

On était parvenu à persuader aux uns, que tant que l'état révolutionnaire durait, le pouvoir étant remonté à sa source, l'assemblée nationale était sans caractère; que son existence était précaire, et que les assemblées de commune étaient les seules autorités légales et puissantes.

On avait insinué aux autres, que les chefs d'opinion dans l'assemblée nationale avaient des projets perfides, voulaient renverser la liberté et livrer la République aux étrangers.

De sorte qu'un grand nombre de membres du conseil croyait user d'un droit légitime lorsqu'il usurpait l'autorité; croyait résister à l'oppression, lorsqu'il s'opposait à la loi; croyait faire un acte de civisme, lorsqu'il manquait à ses devoirs de citoyen; néanmoins au milieu de cette anarchie, la Commune prenait de temps en temps des arrêtés salutaires.

J'avais été conservé dans ma place, mais elle n'était plus qu'un

vain titre; j'en cherchais inutilement les fonctions, elles étaient éparses entre toutes les mains, et chacun les exerçait.

Je me rendis les premiers jours au conseil; je fus effrayé du désordre qui régnait dans cette assemblée, et surtout de l'esprit qui la dominait. Ce n'était plus un corps administratif, délibérant sur les affaires communales; c'était une assemblée politique se croyant investie de pleins pouvoirs, discutant les grands intérêts de l'état, examinant les lois faites, et en promulguant de nouvelles. On n'y parlait que de complots contre la liberté publique; on y dénonçait des citoyens, on les appelait à la barre, on les entendait publiquement, on les jugeait, on les renvoyait absous ou on les retenait. Les règles ordinaires avaient disparu, l'effervescence des esprits était telle qu'il était impossible de retenir ce torrent, toutes les délibérations s'emportaient avec l'impétuosité de l'enthousiasme; elles se succédaient avec une rapidité effrayante; le jour, la nuit, sans aucune interruption, le conseil était toujours en séance.

Je ne voulus pas que mon nom fût attaché à une multitude d'actes aussi irréguliers, aussi contraires aux principes.

Je sentis également combien il était sage et utile de ne pas approuver, de ne pas fortifier par ma présence tout ce qui se passait. Ceux qui, dans le conseil, craignaient de m'y voir; ceux que mon aspect gênait, désiraient fortement que le peuple, dont je conservais la confiance, crût que je présidais à ses opérations, et que rien ne se faisait que de concert avec moi. Ma réserve, à cet égard, accrut leur inimitié, mais ils n'osèrent pas la manifester trop ouvertement, crainte de déplaire à ce peuple dont ils briguaient la faveur.

Je parus rarement; et la conduite que je tins dans cette position très-délicate, entre l'ancienne municipalité qui réclamait contre sa destitution, et la nouvelle qui se prétendait légalement instituée, ne fut pas inutile à la tranquillité publique; car si alors je me fusse prononcé fortement pour ou contre, j'occasionais un déchirement qui aurait pu avoir des suites très-funestes : en tout il est un point de maturité qu'il faut savoir saisir.

L'administration fut négligée, le maire ne fut plus un centre d'unité, tous les fils furent coupés entre mes mains, le pouvoir fut dispersé, l'action de surveillance fut sans force, l'action réprimante le fut également.

Robespierre prit de l'ascendant dans le conseil, et il était difficile que cela ne fût pas ainsi dans les circonstances où nous nous trouvions, et avec la trempe de son esprit. Je lui entendis prononcer un discours qui me contrista l'ame. Il s'agissait du décret qui ouvrait les barrières, et à ce sujet, il se livra à des déclamations extrêmement animées, aux écarts d'une imagination sombre, il aperçut des précipices sous ses pas, des complots liberticides; il signala les prétendus conspirateurs; il s'adressa au peuple, échauffa les esprits, et occasiona, parmi ceux qui l'entendaient, la plus vive fermentation.

Je répondis à ce discours pour rétablir le calme, pour dissiper ces noires illusions, et ramener la discussion au seul point qui dût occuper l'assemblée.

Robespierre et ses partisans entraînaient ainsi la Commune dans des démarches inconsidérées, dans des partis extrêmes.

Je ne suspectai pas pour cela les intentions de Robespierre; j'accusai sa tête plus que son cœur, mais les suites de ses noires visions ne m'en causaient pas moins d'alarmes.

Chaque jour les tribunes du conseil retentissaient de diatribes violentes; les membres ne pouvaient pas se persuader qu'ils étaient des magistrats chargés de veiller à l'exécution des lois et au maintien de l'ordre; ils s'envisageaient toujours comme formant une association révolutionnaire.

Les sections assemblées recevaient cette influence, la communiquaient à leur tour; de sorte qu'en même temps tout Paris fut en fermentation.

Le comité de surveillance de la Commune remplissait les prisons. On ne peut pas se dissimuler que, si plusieurs de ses arrestations furent justes et nécessaires, d'autres furent légèrement hasardées. Il faut moins en accuser les chefs que leurs agens, la police était mal entourée; un homme entre autres, dont le nom seul est devenu une injure, dont le nom jette l'épouvante dans l'ame de tous les citoyens paisibles, semblait s'être emparé de sa direction et de ses mouvemens. Assidu à toutes les conférences, il s'immisçait dans toutes les affaires, il parlait, il ordonnait en maître; je m'en plaignis hautement à la Commune, et je terminai mon opinion par ces mots : Marat est ou le plus insensé, ou le plus scélérat des hommes. Depuis, je n'ai jamais parlé de lui.

La justice était lente à prononcer sur le sort des détenus, et ils s'entassaient de plus en plus dans les prisons. Une section vint en députation au conseil de la Commune, le 23 août, et déclara formellement que les citoyens, fatigués, indignés des retards que l'on apportait dans les jugemens, forceraient les portes de ces asiles et immoleraient à leur vengeance les coupables qui y étaient renfermés. Cette pétition, conçue dans les termes les plus délirans, n'éprouva aucune censure : elle reçut même des applaudissemens.

Le 25, mille à douze cents citoyens armés sortirent de Paris pour enlever les prisonniers d'état détenus à Orléans et les transférer ailleurs.

Des nouvelles fâcheuses vinrent encore augmenter l'agitation des esprits. On annonça la trahison de *Longwy*, et quelques jours après, le siége de *Verdun*.

Le 27, l'assemblée nationale invita le département de Paris et ceux environnans à fournir trente mille hommes armés pour voler aux frontières. Ce décret imprima un nouveau mouvement qui se combina avec ceux qui existaient déjà.

Le 31, l'absolution de *Montmorin* souleva le peuple. Le bruit se répandit qu'il avait été sauvé par la perfidie d'un commissaire du roi qui avait induit les jurés en erreur.

Dans le même moment on publia la révélation d'un complot, faite par un condamné, complot tendant à faire évader tous les prisonniers, qui devaient ensuite se répandre dans la ville, s'y livrer à tous les excès et enlever le roi.

L'effervescence était à son comble. La Commune, pour exciter l'enthousiasme des citoyens, pour les porter en foule aux enrôlemens civiques, avait arrêté de les réunir avec appareil au Champ-de-Mars, au bruit du canon.

Le 2 septembre arrive, le canon d'alarme tire, le tocsin sonne O jour de deuil! A ce son lugubre et alarmant, on se rassemble, on se précipite dans les prisons, on égorge, on assassine. Manuel, plusieurs députés de l'assemblée nationale se rendent dans ces lieux de carnage; leurs efforts sont inutiles, on immole les victimes jusque dans leurs bras! Eh bien! j'étais dans une fausse sécurité, j'ignorais ces cruautés; depuis quelque temps on ne me parlait de rien. Je les apprends enfin, et comment? d'une manière vague, indirecte, défigurée; on m'ajoute en même temps que tout est fini. Les détails les plus déchirans me parviennent ensuite; mais j'étais dans la conviction la plus intime que le jour qui avait éclairé ces scènes affreuses ne reparaîtrait plus. Cependant elles continuent. J'écris au commandant général, je le requiers de porter des forces aux prisons, il ne me répond pas d'abord : j'écris de nouveau; il me dit qu'il a donné des ordres. Rien n'annonce que ces ordres s'exécutent; cependant elles continuent encore; je vais au conseil de la Commune; je me rends de là à l'hôtel de la Force avec plusieurs de mes collègues. Des citoyens assez paisibles obstruaient la rue qui conduit à cette prison; une très-faible garde était à la porte; j'entre... Non, jamais ce spectacle ne s'effacera de mon cœur. Je vois deux officiers revêtus de leurs écharpes, je vois trois hommes tranquillement assis devant une table, les registres d'écrous ouverts et sous leurs yeux, faisant l'appel des prisonniers; d'autres hommes les interrogeant, d'autres hommes faisant fonctions de jurés et de juges, une douzaine de bourreaux les bras nus, couverts de sang, les uns avec des massues, les autres avec des sabres et des coutelas qui en dégouttaient, exécutant à l'instant les jugemens; des citoyens attendant au-dehors ces jugemens avec impatience, gardant le plus morne silence aux arrêts de mort, jetant des cris de joie aux arrêts d'absolution.

Et les hommes qui jugeaient, et les hommes qui exécutaient, avaient la même sécurité que si la loi les eût appelés à remplir ces fonctions. Ils me vantaient leur justice, leur attention à distinguer les innocens des coupables, les services qu'ils avaient rendus; ils demandaient, pourrait-on le croire! ils demandaient à être payés du temps qu'ils avaient passé; j'étais réellement confondu de les entendre.

Je leur parlai le langage austère de la loi; je leur parlai avec le sentiment de l'indignation profonde dont j'étais pénétré; je les fis sortir tous devant moi; j'étais à peine sorti moi-même, qu'ils y rentrèrent : je fus de nouveau sur les lieux pour les en chasser. La nuit, ils achevèrent leur horrible boucherie.

Ces assassinats furent-ils commandés, furent-ils dirigés par quelques hommes? J'ai eu des listes sous les yeux; j'ai reçu des rapports, j'ai recueilli quelques faits; si j'avais à prononcer, comme juge, je ne pourrais pas dire : Voilà le coupable.

Je pense que ces crimes n'eussent pas eu un aussi libre cours; qu'ils eussent été arrêtés, si tous ceux qui avaient en main le pouvoir et la force les eussent vus avec horreur; mais je dois le dire, parce que cela est vrai, plusieurs de ces hommes publics, de ces défenseurs de la patrie, croyaient que ces journées désastreuses et déshonorantes étaient nécessaires; qu'elles purgeaient l'empire d'hommes dangereux, qu'elles portaient l'épouvante dans l'ame des conspirateurs, et que ces crimes, odieux en morale, étaient utiles en politique.

Oui, voilà ce qui a ralenti le zèle de ceux à qui la loi avait confié le maintien de l'ordre, de ceux à qui elle avait remis la défense des personnes et des propriétés.

On voit comment on peut lier les journées des 2, 3, 4 et 5 septembre, à l'immortelle journée du 10 août; comment on peut en faire une suite du mouvement révolutionnaire imprimé dans ce jour, le premier des annales de la République. Mais je ne puis me résoudre à confondre la gloire avec l'infamie, et à souiller le 10 août des excès du 2 septembre.

Le comité de surveillance lança en effet un mandat d'arrêt contre le ministre Roland : c'était le 4, et les massacres duraient encore. Danton en fut instruit; il vint à la mairie, il était avec Robespierre; il s'emporta avec chaleur contre cet acte arbitraire et de démence; il aurait perdu, non pas Roland, mais ceux qui l'avaient décerné. Danton en provoqua la révocation; il fut enseveli dans l'oubli.

J'eus une explication avec Robespierre; elle fut très-vive. Je lui ai toujours fait en face des reproches que l'amitié a tempérés en son absence. Je lui dis : Robespierre, vous faites bien du mal; vos dénonciations, vos alarmes, vos haines, vos soupçons, agitent le peuple; mais enfin expliquez-vous; avez-vous des faits? avez-vous des preuves? Je combats avec vous; je n'aime que la vérité; je ne veux que la liberté.

— Vous vous laissez entourer, vous vous laissez prévenir, me répondit-il; on vous indispose contre moi; vous voyez tous les jours mes ennemis; vous voyez Brissot et son parti.

— Vous vous trompez, Robespierre; personne plus que moi n'est en garde contre les préventions, et ne juge avec plus de sang-froid les hommes et les choses.

Vous avez raison, je vois Brissot, néanmoins rarement; mais vous ne le connaissez pas, et moi je le connais dès son enfance. Je l'ai vu dans ces momens où l'ame se montre tout entière, où l'on s'abandonne sans réserve à l'amitié, à la confiance : je connais son désintéressement, je connais ses principes; je vous proteste qu'ils sont purs; ceux qui en font un chef de parti n'ont pas la plus légère idée de son caractère; il a des lumières et des connaissances; mais il n'a ni la réserve, ni la dissimulation, ni ces formes entraînantes, ni cet esprit de suite qui constituent un chef de parti; et, ce qui vous surprendra, c'est que, loin de mener les autres, il est très-facile à abuser.

Robespierre insista, mais en se renfermant dans des généralités. En grace, lui dis-je, expliquons-nous; dites-moi franchement ce que vous avez sur le cœur, ce que vous savez.

Eh bien! me répondit-il, je crois que Brissot est à Brunswick.

Quelle erreur est la vôtre! m'écriai-je : c'est véritablement une folie; voilà comme votre imagination vous égare : Brunswick ne serait-il pas le premier à lui couper la tête? Brissot n'est pas assez fou pour en douter. Qui de nous sérieusement peut capituler? qui de nous ne risque pas sa vie? Bannissons d'injustes défiances.

Danton s'entremêla dans le colloque, nous dit que ce n'était pas là le moment de disputer; qu'il fallait ajourner toutes ces explications après l'expulsion des ennemis; que cet objet décisif devait seul occuper tous les bons citoyens.

Danton, peu de jours après, vint me trouver, me montra une lettre que lui écrivait Marat; cette lettre était très-insolente; les reproches étaient mêlés aux injures; il menaçait Danton de ses placards. Danton me parut courroucé; Marat était au comité de surveillance, nous y descendîmes ensemble; le débat fut très-animé; Danton traita durement Marat; Marat soutint ce qu'il avait avancé, finit par dire qu'il fallait tout oublier, déchira la lettre, embrassa Danton, et Danton l'embrassa. J'atteste ces faits qui se sont passés devant moi.

Le conseil de la Commune devenait moins agité; beaucoup de ses membres, et en général les plus effervescens, étaient dispersés, et remplissaient des missions dans plusieurs parties de l'empire.

L'assemblée électorale venait d'ouvrir ses séances: elle fixait tous les regards, et devenait le foyer des ambitions et des passions particulières. Il est vrai, ainsi qu'on l'a avancé, que cette assemblée était influencée, dominée par un petit nombre d'hommes; qu'on ne pouvait choisir que leurs partisans; que les élections étaient préparées par des listes qui furent exactement suivies, à de légères exceptions près.

Il est vrai encore que cette assemblée était devenue une lice toujours ouverte aux dénonciations, aux déclamations les plus emportées. Des orateurs, par leurs discours, entretenaient dans le peuple une agitation violente, et nous exposaient sans cesse au renouvellement de ces scènes d'horreur dont nous venions d'être témoins.

Depuis long-temps on annonçait un mouvement général dans Paris pour le 20 septembre; on annonçait que plusieurs représentans du peuple seraient égorgés; on désignait pour victimes de vrais défenseurs de la liberté. Je suivis avec attention tout ce qui se passait; j'observai la disposition des esprits, et je ne partageai pas toutes ces inquiétudes.

Paris est à lui seul, et sous un rapport, un petit empire. Il est très-facile d'y faire un mouvement; il est extrêmement difficile d'y faire une insurrection. Un quartier de la ville est calme, lorsque l'autre est agité. On ignore dans une rue ce qui se passe dans la rue voisine. Ce qui touche une partie des citoyens est indifférent à l'autre. Il n'y a pas de point de ralliement où tout vienne se rendre; il n'y a pas de centre d'unité pour donner en même temps l'impulsion à toutes les parties. Pour soulever à la fois une masse d'hommes aussi énorme, il faut un très-grand objet, un objet qui attache, qui intéresse tous les citoyens : aussi n'avons-nous eu que deux insurrections dans Paris, celle du 14 juillet et celle du 10 août.

Beaucoup de mouvemens particuliers, au contraire, se sont fait sentir. Ils n'ont pas, en général, de suites fâcheuses, lorsqu'on est averti à temps. Celui qui ne connaît pas Paris serait effrayé s'il lisait les rapports qui parviennent à chaque instant au maire. Dans les jours les plus tranquilles, il croirait toujours que cette cité va être en proie à tous les excès; mais, par l'exagération même, on s'habitue à juger la vérité.

J'avoue que, dans le moment actuel, où le peuple est perpétuellement assemblé, une grande commotion est plus aisée à opérer; elle rencontrerait néanmoins encore d'immenses obstacles. Je ne vois présentement qu'une cause aussi majeure que celle du jugement du roi qui puisse occasioner un mouvement vraiment sérieux, si la décision choquait l'assemblée.

Le 20 septembre, ainsi que je l'avais prévu, se passa sans orage : je ne vous parle pas de ce qui a eu lieu depuis, vous le savez : ce tableau a souvent été mis sous vos yeux; trop souvent la Commune de Paris a été le sujet de vos débats. D'ailleurs, les membres qui la composent, repoussant à cette barre les soupçons dont ils se trouvent tous frappés, ont pris l'engagement de démasquer eux-mêmes les agitateurs et les traîtres qui pourraient s'être glissés dans leur sein; de rendre leurs comptes, de justifier leur conduite, et de vous donner tous les éclaircissemens que la tranquillité publique sollicite, et que vous pouvez désirer.

Une organisation prompte de la municipalité, voilà le meilleur remède à apporter aux maux qui tourmentent cette cité; voilà ce qui fera cesser les dernières agitations des secousses anarchiques.

Éclairer ensuite le peuple sur ses droits, sur ses devoirs, sur le véritable exercice de sa puissance, démasquer les charlatans qui le flattent et le trompent : voilà ce qui consolidera la paix en assurant son bonheur.

Je reviens aux événemens dont je vous ai tracé une faible esquisse : ces événemens et quelques-uns de ceux qui ont précédé la célèbre journée du 10 août, le rapprochement des faits et d'une foule de circonstances ont porté à croire que des intrigans avaient voulu s'emparer du peuple, pour, avec le peuple, s'emparer de l'autorité. On a désigné hautement Robespierre; on a examiné ses liaisons; on a analysé sa conduite; on a recueilli les paroles qui, dit-on, ont échappé à un de ses amis, et on en a conclu que Robespierre avait eu l'ambition insensée de devenir le dictateur de son pays.

Le caractère de Robespierre explique ce qu'il a fait : Robespierre est extrêmement ombrageux et défiant; il aperçoit partout des complots, des trahisons, des précipices. Son tempérament bilieux, son imagination atrabilaire, lui présentent tous les objets sous de sombres couleurs; impérieux dans son avis, n'écoutant que lui, ne supportant pas la contrariété, ne pardonnant jamais à celui qui a pu blesser son amour-propre, et ne reconnaissant jamais ses torts; dénonçant avec légèreté, et s'irritant du plus léger soupçon; croyant toujours qu'on s'occupe de lui, et pour le persécuter; vantant ses services et parlant de lui avec peu de réserve; ne connaissant point les convenances, et nuisant par cela même aux causes qu'il défend; voulant par-dessus tout les faveurs du peuple, lui faisant sans cesse la cour, et cherchant avec affectation ses applaudissemens : c'est là, c'est surtout cette dernière faiblesse, qui, perçant dans tous les actes de sa vie publique, a pu faire croire que Robespierre aspirait à de hautes destinées, et qu'il voulait usurper le pouvoir dictatorial.

Quant à moi, je ne puis me persuader que cette chimère ait sérieusement occupé ses pensées, qu'elle ait été l'objet de ses désirs et le but de son ambition.

Il est un homme cependant qui s'est enivré de cette idée fantastique, qui n'a cessé d'appeler la dictature sur la France, comme un bienfait, comme la seule domination qui pût nous sauver de l'anarchie qu'il prêchait, qui pût nous conduire à la liberté et au bonheur; il sollicitait ce pouvoir tyrannique; pour qui? Vous ne voudrez jamais le croire, vous ne connaissez pas assez tout le délire de sa vanité; il le sollicitait pour lui, oui, pour lui, Marat. Si sa folie n'était pas féroce, il n'y aurait rien d'aussi ridicule que cet être que la nature semble avoir marqué tout exprès du sceau de sa réprobation.

Ce projet insensé est déjà loin de nous, il ne reparaîtra plus mais, législateurs, je vous déclare que, dans ce moment même, de vils esclaves en méditent un, non moins absurde et non moins criminel. Oui, on ose penser à relever vos tyrans abattus; on jette quelque intérêt sur leurs personnes; on apitoie sur leur sort; leurs crimes sont des égaremens qu'on attribue à des conseils perfides; la générosité est la vertu d'une grande nation; l'oubli du passé nous préparera un heureux avenir; nous aurons la paix au dehors, l'abondance au dedans : ces idées manuscrites circulent dans des lettres; elles se propagent; on parle d'employer tout à la fois la ruse et la force pour favoriser l'exécution du projet; on parle d'un mouvement populaire, et de la facilité de profiter de ce trouble. J'ai reçu des avis multipliés sur des fabrications d'armes, qui ne sont qu'à l'usage des scélérats. Des étrangers sont dans nos murs, et paraissent soudoyés par nos ennemis. On m'a dénoncé des hommes qui sont eux-mêmes des dénonciateurs de profession, mais que je crois néanmoins incapables de tremper dans ce projet infâme et extravagant.

Il est très-inutile, je pense, de chercher à calmer vos inquiétudes sur une trame aussi follement atroce. La France ne courbera jamais sa tête altière sous le joug d'aucun tyran. Nous n'avons à redouter que nous-mêmes. C'est à la Convention nationale dont l'exemple est si puissant sur toute la République, à éloigner d'elle toutes ces petites passions, toutes ces personnalités avilissantes, qui dégradent la majesté d'une assemblée. Nous ne pouvons avoir qu'un sentiment, celui de la liberté. Il n'est plus là de roi ni de liste civile pour corrompre; notre ouvrage ne sera qu'un projet, la nation l'examinera. On parle de partis! Je vois des haines, des préventions, des chocs de vanité et d'amour-propre; mais qu'on m'indique ici quel est le parti qui ne veuille pas la République, qui ne veuille pas l'unité, qui ne veuille pas la fraternité de tous les Français.

Je connais tels de ceux dont on forme des chefs de parti, qui sont les hommes les plus étrangers aux intrigues, qui sont les hommes les plus vertueux, et le plus indépendans.

Expliquons-nous ici franchement; que nos explications tournent au profit de la chose publique, qu'elles soient les dernières. Si quelqu'un connaît dans cette assemblée un traître, qu'il le nomme: s'il connaît une faction qui conspire contre la liberté, qu'il la dénonce. Que ce ne soit pas dans l'ombre du mystère qu'il distille la calomnie; que ce ne soit pas au moment même où un orateur est à la tribune; qu'on décrie sa personne pour décrier son opinion; qu'on se permette des confidences astucieuses, des insinuations perfides.

Qu'on n'ait pas non plus la lâcheté coupable, lorsqu'on a gardé le silence devant lui, d'aller travestir ailleurs ce qu'il a dit, et de calomnier jusqu'à ses intentions.

Demandez à ces hommes envieux, si prompts à diffamer ceux qui leur déplaisent, ceux dont les talens et les vertus les offusquent; demandez-leur quelle preuve ils ont que celui qu'ils accusent soit un fourbe, un scélérat.

Ils commenceront par vous dire qu'on ne peut pas raisonnablement exiger de preuves matérielles et écrites; s'étant mis ainsi à l'aise, ils rassembleront quelques faits, vrais ou faux, des conjectures plus ou moins vagues, et bâtiront sur le tout un système de calomnie plus ou moins vraisemblable. Quel est l'homme, je parle du plus intègre, dont la réputation puisse résister à cette étrange preuve? Cette manie d'attaquer sans cesse et indistinctement tous les hommes publics, d'appeler sur leurs têtes les vengeances d'une multitude égarée, n'est favorable qu'aux fripons, puisqu'ils se trouvent sur la même ligne que les gens de bien ; elle n'est propre qu'à décourager la vertu et à enhardir le vice ; elle met le peuple dans une situation pénible, dans cette incertitude cruelle de ne savoir à qui remettre sa confiance.

Laissons à l'écart toutes ces injustes défiances, toutes ces idées de parti; voyons moins les hommes, voyons plus les choses. Quand une vérité nous est offerte, qu'importe la main qui la présente? Qu'importe la source d'où elle découle, et les motifs qui l'ont inspirée? Ne nous passionnons que pour le bien. La nation attend de nous son bonheur ; ne fatiguons pas plus longtemps son impatience. L'Europe vous contemple, la postérité vous jugera.

Je demande donc que nous nous occupions des grands intérêts de la République.

Lettre de Jérôme Pétion à la société des Jacobins.

Depuis quelque temps, dans cette société, on me porte des attaques plus ou moins directes, plus ou moins vives. Jusqu'ici je n'ai pas cru devoir répondre; mais il est temps d'arrêter ce système d'intrigues et de calomnies. Je n'aime pas à parler de moi; je ne me suis jamais permis de dire en public un seul mot des services que j'avais rendus; je le dois aujourd'hui, je vais le faire, et sans affecter une fausse modestie.

J'ai aimé et cultivé la liberté avant qu'elle fût née dans mon pays.

Je me suis livré à l'étude des lois et des gouvernemens, et j'ai fait, avant la révolution, des ouvrages qui respirent l'amour de l'égalité et de la liberté.

J'ai défendu avec constance et courage les droits du peuple dans l'assemblée constituante.

J'ai sauvé cette société lors de la fameuse scission. J'ai vu un instant où elle était composée de trois membres de l'assemblée nationale, et de vingt à trente autres citoyens. La terreur avait dissipé le reste; elle avait dissipé plusieurs des hommes qui y jouent aujourd'hui les plus grands rôles. Des trois membres de l'assemblée l'un était peu connu. Robespierre, qui avait une réputation faite de patriotisme, ne jouissait cependant pas de ce genre de considération que donnent la sagesse et la mesure dans la conduite des affaires publiques. J'ai vu Robespierre tremblant, Robespierre voulant fuir, Robespierre n'osant se montrer à l'assemblée... demandez-lui si je tremblais.

J'ai sauvé Robespierre lui-même de la persécution, en m'attachant à son sort, lorsque tout le monde l'abandonnait.

J'ai sauvé plus d'une fois Paris, et j'ai épargné le sang du peuple.

Je n'ai pas peu contribué à amener la journée du 10 août.

Je n'ai plus eu depuis la même influence sur les événemens; on jugera si cela a été plus utile que nuisible au bonheur de cette ville et à la tranquillité de ses habitans.

J'espère encore servir ma patrie.

Je déclare que je n'appartiens et que je n'appartiendrai jamais à aucun parti.

Je déclare que je ne connais point de *faction Brissot*; que malgré l'aveuglement général et l'acharnement à cet égard, cette faction est une chimère, et qu'il n'est pas d'homme moins propre à être chef de parti que Brissot.

Je déclare que la société des Jacobins a rendu les plus grands services, qu'elle peut en rendre encore d'importans, et que je la défendrai de toutes mes forces, mais sans prévention; que j'adopterai ses opinions, quand je les croirai bonnes; que je les combattrai, quand je les croirai mauvaises.

Lorsqu'on considère quelques-uns de ces hommes si ardens patriotes en apparence, de ces fanfarons de liberté qui étaient jadis esclaves, et qui demain le seraient encore sous un roi, de ces hommes qui ont l'insolence de ne trouver personne à leur hauteur, cela dégoûterait du patriotisme, si cette vertu n'était pas gravée profondément dans le cœur.

Quant à moi, je suis aujourd'hui ce que j'ai toujours été : inébranlable dans mes principes; je réponds que, quelque chose qui arrive, je mourrai libre.

A MAXIMILIEN ROBESPIERRE

ET

A SES ROYALISTES

JEAN-BAPTISTE LOUVET,

DÉPUTÉ DE FRANCE A LA CONVENTION,
PAR LE LOIRET.

« Il avait achevé sa lecture; et comme il venait de quitter la tribune, on m'y voyait déjà. Je m'opposais à *l'ordre du jour* vivement réclamé par ses amis qui, rassurés dans les ténèbres de la réponse, craignaient le grand jour de la réplique; et par une partie de l'assemblée, qui croyait l'usurpateur assez puni d'*un hors de cour*. D'autres pensaient avec moi qu'il était utile et nécessaire, à quelque mesure de modération qu'on voulût se borner ensuite, de combattre l'accusé sur les faibles remparts qu'il s'était péniblement élevés, de le surprendre au milieu de ses contradictions, de le saisir sur ses aveux indirectement échappés, de l'accabler du poids de sa pitoyable défense, de rétablir les faits qu'il avait insidieusement dénaturés, de le ramener sur ceux dont il n'avait décliné l'imposant témoignage que par des réponses évasives, de prouver que, partout où il s'était hasardé à récriminer, il s'était constitué calomniateur ; que, partout où il avait osé nier, il avait osé mentir.

»Cependant l'ordre du jour emporté dans le bruit, excitait de vives réclamations. J'avais demandé la parole contre le président; il fallait m'entendre, ou se déterminer à une seconde épreuve. Ce fut alors qu'un membre, apparemment animé d'un sentiment tout autre que celui d'une vaine curiosité, demanda qu'on fît proclamer les noms inscrits sur la liste de la parole. Il n'était pas en effet inutile de savoir, d'une part, quelle phalange d'alliés invincibles environnait l'accusateur dans sa marche plus ferme, et, de l'autre, quelle était la bande exiguë des timides auxiliaires, à la tête desquels l'accusé se traînait chancelant. On vit *pour* Robespierre, Saint-Just, Garnier, et, si l'on ne m'a pas trompé, Manuel. Manuel; qu'il y soit donc, puisqu'il y veut être; mais j'aime à croire qu'il n'y restera pas long-temps. Contre Robespierre, on vit Chénier, Faure, Biroteau, Buzot, Barbaroux, et *sur* lui Barrère, Launay (d'Angers), le Hardy, Bailleul, Pétion ; Pétion dont on accusait l'ancien ami, le compagnon jadis inséparable, et qui, demandant à parler, annonçait *qu'il ne parlerait pas pour*. Ce fut un nouveau trait de lumière qui fit au *hors de cour* de nombreux prosélytes, dans cette assemblée, où la majorité parut craindre que des preuves plus irrésistibles, sortant d'une discussion contradictoire, ne forçassent contre le dictateur un décret sévèrement juste, que le grand nombre jugeait inutile, que quelques-uns croyaient dangereux..... »

— Louvet raconte la fin de la séance. Puis il discute le discours de Robespierre, répondant à ses assertions par des assertions contraires. Il l'accuse d'avoir tyrannisé les Jacobins en s'y faisant un *peuple*. Il dit qu'il avait formé avec les *Cordeliers* un comité secret qui se réunissait dans le couvent de la rue Saint-Honoré, les jours où les Jacobins n'avaient pas de séance pour préparer les travaux du lendemain, et convenir des moyens de s'emparer des délibérations. Louvet cherche à montrer que les Jacobins sont envahis et dominés par ce qu'il appelle les Cordeliers ; et il continue :

« Venons à *l'assemblée électorale*. Je t'ai accusé de l'avoir tyrannisée par *l'intrigue* et par *l'effroi* : par l'intrigue, les tiens y apportèrent tous les moyens de cette vile tactique qui opprimait depuis si long-temps nos Jacobins ; par l'effroi, le premier député ne fut élu que le 3 ou le 4 septembre, c'est-à-dire, sous les auspices de vos massacres déjà commencés. Mais ce premier député, quel fut-il? Toi, Robespierre, toi! et cependant Pétion était au milieu de vous. Un autre trait pourrait suffire pour montrer quel était l'esprit des meneurs de cette assemblée, et jusqu'à quel point ils pouvaient y corrompre ou y étouffer l'opinion publique. Comme on allait procéder à l'élection du second député, arrive la nouvelle de la nomination de Pétion à Chartres. Quelqu'un proposa que le corps électoral de Paris consignât dans son procès-verbal le regret d'avoir été prévenu dans le choix de Pétion par...... Les plus violens murmures couvraient déjà sa voix; il ne put achever cette motion que les tiens trouvaient scandaleuse, exécrable. J'osai demander la parole pour la soutenir, mais *la question préalable* en fit justice, avant qu'on m'eût permis de dire un mot. Cependant, au pied de la tribune, je tombais dans un groupe de tes Cordeliers. Les moins furieux m'appelaient un intrigant; les plus forcenés juraient que j'étais un scélérat; d'autres, à qui l'excès de leur rage ne permettait plus de jurer, me prodiguaient, par signes, des menaces que depuis long-temps j'avais l'habitude de braver.

Tu dis qu'on était libre à cette assemblée, *parce qu'on y votait à haute voix*, mais c'est précisément pour cela qu'on n'y était pas libre, car les tiens avaient pour eux les massacres, et ne dissimulaient pas l'intention de revenir à cette ressource, dès qu'elle leur paraîtrait nécessaire. Je citerai ce Talien qui, ayant dit à la tribune, *je ne suis pas Brissot*, fut à bon droit couvert d'applaudissemens; mais qui, s'étant avisé, je ne sais pourquoi, d'ajouter, *je ne suis pas non plus Robespierre*, fut accueilli d'une épouvantable huée, n'acheva qu'à travers d'horribles murmures, ne fut point élu, parce que la faction lui retira tout-à-fait son appui, et put entendre en revenant à sa place, au reste ce n'est pas son témoignage que je réclame, put entendre, car nous l'entendîmes, de plusieurs parties de la salle, quelques voix l'apostropher des plus grossières menaces, et l'une d'entre elles lui crier: *Va, coquin, laisse faire, nous avons encore la hache levée.*

Tu prétends *que chacun usa librement du droit de les proposer*, les candidats. Robespierre, souffre l'âpreté de mon langage républicain, supporte la dure vérité : tu mens. Toi, toujours et plus que jamais privilégié, tu prenais, tu gardais la parole toutes les fois et aussi longuement que tu le jugeais convenable. Personne au contraire ne parlait que tu ne le voulusses. Si quelque visage nouveau, de qui l'on ne savait point encore s'il n'était pas des tiens, demandait la parole, il pouvait l'obtenir ; mais aussitôt qu'il devenait possible de s'apercevoir qu'il allait dire ce que vous ne prétendiez pas permettre qu'on dît, vous l'empêchiez de continuer. Il était sur-le-champ réduit au plus absolu silence, trop heureux si vous ne le condamniez à l'heure même au supplice d'entendre, et tes déclamations violentes, et toutes celles des plus forcenés boutefeu de ta faction. Ce manége, quelque scandaleux qu'il fût, se couvrait de si peu de ménagemens que les plus impassibles en conçurent une indignation vive. Un jour, dans l'accès d'une impatience trop juste, le courageux Dugazon poussa tout à coup, dans notre salle, ces généreuses paroles : *Quoi! citoyens, vous avez abattu le despotisme, et vous souffrez que la tyrannie s'exerce au milieu de vous!* Ai-je besoin d'ajouter qu'il ne put dire un mot de plus? Voilà, Robespierre, quelle était la dose de liberté dont tu voulais bien nous laisser jouir. Et, s'il est vrai qu'on ait été libre dans le choix des candidats, dis-moi par quel prodige il est arrivé, qu'excepté Kersaint que vous repoussâtes, nul autre des excellens *républicains* que réprouvait Marat dans ses placards ne fut même proposé ; tandis que presque tous les Cordeliers qu'il désignait furent élus? L'oseras-tu nier? il est de notoriété publique que les honteuses listes de *votre magnanime* furent suivies.

Tu dis (page 4), *je n'en présentai aucun.* Tu mens encore. En effet, je lis au commencement de ta page 5, que *tu ne désignas point Marat* PLUS PARTICULIÈREMENT *que les écrivains courageux qui,* etc., ce qui est déjà un aveu que tu en désignas plusieurs ; et je vais prouver que cette prétendue désignation de Marat fut une présentation véritable qui produisit une nomination forcée. Mais puisqu'il t'était réservé de montrer l'espèce de courage qu'il fallait pour accoler, dans le même discours, les

deux noms les plus étonnés de se trouver ensemble, celui de Priestley si respectable, et celui de cet odieux Marat, ne les séparons pas aussitôt qu'il le faudrait. Ne séparons pas tes mensonges, car tu mens encore, lorsque tu oses avancer que tu *ne dis pas de mal de Priestley qui t'était connu par sa réputation de savant*, etc. Il ne me faut, pour confondre tant d'impostures, que rapporter les faits. Cinq ou six nominations étaient déjà faites. Aux derniers appels nous avions vainement porté Priestley; de leur côté, les tiens avaient inutilement essayé Marat. Tu montes à la tribune, Robespierre. Dans le même discours, dans le même, et si la postérité s'occupe de tes méfaits, elle ne te pardonnera pas celui-là! dans le même discours, tu attaques, tu dénigres Priestley; tu désignes, tu vantes une espèce d'homme qu'à la vérité tu ne nommes pas, mais que tu signales si bien que tout le monde le reconnaît. Tu t'écries : « Je sais qu'il
» existe une coalition de philosophes; je sais que MM. Condorcet
» et Brissot veulent mettre des philosophes dans la Convention.
» Le docteur Priestley a écrit dans son cabinet. Mais qu'avons-
» nous besoin de ces hommes qui n'ont fait que des livres? Il
» nous faut des patriotes qui se soient exercés dans des révolu-
» tions, qui aient combattu corps à corps le despotisme, qui en
» aient été les victimes. » Ainsi Robespierre, tu poursuivais dans Priestley *sa réputation de savant*, et, par une mauvaise foi révoltante, tu donnais à entendre qu'il ne s'était point exercé contre le despotisme; tu cachais cette vérité qu'il t'a fallu depuis reconnaître devant la Convention (page 5) : que Priestley avait éprouvé *une disgrace qui le rendait intéressant aux yeux des amis de la révolution française.* Tu le dis dans ta réponse; tu ne le disais pas à l'assemblée électorale. Content d'avoir obscurci d'un même nuage le courageux dévouement d'un sage et la vérité, il te restait à préconiser jusqu'aux lâchetés de celui que, pour l'honneur de l'espèce humaine, je voudrais bien ne pouvoir regarder que comme un insensé! Tu poursuivis : « Quant à moi, je l'a-
» voue, j'aime mieux un homme qui, pour combattre La Fayette
» et la cour, se serait pendant un an caché dans une cave. » Di-

rai-je que les tiens applaudirent avec fureur ces paroles impatiemment attendues? Dirai-je que pour terminer dignement ce discours vandale, tu parus amèrement regretter, à cause des mauvais choix que faisaient les départemens, et dont les nouvelles nous arrivaient de toutes parts, qu'il ne dût pas se trouver dans la Convention un plus grand nombre d'hommes doués d'une ignorance assez crasse, *pour ne pas même savoir parler leur langue?* Dirai-je?... Non, mon intention n'est pas d'affliger sans nécessité qui que ce soit; et je pense que l'homme, qu'il te plut d'indiquer après Marat, ne méritait pas la honte de se trouver à ses côtés. Mais ce que je ne puis taire, c'est que vainement plusieurs républicains indignés demandèrent la parole avec moi. Vainement, comme eux, je brûlais de venger le philosophe anglais, et de démasquer le Français indigne. Tu avais prudemment décidé qu'on ne parlerait point après toi; tu ordonnais que la discussion, qui réellement n'était point ouverte, puisqu'on n'avait pas entendu de contradicteurs, fût fermée; elle le fut. Tu nous donnas despotiquement l'appel nominal. O honte!... mais du moins ce n'est pas la nôtre : ce n'est pas, je le jure, celle du peuple de Paris : *la vertu* perdit presque toutes les voix ; *le crime* nous échut.

Mais, pour essayer de pallier l'ignominie et le despotisme de *tes* élections, tu oses dire et imprimer que les choix ont été discutés et ratifiés par les sections. Eh bien! je ne te réponds que par deux mots, et Paris tout entier, que je puis appeler en témoignage, les répétera : Tu mens, tu mens, tu mens trois fois. Lis Condorcet, il te dira : « Il a fait entendre que ce choix avait
» été confirmé par les assemblées primaires, mais il n'a pas dit
» que cette résolution, prise dans le corps électoral, n'avait point
» eu d'exécution, et que ceux qui avaient provoqué cet arrêté,
» quand ils croyaient cette exclusion utile pour écarter les hom-
» mes qu'ils haïssaient, l'ont abandonné quand ils ont prévu
» qu'elle ne frappait que sur leurs amis. » Lis Gorsas, il te dira, page 120 du numéro du jeudi 8 novembre : « Quand on est venu
» dire au corps électoral qu'une ou deux sections avaient rayé

» ou voulaient rayer Marat, Fréron ou Robespierre : Eh bien!
» s'est-on écrié, *nous verrons s'ils l'osent.* »

Enfin, sur toute ta conduite dans l'assemblée électorale, lis un homme dont le témoignage est accablant contre toi, car devant la France, qui n'ignorait pas quelle intime et sainte amitié vous unissait jadis, son silence eût maintenant suffi pour t'accuser. A la page 17 de son discours, sur l'accusation intentée contre toi, il te dira : « Il est vrai que cette assemblée (électorale)
» était influencée, dominée par un petit nombre d'hommes;
» qu'on ne pouvait choisir que leurs partisans ; que les élections
» étaient préparées par des listes qui furent exactement suivies,
» à de légères exceptions près.

» Il est vrai encore que cette assemblée était devenue une lice
» toujours ouverte aux dénonciations, aux déclamations les plus
» emportées. Des orateurs, par leurs discours, entraînaient dans
» le peuple une agitation violente, et nous exposaient sans cesse au
» renouvellement de ces scènes d'horreurs dont nous venions
» d'être témoins. »

Encore un fait cependant sur cette assemblée électorale, un fait qui pourrait fournir à de nombreuses réflexions, et sur lequel je n'en veux faire aujourd'hui que très-peu. Qui donc, après la révolution du 10 août, s'occupa du soin de rappeler l'attention publique sur un homme que, dans toutes les suppositions possibles, il était sage de laisser dans *ses palais*? Qui donc eut la funeste *maladresse* et le cruel pouvoir de le faire représentant du peuple? Que signifie cette précaution de l'avoir nommé le dernier, le vingt-quatrième? Que signifie surtout cette impertinente comédie par laquelle *les Cordeliers*, qui venaient de faire cette élection, eurent l'air d'en être étonnés, et de vouloir revenir contre, sans doute afin de persuader aux bonnes gens que c'étaient nous qui l'avions faite. Et comment l'aurions-nous pu, nous qui nous étions trouvés trop faibles pour porter l'homme irréprochable, Priestley? nous qui, toujours écrasés par la faction, n'avions pu conquérir sur elle, et par une espèce de surprise encore, que le respectable Dussaux, et trois ou quatre autres nominations précieuses pour nous, pour eux insignifiantes? Comment surtout l'aurions-nous voulu, nous, *purs jacobins*, que le fantôme d'*un monseigneur* effarouche? Philippe, malgré tes services dans la révolution de 89, et peut-être aussi à cause d'eux, je ne puis avoir confiance en toi, je ne puis oublier que tu naquis au sein *des grandeurs*; que tu reçus l'insolente éducation réservée aux gens *de ta sorte*; que ta jeunesse respira l'air empoisonné *des cours*; que la soif de dominer servait à toutes les passions dans les individus de *ta caste*; qu'elle doit couler dans tes veines avec *ton sang*. Tes enfans..... Loin de moi l'odieux dessein de flétrir leur jeune courage, et d'arrêter leurs dispositions sans doute louables; mais je crains que, pour leur entière régénération, ils n'aient tout à faire par eux-mêmes. A quelle époque, en effet, auraient-ils été formés pour l'austérité de nos mœurs républicaines? *Adèle et Théodore,* la *Religion considérée,* etc., et plusieurs autres ouvrages qui ne respirent que fanatisme de toute espèce, fanatisme religieux, superstition *nobiliaire,* haine de Voltaire, de Rousseau, de nos plus grands philosophes et de toute la philosophie, me sont-ils de bons garans que la gouvernante de tes fils ait voulu sincèrement leur mettre au cœur l'amour de cette *égalité* sainte, dont il est au moins étrange que tu aies usurpé le nom pour le leur passer? Tes enfans! je me défie des crimes de leurs ancêtres, et je voudrais me défier de leurs propres vertus. Je me défie surtout et je m'indigne de l'espèce d'enthousiasme avec lequel ces mêmes hommes, qui n'ont pas craint de t'élire, affectent d'applaudir, jusque dans la Convention, à chaque nouvelle des succès que ces jeunes gens obtiennent. Tes enfans, je les plains. Ils auront longtemps encore à travailler, avant d'avoir effacé la tache de leur origine : ils sont nés d'un Bourbon! Philippe, Philippe, je te le dis, et le dis tout haut : quoique, malgré tes amis, il soit entré beaucoup de vrais républicains dans la Convention, je suis toujours surpris qu'au milieu de ces premiers plénipotentiaires de ma patrie enfin tout-à-fait plébéienne, toujours surpris, dis-je, et quelquefois inquiet de voir assis, non loin de moi, un homme qui fut *prince*. Philippe, Danton, Robespierre et Marat, vous tous et tous *vos Cordeliers*, prenez garde, nous serons unis contre vous, j'espère; nous vous observerons; jusqu'à notre chute, fût-elle prompte, inévitable et violente, sûrs que du moins elle enfanterait des vengeurs *à la République*, nous vous combattrons; car, pour ce qui me regarde, mes commettans m'ont fait jurer, et je l'avais juré déjà, que, dussions-nous périr, nous ne souffririons plus, sous quelque nom que ce pût être, la honte et le fardeau de *la royauté*.

Passons au conseil-général. Tu fais l'éloge de la conduite qu'il tint dans ses premiers jours. Je ne l'ai pas attaquée, j'ai dit au contraire qu'alors j'étais un de ses membres. Mais ensuite, uniquement dirigé par toi, dont le despotisme éloignait le maire, écartait d'anciens et dignes administrateurs (1), entraînait la majorité, peut-être bien intentionnée, écrasait une minorité respectable, tout-à-fait animée de ton esprit désorganisateur, loin de déposer son pouvoir, il l'étendit; il méconnut les sections qui l'avaient envoyé, le conseil exécutif qu'il entravait dans sa marche, l'assemblée législative qu'il insultait jusqu'à sa barre, et les communes environnantes, sur le territoire desquelles ses commissaires allèrent exercer des actes de tyrannie. Tu régnais déjà, Robespierre, et pourtant le 2 septembre n'était pas encore venu. Ce fut, je crois, le 25 août, que *la section des Lombards*, connue pour avoir constamment veillé contre l'aristocratie, tandis que le grand nombre des sections paraissait dormir, *la section des Lombards*, incapable aussi de fléchir sous ta tyrannie démagogique, prit le vigoureux arrêté par lequel, déclarant le conseil-général *usurpateur*, elle lui retirait ses commissaires, et invitait les autres sections à en faire autant. Aussitôt toute la cohue des petits rois de se mettre en campagne. *Talien* dans sa

---

(1) Biderman, Chambon, Osselin, Thomas et plusieurs autres, qu'on ne laissait plus administrer; trop heureux qu'on leur permît d'avoir encore voix délibérative. Et qui voulut-on faire administrateurs? des hommes dont quelques-uns savaient à peine lire; mais qui, en revanche, savaient calomnier l'assemblée, dénigrer Pétion et louer Robespierre : de vrais *Cordeliers*.

section, *Lavaux* à celle de l'*Oratoire*, à celle de *Mauconseil* l'*Huilier*, et, dans plusieurs autres, tous les affidés de cette espèce me dénoncèrent dans les termes les plus violens. Que dis-je, le dictateur en personne, toi-même, Robespierre, feignant de me croire l'auteur de cet arrêté, que tu trouvais contre-révolutionnaire, et auquel j'avoue que je n'avais pas eu l'honneur de contribuer ; toi-même, du haut de *ta* tribune, tu appelais sur moi les licteurs. Au milieu de *tes* groupes, il n'était question de rien moins que *de marcher sur la section des Lombards* ; sous les fenêtres de la maison commune, un peuple égaré demandait ma tête, tandis que d'adroits émissaires venaient répandre jusque dans mon quartier le bruit *que j'étais arrêté* ; et tout cela, faisait-on dire encore, parce que *Pétion se conduisait mal depuis que j'étais son ami*. Son ami ! J'aurais pu désirer qu'il m'eût jugé digne de l'être. Mais son conseiller ! De quoi mes avis auraient-ils pu servir à son expérience ? A cette époque, il y avait peut-être quinze jours que je ne l'avais vu, et je ne crois pas qu'il ait reçu jamais une lettre de moi. Les calomniateurs le savaient bien sans doute ; mais que leur importait, pourvu qu'ils préparassent l'opinion publique à la fin violente et prochaine qui m'était apparemment réservée, comme à tous les vrais républicains ; nous touchions à l'époque terrible, remarquez ; et surtout, surtout, pourvu qu'ils parvinssent à dépopulariser cet incommode Pétion... Qu'en auraient-ils fait par la suite ? C'est ce que je laisse à penser.

Tu dis : « On vous entretient d'intrigans qui s'étaient intro-
» duits dans ce corps ; je sais qu'il en existait quelques-uns. » Ici, Robespierre, me voilà fort de ton propre aveu. Mais ces intrigans, voyons quels ils étaient, et de quelle espèce. C'est Pétion qui va parler. Beaucoup de ses membres (du conseil de la Commune) et en général *les plus effervescens* étaient dispersés ; *ils remplissaient des missions* dans plusieurs parties de l'empire ; et ces missions, à quel titre les remplissaient-ils ? en qualité de commissaires du pouvoir exécutif. Mais comment le pouvoir exécutif avait-il choisi *les plus effervescens ?* Ce n'était pas le pouvoir

exécutif qui les avait *choisis*, c'était le *seul* ministre de la justice (1), et ce fait n'est pas du nombre de ceux que Danton veuille nier; car un député lui reprochant dernièrement la conduite qu'a tenue l'un de *ces effervescens*, n'obtint de lui que cette justification : « Eh! f....., croyez-vous qu'on vous enverra » des demoiselles? » C'était un rude ministre de la justice, que ce monsieur-là !

Après avoir fait l'apologie des usurpateurs du conseil général, tu entreprends indirectement celle de son comité de surveillance, et certes je n'en suis point étonné!.....

L'apologie des événemens du 2 septembre, tu ne tarderas pas à l'entreprendre aussi. Néanmoins, soit délicatesse, soit précaution, tu ne juges pas à propos de permettre qu'on t'impute d'y avoir contribué le moins du monde. « Tu avais, » à ce que tu dis « cessé de fréquenter le conseil avant l'époque des mas- » sacres; » et moi, je dirai bientôt quel jour, à quelle heure et en quels termes tu y *proscrivais* ceux que Pétion appelle si bien *les chefs d'opinions* de l'assemblée législative.....

Tu dis « n'avoir vu Marat qu'une fois et à la fin de 91 ; qu'il » ne te trouva que des vues politiques étroites, et nullement » l'audace d'un homme d'état. » Ici je t'arrête; il faut que tes vues politiques se soient agrandies, et qu'il te soit venu de l'audace, car au mois de septembre dernier, il a paru que Marat faisait grand cas de tes talens et de tes principes. Robespierre, il te méprisait en 91, et nous t'estimions; il t'estime en 92, et nous t'accusons : tout cela ne s'accorde malheureusement que trop bien.

Tu poursuis : « Je l'ai retrouvé à l'assemblée électorale. » Et ailleurs, Robespierre, ailleurs. Vous vous réunissiez quelquefois chez Collot (d'Herbois), plus souvent chez Robert (2), très-souvent chez Danton.

(1) Le pouvoir exécutif, qui ne connaissait pas encore Danton, lui abandonna le choix des commissaires, et les reçut sur sa seule présentation.

(2) C'est madame Robert elle-même qui l'a dit à une de ses amies, laquelle l'a dit à Gorsas, lequel me l'a dit. La même personne a rendu à Gorsas quelques pré-

C'en est assez, pour ce moment, sur l'union des personnes; venons à la collection des faits.

C'était le 27 août que l'assemblée législative avait rendu le décret qui demandait aux Parisiens trente mille hommes. Longwy était pris; l'ennemi marchait sur Verdun. Pourquoi Robespierre qui gouvernait le conseil général ne fit-il point le même jour sonner le tocsin, tirer le canon d'alarme? Pourquoi Marat afficha-t-il, dès le lendemain, que ce décret était une trahison; qu'il ne fallait pas envoyer un seul homme à Soissons? Pourquoi? parce que les conjurés n'étaient pas tout-à-fait prêts; parce que les prisons ne se trouvaient pas suffisamment garnies; parce que Marat n'avait pu encore essayer l'opinion sur l'établissement du *triumvirat*; parce qu'on ne croyait pas avoir assez calomnié les républicains dont il fallait se défaire, pour que le complot de *royauté* réussît; parce qu'il était nécessaire de prêcher, pendant plusieurs jours encore, le mépris de la représentation nationale qu'on voulait usurper; parce qu'enfin il n'était que trop aisé de calculer que les Parisiens, qu'on aurait tenus endormis sur le pressant danger d'une invasion étrangère, se réveilleraient plus terribles à la nouvelle d'un nouveau revers presque inévitable, et qu'alors on pourrait les porter, sinon à commettre, du moins à souffrir les horreurs qu'on préméditait.

Le 28, Danton sollicite et obtient un autre décret qui ordonne « qu'il sera fait des visites domiciliaires, que les citoyens sus- » pects seront désarmés. » Quant à l'exécution de ce décret, Robespierre n'y met pas de lenteur; on l'exécute aussitôt, *pendant la nuit,* dans une seule nuit, avec l'appareil militaire le plus menaçant. On cherche des armes, beaucoup moins que des hommes; on saisit ce moyen de combler les prisons; on arrête cette foule de particuliers, surpris chez eux, massacrés quelques jours après. Le 30 ou le 31, nouveau placard de *Marat qui*

cieux mots de madame Robert. Son mari venait d'être nommé. J'en suis bien aise, disait-elle, mais cela se fait d'une étrange manière. Je veux croire que c'est pour le bien; cependant j'aimerais mieux qu'il eût été nommé par un autre département que celui de Paris. — Je vous crois, madame Robert.

dénigre Pétion, désigne *cinq* des six ministres aux vengeances populaires, et propose le *triumvirat*. A la Commune, Robespierre mandait Roland, tourmentait Servan, et ne louait que Danton.

Le 30, les républicains un moment respirèrent. Plusieurs sections se plaignirent de leurs municipaux despotes; Roland les dénonça; l'assemblée reprit quelque force, elle cassa le conseil-général : je crus voir ton trône brisé, Robespierre.

Mais le lendemain, Talien, pour céder, disiez-vous, au vœu d'*un peuple immense*, que vous prétendiez être en *marche*, et *déjà près du Pont-Neuf*, c'est-à-dire entre le lieu de vos séances et le lieu des séances de l'assemblée; Talien venait *demander* le rapport du décret; et l'assemblée, toujours forcée dans ses délibérations, mais voulant conserver quelque apparence de liberté, renvoyait pour la forme à sa commission des vingt-un, et remettait au lendemain sa décision qui n'était plus douteuse. Le dernier jour d'août fut encore remarquable par une circonstance trop peu connue, et néanmoins essentielle à l'histoire de cette prétendue révolution de septembre. Panis, alors du comité de surveillance de la Commune, était souvent gêné dans ses opérations par la justice et l'humanité de quelques administrateurs, selon lui, trop prompts à reconnaître l'innocence, trop lents à mettre le crime *en lieu de sûreté*. » « Ces gens-là, criait-il sans cesse, « ne sont pas du tout à la hauteur de la révolution. » Pour se débarrasser de ces *indignes* collaborateurs, que fit-il? Pendant qu'ils étaient allés dîner, il mit les scellés sur la porte du lieu de leur travail; puis courut au conseil général. Il exposa que ce comité de surveillance n'allait pas, qu'il lui fallait des gens plus habiles; il demanda à se choisir des adjoints. Le conseil y consentit, imaginant sans doute qu'il les prendrait tous parmi ses membres. Panis s'en garda bien. Panis osa violer tous les droits du peuple de Paris. Il osa, de sa propre autorité, mettre au comité de surveillance un homme qui s'y trouva disposer despotiquement des biens, de la liberté, de la vie de tous les citoyens d'une grande commune, dont aucune section ne l'avait élu! Un homme qui ne tarda pas à se montrer digne du choix qu'on avait fait de lui; car, à compter de ce moment, les prisons ne se vidèrent plus que le troisième jour, et pour le malheur de la nation française, l'Europe sait comment! Un homme que la soif, l'inextinguible soif des crimes et du sang tourmente sans cesse! Quoi, Marat? Oui, Marat! Oui, pour le massacre certain d'un plus grand nombre de victimes, Panis alla déterrer Marat!... Lecteurs attentifs, veuillez vous ressouvenir que nous étions au 31 août, et réfléchissez.

Cependant n'était-il arrivé dans les prisons, aux jours précédens, aucun événement qu'on dût remarquer? l'*Agonie* (de Saint-Méard) nous offre, sur ce qui se passait *à la Force*, quelques détails importans à saisir : le 16, à minuit, « un officier » municipal était venu prendre les noms » des prisonniers; le 28 et le 29, il arrivait à chaque instant de nouvelles victimes. Le 1ᵉʳ *septembre*, cependant, l'antre du lion rendit quelque proie : on fit sortir trois patriotes, « moins étonnés, » dit Saint-Méard, « de leur délivrance que de leur arrestation (1). » Mais si l'on voulait bien, selon l'ancienne acception du mot, élargir quelques républicains obscurs, c'était pour jeter à leur place, et bientôt *élargir*, suivant la nouvelle manière, des républicains connus. Dès le matin, le bruit était semé que Verdun, bloqué de toutes parts, et dépourvu de tout, ne pouvait long-temps se défendre. Avant midi, rien n'était épargné pour multiplier les groupes. D'habiles émissaires y faisaient entendre que jamais Guillaume et Brunswick *n'auraient eu l'audace* de s'avancer autant, s'ils n'avaient eu, avec *quelques membres* du conseil exécutif et *l'assemblée nationale, un traité secret*. Un peu plus tard nous dûmes gémir, mais nous ne dûmes pas nous étonner de voir *l'assemblée* rapporter le décret qui avait cassé le conseil général. Enfin, le

---

(1) On fit sortir aussi M. *de Jaucour* que peut-être on ne devait pas considérer comme un patriote. Au reste j'espère qu'on m'entendra. Certainement je ne puis regretter qu'il n'ait pas été assassiné, mais on assure que son passe-port lui aura coûté beaucoup d'argent; pas autant sant doute qu'à l'ancien *évêque d'Autun*, qui, dit-on, n'a pas acheté moins de cinq cents louis celui avec lequel il a pu se retirer en Angleterre.

soir, le soir du 1ᵉʳ septembre, dans l'assemblée de ce conseil, quelques-uns de tes affidés, Robespierre, commencèrent par prodiguer les dénonciations vagues. Les dangers actuels de la patrie ne leur paraissaient point une suite naturelle des complots de Louis XVI, et des perfidies de La Fayette; ils ne les attribuèrent *qu'à quelques hommes auxquels le peuple trompé croyait du patriotisme.* Et lorsqu'ils eurent de mille et mille manières excité la curieuse défiance des auditeurs, lorsque tu jugeas les voies suffisamment préparées, à ton tour tu t'élanças à la tribune; et je rapporte tes expressions : « Personne n'ose » donc nommer les traîtres; eh bien! moi, pour le salut du peu- » ple, je les nomme. Je dénonce le liberticide Brissot, la faction » de la Gironde, la scélérate commission des vingt-un de l'as- » semblé nationale. Je les dénonce pour avoir vendu la France à » Brunswick, et pour avoir reçu d'avance le prix de leur lâ- » cheté. » Les preuves! Tu les promettais pour le lendemain, traître! et le lendemain, les tiens jugeaient, condamnaient, massacraient sans preuves! C'était le soir du 1ᵉʳ septembre qu'ainsi tu dénonçais les amis *de la République;* et douze ou quinze heures après, les assassins, à la solde du *triumvirat,* tiraient le glaive!

Le lendemain!... O jour de deuil, dit Pétion; et moi je dis : ô jour à la fois horrible et profitable à la République, puisqu'il nous offre un terrible avertissement de tout ce que l'audace de quelques pervers peut entreprendre encore contre cette égalité naissante, que leur ambition déteste! O jour à jamais exécrable, et cependant trop heureux de n'avoir vu que la moindre partie des forfaits liberticides dont ils espéraient le souiller.....

Achevons néanmoins, pour le complet anéantissement de leurs complots, achevons de porter la lumière sur toutes les horreurs de septembre; et d'abord observons que le 2 était un dimanche. Le choix d'un jour *d'oisiveté* n'est pas une circonstance à négliger. On voit cependant que Danton n'était pas oisif; l'emploi de la matinée préparait la terrible *circulaire* du lendemain, et promettait aux départemens des émissaires non moins terribles.

D'un autre côté, on se préparait aussi. La prise de Verdun se donnait pour certaine, quoique la nouvelle officielle ne fût pas arrivée. *A la Force, on faisait dîner les prisonniers plus tôt que de coutume; au dessert on enlevait tous les couteaux; on mettait dehors la garde-malade* d'un prisonnier qui avait le bras cassé; et véritablement le malheureux n'avait plus besoin de ses soins, son heure dernière approchait (1). Dans la ville on allait presser le départ de soixante mille hommes, et en même temps, chose remarquable! on faisait fermer les portes! A lire la page seize de Robespierre, on croirait déjà que quarante mille antropophages étaient, en moins d'une heure, sortis de terre tout armés, lorsque leurs cris de fureur demandaient quelques milliers de sacrifices humains : eh bien, le tocsin ne sonna qu'à deux heures et demie, et des témoins oculaires attesteront qu'une heure après il n'y avait pas cent personnes au Champ-de-Mars; mais au milieu de Paris, peut-être une cinquantaine de monstres qui allaient, provoquant les groupes, et se relayant pour y crier les sanguinaires paroles qu'on retrouve dans la digne circulaire du lendemain : *Ne laissons pas derrière nous ces brigands pour égorger nos enfans et nos femmes.* A trois heures et demie, pas cent personnes au Champ-de-Mars, et les massacres *commencés* à l'hôtel de la Force à quatre heures (2)!

Poursuivons : c'était le soir du 1er septembre que Robespierre avait proscrit *Brissot* et la députation de la Gironde; ce fut le soir du 2 que Marat et son comité lancèrent des mandats contre

---

(1) Les Barbares! ils l'ont tiré de son lit pour le porter dans la rue où on l'a achevé. (Voyez l'*Agonie de trente-huit heures.*)

(2) On voit déjà, puisque les citoyens n'étaient pas encore assemblés, qu'il est faux que ce soit *le peuple* qui ait demandé ces massacres; il ne l'est pas moins que ce soit *le peuple* qui les ait commis et qui les ait vu commettre, même le premier jour. Chabot a osé imprimer qu'il avait passé sous une voûte de dix mille sabres. Eh bien ! le respectable Dussault, qui était avec lui député de l'assemblée nationale, attestera que *deux cents hommes* auraient facilement dissipé les bourreaux et les spectateurs, et, puisque je le cite, je rapporterai un trait qu'il m'a raconté et qui fait frémir. Un de ces malheureux qui haranguait lui dit : « Monsieur, vous avez l'air d'un bien brave homme; mais rangez-vous donc, il y en a, derrière vous, deux que vous nous empêchez de tuer depuis un quart d'heure ; et après eux nous en aurions déjà expédié vingt. »

eux ; ce fut le lundi 3, à six heures du matin, que des commissaires de la Commune se présentèrent chez Brissot. Ils lui montrèrent leurs pouvoirs. Dans le principe, on en avait voulu faire un arrêt de mort, mais on s'était ravisé, je ne sais par quelle crainte ; ce n'était plus qu'une sentence diffamatoire. Les mots *mandons d'arrêter* étaient seulement couverts d'un trait de plume, si léger qu'ils demeuraient parfaitement lisibles. Restait *un ordre de visiter*. Brissot n'y voulut mettre aucun obstacle ; on chercha dans ses papiers *les preuves* que d'avance tu avais toujours promises, Robespierre ! et l'on ne trouva rien ; *Germeuil*, l'un des commissaires, dit à Brissot qu'il avait huit mandats pareils contre des députés de la Gironde, et qu'il comptait commencer par Guadet. Moi, répondit le républicain persécuté ; moi, pour des raisons dont le détail serait trop long, j'ai bien voulu souffrir cette visite ; mais Guadet ? prenez garde ! Les gens de bien le trouvent toujours doux et paisible ; mais il est violent contre le crime ; mais il exècre la tyrannie de ceux qui vous envoient ; prenez garde ! Je ne sais si ces représentations eurent leur effet, ou si les visiteurs reçurent contre-ordre : ils n'allèrent chez aucun des députés de la Gironde. La postérité remarquera sans doute que cette journée du 3 septembre fut encore souillée d'une autre tache, d'une tache ineffaçable, celle d'avoir vu paraître, au milieu des flots de sang qui devaient couler pendant quatre jours encore, cette adresse sanguinaire *et lèse-nationale* du comité de surveillance : adresse approuvée par Robespierre en son conseil, et que Danton, je ne saurais trop le dire, fit passer sous son contre-seing !

Le 4 fut signalé par une infamie nouvelle. On fit un mandat d'arrêt contre Roland. Roland ! Si après tant de gages donnés à la révolution, il l'avait trahie, personne n'était plus que lui criminel ! S'il avait mérité cet arrêt de mort, nulle considération humaine ne devait empêcher qu'il ne s'exécutât. Pourtant, si j'en crois Pétion (page 15), il suffit à Danton, pour obtenir qu'on le révoquât, de s'emporter devant Robespierre et de représenter que cet acte de démence *perdrait*, non pas Roland, mais ceux qui l'avaient décerné. D'où je conclus du moins qu'auprès de Robespierre et de Marat, Danton était une PUISSANCE.

Mais je continue ma lecture, et je trouve (page 15 et 16), que Pétion et Robespierre commençaient à s'expliquer, que Danton s'entre-mêla du colloque, et fit si bien que l'explication ne put s'achever; d'où je conclus que Robespierre pourrait bien n'être qu'un instrument aveugle dans les mains de Danton.

Et je vois (page 17) que peu de jours après, Marat et Danton eurent ensemble une petite querelle d'amitié qui se termina par de tendres embrassemens : d'où je conclus que Danton sentait le besoin de continuer encore *l'expérience du tempérament de cet homme* (1).

Les massacres continuaient cependant. Pétion réclamait la force publique. Il écrivait au commandant, à Santerre, nommé par le conseil-général, ami de Robespierre, beau-frère de Panis, et maintenant maréchal-de-camp, je ne sais pourquoi. Santerre ne répond pas. Pétion écrit encore; alors Santerre répond qu'il a donné des ordres, et pourtant les présidens des quarante-huit sections ont assuré depuis à la commission des Vingt-Un que les massacres leur avaient fait horreur, qu'ils auraient voulu pouvoir montrer la force publique ; mais *qu'ils n'avaient point reçu de réquisitions.*

La même commission pressait Danton d'arrêter ces massacres, il riait. Faites exécuter le décret d'accusation contre Marat, lui disait-elle; il répondait froidement qu'il aimerait mieux donner sa démission.

Saisi d'une trop juste impatience, Brissot se détermine à entrer chez le ministre de la justice. Il y trouve Fabre (d'Églantine); il se plaint à Danton de ces affreux massacres. Eh, d'ailleurs, s'écrie-t-il, le moyen d'empêcher que des innocens n'y soient confondus? Pas un, pas un ! répond Danton. Quel garant, dit Brissot. Le ministre de la justice réplique : Je me suis fait donner les listes des prisons, et l'on a effacé ceux qu'il convenait de

---

(1) Ce sont les expressions dont il s'est servi pour réprouver Marat, au moment où je venais de déclarer que j'allais accuser Robespierre.

mettre dehors. Lecteur attentif, *je me suis fait donner les listes!* et rappelez-vous que dès le 26 *un officier municipal* avait été jusque dans la chambre de Saint-Méard prendre les noms des prisonniers.

Enfin Gorsas m'a raconté, comme à beaucoup d'autres, l'étrange conversation qu'il eut avec un homme qui, dans un certificat signé de lui, en date du 9 septembre, a pris le titre de *juge souverain*, élu *par le peuple* aux journées du 2 et du 3. Cet homme entre chez un libraire où se trouvait Gorsas; il y demande *les Courriers des départemens* de la dernière quinzaine. Le libraire ne les a pas. L'homme en paraît très-fâché. Gorsas s'approche, se nomme et lui demande ce qu'il veut chercher dans ces numéros. C'est que, dit l'autre, en rendant compte des journées de septembre, vous avez parlé de moi. — Oh, oh, vous en étiez donc? — Vraiment! j'étais grand juge. — Oui? vous pouvez donc m'apprendre comment cela se pratiquait. A quoi reconnaissiez-vous les innocens? — Bah! bah! il n'y en avait guère. — Mais encore, comment faisiez-vous? — Nous avions des listes, et puis on voyait bien tout de suite. Cependant il y avait un grand b....., qui avait les cheveux en jacobin; on ne pouvait pas trop lire son nom, et il ne se défendait pas trop mal. Il nous a donné de la tablature. — Eh bien? — Eh bien, j'ai envoyé demander à Panis et à Marat : ils *m'ont fait dire, c'est cela même*, ÉLARGISSEZ.

La plume tombe de mes mains!

Les bourreaux étaient excédés de carnage : ils ne s'arrêtèrent que quand il ne resta plus de victimes; et le cours de leurs forfaits était seulement suspendu. Les commissaires ambulans portaient dans tous les départemens leurs maximes d'anarchie et de sang; plusieurs distribuaient *une déclaration des droits* de leur façon; quelques-uns osaient demander la loi agraire. Les meneurs de Paris attendaient la nouvelle des succès de leurs envoyés et les réponses à la fameuse circulaire. Dans tous les cas possibles, il fallait se tenir prêts au foyer de la conspiration. Il fallait, au sein *de la capitale*, continuer les trames si bien ourdies; ne point abandonner les calomnies sanguinaires, parvenir aux mandats d'arrêt essayés par les mandats de visite, et s'élever à de nouveaux massacres d'un genre plus favorable à l'établissement de la royauté.

Il fallait *régner* par la ruse, par la force, par la terreur. Il fallait que toutes les communes de l'empire fussent, bon gré, mal gré, bientôt amenées à souffrir que celle de Paris devînt le centre de la représentation nationale; ou si cette première partie du complot avortait, que tous les principaux meneurs de cette commune fussent jetés dans la Convention, pour la dominer à son tour par tous les moyens d'intrigue et d'effroi. J'ai dit ce qu'était l'assemblée électorale. Le premier député fut Robespierre; le second, Danton; puis Billaud-Varennes, tout récemment tiré du conseil-général, pour aller, en qualité de commissaire du pouvoir exécutif, à la grande armée; puis Panis, qui avait d'anciens droits à leur reconnaissance, puisque même, avant le 10 août, il avait pressé Barbaroux et Rebecqui de se rallier autour de l'homme vertueux, et de le reconnaître pour *dictateur*; puis Marat, puis enfin toi, Philippe, toi sur qui nous avons les yeux. Santerre, on ne le nomma point, parce qu'il fallait le laisser à la tête de la force publique, ni l'Huillier, *parce qu'on le gardait pour la mairie* (1).

Robespierre reprit à la tribune de l'assemblée électorale ses déclamations violentes, ses calomnieuses proscriptions contre tout ce qu'il y avait de plus vrais républicains. D'une main Marat recommença ses placards où il ne cessait de presser le peuple au massacre *de tout ce qui n'était pas cordelier;* de l'autre, il se remit à signer des mandats d'arrêt pour précipiter dans leur tombeau quatre ou cinq cents nouveaux malheureux (2) qui ne pou-

(1) Ils l'ont dit publiquement; ils n'avaient pas besoin de dissimuler alors.

(2) Oui, le ministre de l'intérieur dénonce, du 15 au 17 septembre, à l'assemblée législative, près de cinq cents arrestations nouvelles, dont plusieurs exécutées sur des mandats d'arrêt, signé *du seul* Marat. Ces pièces, où sont-elles? Je dirai seulement où elles doivent être, au comité de surveillance de l'assemblée; mais quand même elles n'y seraient plus, toujours est-il certain qu'elles ont existé. Plus d'un membre de la Convention les a vues.

vaient ignorer, en entrant dans les prisons, comment ceux qui les y avaient précédés venaient d'en sortir. Puis les plus habiles émissaires allèrent répéter dans les groupes, que la Convention ne pouvait être rassemblée pour le 20 septembre; qu'alors cependant l'assemblée *ne pouvait se dispenser de rendre ses pouvoirs au peuple; qu'il y aurait* une grande *insurrection* ce jour-là, que aussitôt il faudrait bien se rallier *autour de Robespierre, et des hommes capables* de sauver la France; que la justice *du peuple* devait demander les têtes de quatre cents députés traîtres à la nation; qu'il faudrait aussi se défaire des aristocrates, signataires de la pétition des *vingt mille*, et se partager les biens de *tous les bourgeois accapareurs* (1).

Ainsi tous les rôles étaient distribués et remplis. Toi, Robespierre, de ta tribune, tu parlais pour proscrire. Lui, Marat, de son antre secret expédiait quelques arrêts, en attendant qu'il en pût faire exécuter beaucoup. Il espérait encore trente mille proscrits dont les biens, déjà convoités, eussent pu conquérir quelques mille brigands à la suite *des triumvirs*. Ensemble vous creusiez le tombeau de la République en son berceau même; ensemble, vous savouriez d'avance le sang des républicains. Vous appeliez l'heureux jour, le jour terrible. Et dès que les uns au-

(1) Tout Paris a été témoin des faits que je rapporte; mais il y en a de particuliers qui prouvent que les royalistes, d'abord très-dérangés dans leur plan par le prompt rassemblement de la Convention, ne désespéraient pas néanmoins d'obtenir quelque grand mouvement. Le 20 septembre, à onze heures du soir, le président de la section de Popincourt et trois commissaires vinrent à la Convention nationale, en ce moment au château des Tuileries, demander Gensonné, et le prévenir, de la part de la section, que beaucoup d'individus assez peu connus, tous enrégimentés et prêts à partir depuis long-temps, étaient retenus à Paris, on ne savait pourquoi; qu'au moment même il y avait beaucoup de fermentation et de mouvement; qu'on parlait d'aller massacrer quatre cents députés, et les signataires des huit mille et des vingt mille. Ces commissaires s'en allèrent inquiets, et Gensonné refusa de se retirer avec eux.

Oui certes, ils espéraient encore un mouvement; car Marat continuait d'y pousser, dans ses placards; tantôt il affichait qu'on devait chasser la Convention, si, *en deux mois*, la Constitution n'était pas faite; une autre fois, qu'il fallait que le *souverain* eût des tribunes assez basses pour lapider ceux de ses mandataires *qui le trahiront*; une autre fois, qu'à voir la trempe des députés envoyés par les départemens, on ne devait rien espérer..... et il ajoutait : O peuple babillard ! si tu savais agir !

raient été pour jamais écartés par le fer, et les autres suffisamment contenus par la terreur, tous deux vous commenciez votre règne. Mais il parlait d'un triumvirat! comment donc saurons-nous le nom du troisième roi qu'ils nous gardaient dans leurs fureurs?

Comment! il ne s'agit que de rapprocher les faits, d'examiner les hommes et de réfléchir. Depuis long-temps Marat songe au triumvirat (1); depuis quelque temps Robespierre marche à la dictature. Ces deux hommes ont, chacun de son côté, quelque empire sur quelque portion du peuple. Séparés, ils restent trop faibles; rapprochés, ils se corroborent mutuellement. Qui se chargera de ce rapprochement? Apparemment l'autre homme, à qui sa voix révolutionnaire et ses formes athlétiques ont fait aussi quelques partisans, dans la multitude, *amie de la vigueur*; l'homme dont je crains, depuis plus d'un an, l'ambition vaste et mal déguisée, l'homme à qui je crois du moins le génie de l'intrigue et de l'observation; l'autre homme qui s'arrange de sorte qu'à l'époque convenable, les deux premiers se rencontrent chez lui ou ailleurs, qu'importe? Voilà cependant deux des triumvirs qui ne s'estimaient pas en 91, parce que l'un d'eux *n'avait pas l'audace convenable*, et qui maintenant se conviennent et se chérissent. Mais le troisième, quel sera-t-il? Belle question! celui qui a concilié les deux autres. Voilà donc tout? non, certes. Dès que, marchant ensemble, ils seront parvenus à leurs fins, des trois le plus habile, et vous voyez déjà que c'est le dernier, le plus habile dira qu'ayant fait l'expérience du tempérament des deux autres, il se trouve qu'ils ne valent rien; et sur l'heure il les précipitera. Mais comment le pourra-t-il? Parce que depuis trois ans, peut-être, il y a derrière lui quelque ci-devant grand qui n'entend se montrer qu'au moment décisif. Et ne doutez pas qu'aussitôt il ne se montre. C'est ainsi pourtant qu'après cinq ou six années de combats, de sacrifices de toute espèce, nous, républicains, nous n'aurons fait que changer de tyrans, sans que peut-être nous ayons même changé de dynastie!

(1) Il le demandait déjà à la fatale époque du 17 juillet 1790.

O génie tutélaire de ma patrie, je te rends grace : aucun de leurs derniers attentats, si méchamment concertés, n'a réussi.

La plupart des départemens repoussèrent par le mépris, et quelques-uns par des traitemens sévèrement justes, ces ambulans commissaires, effrontés propagateurs de troubles, d'assassinats, de désorganisation. L'immense majorité des Communes ne daigna pas lire, ou ne lut qu'avec horreur la trop affreuse circulaire. Ainsi tomba la première partie du complot; ainsi furent renversées les vastes espérances de ce conseil-général que ses meneurs voulaient saisir de la représentation nationale, dont ils s'étaient flattés de faire, à la place de cette *Convention* qu'on eût renvoyée à des temps moins périlleux, un corps *souverain* sur lequel ils régnaient déjà (1).

(1) La brochure qu'on vient de lire cite Journiac de Saint-Méard (p. 131), et lui fait dire de la prison de la Force ce qu'il avait dit de la prison de l'Abbaye-Saint-Germain. Cette erreur de Louvet est une nouvelle preuve de la légèreté et de la préoccupation avec laquelle on lisait et on écoutait dans ce temps-là.

(*Note des auteurs.*)

NI MARAT NI ROLAND,

OPINION

D'ANACHARSIS CLOOTZ,

DÉPUTÉ DU DÉPARTEMENT DE L'OISE A LA CONVENTION NATIONALE (1).

Veritas atque libertas.

Il y a plus de trois semaines que j'ai articulé un fait, très-indifférent par lui-même, mais qui excite aujourd'hui la curiosité de la Convention et de la nation. J'en demande excuse à Guadet, qui m'a sommé, par les plus exécrables vociférations, de ne pas insister sur mon dire, et qui aurait voulu, avec sa large conscience, me faire passer modestement pour un menteur, afin d'éviter un prétendu massacre populaire. La chaleur de Guadet me parut très-suspecte; mais ne lui ayant jamais entendu professer des hérésies politiques, j'en conclus qu'il avait trop dîné. Peut-être suis-je trop indulgent.

Malgré les petits sophismes et les petites passions, la vérité

(1) Puisque chacun imprime son *opinion*, je publie la mienne, d'autant plus qu'on répète inexactement mes expressions verbales. L'assemblée, après avoir ouï Louvet et Robespierre, a eu raison de consacrer la maxime : *A bas les hommes ! à l'ordre du jour les choses !* Je recommande cette maxime à Roland et à Marat, deux êtres qui se donnent mutuellement une importance grotesque. Roland, par ses étranges assertions sur la première semaine de septembre, fait valoir Marat auprès des *Sans-Culottes*; Marat, par ses étranges assertions sur tous les événemens, fait valoir Roland auprès des *Gens-Culottes*. La multitude, qui sait à quoi s'en tenir sur la révolution des mois d'août et de septembre, regarde Marat comme un limier utile, mais sanguinaire ; elle regarde Roland comme un contrôleur utile, mais équivoque. L'œil louche de celui-ci, et l'œil hagard

triomphera sous le règne de la liberté; la faction du genre humain l'emportera sur la faction Marat, et sur la faction Brissot. Cette victoire sera d'autant plus facile, que Marat est, à peu près, seul avec ses poignards, comme Médée avec ses poisons. Le *moi* du grand Corneille pourrait s'appliquer à l'extravagant Marat; quant à Brissot, je ne connais pas d'homme moins brissotin que lui; mais ses erreurs sont si graves, qu'à moins de le connaître personnellement, on le croirait payé par tous les ennemis de la France et du genre humain; et c'est lui faire, en vérité, beaucoup trop d'honneur. Brissot, avec sa marche tortueuse, ses mensonges officieux, et ses systèmes avortés, devait être suspect aux républicains indivisibles; Paris devait naturellement l'avoir en horreur. Les royalistes cachés, les fédéralistes honteux, et les modérantistes insinuans, se coalisèrent pour accorder les honneurs du fauteuil contre-révolutionnaire à Brissot, qui ne s'en doutait pas : et voilà comment Brissot, avec sa médiocrité, est devenu, sans le savoir, le prête-nom de tous les charlatans politiques. Cette ligue sourde trouve de puissans obstacles dans la masse et les lumières d'une ville de Paris, le centre de l'unité constitutionnelle.

La sanglante journée du 2 septembre est devenue un prétexte pour les fédéralistes, comme la sanglante journée du 6 octobre pour les aristocrates. Rien n'est plus oratoire que de montrer

de l'autre; sont amendés par un peuple qui veut être bien servi, mais qui ne sert personne, un peuple qui ne suspend le cours des lois qu'à son corps défendant et en prononçant un décret d'urgence. Que Marat invite au meurtre; que Roland invite à des mesures liberticides, le peuple se moque de leurs travers, en rendant justice à leurs vertus. Avec les idées de Roland, je ferai l'impossible pour modifier nos bases constitutionnelles; avec les idées de Marat, je croirai que l'égalité en droits est une calamité de fait, mais je pense comme le peuple, dont la sagesse plane par-dessus toutes les sottises individuelles, et mon ardeur pour la propagation des vrais principes augmente avec le triomphe de nos armées et de nos argumens. Je ne m'étonne pas de l'aversion des Rolandistes pour la *république universelle des Sans-Culottes*. On a beau leur dire que la paix perpétuelle sera le prix de la loi universelle; ces hommes si tendres vous soutiendront, avec le doux Kersaint, que la guerre est nécessaire de temps en temps; qu'il faut des saignées au genre humain comme au corps humain. Et cependant Kersaint, qui veut à jamais des massacres en bataille rangée, abhorre Marat qui ne veut pas de révolution au *bain-marie*.

une chemise, trempée dans le sang, aux hommes faibles, aux femmes timides, et de s'écrier, avec le ci-devant Châtelet : *Le voilà donc connu ce secret plein d'horreur !* Je soutiendrai toujours, et mon œil vaut celui d'un autre, que le carnage du 2 septembre est une suite de la révolution, comme le carnage qui abreuve les sillons de la Champagne. Il est vrai que la retraite des Prussiens a rendu l'expédition des prisons, et la dépense du camp de Paris très-inutiles. On vous prouvera aujourd'hui que c'est du sang et de l'argent répandus à pure perte. Il est démontré que des coquins ont volé, et que des scélérats ont proscrit des têtes civiques ; moi-même j'étais affiché dans les carrefours, sous les portiques, sur les colonnes, pour un homme pendable ; ma vie était entre les mains d'un Marat, comme la vie d'un brave officier est à la merci d'un lâche soldat, dans une bataille. Dieu sait tous les crimes particuliers qui se commettent après une victoire générale ! Cela n'empêche pas de chanter le *Te Deum*. Je voudrais que le commandant Santerre publiât les explications décisives qu'il donna aux membres de la commission extraordinaire, en présence du maire de Paris, et des ministres, en présence de deux administrateurs de Versailles, qui vinrent annoncer que des milliers de gardes nationaux de la campagne demandaient un nombre de têtes connues. Santerre, avec le bon sens de l'expérience, fit renoncer Brissot et Vergniaud à certain projet de décret physiquement impraticable. Il faut avoir le courage de parcourir les groupes, et s'entretenir familièrement avec le peuple, avant de proposer un décret, dans les temps orageux. Ce n'est pas en provoquant les horreurs d'une troisième révolution, que nous prouverons notre amour pour l'humanité.

Depuis le 10 août, les fédéralistes et la gente moutonnière avaient résolu de se réfugier dans le Midi : je fis un article vigoureux, dans la *Chronique*, contre ce plan désorganisateur. La journée du 2 parut une occasion décisive pour décrier et quitter Paris. Le peuple, qui n'ignore rien, en voulait surtout à Roland, dont les liaisons intimes avec Brissot lui paraissaient inquiétantes. Je ne connaissais pas Roland, et lorsque, vers la mi-juin, j'invitais le peuple à remplacer provisoirement Louis XVI par le *vénérable Roland*, je croyais celui-ci un tout autre homme. C'est le 5 septembre qu'on me fit connaître ce ministre, chez qui j'ai dîné quatre fois. Mais cette maison, d'ailleurs très-agréable par l'esprit et les graces de madame Roland; cette maison, dont les murailles devraient être transparentes comme le cristal, me devint fastidieuse, par un comérage ridicule contre Paris, et par le fédéralisme qu'on y professait pédantesquement. Buzot, l'ascétique Buzot y prétendait qu'une république ne devait pas être plus étendue que son village. Rebecqui, après avoir long-temps ferraillé pour les petites républiques, soutint qu'il fallait rejeter Nice, dont le commerce ferait tort à Marseille. Bancal, au défaut de mes poumons, réfuta complétement Buzot. Je dis à Rebecqui: *Vous êtes orfèvre, M. Josse? Non; pardieu*, répondit-il sérieusement; *je suis marchand de liqueurs*. Roland, en nous racontant l'inconduite de vingt-cinq Feuillans d'un bataillon des Lombards, en conclut vertueusement que les Parisiens sont des poltrons. Je fus le seul à observer que Paris avait fourni trente à quarante mille combattans, dont la bravoure ne s'est pas démentie sur les frontières. J'ignore quel mal lui a fait Lille, la clef de Paris: les immortels Lillois ont reçu des lettres rebutantes du très-mortel ministre.

Roland, dont la tête n'a pas mûri dans les savantes combinaisons politiques, se fâcha puérilement, lorsqu'après avoir repoussé ses arguties fédératives, je lui conseillai la lecture d'un ouvrage qu'il ne connaissait pas, et qu'il affecta de mépriser, en disant que ce livre anglais avait eu bien peu d'influence en Amérique. Je lui appris que la dernière convention américaine professait les mêmes principes: j'insistai ensuite sur l'importance de recevoir les Savoisiens dans notre sein, pour déjouer les sénats helvétiques, et pour éviter le funeste exemple des formes fédératives. « Ah! je sais, nous dit-il d'un ton menaçant, que des
» habitans de Carouge me sont adressés; mais ils n'y retourne-
» ront pas deux fois. » C'est ainsi que l'intrigue environne un vieillard vertueux, mais bizarre, pour désorganiser un empire,

pour lutter contre les destinées du genre humain. Le poète Chénier a dit, que Roland est un personnage historique; et moi, prosateur, je maintiens que Roland est un personnage fabuleux. Condorcet a dit un mot profond : *Il faut aux intrigans un La Fayette civil.*

Les royalistes et les fédéralistes vont réveiller la secrète jalousie des principales villes contre la grand'ville, en insinuant que Paris veut être roi de France. Ils en concluent naturellement, que la maison de Bourbon est préférable à une maison commune, et que le fédéralisme vaut mieux que l'assujettissement. De ce réveil stupide résulte une garde militaire, qui, au premier mécontentement prévu et provoqué, entraînera la Convention nationale, Dieu sait où! De là résultent des lois attentatoires à la presse et à la poste; de là résulte la chute des Jacobins, l'élévation d'un sénat, et l'abaissement de la sans-culotterie; de là résulte une constitution, non pas à la Chapelier, mais à la Buzot; de là résulte une religion dominante, ou au moins le maintien du culte salarié. Les illuminés de la rue des Petits-Champs sont aussi habiles que les illuminés de Potzdam. Rien de mieux, pour égarer l'opinion, pour se jouer des hommes, que de les circonvenir de noirs fantômes. Ceux qui voudraient museler le peuple comme une bête farouche, lui supposent des vices et des erreurs qu'il n'a point. Les vaines tentatives, et la catastrophe des Necker, des Bailly, des La Fayette, ne découragent pas leurs tristes et plats émules. J'avoue, à la louange du jeune Barbaroux, que, frappé de mes réponses victorieuses chez Roland, il me dit le lendemain à l'assemblée : « Mon cher Ana-
» charsis, je voudrais m'entretenir tête à tête avec vous, pour
» dissiper tous mes doutes sur le gouvernement fédératif. Ces
» questions vous sont plus familières qu'à moi. » Je lui répondis : « Défiez-vous des gens qui vous mettent en avant ; le phi-
» losophe est seul. » Le patriotisme de Barbaroux est pur comme les traits de son visage : mais le feu qui l'anime est soufflé par des hommes impurs, par des hommes qui, semblables au commissaire tremblant Kersaint, sont ennemis nés des grandes pen-

sées et des belles actions. Les nombreux valets de La Fayette ne sont pas morts avec lui; il leur faut une nouvelle idole, un mode quelconque de servitude.

Je crus m'apercevoir que Roland exerçait une espèce de dictature, d'autant plus qu'à l'aide de douze ou quinze secrétaires, et avec l'esprit de la *bouche de fer,* et avec l'argent de la nation, il est facile de couvrir tous les murs, et de remplir toutes les poches de *lettres édifiantes,* de *contes moraux mystiques.* Je vis que Roland avait fait la jonction des deux mers par un canal moral qui unissait les Bouches-du-Rhône à la Gironde. Je craignais que ce nouveau Louis XIV n'eût une cour qui le conduisît aussi jésuitiquement que la Maintenon et le père La Chaise. Comme je hais la cour, je ne retournai plus chez Roland, qui peut aussi m'appliquer le mot connu de Charles Lameth, président de l'assemblée constituante : *Clootz fuit les grandeurs.* Long-temps avant sa présidence, j'étais guéri de celui que sa *fameuse égratignure* m'avait fait connaître personnellement : j'en atteste notre collègue Massieu, évêque de Beauvais. Ce n'est pas que je veuille comparer les mystificateurs Lameth au mystifié Roland, dont la simplicité est telle, qu'il me pria bonnement de renoncer au principe de la souveraineté du genre humain. En effet, ce principe convient trop aux unitaires et aux niveleurs, pour ne pas déplaire aux fédéralistes et aux partisans de chétives républiques isolées et protégées. Notre collègue La Chaise ne fut pas moins surpris que moi du ton qui régnait et des discours qu'on tenait chez le ministre de l'intérieur.

Pour en revenir à Brissot, je lui ai parlé, la première fois de ma vie, en dînant, avec le victorieux Dumourier, chez Pétion. Notre première conversation fut une dispute, dont Thomas Payne fut le juge, en condamnant formellement mon adversaire, qui, loin d'admettre ma *république universelle,* prétendait que la France est trop grande. Payne, à chaque interpellation, répondait : *Mister* Brissot, nous sommes encore dans l'enfance des gouvernemens; le système de *Mister* Clootz pourra fort bien se réaliser un jour. Une monarchie est souvent trop étendue ; mais la république des *droits de l'homme* peut couvrir le globe entier. Les mille départemens de *Mister* Cloots seront beaucoup plus faciles à gouverner que les cinq cents provinces d'un César, d'un Gengiskan, d'un Charlemagne.

J'aimerais assez Brissot ; il est gai et sociable ; je ne lui crois pas les vues qu'on lui prête ; je lui reproche plutôt les vues qu'il n'a point : sa tête ne se redresse pas d'une ligne au-dessus de la pente qu'elle a prise depuis dix ans. Dernièrement, au comité diplomatique, le citoyen Royer, évêque et député de l'Ain, nous communiqua une lettre de la Savoie, dans laquelle les intentions de plusieurs de nos législateurs et ministres, contre l'admission du quatre-vingt-quatrième département, sont dévoilées. Brissot nous dit qu'il était du même avis : je me joignis à l'évêque de l'Ain pour le combattre. Royer insista sur ce que les départemens voisins prendraient fait et cause pour le Mont-Cénis, et que d'un refus impolitique naîtrait une scission fâcheuse. « Tant mieux, répliqua gravement Brissot ; nous avons trop de départemens. » Brissot veut apparemment des républiques isolées : dans ce cas-là il serait, non pas *fédéraliste*, mais, qui pis est, *isoliste*.

Nos ambitieux sont désolés de la grandeur du peuple Français : un souverain puissant les condamne à l'impuissance. Personne n'est grand dans une grande république. Plus on a du génie, et mieux on calcule la force irrésistible et les avantages inappréciables de l'égalité civile, de la liberté universelle. De petites fractions nationales conviendraient mieux, sans doute, à des pygmées qui voudraient paraître des géans. Ces pygmées se coalisent derrière un homme en place dont ils renforcent le mannequin gigantesque. Illusion éphémère ! car le souverain infiniment jaloux, ombrageux et fort, fait rentrer d'un regard et d'un geste tous les ambitieux dans le néant.

Voici la conclusion philosophique que je tire de cette discussion désagréable : c'est que le peuple, contrarié dans son heureux instinct par les maximes fausses d'un mandataire ou d'un fonctionnaire, attribue toujours à la corruption du cœur ce qui n'appartient qu'à l'organisation de la tête. Par exemple, le bon Kersaint, qui voulait négocier la paix avec l'Autriche, huit jours avant le coup de canon des Tuileries, et qui, à son retour de Sedan, voulait se cacher dans les montagnes méridionales; on l'a cru traître, et il n'était que sot et poltron. L'erreur engendre l'erreur. On se fait mutuellement des reproches exagérés; les vilenies et les injustices s'en mêlent de part d'autre; les vengeances privées s'agroupent en vengeances publiques. On est exclu ignominieusement d'un club ou d'un corps électoral; le *moi* des égoïstes s'en offense aux dépens du peuple. On s'accroche à tout, et aux royalistes, et aux fédéralistes, et aux isolistes, et aux nihilistes. N'importe, il faut entraîner la patrie dans la méprisable cause du *moi* que vous aimez mieux que le *nous*. Le *moi*, c'est Brissot, Cloots, Robespierre; le *nous*, c'est la France et le genre humain. Et vive la république universelle!

DÉCEMBRE 1792.

La grande affaire de ce mois est le procès de Louis XVI. Les débats furent mêlés de quelques-unes de ces discussions en quelque sorte personnelles entre les partis, dont nous avons trouvé de si fréquens exemples dans les mois précédens. A ces interruptions vinrent se joindre les questions d'administration militaire, celles des subsistances, celles de l'instruction publique, etc. La méfiance était telle, que la plupart des désordres produits par la cherté des grains et la crainte de la disette furent envisagés comme l'effet d'une conspiration qui se proposait de faire prendre en haine la révolution, la Convention et ses actes, de soulever le peuple, et enfin de sauver Louis XVI. Néanmoins, autant que nous le pourrons, nous traiterons séparément les diverses questions, et nous diviserons l'histoire parlementaire de ce mois en deux chapitres : l'un consacré à l'exposition des faits dominans, et qui forment une continuité parmi les travaux de la Convention, le procès et les discussions de parti ; l'autre, où nous nous occuperons des questions secondaires.

CONVENTION NATIONALE.

SÉANCE DU 2 DÉCEMBRE AU SOIR. — *Présidence de Barrère.*

[Une députation de la Commune de Paris est introduite.

L'orateur de la députation. Représentans du peuple français, une section du souverain, cette section terrible, qui ne redoute point la puissance des baïonnettes, qui a fait la révolution, et qui l'a renouvelée sur sa propre responsabilité, nous députe vers vous, et vous parle par notre organe.

Lorsque enfin notre intrépidité eut brisé le joug constitutionnel, renversé le monstrueux colosse du pouvoir exécutif, et tiré de l'esclavage la volonté souveraine, elle s'arrêta et dit : Que la vengeance d'un peuple libre soit solennelle, et que cet amas de ruines serve de base à la félicité publique. Aussitôt le peuple entier se rassembla, et vous investit de sa souveraineté : vous acceptâtes librement la tâche immense que sa volonté vous imposa. Allez, vous dit-il, créez la félicité nationale, assurez sur des bases inébranlables la liberté et l'égalité. Le monstre qui voulait les anéantir est enchaîné; bientôt il sera livré à votre justice. Je vous remets le glaive de ma vengeance; souvenez-vous de mes maux; considérez mes besoins; je ne vous fais d'autre loi que mon salut et mon bonheur; punissez mes assassins : il n'y a d'autre inviolabilité que la mienne.

Dépositaires de la vengeance nationale, que tarde donc votre bras que vous levâtes pour la jurer; ce bras, qui n'attendait que le glaive, aujourd'hui qu'il en est armé, pourquoi le rend-il inutile? Serait-il paralysé? Malgré notre infatigable vigilance, la détestable coupe de Circé circule-t-elle encore? Non, les Français ne peuvent se mépriser assez pour le croire.

Est-ce donc l'opinion nationale ou l'opinion étrangère, ou ne sont-ce que des terreurs paniques qui retiennent vos coups?

Qu'avez-vous à craindre de l'opinion nationale? Elle est éclairée, elle est formée. De vieilles et coupables bienséances, le mépris ou l'improbation des ci-devant nobles, des ci-devant privilégiés, la haine des pervers, la pusillanimité des sots peuvent-ils étouffer la voix du patriotisme et de la justice?

L'opinion étrangère, qu'est-elle devant nos intérêts? Et quels étrangers blâmeront notre justice? Des peuples prosternés devant leurs tyrans, des peuples chez qui la raison n'a jamais été qu'une marchandise prohibée, la vérité un crime de lèse-tyrannie, chez qui enfin l'évangile de la liberté n'a jamais été prêché.

Que de vaines terreurs ne vous fassent pas reculer, aujourd'hui que les Allobroges et les Belges, aujourd'hui que les peuples voisins qui gémissaient sous un sceptre de fer, appellent comme des libérateurs les Français, leur ouvrent leurs foyers comme à leur frères; aujourd'hui que nos armées marchent de triomphe en triomphe, que craignez-vous? La caduque ligue de ces tyrans armés contre la liberté française n'est-elle pas accablée de honte? ne fuit-elle pas devant l'intrépidité de nos généreux défenseurs? Tous ces despotes tremblans sur leur trône redoutent pour eux-mêmes le sort de Louis-le-Parjure. Seront-ils plus puissans, seront-ils plus terribles, que lorsque le pouvoir exécutif payait leurs coupables efforts, leur ouvrait les portes de nos villes, faisait fouler aux pieds l'écharpe municipale, et conspirait contre les *Beaurepaire*?

Ah! citoyens, la torpeur enchaînerait-elle votre zèle, assoupirait-elle votre prudence? Les forfaits de Louis-le-Parjure ne sont-ils pas encore assez manifestes? Votre haine est-elle lassée, et croit-elle avoir fait assez que de vomir des exécrations contre le civicide Louis? Entendez-vous les plaintes, les cris de ses insensés complices? vous les envoyâtes sur l'échafaud, et ils n'étaient que les instrumens de la conspiration. Là ils attendent leur chef. Osez porter votre imagination sur ces campagnes inondées d'un déluge de sang; voyez ces cadavres dont l'air encore menaçant vous reproche votre lenteur; écoutez ces mânes courroucés; vous leur devez la satisfaction qu'ils demandent; ils exigent le sang du couronné assassin. Songez à ce que vous leur avez juré, lorsqu'en partant pour vous défendre ils juraient de vaincre ou de mourir.

Que tardez-vous donc? Pourquoi donner le temps aux factions de renaître? Demander si le ci-devant roi des Français est jugeable, c'est un blasphème politique; c'est appeler de longues discussions; c'est compromettre la volonté, et exposer la gloire de la nation devant tous ces débats. La mort ne peut-elle pas vous soustraire votre victime? Alors que nous serviraient tous vos sermens? L'ignorance et la calomnie répandraient impunément que les Français n'ont pas osé juger leur roi, et qu'ils ont lâchement préféré l'empoisonner dans les ténèbres d'une prison. Citoyens, écartez jusqu'à la possibilité de cette injure. Temporiser, c'est consentir à la durée de nos maux. Le peuple, tout patient qu'il est, peut s'ennuyer; osez nous achever l'histoire de la plus horrible conjuration. Nous vous le jurons, nous sommes prêts à ratifier le jugement que vous nous devez.

Or donc, pour accélérer le terme de nos incertitudes et l'époque de la souveraineté nationale, les sections de Paris vous demandent : 1° de poser la question comme elle le devrait être : *Louis, ci-devant roi des Français, est-il digne de mort? est-il avantageux à la République de le faire mourir sur l'échafaud?* 2° de redoubler de zèle et d'activité tant que durera cette affaire, c'est-à-dire de décréter quatre séances d'après-midi, par semaine, spécialement employées à cette cause ; car vos séances du matin ne peuvent suffire à l'immensité de vos travaux.

Le président, à la députation. Citoyens, la Convention nationale n'avait pas attendu que les sections de Paris lui témoignassent leurs sollicitudes sur le jugement du dernier roi des Français, puisqu'elle a décrété, il y a trois jours, que tous les discours des orateurs seront imprimés, et que son procès sera terminé dans un délai fixe.

La Convention nationale écoutera toujours avec intérêt les pétitions des citoyens. C'est son devoir ; mais elle ne sera jamais devancée par aucune section du peuple sur les objets du salut public. Elle n'a ni torpeur ni pusillanimité ; elle aura le courage d'étouffer toutes les factions qui entourent le berceau de la République, même la faction impie des *avilisseurs* du pouvoir national.

Vous venez exercer un droit sacré, celui de pétition, le droit de tout homme libre ; nous en exerçons un autre non moins sacré, celui du peuple. La République, une et indivisible, a confié à ses représentans le droit de préparer ses lois, et de la délivrer du royalisme comme de l'anarchie, des traîtres couronnés comme des factieux mercenaires. La Convention nationale en répond à la patrie.

Le grand tribunal des nations, l'opinion publique, a jugé depuis long-temps Louis Capet, et la journée fameuse des perfidies. Le tribunal du peuple français va bientôt prononcer. La Convention nationale ne doit compte de ses travaux, de ses pensées et du jugement de Louis-le-Traître qu'à la République entière.

L'assemblée vous invite à sa séance.

La Convention décrète que cette pétition des quarante-huit sections de Paris ; et la réponse du président, seront imprimées et envoyées aux quatre-vingt-quatre départemens.

Une députation de la section de la République dénonce le ministre Roland pour avoir méprisé la loi, en brisant des scellés sans les faire reconnaître par celui qui les avait posés ; pour avoir, de son chef et sans inventaire, tiré de dedans le mur du château des Tuileries les papiers qu'il a présentés à la Convention, et dont il a pu enlever une partie ; enfin, pour avoir peint Paris sur le point de se soulever, tandis que la plus profonde tranquillité y régnait. — Cette pétition excite quelques rumeurs dans une partie de l'assemblée. — Plusieurs membres et les tribunes applaudissent.]

SÉANCE DU 3 DÉCEMBRE.

[*Ruth*. Vous avez chargé, il y a quelques jours, votre commission des douze de déclarer, séance alors tenante, s'il y avait des membres de la Convention impliqués dans les papiers trouvés aux Tuileries. Sur ses observations, vous lui avez accordé un sursis. Le terme est expiré ; je me présente pour satisfaire au décret. Sévère sur le devoir en soi-même peu agréable que sa fidélité à la patrie lui impose, votre commission mettra sous vos yeux des pièces qui indiquent des noms qu'il vous importe de connaître. Elle ne se permettra aucunes réflexions. Ils sont compromis, les uns nominativement, les autres collectivement, les autres vaguement.

La première de ces pièces est une lettre de Laporte au roi, du 19 février, dans laquelle il dit : « M. Duquesnoi m'a fait dire en même temps que M. Barrère, qui était dans les meilleures dispositions, ferait, à la fin de la semaine prochaine, son rapport sur les domaines. »

La seconde est une autre lettre de Laporte au roi ; il s'exprime ainsi : « J'avais écrit une longue lettre en forme de mémoire à M. Merlin pour combattre ses objections. M. Auger les a combattues de son côté. Je n'ai pas assez de fatuité pour croire que mon éloquence ait réussi ; mais je me flatte que l'espoir d'une place pour son beau-frère est un argument de toute autre force que notre rhétorique. »

La troisième est un mémoire de Sainte-Foi au roi, dans lequel, après avoir passé en revue différens personnages propres au ministère, il ajoute : « On préfère Lacoste à Kersaint pour la marine ; quant à nous, nous pensons que Kersaint vaut mieux, puisque c'est une entreprise qu'on propose au roi, et qu'il faut que la honte retombe sur les entrepreneurs. »

La quatrième est une lettre au roi, signée par un de nos collègues à la Convention. En voici l'extrait :

« Un des citoyens à qui le peuple a confié la pénible et glorieuse mission de lui donner des lois et de veiller à son bonheur, vient appeler votre attention sur l'état actuel du royaume. Profondément occupé des maux qui le déchirent, j'ai dû examiner ses ressources. J'annonce à votre majesté que d'elle seule dépendent l'exécution des lois et le salut de l'empire ; elle peut en deux mois guérir ses blessures. Sire, je ne demande, pour exécuter ce noble dessein, que la direction des forces que les lois vous confient. J'offre ma tête pour garant de la sagesse de mes vues et de la sûreté de leur exécution. Je sais que des obstacles nombreux s'opposent à ces intentions ; je vois partout la sédition qui s'agite, l'autorité qui se cache, l'anarchie qui s'élève, le gouvernement qui n'ose la réprimer. Voilà, sire, les grands travaux auxquels je vous invite. Agréez l'hommage d'un citoyen que des bruits imposteurs vous ont présenté comme un homme ardent et ennemi du trône. Je m'engage à rétablir en deux mois la paix au-dehors, la félicité au-dedans, et l'autorité royale, si vous daignez adopter les conseils que mon zèle me dicte. Ce n'est point l'ambition qui m'anime ; je ne veux ni places, ni biens, ni honneurs ; je ne veux rien que sauver mon pays. Vous verrez les soupçons et les alarmes semés autour de vous, dissipés par l'amour des Français. La reine partagera avec vous ce bonheur. Mais aucune partie de ce plan ne pourrait s'exécuter, si votre majesté n'était pas dans l'intention d'exécuter dans son entier la constitution. Alors, vous pouvez devenir le dieu tutélaire des Français. Par vous, la religion triomphera des attaques et de l'intolérance des prêtres réfractaires et constitutionnels. Je jouirai en silence du bien que je vous aurai conseillé de faire. Les sociétés populaires, dont on vous a fait sans raison redouter l'exaltation, ne se réuniront que pour vous offrir des hommages.

» Le 17 mars 1792. Signé, ROUYER. »

Je dois ajouter, relativement à Kersaint, que Sainte-Foi dit, dans sa lettre au roi, qu'on ne peut s'empêcher de dire que ces messieurs sont tous différens en chambre de ce qu'ils se montrent à la tribune. Nous les avons trouvés accessibles à de bons raisonnemens. Ils veulent un gouvernement qui marche.

La cinquième pièce est un mémoire apostillé par le roi, dans lequel il est dit : « Seize membres des plus forts de l'assemblée législative sont inviolablement coalisés ; ils vont être acquis pour trois mois, et ensuite pour toute la législature ; mais ils coûteront cher : cependant la somme n'est que la moitié du revenu qui va être économisé par la liste civile. Deux millions suffiront, et un million 500,000 livres peuvent être remis en bons payables d'ici au 31 mars. Le temps presse ; l'affaire est soumise au comité depuis cinq jours. Il s'agit d'un *oui* ou d'un *non* pour fixer invariablement le principe. Jamais service plus grand n'aura été rendu au roi : l'affaire est toute simple entre l'intendant de la liste civile et le commissaire liquidateur. »

La sixième est une lettre de Talon au roi, du 5 juillet 1792.

« Je fais hommage à votre majesté du mémoire que j'ai pris la liberté de lui annoncer : il est le résultat de deux années d'observations, et je vous l'adresse au moment où je me dispose à quitter ma patrie. Je ne me permettrai sûrement pas d'accuser la nature des moyens dont votre majesté a cru devoir s'entourer depuis le commencement des séances de l'assemblée actuelle. Cependant je ne puis me défendre de m'affliger de voir qu'on ait trop négligé les moyens de cassation. Si on avait voulu s'assurer d'un certain nombre de députés qui s'offraient d'eux-mêmes (on murmure), on aurait évité les écarts dans lesquels le dépit les a fait tomber. Cette fausse économie a mis dans la triste nécessité de faire ensuite plus de dépenses. La fermentation est au comble. L'existence de votre majesté, comme celle de sa famille, est à la merci de ce qui peut arriver d'ici à quinze jours. Ce qu'on pouvait faire il y a trois semaines, n'a plus été possible dix jours après. Il faut se reposer sur le zèle de ceux qui en ont reçu des bienfaits dans les six premiers mois. Ces serviteurs sont bien connus de votre majesté; elle est à portée de les voir promener l'inutilité de leur zèle dans le château. Signé, TALON. »

Je dois vous prévenir que, parmi les pièces soumises à notre examen, la plus grande partie se rapporte à des trames et des manigances machinées par Dufresne-Saint-Léon. En voici une signée de ce dernier, dans laquelle, à l'occasion de la liquidation des charges de la maison du roi, il s'exprime ainsi : « Les finances de ces charges ne s'élèvent pas à plus de 17 millions; mais je les ai portées à 25 millions pour conserver de la marge. Je n'ai point fait de développement à l'assemblée pour éviter les commentaires des journaux. J'ai réussi auprès du comité de liquidation, que j'ai familiarisé avec la nécessité et la célérité de ce remboursement. » Cette pièce est du 1ᵉʳ janvier 1792.

Les différentes pièces dont je viens de faire lecture justifient sans doute à vos yeux l'obligation indispensable dans laquelle votre commission s'est vue de mettre en état d'arrestation Dufresne-Saint-Léon et Sainte-Foi. Vous verrez si vous pouvez différer de les décréter d'accusation. A l'égard des autres pièces, le rapport ne pourra vous en être fait avant trois semaines; il portera sur les pièces relatives au ci-devant clergé, à la ci-devant noblesse, aux corps administratifs, aux ministres, à la maison militaire et civile du ci-devant roi, à la liste civile, aux assemblées constituante et législative, aux projets de contre-révolution, aux délits du roi, signés la plupart de son nom.

DÉCEMBRE (1792). 155

Barrère. Le premier devoir de votre président est de se récuser dans tout ce qui concerne cette affaire. Mon nom se trouve tracé dans ces pièces par une main infâme ; je dois repousser une imputation atroce. Je me récuse pour la présidence, et je demande la priorité pour la parole, car j'ai eu la priorité pour la dénonciation. Je cède le fauteuil à Guadet.

Chales. Notre président Barrère ayant par délicatesse quitté le fauteuil, je crois que la même délicatesse doit engager Guadet à le quitter aussi, parce que ces pièces portent que les membres les plus remarquables par leurs talens et leur patriotisme étaient coalisés avec le château des Tuileries. Or, je demande si Guadet... (Des murmures interrompent l'orateur.)

Ruth. Si on inculpe les membres remarquables par leur patriotisme, je me récuse aussi, et je ne travaillerai plus au rapport des pièces.

Legendre. Ces mots : *Ceux qui mènent l'assemblée législative,* s'entendent certainement des députés à l'assemblée législative qui ont développé les plus grands talens, et sous ce rapport on pourrait croire que Guadet est inculpé. Mais je demande non-seulement que Guadet soit tenu de quitter le fauteuil, mais que tous les membres de la législature se récusent. (Il s'élève un violent murmure.)

N..... Je demande qu'en ce cas on nous accorde à tous des congés.

Genissieux. Il faut livrer la séance aux députés de Paris.

Après quelques momens d'agitation, les rapporteurs de la commission des douze continuent leur rapport.

Lettre de Sainte-Foix au roi.

En voici l'extrait :

« Les retards que Sa Majesté veut apporter dans le paiement des sommes promises pourraient produire les plus fâcheux inconvéniens. Il est d'abord incontestable que les membres qui, pour l'affaire de la réduction des pensions à la charge de la liste civile, ont formé la majorité dans le comité, ont rempli plus des trois quarts de leur mission : ils nous ont procuré l'initiative du décret, ce qui est un commencement très-favorable, et l'on ne peut douter que leur besogne n'ait été extrêmement difficile, puisqu'ils y ont employé quatre ou cinq séances très-chaudes et prolongées fort avant dans la nuit; puisque enfin le comité a été constamment complet, et qu'ils ne l'ont emporté qu'à une majorité de douze contre neuf. Cette première victoire est due au zèle de M. Dufresne-Saint-Léon, qui n'a pas craint de se compromettre en contractant directement avec eux.

» Quant aux membres qui doivent soutenir le décret dans l'assemblée, et se distribuer les argumens les plus persuasifs; ils ont déjà rendu de grands services; ils ont fortifié le conseil exécutif en lui faisant renvoyer plusieurs affaires. Ces membres sont, sans contredit, les plus forts du côté gauche, et les plus plus accrédités parmi les membres prétendus patriotes. Si on différait le paiement, je me trouverais dans un très-grand embarras. J'en ai déjà vu plusieurs dans l'opinion que Sa Majesté ne différait ce paiement que parce qu'elle méditait un projet de départ, ou quelque autre destructif de l'assemblée même. D'ailleurs ils peuvent penser qu'on n'a cherché qu'à avoir la mesure de leur vénalité pour les perdre; et la crainte d'être divulgués, va les rendre jaloux de se signaler dans les opinions les plus exagérées. Pour éviter ces embarras et ces inquiétudes, un seul moyen se présente : il consiste à distribuer dès à présent le tiers de la somme promise : cet acte de loyauté les rassurera et leur fera même sentir la nécessité de travailler à mettre dans l'assemblée des dispositions plus calmes, afin d'accélérer le paiement des deux autres tiers. La foi d'hommes de cette trempe est encore quelque chose, au moins il est quelquefois bon de paraître s'y abandonner. On peut même croire que, encouragés par ce premier paiement, s'il était possible qu'au moment de la décision l'assemblée fût mal disposée, ils emploieraient tous leurs soins à mettre la question principale en réserve, en l'ajournant à un moment plus favorable. »

On lit une autre lettre de Sainte-Foix au roi, en date du 9 août 1792, à 10 heures du matin.

« Sire, vous savez que le faubourg Saint-Antoine est en marche, et qu'il va arriver aux Tuileries avec du canon; mais on m'apprend en même temps que l'intention du roi et de la reine est de se réfugier dans le sein de l'assemblée nationale; cette mesure est tout-à-fait mauvaise et fausse; elle peut avoir des suites désastreuses, en ce qu'elle annoncerait un défaut de courage, qu'elle pourrait dégoûter la garde nationale qui est dans ce moment en querelle ouverte avec l'assemblée législative, et qui se montrera bien mieux quand il s'agira de défendre Vos Majestés dans vos propres et royales demeures; il vaudrait mieux faire nommer une députation de deux cents membres pour entourer Votre Majesté : c'est ce que je vais conseiller, tant aux ministres qu'aux membres influens. »

Rabaud-Pommier fait lecture des interrogatoires subis dans le comité par Dufresne-Saint-Léon et Sainte-Foix; ils contiennent, à quelques modifications près, l'aveu de toutes les charges qui résultent contre eux des pièces lues dans le rapport de Rulh.

La Convention décrète successivement d'accusation Dufresne-Saint-Léon, Sainte-Foix et Talon.

Barrère. La première de mes demandes est que l'assemblée entende la lecture de la partie de la lettre dans laquelle mon nom est prononcé. Il est essentiel que l'assemblée se fixe sur le degré de l'imputation qui m'y est faite.

Voici le passage de la lettre de Laporte :

« M. Duquesnoi m'a fait dire que M. Barrère, qui est dans les meilleures dispositions, ferait son rapport sur les domaines la semaine prochaine. »

D'autres présidens de la Convention ont quitté leur place pour faire des rapports brillans; moi je l'ai cédée avec tranquillité pour expliquer ma conduite.

Un citoyen romain disait : « Je voudrais que ma maison fut ouverte à tous les regards, afin que tous mes concitoyens pussent être les témoins de mes actions. » Et moi aussi, j'eusse desiré avoir une maison semblable; que ceux qui se montrent si enclins à accueillir les soupçons et à appeler la défiance sur ma tête, fassent le même vœu, peut-être dans quelques jours, ils trembleraient de le voir accompli.

Au mois d'août 1790 (je prie l'assemblée de faire attention aux époques), l'assemblée constituante chargea ses comités des domaines et de féodalité d'un rapport sur les domaines à réserver à l'usage du roi. Déjà, par un enthousiasme dont je m'efforçai alors d'arrêter les effets irréfléchis, elle avait abandonné au roi le droit d'indiquer les maisons, parcs, et domaines qu'il désirait conserver. Le rapport me fut attribué; je ne sais par quelle fatalité, je sentis que c'était un poids pour un ami de la liberté, qu'un travail qui avait tant de rapport avec la cour. Cependant, de grands malheurs éclatèrent à Versailles et à Fontainebleau, les Communes de ces villes prirent les armes, et vinrent faire entendre aux comités leurs réclamations et leurs plaintes. Qui fut leur protecteur? moi. Qui fit décréter que le roi serait restreint dans le nombre des domaines réservés à son choix? moi. On me pardonnera bien sans doute de parler souvent de moi, dans une occasion où c'est moi qu'on inculpe aussi directement.

C'est ce rapport sur lequel ce décret fut rendu, que je fis précéder de cette épigraphe: *La loi n'est rien si elle n'est un glaive tranchant qui se meut sur un plan horizontal, et qui tranche tout ce qui s'élève au-dessus.* C'est dans ce rapport que je disais :

« Les propriétaires des fonds enclavés dans les parcs qui sont réservés au roi, peuvent-ils exercer le droit de chasse et détruire ou faire détruire le gibier sur leur terrain?

» Autant vaudrait-il demander si les propriétaires enclavés dans les parcs sont citoyens français comme les autres habitans du royaume; car, si la loi est égale pour tous les citoyens, les habitans du parc de Versailles ou de Compiègne doivent jouir de tous les avantages, de tous les droits de la propriété, comme les habitans des Alpes ou des Pyrénées; ce ne sera pas pour celui que vous avez chargé d'exécuter la loi que vous la violerez ; vous ne réduirez pas les Français à regarder comme un fléau le voisinage du prince. »

C'est d'après ce rapport que je fis décréter que le roi ne pourrait chasser que sur son propre terrain ; que tous propriétaires des fonds enclavés dans les parcs et domaines du roi pourraient détruire le gibier et les bêtes fauves qu'ils trouveraient sur leurs propriétés ; que le roi serait tenu de faire clore ses parcs à ses frais ; enfin, qu'il en acquitterait l'impôt comme les autres citoyens.

Ce n'est que le 23 de septembre que l'on put me déterminer à faire ce rapport, et je dois rappeler ici une particularité qui est restée ignorée ; j'ai été par trois fois sommé par le président du comité de le soumettre à l'assemblée.

Dans un autre rapport sur les domaines nationaux à réserver au roi, je m'exprimais ainsi : « Je ne sais flatter ni l'avarice, ni les prodigalités des rois. »

Dans les jours du règne des réviseurs, c'est-à-dire dans la décrépitude de l'assemblée constituante, j'étais un mauvais sujet, un factieux ; je recevais les injures des Beaumetz, des Lameth et autres visionnaires, parce que, inflexible au poste que le peuple m'avait confié, j'y demeurais fidèle à ses intérêts et à mes devoirs. Si ce sont-là des crimes, je les avoue et je m'en glorifie. La voix du véritable honneur ne m'en reproche pas d'autres. Je demande pour réponse à l'inculpation contenue dans la lettre dont on vous a fait lecture, l'autorisation de réimprimer les deux rapports dont je fus chargé, le 13 septembre 1790, et le 26 mai 1791.

Ces observations de Barrère ont été accueillies par des applaudissemens unanimes, et il a été invité à reprendre le fauteuil.

Guadet. Je commencerai par faire une motion qui tient aux décrets d'accusation que vous venez de rendre. Talon est, parmi ceux que vous avez décrétés, celui qui peut jeter le plus grand jour sur cette affaire ; cependant il n'est point à Paris : on assure qu'il est dans l'armée de Dumourier. Je demande que le ministre de la justice soit tenu de prendre les mesures les plus promptes pour le faire arrêter, et qu'il soit expédié sur-le-champ un courrier extraordinaire à cet effet.

Cette proposition est adoptée.

Guadet reprend. Maintenant, citoyens, je crois devoir à la Convention quelques explications sur les soupçons qu'on a cherché à élever contre moi. (Il s'élève quelques murmures dans une partie de l'assemblée.) Je n'avais point été nommé dans les diverses pièces qui ont été lues par les rapporteurs de la commission des douze, et quand bien même on eût lu mon nom à côté de ceux de Barrère et de ceux de quelques autres membres, il ne m'eût pas été difficile de détruire la calomnie directe; cependant j'eusse cédé aux mêmes sentimens de délicatesse qui ont déterminé Barrère à quitter le fauteuil. Un membre de cette assemblée, le citoyen Chasles à cru pouvoir appeler le soupçon sur ma tête; et, par un raffinement de méchanceté, que je ne veux pas caractériser (Il s'élève quelques murmures et quelques applaudissemens.), c'est mon amour-propre que ce prêtre a cherché à intéresser pour assurer le succès de sa diffamation; c'est en me rangeant parmi les seize membres de la législature qui ont montré à la fois quelque courage et quelque constance dans la défense des bons principes, qu'on a cherché à jeter la défaveur sur ma conduite. Je ne suis pas monté à cette tribune pour faire valoir mes travaux comme législateur. J'ai rempli mon devoir; et certes, si ma constance, mon courage, ont pu être remarqués, ce n'a jamais été pour défendre ni Louis XVI ni la royauté. (On applaudit.) Je crois au contraire avoir acquis le droit de dire que nul plus que moi n'a plus imperturbablement, plus courageusement défendu, depuis le premier jour de la législature jusqu'au moment de la formation de la Convention nationale, les droits du peuple. (Mêmes applaudissemens.)

Il est au reste aisé de remarquer que le foyer de la corruption dont il est question dans les pièces qui ont été lues, avait principalement pour objet de s'assurer des voix de ceux qui étaient initiés dans les mystères de la finance, et je dois avouer que n'ayant jamais dirigé mes études vers cet objet, ce n'aurait pas été probablement moi qu'on eût choisi pour obtenir un décret sur cette matière. En effet, comme il est impossible de savoir tout, je ne me suis jamais autrement mêlé de cette partie que par l'impulsion d'un sens droit, et d'une probité à toute épreuve. Aussi dois-je avouer que je ne me suis occupé des finances qu'une seule fois, et cela a été pour faire avec Condorcet un projet de décret tendant à réduire la liste civile à 8,000,000, et en soumettre l'emploi à une comptabilité publique, projet que Condorcet réduisit en articles, et que nous présentâmes à la commission extraordinaire des Vingt-Un, et pour l'adoption duquel Gensonné, Rhul, Jean de Bry, Vergniaud, Brissot, Condorcet et moi avons vainement lutté ; car, à cette époque, la majorité de la commission était composée d'hommes qui aimaient la liste civile. Voilà l'unique attention sérieuse que j'aie donnée à nos finances, et certes je ne crois pas qu'elle puisse être un titre pour me soupçonner d'avoir jamais été favorable au roi.

Cependant il est des hommes qui ne vivent qu'en faisant planer le soupçon sur toutes les têtes ; ces êtres vraiment anthropophages voudraient sucer le sang par tous les pores de leurs concitoyens. Il y avait, disent-ils, dans le côté gauche des membres prétendus patriotes, mais réellement vendus à la cour ; et avec ces paroles on croit pouvoir inculper indistinctement tous les membres de la législature. Oui, certes, il y avait de prétendus patriotes qui pouvaient se faire acheter par la liste civile, et s'offrir eux-mêmes. Mais ce ne sont pas ceux qui attaquèrent, qui sapèrent les fondemens de la royauté, avec mesure, et je crois que c'est à ce caractère que je me suis principalement signalé. Je sais bien que quelques personnes, avec cette exagération de commande, par laquelle ils parviennent à faire perdre toutes les causes, ont pu se rendre la liste civile favorable ; mais elles ne m'accuseront pas sans doute d'avoir partagé ces intrigues.

Je ne dirai plus qu'un mot. Si jamais quelque bassesse, si quelque forfait pesait sur ma conscience, il ne me serait peut-être pas difficile de le faire oublier ; car on sait assez sous quel étendard il faut se ranger pour couvrir et les forfaits et les brigandages. (Une grande partie de l'assemblée applaudit.)

— Bernier demande à dénoncer une atteinte à la liberté individuelle, dont un citoyen de Meaux a été victime en vertu d'un arrêté du comité de surveillance de la ville de Paris. (Un violent murmure se fait entendre dans un côté de la salle.)

Osselin réclame le renvoi de l'affaire aux tribunaux judiciaires.

L'assemblée passe à l'ordre du jour.

Barbaroux demande qu'il soit décrété que Louis XVI est mis en cause.

Charlier. Qu'il est mis en état d'accusation.

Une partie de l'assemblée s'élève, par un mouvement spontané, en faveur de cette dernière proposition. — *Aux voix, aux voix le décret d'accusation !* s'écrie-t-on avec chaleur.

Gamon veut que Louis XVI soit préalablement entendu.

Saint-André. Louis Capet a été jugé le 10 août ; remettre son jugement en question, ce serait faire le procès à la révolution, ce serait vous déclarer rebelles.

Robespierre. L'assemblée a été entraînée à son insu, loin de la véritable question. Il n'y a point ici de procès à faire. Louis n'est point un accusé, vous n'êtes point des juges ; vous êtes, vous ne pouvez être que des hommes d'état et les représentans de la nation. Vous n'avez point une sentence à rendre pour ou contre un homme, mais une mesure de salut public à prendre, un acte de providence nationale à exercer. (On applaudit.) Quel est le parti que la saine politique prescrit pour cimenter la République naissante ? c'est de graver profondément dans les cœurs le mépris de la royauté, et de frapper de stupeur tous les partisans du roi. Donc, présenter à l'univers son crime comme un problème, sa cause comme l'objet de la discussion la plus imposante, la plus religieuse, la plus difficile qui puisse occuper les représentans du peuple français, mettre une distance incommensurable entre le seul souvenir de ce qu'il fut, et la dignité d'un citoyen ; c'est précisément avoir trouvé le secret de le rendre encore dangereux à la liberté. Louis fut roi, et la République est fondée. La question fameuse qui vous occupe est décidée par ces seuls mots : Louis est détrôné par ses crimes ; Louis dénonçait le peuple français comme rebelle ; il a appelé, pour le châtier, les armes des tyrans ses confrères. La victoire et le peuple ont décidé que lui seul était rebelle. Louis ne peut donc être jugé, il est déjà condamné ; il est condamné, ou la République n'est point absoute. (Applaudissemens.) Proposer de faire le procès à Louis XVI, de quelque manière que ce puisse être, c'est rétrograder vers le despotisme royal et constitutionnel ; c'est une idée contre-révolutionnaire, car c'est mettre la révolution elle-même en litige. En effet, si Louis peut être encore l'objet d'un procès, Louis peut être absous ; il peut être innocent ; que dis-je ! il est présumé l'être jusqu'à ce qu'il soit jugé. Mais si Louis peut être présumé innocent, que devient la révolution? n'est-elle pas encore incertaine et douteuse? Si Louis est innocent, tous les défenseurs de la liberté deviennent des calomniateurs, et les rebelles étaient les amis de la vérité et les défenseurs de l'innocence opprimée ; tous les manifestes des cours étrangères ne sont que des réclamations légitimes contre une faction dominatrice ; la détention même que Louis a subie jusqu'à ce moment est une vexation injuste, les fédérés, le peuple de Paris, tous les patriotes de l'empire français sont coupables, et le grand procès pendant au tribunal de la nature, entre le crime et la vertu, entre la liberté et la tyrannie, est enfin décidé en faveur du crime et de la tyrannie.

Citoyens, prenez-y garde, vous êtes trompés ici par de fausses notions. Vous confondez les règles du droit civil et positif, avec les principes du droit des gens ; vous confondez la relation des citoyens entre eux, avec les rapports des nations à un ennemi qui conspire contre elles ; vous confondez encore la situation d'un peuple en révolution, avec celle d'un peuple dont le gouvernement est affermi. Nous rapportons à des idées qui nous sont familières un cas extraordinaire, qui dépend de principes que nous n'avons jamais expliqués ; ainsi, parce que nous sommes accoutumés à voir les délits dont nous sommes les témoins jugés selon des règles uniformes, nous sommes actuellement portés à croire que dans aucune circonstance les nations ne peuvent avec équité décider autrement contre un homme qui a violé leurs droits; et où nous ne voyons point un jury, un tribunal, une procédure, nous ne trouvons point la justice. Ces termes même, que nous appliquons à des idées différentes de celles qu'ils impriment dans l'usage ordinaire, achèvent de nous tromper. Tel est l'empire naturel de l'habitude, que nous regardons les conventions les plus arbitraires, quelquefois même les plus défectueuses, comme la règle absolue du vrai, du faux, du juste ou de l'injuste; nous ne songeons pas même que la plupart tiennent encore nécessairement aux préjugés, dont le despotisme nous a nourris. Nous avons été si long-temps courbés sous son joug, que nous relevons difficilement nos têtes vers la raison; que tout ce qui remonte à la source sacrée de toutes les lois, semble prendre à nos yeux un caractère illégal, et l'ordre même de la nature nous paraît un désordre. Les mouvemens majestueux d'un grand peuple, les sublimes élans de la vertu se présentent souvent à nos yeux timides comme les éruptions d'un volcan ou le renversement de la société politique; et certes, ce n'est pas la moindre cause des troubles qui nous agitent, que cette contradiction entre la faiblesse de nos mœurs, la dépravation de nos esprits, la pureté des principes, et l'énergie des caractères que suppose le gouvernement libre auquel nous osons prétendre.

Lorsqu'une nation a été forcée de recourir aux droits de l'insurrection, elle rentre dans l'état de la nature à l'égard du tyran. Comment celui-ci pourrait-il invoquer le pacte social? Il l'a anéanti. La nation peut le conserver encore, si elle le juge à propos, pour ce qui concerne les rapports des citoyens entre eux; mais l'effet de la tyrannie et de l'insurrection, c'est de le rompre entièrement par rapport au tyran; c'est de le constituer en état de guerre. Les tribunaux, les procédures judiciaires, ne sont faites que pour les membres de la cité : c'est une contradiction grossière de supposer que la Constitution puisse présider à ce nouvel ordre de choses ; ce serait supposer qu'elle survit à elle-même. Quelles sont les lois qui la remplacent? celles de la nature, celle qui est la base de la société même, le salut du peuple. Le droit de punir le tyran et celui de le détrôner, c'est la même chose. L'un ne comporte pas d'autres formes que l'autre : le procès du tyran, c'est l'insurrection ; son jugement, c'est la chute de sa puissance ; sa peine, celle qu'exige la liberté du peuple.

Les peuples ne jugent pas comme les cours judiciaires ; ils ne rendent point de sentences, ils lancent la foudre ; ils ne condamnent pas les rois, ils les replongent dans le néant, et cette justice vaut bien celle des tribunaux. Si c'est pour son salut que le peuple s'arme contre ses oppresseurs, comment serait-il tenu d'adopter un mode de les punir qui serait pour eux un nouveau danger? Nous nous sommes laissé induire en erreur par des exemples étrangers qui n'ont rien de commun avec nous. Que Cromwel ait fait juger Charles Ier par une commission judiciaire, dont il disposait ; qu'Élisabeth ait fait condamner Marie d'Écosse par des juges, il est naturel que des tyrans qui immolent leurs pareils, non au peuple, mais à leur ambition, cherchent à tromper l'opinion du vulgaire par des formes illusoires ; il n'est question là ni de principes, ni de liberté, mais de fourberie et d'intrigues ; mais le peuple, quelle autre loi peut-il suivre, que la justice et la raison, appuyées de sa toute-puissance?

Dans quelle République la nécessité de punir le tyran fut-elle litigieuse? Tarquin fut-il appelé en jugement? Qu'aurait-on dit à Rome, si des Romains avaient osé se déclarer ses défenseurs? Que faisons-nous? Nous appelons de toutes parts des avocats pour plaider la cause de Louis XVI ; nous consacrons comme des actes légitimes, ce qui, chez tout peuple libre, eût été regardé comme le plus grand des crimes. Nous invitons nous-mêmes les citoyens à la bassesse et à la corruption ; nous pourrons bien un jour décerner aux défenseurs de Louis XVI des couronnes civiques ; car s'ils défendent sa cause, ils peuvent espérer de la faire triompher ; autrement vous ne donneriez à l'univers qu'une ridicule comédie. (On applaudit.) Et nous osons parler de République! Nous invoquons des formes, parce que nous n'avons plus de principes; nous nous piquons de délicatesse, parce que nous manquons d'énergie; nous étalons une fausse humanité, parce que le sentiment de la véritable humanité nous est étranger; nous révérons l'ombre d'un roi, nous ne savons pas respecter le peuple; nous sommes tendres pour les oppresseurs, parce que nous sommes sans entrailles pour les opprimés.

Le procès à Louis XVI! Mais qu'est-ce que ce procès, si ce n'est l'appel de l'insurrection à un tribunal ou à une assemblée quelconque? Quand un roi a été anéanti par le peuple, qui a le droit de le ressusciter pour en faire un nouveau prétexte de troubles et de rébellion? Et quels autres effets peut produire ce système? En donnant une arme aux champions de Louis XVI, vous ressuscitez la querelle du despotisme contre la liberté; vous consacrez le droit de blasphémer contre la République et contre le peuple; car le droit de défendre l'ancien despote emporte le droit de dire tout ce qui tient à sa cause; vous réveillez toutes les factions, vous ressuscitez, vous encouragez le royalisme assoupi. On pourra librement prendre parti pour ou contre. Quoi de plus légitime, quoi de plus naturel que de répéter partout les maximes que ses défenseurs pourront professer hautement à votre barre ou dans votre tribune même? Quelle République que celle dont les fondateurs lui suscitent de toutes parts des adversaires pour l'attaquer dans son berceau! Voyez quels progrès rapides a déjà faits ce système! A l'époque du mois d'août dernier tous les partisans de la royauté se cachaient; quiconque eût osé entreprendre l'apologie de Louis XVI eût été puni comme un traître; aujourd'hui ils relèvent impunément un front audacieux; aujourd'hui les écrivains les plus décriés de l'aristocratie reprennent avec confiance leurs plumes empoisonnées, trouvent des successeurs qui les surpassent en audace. (On applaudit.) Aujourd'hui des écrits précurseurs de tous les attentats inondent la cité où vous résidez, les quatre-vingt-trois départemens, et jusqu'aux portiques de ce sanctuaire de la liberté; aujourd'hui des hommes d'armes, appelés, retenus dans ces murs, et par qui?... ont fait retentir les rues de cette cité des cris séditieux qui demandent l'impunité de Louis XVI ; aujourd'hui Paris renferme dans son sein des hommes rassemblés, vous a-t-on dit, pour l'arracher à la justice de la nation. Il ne vous reste plus qu'à ouvrir cette enceinte aux athlètes qui se pressent déjà pour briguer l'honneur de rompre des lances en faveur de la royauté ; que dis-je ! aujourd'hui Louis partage les mandataires du peuple ; on parle pour ou contre lui. Il y a deux mois, qui eût pu soupçonner qu'ici ce serait une question, s'il était inviolable ou non ? Mais depuis qu'un membre de la Convention nationale, le citoyen Pétion, a présenté cette idée comme l'objet d'une délibération sérieuse, préliminaire à toute autre question, l'inviolabilité, dont les conspirateurs de l'assemblée constituante ont couvert ses premiers parjures, a été invoquée pour protéger ses derniers attentats.

O crime ! ô honte ! la tribune du peuple français a retenti du panégyrique de Louis XVI ! Nous avons entendu vanter les vertus et les bienfaits du tyran... A peine avons-nous pu arracher à l'injustice d'une décision précipitée l'honneur ou la liberté des meilleurs citoyens. Que dis-je ! nous avons vu accueillir avec une joie scandaleuse les plus atroces accusations contre des représentans du peuple connus par leur zèle pour la liberté ; nous les avons vus sur le point d'être immolés par leurs collègues presque aussitôt que dénoncés ; et la cause du tyran seule est tellement sacrée, qu'elle ne peut être ni assez longuement, ni assez librement discutée ! Et pourquoi nous en étonner ? ce double phénomène tient à la même cause. Si nous les en croyons, le procès durera au moins plusieurs mois ; il atteindra l'époque du printemps prochain, où les despotes doivent nous livrer une attaque générale ; et quelle carrière ouverte aux conspirateurs ! quel aliment donné à l'intrigue et à l'aristocratie ! Ainsi tous les partisans de la tyrannie pourront espérer encore dans le secours de leurs alliés, et les armées étrangères pourront encourager l'audace des juges, en même temps que leur or tentera la fidélité du tribunal qui doit prononcer sur son sort. Je veux bien croire que la

République n'est point un vain nom dont on nous amuse; mais quels autres moyens pourrait-on employer, si l'on voulait rétablir la royauté? Juste ciel! toutes les hordes féroces du despotisme s'apprêtent à déchirer de nouveau le sein de notre patrie au nom de Louis XVI; Louis combat encore contre nous du fond de son cachot, et l'on doute s'il est coupable, s'il est permis de le traiter en ennemi! On demande quelles sont les lois qui le condamnent, on invoque en sa faveur la Constitution...

La Constitution vous défendait tout ce que vous avez fait contre lui. S'il ne pouvait être puni que de la déchéance, vous ne pouviez la prononcer sans avoir instruit son procès; vous n'aviez point le droit de le retenir en prison : il a celui de vous demander son élargissement, et des dommages et intérêts. La Constitution vous condamne. Allez donc aux pieds de Louis invoquer sa clémence... Pour moi, je rougirais de discuter plus sérieusement ces arguties constitutionnelles; je les relègue sur les bancs de l'école ou du palais, où plutôt dans les cabinets de Londres, de Vienne et de Berlin. Je ne sais point discuter longuement là où je suis convaincu que c'est un scandale de délibérer. Pourquoi ce que le bon sens du peuple décide aisément se change-t-il pour ses délégués en problème presque insoluble? Avons-nous le droit d'avoir une volonté contraire à la volonté générale, et une sagesse différente de la raison universelle?

J'ai entendu tous les défenseurs de l'inviolabilité énoncer un principe hardi, que j'aurais presque hésité à énoncer moi-même; ils ont dit que ceux qui, le 10 août, auraient immolé Louis XVI, auraient fait une action vertueuse; mais la seule base de cette opinion ne pouvait être que les crimes de Louis XVI et les droits du peuple. Or, trois mois d'intervalle ont-ils changé ses crimes ou les droits du peuple? Si alors on l'arracha à l'indignation publique, ce fut sans doute uniquement pour que sa punition ordonnée solennellement par la Convention nationale, au nom de la nation, en devînt plus imposante pour les ennemis de l'humanité; mais remettre en question s'il est coupable, ou s'il peut être puni, c'est trahir la foi donnée au peuple français.

Il est peut-être des gens qui, soit pour empêcher que la nation ne prenne un caractère digne d'elle, soit pour ravir aux nations un exemple qui élèverait les ames à la hauteur des principes républicains, soit pour des motifs encore plus honteux, ne seraient plus fâchés qu'une main privée remplît les fonctions de la justice nationale. Citoyens, défiez-vous de ce piége. Quiconque oserait donner un tel conseil ne servirait que les ennemis du peuple. Quoi qu'il arrive, la punition de Louis n'est bonne désormais qu'autant qu'elle portera le caractère solennel d'une vengeance publique. Qu'importe au peuple le méprisable individu du dernier roi?

C'est une grande cause, a-t-on dit, et qu'il fallait juger avec une sage et lente circonspection... Une grande cause, c'est un projet de loi populaire; une grande cause, c'est celle d'un malheureux opprimé par le despotisme. Quel est le motif de ces délais éternels que vous nous recommandez? Craignez-vous de blesser l'opinion du peuple? comme si le peuple lui-même craignait autre chose que la faiblesse ou l'ambition de ses mandataires (On applaudit.); comme si le peuple était un vil troupeau d'esclaves, stupidement attaché au stupide tyran qui l'a proscrit, voulant, à quelque prix que ce soit, se vautrer dans la bassesse et dans la servitude.

Vous parlez de l'opinion; n'est-ce point à vous de la diriger, de la fortifier? Si elle s'égare, si elle se déprave, à qui faudrait-il s'en prendre, si ce n'est à vous-mêmes? Craignez-vous de mécontenter les rois étrangers ligués contre nous? Oh! sans doute, le moyen de les vaincre c'est de paraître les craindre; le moyen de confondre la criminelle conspiration des despotes de l'Europe, c'est de respecter leur complice! Craignez-vous les peuples étrangers? Par quelle contradiction supposeriez-vous que les nations qui n'ont point été étonnées de la proclamation des droits de l'humanité, seront épouvantées du châtiment de l'un de ses plus cruels oppresseurs?

Nouvelle difficulté : à quelle peine condamnerons-nous Louis? La peine de mort est trop cruelle. Non, dit un autre, la vie est plus cruelle encore; je demande qu'on le laisse vivre. Avocats du roi, est-ce par pitié ou par cruauté que vous voulez le soustraire à la peine de ses crimes? Pour moi, j'abhorre la peine de mort prodiguée par vos lois, et je n'ai pour Louis ni amour ni haine, je ne hais que ses forfaits. J'ai demandé l'abolition de la peine de mort à l'assemblée que vous nommez encore constituante, et ce n'est pas ma faute si les premiers principes de la raison lui ont paru des hérésies morales et politiques. Mais vous qui ne vous avisâtes jamais de les réclamer en faveur de malheureux dont les délits sont moins les leurs que ceux du gouvernement, par quelle fatalité vous en souvenez-vous seulement pour plaider la cause du plus grand de tous les criminels? (On applaudit.) Vous demandez une exception à la peine de mort pour celui-là seul qui peut la légitimer.

Jamais la sûreté publique ne la provoque contre les délits ordinaires, parce que la société peut toujours, par d'autres moyens, mettre le coupable dans l'impuissance de lui nuire. Mais un roi détrôné au sein d'une révolution qui n'est rien moins que cimentée par des lois justes; un roi dont le nom seul attire le fléau de la guerre sur la nation agitée; ni la prison, ni l'exil ne peuvent rendre son existence indifférente au bonheur public. Et cette cruelle exception aux lois ordinaires que la justice avoue ne peut être imputée qu'à la nature de ses crimes. Je prononce à regret cette fatale vérité; mais Louis doit périr, plutôt que cent mille citoyens vertueux; Louis doit mourir, parce qu'il faut que la patrie vive. Chez un peuple paisible, libre, et respecté au-dehors comme au-dedans, on pourrait écouter les conseils qu'on vous donne d'être généreux; mais un peuple à qui l'on dispute encore sa liberté après tant de sacrifices et de combats; un peuple chez qui les lois ne sont encore inexorables que pour les malheureux, un peuple chez qui les crimes de la tyrannie sont des problèmes, et la république le patrimoine des fripons, doit exiger qu'on le venge; et la générosité dont on vous flatte, ressemblerait trop à celle d'une société de brigands qui partage ses dépouilles.

Je vous propose de statuer dès ce moment sur le sort de Louis. Quant à sa femme, vous la renverrez aux tribunaux, ainsi que toutes les personnes prévenues des mêmes attentats. Son fils sera gardé au Temple jusqu'à ce que la paix et la liberté publique soient affermies. Pour Louis, je demande que la Convention nationale le déclare traître à la nation française, criminel envers l'humanité. Je demande qu'à ce titre, il donne un grand exemple au monde, dans le lieu même où sont morts, le 10 août, les généreux martyrs de la liberté, et qu'à cet événement mémorable soit consacré un monument destiné à nourrir dans le cœur des peuples les sentimens de leurs droits et l'horreur des tyrans, et dans celui des tyrans la terreur salutaire de la justice du peuple...

Pétion. Je combats toutes les propositions qui ont été faites sur la manière de condamner le ci-devant roi. Le décret d'accusation ne me paraît pas être la mesure que vous deviez adopter, car il suppose le renvoi du jugement à un tribunal quelconque; or, de quelques pouvoirs que des juges soient investis, ils ne peuvent prononcer dans cette cause. Les tribunaux ne doivent juger qu'en appliquant une loi écrite. Or le Code pénal ne s'applique point au ci-devant roi. Vous seriez donc en définitive obligés de prononcer, car est-ce dans un tribunal judiciaire qu'on pourrait avoir égard aux moyens tirés du droit naturel ou du droit politique? Non, et voilà pourquoi ce jugement ne peut être porté que par la Convention nationale.

On a dit qu'il ne fallait point de jugement. Personne de nous certainement ne doute que Louis XVI soit coupable, et qu'il doive être puni. Mais comment le sera-t-il? quelle peine doit-il subir? Ce point n'est pas décidé; il reste au moins à faire l'application de la peine. Donc il faut un jugement. Il faut donc déclarer, et j'en fais la proposition : 1° que Louis XVI sera jugé; 2° qu'il le sera par la Convention nationale.

Oudot. Citoyens, je n'ai qu'un fait à énoncer.

Je voyageais avec un grand nombre de personnes qui avaient la même destination que moi. Nous traitâmes avec un capitaine de navire pour une traversée qui devait être longue et périlleuse. Nous nous embarquions dans la saison des orages.

Le capitaine voulut rester seul maître de la direction de son vaisseau, et cependant il ne voulut être assujetti à aucune espèce de responsabilité.

Il avait inspiré de la confiance à plusieurs d'entre nous ; et d'ailleurs il paraissait si intéressé au succès du voyage commun, que, dans la convention que nous fîmes, nous eûmes la faiblesse de stipuler qu'il ne répondrait personnellement d'aucun des événemens de la route, quelles que fussent les erreurs et les fautes qu'il pourrait commettre, quelque préjudice qui pût en résulter pour nous.

A peine en pleine mer, le capitaine prit un chemin évidemment opposé à celui qu'il devait suivre. Cette conduite nous inquiéta ; nos soupçons s'accrurent bientôt lorsque nous vîmes que nous allions être attaqués par un corsaire. Nous nous préparâmes à faire une vigoureuse défense. Mais nous nous aperçûmes que toutes les manœuvres du capitaine ne tendaient qu'à la rendre infructueuse. Convaincus dès-lors de la trahison, nous nous emparâmes de sa personne. Nous battîmes l'ennemi ; nous le forçâmes de prendre la fuite, et nous trouvâmes dans les papiers du traître capitaine le marché qu'il avait fait avec le corsaire pour lui livrer tous les voyageurs que portait son navire.

Cependant l'inviolabilité que nous avions stipulée en faveur de ce perfide pouvait-elle le soustraire à la peine due à sa trahison ?

Français, ce perfide capitaine était partie secrète dans le traité de Pilnitz ; il a conjuré votre perte avec la cour de Vienne ; il a entretenu une armée contre-révolutionnaire à Coblentz *avant, pendant* et *depuis* l'acceptation de la Constitution.

Je conclus à ce que le traître navigateur, Louis XVI, soit jugé.

Lecarpentier, de Valogne. Mettre en question si Louis Capet sera jugé, c'est mettre l'évidence en problème ; en conséquence, d'après la motion de Pétion, je propose la rédaction suivante.

La Convention nationale déclare qu'elle jugera Louis XVI.

Robespierre demande la parole. — On observe qu'il a déjà été entendu.

L'assemblée ferme la discussion.

Robespierre insiste. — On demande qu'il lise son projet de décret. Il parle ; les murmures couvrent sa voix. Énoncez votre proposition, s'écrie-t-on de toutes parts. — Mais je demande au moins à la motiver...... (*Non, non*, point de privilége de parole !) Eh bien ! voici mon projet de décret.... L'assemblée nationale considérant que, etc...... (On observe que Robespierre, par ce *considérant*, rentre dans le fond de la discussion. — Il continue au milieu d'un tumulte prolongé.)

L'assemblée décide que Robespierre rédigera, comme les autres opinans, son projet de décret par écrit, et qu'il le déposera sur le bureau.

La délibération s'établit sur la question de priorité entre les différens projets de décret. — Cette question préliminaire est décidée en faveur de celui de Pétion.

Il est en conséquence décrété, d'après l'amendement de Carpentier, que :

« Louis XVI sera jugé par la Convention nationale »]

SÉANCE DU 4 DÉCEMBRE.

Kersaint. Si je n'avais pas été retenu hier dans mon lit par une fièvre violente, je n'aurais pas attendu jusqu'à aujourd'hui pour répondre à l'inculpation avancée contre moi. Lorsque la sottise et la méchanceté ont mis des poignards dans les mains de la calomnie ; c'est à l'innocence et à la vertu de les lui arracher. Je déclare que je ne connais ni de près ni de loin Talon et Sainte-Foix ; je défie tout citoyen de prouver que j'aie jamais eu aucune communication directe ni indirecte avec ces personnages que j'ai toujours souverainement méprisés. Ce n'est point ma justification que j'entreprends, je ne crois pas en avoir besoin devant la majorité de la Convention ; mais il est bon d'éclairer certains faits. Vous devez vous rappeler à quelle époque on forma le ministère de Roland, Servan, Clavière, Dumourier ; vous devez vous rappeler que c'était une nouvelle conjuration ; on voulait placer des hommes sans reproche dans le ministère, les contrarier, les entraver dans leurs opérations, et dire ensuite : Vous voyez, on a placé des patriotes, le gouvernement ne marche point, il ne vaut rien ; donc il faut le renverser. Il était question de moi à toutes les vacances du département de la marine. Je puis dire que si j'avais voulu faire une seule visite à La Fayette, j'aurai succédé à la Luzerne ; si j'en avais fait une à Degrave, j'aurais succédé à Bertrand ; mais une preuve que je ne voulais pas être ministre, c'est que j'écrivis alors au roi une lettre que je voudrais qu'on eût trouvée aussi. (*Une voix* : Elle existe.) Eh bien ! qu'on la lise, on verra que je n'aurais pas écrit sur ce ton au roi, si je n'avais pas été effrayé de son choix. Je déposai ma lettre sur le bureau de l'assemblée électorale ; je la montrai à Clavière et à Danton. Je reproduis ces faits, non pour ma justification, je ne crois pas en avoir besoin, mais pour éclairer la Convention sur ces prétendues inculpations. (On applaudit.)

La Convention décrète que la lettre de Kersaint sera lue.

Remi. Apprenez aux peuples à punir les tyrans d'une manière digne d'eux. Hercule ne s'amusait pas à faire un procès en forme aux brigands qu'il poursuivait ; il en purgeait la terre. Si vous éleviez aujourd'hui des doutes sur la condamnation du dernier de vos tyrans ; si vous le supposiez encore au-dessus des autres hommes, quel exemple donneriez-vous aux peuples à qui vous portez la liberté ? Ils croiraient devoir hésiter, comme vous, à punir les tyrans ; ils croiraient que ce n'est qu'après la mort de cent mille citoyens qu'il est permis d'examiner si sa vie n'est pas encore une chose sacrée. Ne craignez-vous pas que, découragés d'avance, à l'aspect de tant de malheurs et de difficultés, ils ne préfèrent leur antique esclavage à votre débile et chétive liberté, et la domination des rois à la molle incertitude d'un sénat qui tremble de les punir ? Vous voulez des formes longues et solennelles, vous craignez d'être accusés, comme les Anglais, d'avoir barbarement assassiné votre roi. Si l'esprit des Anglais eût été républicain, s'ils eussent eu des écrivains républicains, on n'aurait pas calomnié l'acte éclatant de justice qu'ils ont fait envers Charles Stuart. La meilleure manière de juger un roi, c'est la plus courte, c'est celle de Scœvola et de Brutus. Ou la République régnera, et l'horreur contre les rois sera impérissable comme elle : dans ce cas, vous n'avez pas de calomnies à craindre : ou le trône se relèvera, et alors le despotisme triomphant trouvera bientôt d'autres prétextes pour ternir votre gloire. Hâtez-vous donc, pour fonder une République éternelle, de cimenter son berceau du sang d'un roi parjure : ce jugement serait-il donc si litigieux, si difficile? ou plutôt ne croirait-on pas que les orateurs qui ont parlé dans cette affaire avaient quelque intérêt d'orgueil à annoncer, chacun dans le préambule de son discours, que cette cause est difficile et grande. Quoi! vous avez consacré la déclaration des droits sans exception, et vous en établiriez en faveur du plus grand des coupables! vous avez proclamé le décret de la nature, et vous l'outrageriez aujourd'hui ! (On observe que l'orateur n'est pas dans la question ; ne s'agissant plus de discuter la forme du procès, il conclut à ce que ce procès soit réduit à un simple interrogatoire, suivi de la condamnation.)

Buzot. On dit qu'il y a ici des partisans de la royauté. Avant d'entrer dans le fond de la question, je demande qu'il soit décrété que quiconque proposerait ou tenterait de rétablir en France la royauté, sera puni de mort. (De nombreux applaudissemens partent simultanément de toutes les parties de la salle.— L'assemblée entière se lève simultanément en signe d'adhésion à la proposition de Buzot. — Bazire demande à la combattre. — *Aux voix! aux voix!* s'écrie-t-on de toutes parts. Il insiste. Les murmures s'élèvent et couvrent sa voix.)

Buzot. J'ajoute : *Sous quelque dénomination que ce soit,* et je demande que ma proposition soit mise aux voix par appel nominal. (Les applaudissemens recommencent avec plus de force. On demande qu'il soit sur-le-champ procédé à l'appel nominal.)

Phelippeaux. Je prie l'assemblée de modérer cet enthousiasme; ce qu'il importe maintenant, c'est de préciser la manière dont le ci-devant roi sera jugé. (Il s'élève des murmures. — On insiste pour que la proposition de Buzot soit mise aux voix préalablement à toute autre discussion.) La Convention a décrété hier que le traître Louis Capet serait jugé. (Même rumeur.—On demande que Phelippeaux soit rappelé à l'ordre pour avoir interrompu la délibération.) Quand je ne cherche qu'à accélérer la punition du tyran, qu'on ne m'interrompe pas ; car n'est-ce pas le moyen de prouver notre haine commune contre les tyrans. Je vais proposer une mesure salutaire qui nous fera sortir de l'espèce d'inquiétude, d'agitation, de souffrance où est la chose publique depuis long-temps. Toutes les fois que la patrie était exposée à quelque danger, l'assemblée constituante et l'assemblée législative tenaient des séances permanentes. Je demande que l'assemblée décrète que le ci-devant roi sera jugé sans désemparer. (De nombreux applaudissemens s'élèvent dans une partie de l'assemblée. — Une centaine de membres se lèvent à la fois, en demandant à grands cris que la proposition de Phelippeaux soit sur-le-champ mise aux voix. — Des bravos prolongés partent des tribunes.)

Bazire. La proposition de Phelippeaux est la seule qui puisse être adoptée ; celle de Buzot, au contraire, porterait atteinte à la liberté de la sanction que le peuple est appelé à donner à la Constitution. (Murmures.) Est-ce en vous levant tumultuairement et en agitant vos chapeaux, que vous devez décréter la peine de mort?

Chabot. J'appuie la motion de Buzot, mais c'est à condition qu'elle ira conjointement avec celle de Phelippeaux.

Bazire. Ne dirait-on pas que votre République n'est établie que par la force d'une faction?

On demande qu'il soit procédé à l'appel nominal.

Bazire. Elle ne reposerait alors que sur une loi de sang, et non pas sur le vœu libre du peuple.

Rewbel. Je ne sais pas pourquoi l'on craindrait un appel nominal sur la proposition de Buzot ; quant à moi, comme je suis persuadé qu'il n'y a aucun membre qui veuille rétablir la royauté, sous quelque dénomination que ce puisse être, à moins que ce ne soit un insensé, je ne crois pas que personne se trouve compromis par cet appel nominal : cependant j'avoue qu'il est inutile.

Lejeune. Je soutiens que Buzot a fait une motion d'anarchie, de trouble et de désordre; car pourquoi vouloir remettre en question ce qui a été solennellement décidé.

Bourdon. Quels sont donc les prestiges de la royauté, s'il faut délibérer deux fois pour la détruire?

Rewbel. Le tumulte et le chaos de cette discussion viennent de ce qu'on ne s'entend pas ; il ne s'agit pas de délibérer une seconde fois sur l'abolition de la royauté, mais de faire une loi pénale qui n'existe pas encore contre quiconque tenterait de la rétablir avant que la République ait été, si cette hypothèse était possible, formellement rejetée par la nation. Il faut cette loi pénale pour réprimer l'audace de ceux qui osent imprimer que le peuple n'a plus qu'à recourir à une nouvelle insurrection, ou qu'à se jeter dans les bras d'un nouveau tyran ; ces écrivains veulent sans doute la mort de Louis XVI; mais c'est peut-être précisément parce que le parti qui les soudoie n'a pas renoncé à la royauté.

Tureau. Pendant tous ces débats Louis XVI respire, et la vengeance nationale est suspendue.

Rewbel. Je demande qu'il soit décrété que tout factieux qui tenterait de rétablir la royauté sera puni de mort. Après que cette décision salutaire aura été rendue, j'adopte qu'on s'occupe ensuite, sans désemparer, du procès de Louis XVI. (On applaudit.)

Merlin. Je demande, en ce cas, qu'il soit ajouté à la proposition de Buzot ces mots : *A moins que ce ne soit dans les assemblées primaires.* (Un violent murmure s'élève de toutes parts. — On demande que Merlin soit censuré, comme ayant outragé la souveraineté nationale.)

Chabot. Il a rendu au contraire un hommage à cette souveraineté; car tout citoyen a le droit de faire dans les assemblées primaires, en dépit de vous, les propositions les plus absurdes.

Rouyer. Mais il ne nous appartient pas de le supposer.

Bourdon. La majorité d'une nation n'a pas le droit de soumettre la minorité à la tyrannie d'un roi. Avec la royauté point de pacte social.

Fonfrède. Je demande que Merlin soit immédiatement rappelé à l'ordre, pour avoir supposé qu'il puisse être permis, même dans les assemblées primaires, à aucun individu, de proposer au peuple d'aliéner sa liberté, au profit d'un tyran.

Robespierre demande la parole. — Les murmures d'une partie de l'assemblée l'interrompent.

Merlin. Voici quels ont été mes motifs. Vous faites un projet de constitution ; le peuple souverain et de vous et de moi a non-seulement le droit de l'accepter ou de le rejeter, mais il doit pouvoir l'exercer librement. Cette idée affecta vivement mon ame au moment où j'entendis proposer que quiconque parlerait contre notre Constitution républicaine serait puni de mort. Je suis loin de supposer au peuple l'envie de reprendre d'indignes chaînes, de rétablir les tyrans que je me suis engagé de poignarder ; mais il ne vous appartient pas d'entraver par aucune loi pénale sa volonté.

Féraud, avec vivacité. Oh! quoi que vous fassiez, nous n'aurons point de roi.

Merlin. Rappelez donc à l'ordre, président, ce citoyen qui m'insulte. Certes, si j'ai quelque chose à me reprocher, c'est de n'avoir pas suivi, le 10 août, la première inspiration qui me disait de vous épargner la peine de juger longuement Louis XVI. (Quelques rumeurs se font entendre. — On insiste pour que Merlin soit censuré.

Plusieurs membres montent à la fois à la tribune. — La parole est déférée à Guadet. Le silence se rétablit.)

Guadet. Citoyens, c'est sans doute faire une très-grande injure au peuple français que de lui supposer l'intention de jamais rétablir la royauté, et de supposer que ses assemblées primaires pourront s'occuper d'une telle question. La République, déjà cimentée du sang de nos frères, ne disparaîtra jamais sous le trône du despotisme. Mais, citoyens, chacun ici doit être libre d'énoncer son opinion, et peut-être l'assemblée nationale n'a-t-elle pas à regretter d'avoir entendu celle qui pourrait lui donner la clef.... (Un tumulte subit s'élève dans l'une des extrémités. Robespierre se lève, et demande à faire une motion d'ordre.) Et peut-être, dis-je, la Convention nationale n'a-t-elle pas à regretter d'avoir entendu une opinion qui pourrait donner la clef de ce projet, selon quelques-uns énigmatique, mais formé, ce semble, depuis quelque temps, de substituer un despotisme à un autre; je veux dire, d'élever un despote, sous l'égide duquel ceux qui l'auraient porté à cette usurpation seraient sûrs d'acquérir à la fois et l'impunité de leurs forfaits, et la certitude d'en pouvoir commettre de nouveaux; enfin, peut-être n'aura-t-elle pas à regretter d'avoir entendu cette opinion qui explique assez le besoin d'entretenir dans la République française le désordre et l'anarchie, qui tôt ou tard amèneraient nécessairement le despotisme. C'est d'après ces considérations que je demande l'ordre du jour sur la motion qui a été faite de rappeler Merlin à l'ordre. (Des applaudissemens se font entendre dans différentes parties de la salle, notamment à la gauche du président. — Une longue agitation se manifeste dans l'extrëmité opposée.)

Bazire s'élançant à la tribune. Je déclare que vous venez d'entendre la plus méchante, la plus infâme des calomnies. Je demande qu'on puisse lui répondre.....

Ue cri général s'élève contre l'interlocuteur. — On demande de passer à la délibération sur la proposition de Buzot.

Bazire en descendant de la tribune. Il veut nous attribuer la scélératesse.

Robespierre. Je demande la parole.

Un grand nombre de membres. Aux voix la clôture de sa discussion.

Chabot. Eh bien! je demande que Merlin soit rappelé à l'ordre.

Camille Desmoulins. Je demande qu'il le soit avec censure.

Chabot, Desmoulins et Robespierre sont à la fois à la tribune et se disputent la parole. — L'agitation devient générale.

Le président consulte l'assemblée. — Elle passe à l'ordre du jour sur toutes les motions relatives à la proposition incidente de Merlin.

Il se fait une seconde lecture de la proposition de Buzot. Elle est mise aux voix par assis et levé : personne ne se lève à la contre épreuve.

Le président prononce le décret :

La Convention nationale décrète, au nom de la République, la peine de mort, contre quiconque proposerait ou tenterait de rétablir en France, soit la royauté, soit tout autre pouvoir attentatoire à la souveraineté du peuple.

Phélippeaux. Maintenant je renouvelle la proposition que j'ai faite au commencement de ce débat. Je demande que la Convention se déclare permanente, jusqu'à ce qu'elle ait statué définitivement sur le sort de Louis XVI. (Les tribunes applaudissent et avec elles une partie de l'assemblée.)

Pétion. Je demande la parole contre la proposition de Phélippeaux..... Que chaque jour et sans interruption on s'occupe de cette affaire, je n'y vois pas de difficulté. Mais demander que l'assemblée soit en état de permanence, c'est s'exposer à beaucoup d'inconvéniens ; la permanence ne vaut rien quand il s'agit d'une discussion qui exige de la suite, une partie des discours serait toujours perdue pour ceux des membres à qui leurs forces physiques ne permettraient pas d'assister à des séances continues, et par la même raison l'assemblée ne pouvant jamais être complète, il arriverait telle circonstance, où ce serait la minorité qui déciderait ; mais je fais une autre proposition très-simple, c'est que chaque jour depuis midi jusqu'à la fin de la séance on s'occupe du procès de Louis XVI, exclusivement à tout autre objet. (On applaudit.) Je demande que l'assemblée reste en séance tous les jours depuis dix heures du matin jusqu'à six, pour terminer et le jugement du ci-devant roi, et la loi sur les émigrés, et celle sur les subsistances.

Robespierre paraît à la tribune. — Une partie de l'assemblée se lève, et réclame la clôture de la discussion.

Robespierre. Je demande enfin la parole en vertu de mon droit

de représentant du peuple. Vous ne pouvez me la ravir.....
(*Plusieurs voix*: Nous pouvons fermer la discussion.) Il faut que vous m'entendiez, puisque je vous annonce que j'ai une proposition nouvelle à énoncer ; car s'il était décidé qu'il faut venir d'un certain côté, et parler le langage convenu pour avoir la parole... (Les murmures continuent dans une partie de l'assemblée, l'autre réclame la parole pour Robespierre.) Je demande, président, que la dignité de l'assemblée soit maintenue par vous. Je dénonce à la nation ces atteintes continuelles portées à la liberté des suffrages. (*Une voix*: Je dénonce le despotisme de Robespierre.) Je réclame contre cette intrigue abominable. (Le tumulte redouble. — Des cris s'élèvent : *A bas de la tribune! à l'Abbaye!*)

Duquesnoy s'avançant au milieu de la salle. Je demande, président, que vous réprimiez les clameurs de ce côté droit, car il est ressuscité parmi nous.

Plusieurs voix : Et les vôtres.

Thuriot. Je demande que tous les membres qui se permettront des personnalités, soient rappelés à l'ordre. Il est temps que toutes les personnalités disparaissent devant l'intérêt général. (Applaudissemens.)

Le président se dispose à consulter l'assemblée sur le point de savoir si Robespierre sera entendu. — Robespierre quitte la tribune.

Réclamations bruyantes d'une partie de l'assemblée. Murmures des tribunes. — Quelques membres demandent la parole contre le président; *d'autres* : Il faut qu'on entende Robespierre, ou nous n'entendrons personne.

L'agitation se fait sentir dans l'assemblée et dans les tribunes...

Le président. Si l'on veut faire silence, je maintiendrai la liberté des opinions.

Robespierre, vous avez la parole.

Robespierre traverse la salle au milieu des applaudissemens tumultueux des spectateurs et d'une partie de l'assemblée. — Il remonte à la tribune. Les applaudissemens continuent.

Robespierre. Citoyens, je vous prie de vouloir me permettre d'exprimer librement ma pensée. (*Une voix:* Non. — Il s'élève un murmure général.)

Birotteau, Lindon, Rebecqui, plusieurs autres membres, tous ensemble. Consultez donc l'assemblée pour savoir si nous serons obligés d'entendre Robespierre.

Le président. Je maintiendrai la liberté des opinions.

Robespierre. Je demande à exprimer ma pensée aussi librement.... (Plusieurs voix : Au fait, à la question.) On me rappelle aux bornes de la question ; je dis que ces bornes ne peuvent être que celles que me tracent l'intérêt du salut public et le danger de prolonger le désordre où nous nous trouvons. Je vous dénonce un projet formé de perdre la Convention nationale, en mettant le trouble dans son sein. (Des applaudissemens s'élèvent de tous les côtés.) Pour que vous jugiez le ci-devant roi, il faut que vous soyez dans un état de délibération calme et digne de vous. Avant de juger le dernier des hommes, il faut être justement pénétré des principes de la justice et de l'intérêt public. Rien n'est plus contraire à cet intérêt suprême que l'habitude où l'on est d'empêcher sans cesse certains membres d'exprimer librement leurs pensées, desquelles cependant peut dépendre quelquefois la sagesse de vos délibérations. C'est pour vous rappeler ces principes que je suis monté à cette tribune, et si on m'en conteste le droit, on porte par là même une atteinte à la souveraineté du peuple, en privant du droit de suffrage un seul de ses représentans. Croyez-vous qu'il ne soit pas plus satisfaisant pour vous, et d'un meilleur augure pour le salut public, qu'on vous voie délibérer avec calme, que si l'on voit des orateurs contre lesquels des préventions perfides ont été suscitées par l'ignorance et la calomnie, être arrêtés à chaque instant par des chicanes plus dignes du palais que des fonctions augustes que vous êtes appelés à remplir? (Applaudissement d'une partie des membres et des spectateurs.) Mon devoir est donc de me plaindre de la violation plusieurs fois répétée, qui a été faite en ma personne, du droit de représentant, par des manœuvres multipliées, et je dénonce l'intention où l'on paraît être de mettre le trouble dans l'assemblée, en faisant opprimer une partie par l'autre. (Mêmes applaudissemens des tribunes. — Le président leur ordonne le silence.)

Aujourd'hui plusieurs mesures fatales au bien public sont sorties de ce tumulte; si on avait écouté des explications nécessaires, qui auraient en même temps contribué à diminuer les préventions et les méfiances, on aurait peut-être adopté une mesure grande, qui aurait honoré la Convention; c'était de réparer l'outrage fait à la souveraineté nationale par une proposition qui supposait qu'une nation avait le droit de s'asservir à la royauté. Non. C'est un crime pour une nation de se donner un roi. (On applaudit. — *Quelques voix* : Ce n'est plus la question.) Ce qu'il m'a été impossible de proposer dans le tumulte, je le propose dans le calme de l'assemblée nationale, réfléchie et pensant aux intérêts de la patrie. Je demande que d'abord il soit décrété en principe que nulle nation ne peut se donner un roi. (Il s'élève quelques murmures. — *Une voix* : Le renvoi au congrès général des nations.) Je dis que l'assemblée a perdu la plus précieuse occasion de poser, sinon par un décret, au moins par une déclaration solennelle, la seule borne qui convienne au principe trop illimité, et souvent mal entendu, de la souveraineté des peuples. Vous voyez que la sagesse des délibérations tient plus que vous ne pensez au calme des discussions.

C'est ainsi que tout à l'heure vous alliez, dans le tumulte et sans m'entendre, porter un décret qui aurait l'influence la plus funeste sur le jugement du ci-devant roi. En effet, la question ne peut plus être pour des Français libres, pour des hommes sincèrement, profondément pénétrés de l'horreur de la tyrannie; elle ne peut plus être de savoir si nous nous tiendrons en séance permanente pour juger Louis Capet; car cette permanence pourrait produire de funestes longueurs; la lassitude amènerait une décision fatale. Quelle est donc la mesure que vous devez prendre? C'est de juger sur-le-champ, sans désemparer. Remarquez bien que cette question, qui ne vous paraît qu'une question minutieuse de forme, aura cependant une influence nécessaire sur le sort de Louis XVI; car votre décision sur ce point entraînera la question de savoir si Louis XVI doit être jugé en vertu de l'insurrection, ou s'il faut lui faire un procès d'après les règles ordinaires. (On observe qu'il a été décidé que Louis XVI *serait jugé*.) Il ne faut pas s'envelopper d'une équivoque. L'assemblée n'a pas décrété qu'il y aurait un procès en forme ; seulement elle a décidé qu'elle prononcerait *elle-même* le jugement ou la sentence du ci-devant roi. Je soutiens que, d'après les principes, il faut le condamner sur-le-champ à mort, en vertu d'une insurrection. (Un mouvement d'approbation se manifeste dans les tribunes. — Des murmures se font entendre dans une grande partie de l'assemblée.)

Buzot. Je m'oppose à cette proposition et à toute autre qui tendrait à ce que le roi ne fût pas entendu ; car vous avez déjà trouvé des complices, il faut qu'il en découvre d'autres : je déclare que peut-être ceux qui s'opposent à ce qu'il soit entendu doivent craindre qu'il parle (Quelques applaudissemens.) ; mais que la nation, au contraire, a intérêt à ce que tous les conspirateurs soient découverts. (On applaudit.)

Une voix de l'une des extrémités. Eh bien! nous demandons qu'il soit entendu seulement pour déclarer ses complices. (On murmure.

La discussion est fermée.

La priorité de délibération est accordée à la proposition de Pétion. Elle est adoptée à une grande majorité et en ces termes :

« L'assemblée nationale décrète qu'elle s'occupera tous les jours, depuis midi jusqu'à six heures, du procès de Louis XVI. »

Ruhl. Citoyens, vous avez décrété, dans votre séance du 3 de ce mois, que Louis Capet est jugeable et sera jugé par la Convention. Ce décret a été le sujet d'une délibération sérieuse de votre commission des douze, qui a cru y voir un ordre indirect de donner à l'assemblée connaissance des pièces où elle verra un tableau du précipice affreux que le tyran et ses complices creusaient sous vos pas. Elle y verra encore l'aveu du roi, l'aveu signé de sa propre main, que, quand il aurait recouvré son ancienne autorité, il rétablirait l'ancien régime.

La première de ces pièces est un mémoire de Talon, apostillé de la main du roi, dans lequel l'ancien lieutenant civil rappelle que, dès l'hiver de 1788, il fut envoyé des projets dans les bailliages pour rédiger les cahiers des députés aux états-généraux, projets qui avaient été dressés par Sainte-Foix et Montmorin, et qui auraient prévenu, dit le mémoire, bien des maux, sans la résistance de Necker. Appelé à la place de lieutenant civil, Talon s'était procuré les moyens de s'attacher individuellement une classe de citoyens nombreuse, et dont l'influence marquait beaucoup dans la révolution. Parmi eux est Mirabeau, qui, tandis que Talon s'était déterminé à imprimer le mouvement de Paris, s'était chargé de travailler les provinces. On y verra que la perte de Mirabeau fit croire alors que le plan ne pouvait plus être suivi, et qu'on prit un nouvel ordre de conduite jusqu'au départ de leurs majestés; que le club des Jacobins était tombé dans un tel avilissement, qu'avant six semaines on espérait d'en faire murer les portes; que le moment du départ du roi fut un moment dur à passer à Talon et à Sainte-Foix, et que l'établissement qu'ils avaient formé avait procuré une petite armée. Il finit par rappeler au roi Chevillon, Courtois et quelques autres.

Voici maintenant une pièce qui prouve que Mirabeau avait été engagé pour servir la contre-révolution : c'est une lettre de Laporte au roi.

Du mercredi 21 mars 1791. « J'ai rendu compte à votre majesté de la conversation que j'ai eue avec M. de Luchet; je ne croyais pas que cela fût si prompt. Les demandes sont bien claires. Mirabeau veut avoir un revenu assuré pour l'avenir, soit en rentes viagères sur l'état, soit en immeubles; il ne fixe pas la quotité du revenu. Votre majesté approuve-t-elle que je voie Mirabeau, que je le sonde sur ses principes et sur ses dispositions. Je crois qu'il faut avec lui encore plus de franchise et de bonne foi que d'adresse. Mirabeau a déjà été trompé; je suis sûr qu'il a dit, il y a deux ans, que Necker l'avait trompé deux fois. C'est le seul homme qui, dans les circonstances critiques où nous nous trouvons, soit capable de servir votre majesté. Il est violent; il appelle le triumvirat le *triumgueusat*. Je crois qu'il faut le porter à des démarches telles qu'il ne puisse plus se rallier à ce parti. »

La Fayette aura son tour après Mirabeau. Voici une lettre en date du 23 juin 1790 ; elle paraît écrite de la main du roi.

« Nous avons une entière confiance en vous ; mais vous êtes tellement absorbé par les devoirs de votre place, qui nous est si utile, qu'il est impossible que vous puissiez suffire à tout ; il faut donc se servir d'un homme qui ait du talent et de l'activité, et qui puisse suppléer à ce que, faute de temps, vous ne pouvez faire. Nous sommes persuadés que Mirabeau est celui qui convient le mieux par sa force, ses talens et l'habitude qu'il a de manier les affaires dans l'assemblée. Nous exigeons de M. La Fayette qu'il se prête à se concerter avec Mirabeau, pour le bien de l'état, de mon service et de ma personne. »

Ces trois pièces ayant fait connaître à votre commission que Talon avait été chargé d'imprimer le mouvement à la capitale ; elle a trouvé les preuves de ce mouvement dans des états d'après lesquels il était établi un fonds d'abord de 184,400 liv., ensuite de 164,000 liv., et enfin de 100,000 liv. par mois, pour avoir des hommes, dévoués à la liste civile, dans les bureaux de l'assemblée nationale, dans le club des Jacobins, soit dans la salle, soit dans ses comités, dans la société fraternelle, au club des Cordeliers ; deux administrateurs au conseil de la Commune, des applaudisseurs dans chaque section, des écrivains pour préparer les discours, des orateurs dans le sens qu'il faudrait suivre, et qui serviraient aussi pour les bataillons ; des motionneurs dans les cafés, dans les spectacles, dans les promenades publiques, dans les guinguettes et dans les ateliers ; un chef principal et un sous-chef général. Il y avait à peu près quinze cents personnes employées ; mais sept personnes seulement correspondaient avec le sous-chef, de manière que, dans le cas d'un grand événement, on pourrait les faire disparaître, et le fil de la conspiration serait perdu.

Voici le détail du mouvement dont Mirabeau était chargé pour les provinces. Cet état est écrit de la main de Laporte.

« M. l'abbé Grassinet, connu par un éloge du dauphin, père de Louis XVI, homme de beaucoup d'esprit, aristocrate violent ; il verra Verdun, Metz, Nancy, Strasbourg, Haguenau, 1,000 livres par mois. *M. Perron,* avocat au parlement de Pau, homme ardent, sachant le béarnais, le basque et l'espagnol; il verra les frontières d'Espagne depuis Perpignan jusqu'à Saint-Jean-de-Luz, 1,200 liv. Correspondant résidant aux sables d'Olonne, *l'abbé Gaudin,* auteur des *Inconvéniens du célibat des prêtres,* 200 liv. par mois. — A Lyon, *André,* notaire très-accrédité, et qui voudrait avoir un bureau d'enregistrement du timbre, 200 liv. — Aux Cévennes, *Jordan,* beau-frère du président du département des Bouches-du-Rhône, 300 liv.—A Charleville, *Macar,* colonel, 300 liv. — Orléans, *Loiseau,* attaché ci-devant à l'intendance, 500 liv. — A Châlons et Dijon, *Cazotte,* cousin de l'écrivain de ce nom, 200 liv. — A Saint-Malo, *Richière,* capitaine de la garde nationale, 300 liv. — A Limoges, *Martin,* cousin de l'abbé de Prades, 200 liv.—A Clermont, en Auvergne, *Courvieille,* ingénieur des ponts et chaussées, 200 liv. (On n'en est pas sûr.) — A Tours, *Desglantiers,* marchand de blé, officier municipal, 300 liv. — A Troyes, *Simon,* homme de lettres, 200 liv.

» Cet établissement ne paraîtra avoir pour objet que la littérature, et ce sera le premier point de la correspondance; mais le résultat sera de connaître les députés à la seconde législature, leurs mœurs, leurs talens, leurs principes, le succès du nouvel ordre judiciaire dans les départemens, la rentrée des contributions, les dispositions des régimens et des gardes nationales. Il ne faut considérer ce premier travail que comme un essai. L'assemblée nationale a cru déjouer le pouvoir exécutif en lui ôtant tout rapport avec les départemens, il est possible de rétablir ce rapport sans trop de dépenses. »

Autre lettre de Laporte au roi.

« 23 *février* 1791. J'ai l'honneur d'adresser à votre majesté le développement du plan dont je lui ai remis, il y a deux jours, une première note. Le projet, dans le premier aperçu, a du romanesque, mais je ne le crois pas impossible; le succès m'en paroît même vraisemblable. Tout ce que je puis dire, c'est que l'homme, dont j'ai trahi le secret, en le nommant à votre majesté, est un homme d'esprit et de tête. J'ai beaucoup vécu avec lui depuis vingt ans; je ne l'ai pas quitté depuis un an, tant à Baréges qu'à Bayonne. Je puis assurer votre majesté qu'elle n'a pas de sujet plus fidèle. En sortant du cabinet de votre majesté, j'ai trouvé une lettre de l'évêque de Rennes, qui me prie de vous offrir l'hommage de la pièce ci-jointe, qui sera distribuée et affichée dans son diocèse.

» *Mercredi 25 février.* Je prends la liberté d'observer à votre majesté que quelque parti qu'elle croie devoir prendre sur le projet de M. M....., il paraît prudent de n'en point parler à ceux qui conduisent l'autre projet de la sortie de Paris.

» *Apostille de Louis XVI.* (M. de M. O. N. T. Z. T.) *Projet de la sortie de Paris.* Il s'agit de concilier la sûreté, la dignité et la popularité du monarque avec la tranquillité de la monarchie et du peuple. Sous ce rapport, nous pensons que tout projet qui tendrait à enlever le roi de vive force serait prématuré; nous ne dirons point ce que nous ferons dans le peuple, mais nous tendrons à le ramener à l'amour du monarque, à le préparer au retour de l'ordre, à lui faire envisager la déclaration du 23 juin comme la seule qui réunisse à l'intérêt du roi l'intérêt de la nation. Nous répondons des effets de l'entreprise dans les faubourgs avant quinze jours, si nous avons d'abord à notre disposition une somme de 200,000 livres. Nous obtiendrons d'eux la certitude de ne se prêter à aucun mouvement que d'après l'instigation de ceux qui sont nos agens : ce point obtenu, il faudra que le roi monte à cheval, et se rende dans les faubourgs qui lui seront indiqués; on y criera *vive le roi*; sa majesté emploiera tous ses moyens de popularité, elle causera généralement; et si quelque homme du peuple (entre deux parenthèses); *il s'en présentera*; lui parlait de la misère et de la dureté du temps, sa majesté répondra : *J'ai fait tout ce que mon peuple a désiré, et j'ai toujours voulu son bonheur.* Cela se passera en allant au pas. Le roi jettera une vingtaine de louis, en disant : *Je voudrais pouvoir faire davantage,* et il s'éloignera au galop. Ceci ne sera pas renouvelé deux ou trois fois, qu'alors nous n'aurons pas de peine à faire parler plus énergiquement le peuple ; alors le roi discontinuera ses promenades sous prétexte de sa santé : nous les attendons là ; alors il faudra frapper les grands coups.

» Il existe une société qui peut nous être d'un grand secours ; mal organisée dans son principe, elle a été la propre cause de sa dissolution. Mais le peuple peut oublier qu'elle avait fait quelque distribution de pain. Cette société se rassemblera de nouveau, et recevra, le jour de la réunion, une pétition des faubourgs. Cette pétition roulera sur des objets que les circonstances indiqueront. Le nom du monarque n'y sera point prononcé. Le lendemain de cette séance, la santé du roi n'étant point améliorée, sa majesté fera connaître au maire de Paris le désir de respirer pendant quelques jours un autre air. Cette communication par écrit doit être mûrement réfléchie, parce que nos émissaires se chargeront du commentaire. Il est important de ne pas annoncer une absence de plus de huit jours. La réponse concertée du maire se bornera sans doute à tolérer quelques promenades à Saint-Cloud, alors nos moyens se déploieront en entier. On a pu remarquer que, lorsque l'intérêt de la faction dominante se trouve contrarié par l'intérêt de l'assemblée ou de la justice, les sections et les clubs s'assemblent, les têtes s'échauffent, et une insurrection du peuple fait triompher facilement les ennemis de la France et de sa majesté.

» On n'a pas oublié que l'ordre du maire aux troupes, le 5 octobre, fut motivé sur la volonté manifestée du peuple. On pourra s'appuyer de cette volonté (entre deux parenthèses), *ce point est le plus décisif.* En conséquence, le lendemain du jour où la réponse du maire aura été affichée dans Paris, à six heures du matin, *notre peuple* (souligné) se portera en foule au Château, et demandera à parler au roi. Une députation plus respectueuse que celle du 5 octobre pressera le roi de ne pas différer un départ nécessaire à sa santé. Sa majesté paraîtra craindre d'inspirer de nouvelles défiances aux *malintentionnés* (souligné. — Ici se trouve une phrase entière soulignée.). *Versailles rappelle au roi de trop tristes époques, sa sûreté y serait peut-être compromise. Saint-Cloud et Rambouillet en sont près. Les Jacobins* (entre deux parenthèses) (*il en sera fait mention pour la première fois*) *y ont des affiliés nombreux. Compiègne et Fontainebleau réunissent tous les avantages.* (Là finissent tous les soulignémens.) Le roi sera prié de choisir entre ces deux villes. Il répondra qu'il se rend aux instances de son peuple; le peuple qui ne connaît pas d'obstacles à ses vues, et qui est expéditif dans ses moyens, répliquera que rien n'empêche le roi d'effectuer sa promesse; il peut monter à cheval ou en carrosse, son peuple l'accompagne, et sa famille le suit de près.

» Jusqu'ici le roi n'est point compromis; il ne s'est montré que deux ou trois fois; son désir d'aller prendre l'air n'est pas extraordinaire. Quant à la députation du peuple, il s'est soumis à en recevoir tant de différentes, qu'il n'est pas en son pouvoir de refuser celle-ci; rien en vérité ne pourrait faire soupçonner la mission dont elle serait chargée, car aucun mouvement populaire ne l'aurait indiqué. Le roi hors des barrières, il faut pourvoir à deux choses : la célérité du voyage et la sûreté du roi; le peu de confiance que nous avons dans les subalternes nous fait préférer aux écuyers du roi le service des relais étrangers. Nous aurons besoin de consulter un militaire sur l'intelligence et la fidélité duquel il n'y ait aucun doute. Il en est un qui, quoique étranger à nos projets, nous paraît l'homme qui convient à notre opération. Il faut d'abord convenir que plus tôt sa majesté s'éloignera de Paris, et plus tôt sa couronne se reposera sur sa tête. La déclaration du 23 juin doit être le but des efforts réitérés du monarque et des amis de la monarchie. Nous soumettons notre plan à l'examen de la réflexion. Les moyens secrets sont les ateliers et leurs chefs, grand nombre d'écrivains, plusieurs corporations, telles que la basoche, etc., une société nombreuse du faubourg Saint-Antoine, qui suivra l'impulsion que nous lui donnerons. »

Pièces supplémentaires. — Lettre de Laporte, apostillée de la main du roi, 19 avril 1791.

« Sire, il y a quelques jours que Rivarol vint chez moi. Le but de sa visite était de demander une place pour son père dans les domaines du roi. Il a parlé une heure et demie des affaires publiques; j'ai été silencieux sur ce chapitre, je lui ai témoigné de l'intérêt pour son père. Avant-hier il est revenu, il est resté deux heures, il ne m'a parlé de son père qu'en sortant. Cet homme est d'une loquacité rare, il faut, pour le suivre, une attention pénible. Voici en résultat ce qu'il m'a dit : le roi perd sa popularité, il faut, pour la lui rendre, employer les mêmes gens qui la lui ont enlevée ; ce sont ceux qui dominent dans les sections, les Danton et autres ; ces gens ne sont pas difficiles à gagner ; on leur donne un peu d'argent et des dîners.... »

Buzot. Si la Convention me permet d'interrompre le rapporteur, comme Rivarol est à Paris, je demande qu'il soit mis en état d'arrestation, et que les scellés soient mis sur ses papiers.

Cette proposition est décrétée.

Le rapporteur continue : « Observez (dit Rivarol) que ces gens de l'assemblée parlent mal; il est aisé de leur faire entendre que l'audace de l'assemblée ne vient que de ce que le roi n'y a point mis d'opposition. Voilà, sire, ce que m'a dit Rivarol. Il désire entretenir votre majesté. Je suis resté avec lui dans la plus grande réserve. Chargé des détails économiques de la maison de votre majesté, je me garderai bien de lui donner des conseils sur sa conduite politique; tout ce que je me charge de lui dire, c'est que les millions qu'on vous a engagé à répandre n'ont rien produit; les affaires n'en vont que plus mal. »

Autre lettre de Laporte, apostillée de la main du roi, 22 avril 1791.

« Sire, j'adresse à votre majesté une lettre écrite avant-hier, et que je n'ai reçue qu'hier après-midi; elle est de l'évêque d'Autun, qui paraît désirer de servir votre majesté. Il m'a fait dire qu'elle pourrait faire l'essai de son zèle et de son crédit, et lui désigner les points où elle désirera de l'employer. La nouvelle faction qui s'élève aux Jacobins veut le rétablissement de la force publique, le maintien de la monarchie, l'anéantissement de la secte démocratique, et la sûreté de votre personne; mais je crois qu'elle veut vous dominer. Les législatures passeront, mais le roi existera. (On rit.) Conservez votre couronne, et vous reprendrez un jour votre autorité. La faction sait que votre majesté a répandu de l'argent qui a été partagé entre Mirabeau et quelques autres qui ne sont point nommés. Dans l'espérance d'avoir part à ces distributions, cette faction va combattre le projet d'attaquer la liste civile, qui est à l'ordre du jour ce matin. Il vaut mieux former sourdement l'opinion publique, et je crois être sûr qu'on y travaille efficacement. J'apprends qu'il ne sera pas question aujourd'hui de la liste civile, ou du moins des domaines. Le comité des finances a indiqué au comité des domaines une séance de réunion pour ce soir. Le président du comité m'a fait remettre ce matin son rapport, en me priant de le lui rendre avant midi...»

Barrère. Le président du comité des domaines était *Parent de Chassy*.

Le rapporteur continue :

Autre lettre de Laporte au roi.

«M. de Drucourt sort de chez moi; tout ce qu'il m'a dit est énigmatique; tout ce que j'ai pu comprendre, c'est qu'il est lié avec MM. Liers, d'Espréménil et de Bonnay. Ces messieurs sont de zélés serviteurs de votre majesté; mais leur zèle ne peut-il pas être inconsidéré? Il demande 70,000 livres, qu'il rendra dans un mois, si votre majesté n'approuve point l'emploi qu'il en aura fait. Je l'ai quitté en lui disant que je rendrais compte de sa demande à votre majesté. J'ai su de lui qu'il s'était présenté chez M. de Septeuil; c'est un homme qui, sous un extérieur en apparence tranquille, cache une tête fort chaude: c'est un de ces serviteurs de votre majesté qui donneraient tout leur sang pour elle. J'ai reçu cet après-midi le billet de M. Duquesnoy; je rendrai compte à votre majesté de la note que je lui ai fait passer.

Merlin. Je demande que l'assemblée ordonne sur-le-champ que Duquesnoy, maire de Nancy, sera mis en état d'arrestation.

Cette proposition est décrétée.

Rhul fait lecture de deux autres pièces. La première, du ci-devant roi à Bonnal, l'ancien évêque de Clermont, sur la question de savoir s'il pouvait faire ses Pâques. La seconde est la réponse de Bonnal, contenant le résultat d'une consultation d'évêques *d'une discrétion reconnue.*

Lettre de Louis XVI à M. l'évêque de Clermont, sans date et écrite en entier de sa main.

« Je viens, monsieur l'évêque, m'adresser à vous avec confiance, comme à une des personnes du clergé qui a montré constamment le zèle le plus éclairé pour la religion. C'est pour mes Pâques que je viens vous consulter; je voudrais les faire dans la quinzaine. Vous connaissez le triste cas où je me trouve par la malheureuse acceptation des décrets sur le clergé. J'ai toujours regardé cette acceptation comme forcée, étant fermement résolu, si je venais à recouvrer ma puissance, à rétablir le culte catholique. Les prêtres que j'ai vus pensent que je puis faire mes Pâques; je vous prie de voir les évêques que vous jugerez à propos, et de me renvoyer ma lettre avec votre réponse. »

« Il me faudrait, répond Bonnal, pour prononcer sur cette importante question, toutes les lumières et la grace du Très-Haut. J'ai consulté les évêques les plus distingués, ils sont tous d'avis que votre majesté doit s'abstenir d'approcher de la sainte table; car enfin elle ne pourra, que par un grand nombre d'œuvres méritoires, se laver aux yeux de Dieu d'avoir concouru à cette révolution. Je sais bien qu'elle a été entraînée par des circonstances irrésistibles; mais ses fidèles sujets auront à lui reprocher encore long-temps d'avoir sanctionné des décrets destructifs de la religion, etc. »

L'assemblée ordonne l'impression des différentes pièces de ce rapport.

Rhul. Votre commission extraordinaire vient à l'instant de trouver dans les papiers de Dufresne Saint-Léon uue note qu'elle croit devoir vous lire. Elle n'est pas datée, mais elle se rapporte, comme vous allez le voir, à l'époque du 10 août.

« Imaginez-vous que ce matin, avant d'aller à l'assemblée, la reine a arraché de la ceinture de M. L. H. un pistolet qu'elle remit au roi avec fureur, en lui disant : Voici, monsieur, le moment de vous montrer; mais la bûche ne répondit rien. (Ceci soit dit entre nous.) »

N... Dans plusieurs des pièces qui vous ont été lues, Mirabeau est compromis. Trop long-temps le peuple s'est créé des idoles pour les encenser. Mirabeau était un traître; le ciel en a fait justice. Je demande que le sanctuaire de la loi ne soit plus souillé par l'image d'un homme que vous décréteriez d'accusation s'il existait. Je demande en outre que ses cendres soient tirées du Panthéon, et qu'à l'avenir ces honneurs ne puissent être déférés, aux hommes qui paraîtront avoir bien mérité de la patrie, que dix ans après leur mort. (Applaudissemens.)

Manuel. Citoyens, Mirabeau a dit lui-même dans cette tribune qu'il n'y avait pas loin du Capitole au mont Tarpéien; et quand il l'a dit, il ne parlait que des vivans, car il ne pensait pas qu'un jour on proposerait de faire descendre le bourreau dans les tombes pour flétrir les cendres des morts. Je ne suis point ici l'apologiste de Mirabeau, mais j'observe qu'il n'est pas jugé. Il n'est qu'accusé, et il doit avoir les mêmes droits qu'il aurait eus de son vivant. S'il vivait encore vous l'entendriez: il faut donc lui nommer un défenseur officieux. Dans un moment où nous nous pressons de détruire les rois, ne nous pressons pas autant de détruire les statues de ceux qui ont contribué autant que Mirabeau à notre révolution. Je n'entrerai pas en ce moment dans le détail des services qu'il lui a rendus. Mettez, si vous le voulez, sa mémoire en état d'arrestation; mais ne le condamnez pas sans l'entendre. Je demande qu'un comité soit spécialement chargé de l'examen de sa vie.

Desmoulins. J'interpelle Pétion : j'allai le voir quelques jours après l'enterrement de Mirabeau, je lui demandai pourquoi il n'y avait pas été. J'ai vu, me dit-il, un plan de conspiration écrit de sa main.

Pétion. Il est vrai que j'ai toujours été convaincu que Mirabeau joignait à de grands talens une profonde immoralité ; je crois que lorsque La Fayette trompait le peuple, Mirabeau avait des relations coupables ; je crois qu'il a reçu de Talon une somme de 48,000 livres ; mais quelques indices et quelque persuasion que j'aie de ces faits, je n'en ai pas les preuves. Au reste, on ne vous a pas dit un fait exact.

Quelque chose de plus certain, c'est ce dont vous a parlé Camille. Ce n'est pas moi, mais quelqu'un dont je suis sûr, qui a vu un plan de faire partir le roi à Rouen. Il est certain que Mirabeau avait des liaisons avec la cour ; il allait souvent à Saint-Cloud. Là, il y avait des conférences secrètes ; et c'est par ces motifs que je n'allai pas à son convoi.

Manuel insiste pour l'ajournement des propositions du premier opinant. — L'ajournement est vivement combattu.

L'assemblée décrète le renvoi des propositions à son comité d'instruction publique, et en outre que la statue de Mirabeau sera voilée jusque après le rapport.]

SÉANCE DU 6 DÉCEMBRE.

[Un membre de la commission des douze, par continuation au rapport d'hier, lit une lettre de Kersaint au roi, dans laquelle il l'invite à assurer la paix de l'Europe, en écartant de sa personne tous les individus qui ne cherchent qu'à le tromper, les prêtres, les magistrats, les financiers, en un mot tous les intrigans.

La Convention ordonne l'impression de cette lettre à la suite des autres pièces.

Jean Debry. Je dénonce un fait à la Convention. La semaine dernière, un laboureur se présente au marché de Gonesse avec du blé. Un particulier vient à lui, offre 30 livres de la mesure de blé que le cultivateur lui laissait à 24 livres. C'est le citoyen Bertholet qui me l'a dit.

Guilon. A ce fait j'en ajoute un autre. A Dijon, le marché manquait de grains. La fermentation se répandit dans la ville, et bientôt produisit une émeute. Le peuple, après avoir fait fuir tous les officiers municipaux, et obligé le maire à se réfugier dans les prisons, en arracha l'ancien maire qui y était renfermé pour n'avoir pas rendu compte de son administration.

Rouyer. Ce matin, un bon citoyen m'a apporté une liste de fripiers qui ont vendu toutes leurs marchandises à des particuliers qui en ont acheté des voitures pleines à un prix très-considérable.

Thuriot. Je n'attribue point au ministre Roland, qui peut être vertueux, et j'aime à le croire, mais à ses agens, les inquiétudes qu'on a sur les subsistances. Ils ne se contentent pas d'acheter des blés pour le ministre, ils en font le commerce pour leur compte. Je demande que la Convention décrète la peine de six années de fers contre ceux qui, volontairement, feraient hausser le prix des denrées; que les commissaires du pouvoir exécutif ne pourront point faire le commerce des grains; et qu'enfin le ministre de l'intérieur rendra un compte général des 12,000,000 qui ont été mis à sa disposition pour acheter des blés.

N... Je demande que l'on prononce d'ici à cinq jours sur le sort de Louis XVI. Le peuple aura du pain, dès que le premier accapareur aura porté sa tête sur l'échafaud.

Osselin. On renouvelle les machinations meurtrières de 1789, pour agiter le peuple, et exciter les craintes d'une famine qui ne peut être que l'ouvrage des accapareurs et de leurs perfides agens. C'est à Paris surtout que s'exercent les principales menées de ces pervers, et Paris est depuis long-temps privé du service des officiers de paix; il est vrai que les individus qui avaient obtenu ces places en étaient pour la plupart indignes. Mais une réélection mieux éclairée purgera cet établissement qui devient de plus en plus nécessaire.

Je demande que la Convention nationale décrète :

1° Que la municipalité de Paris sera tenue de réorganiser sans délai le service des officiers de paix, par une élection nouvelle de citoyens dignes de remplir ces fonctions ;

2° Que les différens délits qui se commettent dans les villes et marchés relativement à la subsistance du peuple, seront dénoncés aux accusateurs publics qui seront tenus de poursuivre les délinquans ;

3° Que le ministre de la justice rendra compte des poursuites faites tous les huit jours à la Convention nationale.

Après plusieurs débats, la Convention décrète que le service des officiers de paix sera réorganisé sans délai.

Renvoie les autres propositions aux comités d'agriculture et de sûreté générale réunis pour en rendre compte demain matin.

Rouyer. Je dénonce un fait dont on vient de donner connaissance au comité dont je suis membre. On dit qu'on fait de nuit des accaparemens de toutes les marchandises qui se trouvent chez les fripiers, sous prétexte des besoins de nos armées. Je demande qu'il soit nommé quatre commissaires pris dans le sein de l'assemblée, pour vérifier ces faits.

On demande que le comité de sûreté générale soit chargé de cette vérification.

Après quelques débats, la proposition de Rouyer est décrétée.

Le président. L'ordre du jour appelle la suite de la discussion sur le jugement du ci-devant roi. Cependant le ministre de l'intérieur demande la parole pour dénoncer un objet relatif à l'approvisionnement de Paris.

Le ministre obtient la parole.

Roland. Il est question des subsistances qu'on amène à Paris, il est évident qu'il y a une faction qui s'oppose à leur arrivée ; il y a des émissaires envoyés sur toutes les routes par où elles viennent. On force les voitures de rétrograder. Les municipalités n'osent pas s'y opposer. J'ai écrit plus de trente lettres aux municipalités voisines. J'ai reçu une dénonciation que j'envoyais avec une lettre au président de la Convention, lorsque je me suis décidé à venir moi-même l'apporter à l'assemblée.

N... Je demande la peine de mort contre les émissaires. (Des applaudissemens unanimes s'élèvent et se prolongent dans toutes les parties de l'assemblée. La presque totalité des membres demandent par acclamation à aller aux voix.)

La peine de mort est décrétée.

Lebas. Je ne sais pas jusqu'à quel point est fondée l'opinion de ceux qui pensent qu'il est possible que le peuple français soit reconduit au pouvoir absolu; tout ce que je puis dire, c'est que j'ai entendu ce matin un membre de cette assemblée prononcer entre Biroteau et Buzot ces paroles : Si nous jugeons le roi, nous sommes perdus; le lendemain il y aura une insurrection.

Buzot. Je demande la parole pour un fait : c'est que j'arrive à l'assemblée, c'est que je n'ai ni vu ni entendu Biroteau, c'est que je n'ai parlé aujourd'hui qu'à Grangeneuve, que je ne lui ai point parlé du roi; c'est qu'enfin je me suis levé deux fois pour demander l'ordre du jour, effrayé que j'étais de la perte d'un temps si précieux.

On demande l'ordre du jour.

Marat. Je demande la parole.

Quelques voix. Est-ce contre l'ordre du jour?

Marat. C'est pour une motion d'ordre et de salut public.

L'assemblée passe à l'ordre du jour, et ordonne la lecture de la lettre du ministre de l'intérieur.

Le ministre de l'intérieur au président de la Convention nationale.

Je vous prie de mettre sous les yeux de la Convention la copie d'une déclaration faite au département de Paris, par le citoyen Vilmorin, l'un des administrateurs du département. Il résulte de cette déclaration que les citoyennes Roger et Gillet, de Balainvilliers, près Longjumeau, venant à Paris, dans la nuit du 4 au 5, pour apporter du blé au marché, ont été arrêtées en deçà de Longjumeau, par des inconnus qui, malgré leurs réclamations et leurs instances, ont forcé leurs maris et leurs voitures de rétrograder, et que ces citoyennes ont été obligées de venir à pied à Paris. Je suis d'autant plus effrayé de cette violence, que de pareilles arrestations ont été faites du côté de Meaux. Je propose une mesure extraordinaire; je demande que la Convention m'autorise à envoyer sur toutes les routes qui aboutissent à Paris, de la gendarmerie, avec pouvoir d'arrêter toutes les personnes qui s'opposeraient au libre accès des voitures qui amènent des subsistances à Paris, et de les conduire dans les prisons de cette ville, pour être jugées par le tribunal criminel de Paris.

On fait lecture d'une seconde lettre du ministre de l'intérieur, par laquelle il adressait à la Convention un extrait des registres des délibérations du conseil exécutif, ainsi conçu :

Extrait du registre des délibérations du conseil exécutif provisoire, du 3 septembre 1792.

« Les administrateurs chargés de diriger l'approvisionnement des subsistances pour les différens départemens du ministère, et qui le sont en même temps de l'approvisionnement de la ville de Paris, ont été introduits au conseil, où ils avaient été mandés, pour y donner des notions précises de la situation actuelle des approvisionnemens, et des mesures prises pour les approvisionner. Ces administrateurs sont entrés à cet égard dans tous les détails de leurs dernières opérations. L'intention du conseil s'étant fixée particulièrement sur ce qui concerne les subsistances de la ville de Paris, il est résulté du compte rendu par les administrateurs :

1° Qu'en ce moment tous les moulins dans l'arrondissement de plusieurs lieues sont dans la plus grande activité, et peuvent fournir au-delà des besoins ;

2° Qu'il est infiniment probable que cette activité se soutiendra, si la paix et la sûreté maintenues dans les marchés, laissent aux achats du commerce toute la liberté nécessaire ;

3° Que cependant il serait très-utile de pouvoir diminuer l'excès de la consommation de farines qui se fait à la halle de Paris, et qui s'élève à la quantité de seize à dix-sept cents sacs par jour; que cet excès provient de ce que les farines étant vendues, sur le carreau de la halle, à un prix inférieur aux prix courans des départemens environnans, la plupart des pays voisins tirent de Paris leurs approvisionnemens ;

4° Que cet excès de consommation, non-seulement force l'administration à des sacrifices très-onéreux sur le prix de la denrée, mais que surtout il rend l'approvisionnement de Paris plus difficile et moins assuré, même en faisant tous les sacrifices possibles ; en ce que, dérangeant l'équilibre naturel des prix, il empêche que les opérations du commerce particulier ne concourent à alimenter la halle, ainsi que les autres marchés ;

5° Que, pour parvenir à diminuer cette consommation excessive, il serait à désirer que le peuple, mieux instruit de ses vrais intérêts, pût être amené à supporter dans le prix du grain une augmentation, par l'effet de laquelle le prix des farines pourrait être proportionnellement augmenté ; et par conséquent les pays voisins ne trouveraient plus d'avantage à se fournir à la halle de Paris ;

6° Que outre les moyens d'instruction qui pourraient persuader au peuple ces vérités utiles, il serait aisé de prendre des mesures par lesquelles les citoyens indigens seraient secourus de manière à ne se ressentir aucunement de cette augmentation passagère.

Le conseil exécutif provisoire, après s'être livré à l'examen et à la discussion de ces divers résultats, arrête que le ministre de l'intérieur fera préparer un projet de lettre circulaire aux sections de Paris, ayant pour objet de leur faire connaître le véritable état des choses, et les moyens par lesquels la sagesse du peuple lui-même peut concourir à assurer le premier de ses intérêts, celui des subsistances.

Pour ampliation conforme au registre, *signé* GROUVELLE, *secrétaire* ; *signé* ROLAND.

La demande du ministre, convertie en motion, est décrétée ; elle produit les deux décrets suivans :

La Convention nationale, après avoir entendu la lecture de la lettre du ministre de l'intérieur et de ses propositions, converties en motion par un de ses membres, décrète que le ministre de l'intérieur est autorisé à envoyer sur toutes les routes qui aboutissent à Paris, de la gendarmerie, avec le pouvoir d'arrêter toutes les personnes qui s'opposeraient au libre accès des voitures chargées de subsistances ; et les ayant saisies en flagrant délit, de les amener sur-le-champ ici pour être jugées par le tribunal criminel du département de Paris.

La Convention nationale décrète qu'il sera donné une récompense aux dénonciateurs, quand leur dénonciation sera trouvée véritable, et qu'il sera accordé grace à ceux des dénonciateurs qui seraient complices, et qui auraient fait leur dénonciation avant que d'être arrêtés.

Carra. Voulez-vous savoir quels sont ceux qui envoient des émissaires pour arrêter la libre circulation des grains? Quels sont les auteurs des insultes faites journellement à la Convention, et de tous les autres désordres? Ce sont les agens des banquiers de Vienne, Berlin, Londres et Madrid. Vous sentez que le coup qui va faire tomber la tête de Louis XVI va faire chanceler celle des autres despotes. Voilà pourquoi ils voudraient exciter une insurrection et un massacre. Vous verrez tout cela clair, comme les autres complots que vous a dévoilés votre commission des douze. Vous ne le croyiez pas quand je ne cessais de le dire; il faut donc accélérer le jugement du ci-devant.

Bourbotte. Citoyens, je ne suis monté à cette tribune que pour proposer à l'assemblée des moyens d'ôter promptement à ceux qui cherchent à dénaturer aux yeux du peuple nos dispositions à l'égard des prisonniers du Temple, tout prétexte de le tromper encore, pour le porter à quelques démarches qui pourraient nous faire regretter la lenteur de nos mesures. Ces moyens sont :

1° De mettre à l'instant même Marie-Antoinette en état d'accusation ;

2° De décréter, s'il faut que Louis Capet comparaisse devant vous ; de décréter, dis-je, que Louis Capet sera traduit dès demain, au plus tard, à la barre de cette assemblée ;

3° D'ordonner à vos deux commissions des vingt-quatre et des douze de vous présenter une série de questions à lui faire, non pour l'interroger sur ses crimes, car vous devez le considérer comme un ennemi avec lequel vous êtes en guerre, mais pour savoir s'il veut déclarer ceux qui lui ont conseillé une partie de ses crimes, ou qui en ont partagé avec lui l'exécution;

4° De dresser l'acte énonciatif de ces mêmes crimes, pour lui en faire connaître la nomenclature et les preuves;

5° Enfin, de prononcer dès le lendemain contre lui cette sentence de mort que j'invoquai moi-même le premier à cette tribune, et qui, si vous l'eussiez rendue à cette époque, aurait peut-être épargné à la France une partie des convulsions qui l'agitent aujourd'hui.

Beffroi obtient la parole. — On lui reproche de rentrer dans les questions déjà décidées.

L'assemblée ferme la discussion, et ordonne lecture des différens projets de décrets sur le mode du jugement.

Manuel. Je prie l'assemblée de me permettre une seule observation. Plusieurs de ces projets de décret ont pour objet de tellement précipiter votre décision, que Louis XVI ne puisse être entendu. Brutus donna la mort à César sans aucune forme de procès, sans doute; mais il l'assassina en plein sénat. Si César eût été en prison, certainement ce généreux Romain aurait demandé que l'ennemi vaincu fût jugé. J'ai dit qu'un roi mort n'est pas un homme de moins sur la terre; mais la Convention nationale ne peut commettre un assassinat. Je demande que Louis XVI soit entendu. (On applaudit.)

Chabot. Je demande que Louis XVI ne soit traduit à la barre ni un dimanche, ni un lundi; on sait que ces jours d'oisiveté sont les plus favorables à ceux qui fomentent des mouvemens populaires.

L'assemblée est consultée sur la priorité entre les différens projets de décret. — Elle est accordée à celui de Quinette.

Les différens articles de ce projet sont successivement décrétés ainsi qu'ils suivent :

La Convention nationale décrète ce qui suit :

« Art. Ier. La commission des vingt-quatre, les comités de législation et de sûreté générale, nommeront chacun trois membres qui se réuniront à la commission des douze.

» II. Cette commission de vingt-un membres présentera lundi matin l'acte énonciatif des crimes dont Louis Capet est accusé. Elle mettra dans un ordre convenable toutes les pièces à l'appui de cet acte.

» III. La commission présentera dans la séance du mardi matin, à huit heures, la série des questions à faire à Louis Capet.

» IV. La Convention nationale discutera, dans la séance de lundi, l'acte énonciatif des crimes de Louis Capet.

» V. Le lendemain, Louis Capet sera traduit à la barre de la Convention, pour entendre la lecture de cet acte, et répondre aux questions qui lui seront faites seulement par l'organe du président.

» VI. Copie de l'acte énonciatif et de la série des questions sera remise à Louis Capet, et le président l'ajournera à deux jours, pour être entendu définitivement.

» VII. Le lendemain de cette dernière comparution à la barre, la Convention nationale prononcera sur le sort de Louis Capet par appel nominal; chaque membre se présentera successivement à la tribune.

» VIII. La Convention nationale charge le pouvoir exécutif, sous sa responsabilité, de prendre toutes les mesures de sûreté générale pendant le cours du jugement de Louis Capet. »

Lemard lit la rédaction de la proposition du ministre de l'intérieur, convertie en motion. — Elle est adoptée ainsi qu'il suit :

« La Convention nationale décrète qu'il sera nommé une commission de quinze membres pour rechercher et faire arrêter les auteurs et les complices des faits dénoncés par le ministre de l'intérieur, et les faire interroger; qu'il sera donné une récompense aux dénonciateurs, et grâce aux dénonciateurs coupables. »

Marat. On dit qu'il existe une faction criminelle et redoutable qui, à force d'anarchie, de troubles et de désordres, cherche à arracher à son supplice l'infame tyran que vous avez à juger. Oui, sans doute, vous trouverez cette faction; vous la trouverez dans le ridicule désespoir de la classe ci-devant privilégiée des ex-nobles, des ex-financiers, des ex-robins, des ex-calotins, dont quelques-uns siégent encore parmi vous; vous la trouverez dans les ministres, dans les membres de l'assemblée constituante, qui ont conspiré avec Louis Capet, et qui craignent qu'il se présente à cette barre, où il révélera ses complices (On applaudit); vous la trouverez parmi ces hommes en crédit qui occupent des places dans les établissemens publics; vous la trouverez parmi ces vils folliculaires (Il s'élève des éclats de rire); dans ces vils folliculaires, dis-je, qui vendent leur plume pestiférée à d'infames ministres. (Quelques applaudissemens partent des tribunes.— *Une voix dans l'assemblée.* A Philippe d'Orléans.) Vous la trouverez enfin dans les agens ministériels. Un citoyen honnête, qui a été dans le commerce des grains, s'est présenté au ministre de l'intérieur; il lui a offert de lui procurer des grains à 27 livres le septier, tandis que le ministre les achète à 54 livres dans les ports d'Angleterre. (*Plusieurs voix.* Nommez-le.) Un moment.

Cet homme s'est présenté au comité de surveillance pour y faire cette déposition, et il en a été repoussé. Ce sont des faits qu'il m'a certifiés. Il faut savoir si le ministre de l'intérieur fait ses approvisionnemens dans les magasins du ministre de la guerre; ce dernier, je ne l'inculpe point, il est patriote..... J'observe qu'il y a dans le bureau central de la municipalité des dénonciations multipliées contre le ministre de l'intérieur. On l'accuse d'avoir fait répandre le bruit dans les départemens que Paris était approvisionné pour trois ans, sans doute pour empêcher la circulation des grains. Je demande que l'on s'assure des chefs de ces accaparemens, de ces ouvriers de famine. On a saisi plusieurs auteurs des troubles excités dans le département du Loiret. Il est bien étonnant que l'on garde le silence sur leur compte... Croyez-vous que, si c'étaient des patriotes, on ne vous eût pas déjà fait un rapport scandaleux à cette tribune? Quels sont donc ces agens ministériels sur lesquels on veut jeter le voile du mystère?

On a cherché à jeter les patriotes de cette assemblée dans des mesures inconsidérées, en demandant qu'ils votassent par acclamation la mort du tyran. Eh bien ! moi, je les rappelle au plus grand calme : c'est avec sagesse qu'il faut prononcer. (Un mouvement d'étonnement paraît saisir l'assemblée. — On applaudit.
— Marat rehausse la voix.) Oui, ne préparons pas aux ennemis de la liberté des calomnies atroces qu'ils feraient pleuvoir sur nous, si nous nous livrions aux seuls sentimens de notre force et de notre indignation.

Pour connaître les traîtres, car il y en a dans cette assemblée (Mouvement d'indignation. — Plusieurs membres interpellent Marat. *Nommez-les!* lui crie-t-on de toutes parts.); pour les connaître avec certitude, je vous propose un moyen infaillible, c'est que la mort du tyran soit votée par appel nominal, et que cet appel soit publié. (Applaudissemens.)

Marat descend de la tribune au milieu des acclamations bruyantes des tribunes.

Louvet demande la parole pour un article additionnel au décret rendu sur les subsistances.

Les membres de l'une des extrémités s'y opposent.— L'assemblée décide qu'il sera entendu.

Il propose des mesures sur la forme du jugement de Louis XVI.

Bourdon. Ce projet de décret n'a aucun rapport avec ce que vous avez décrété à la suite du mémoire du ministre de l'intérieur.

Louvet. Ce que je propose tient à la tranquillité publique. Je demande que les membres de la municipalité de Paris en répondent individuellement et sur leurs têtes.

Tureau. Ceci n'est point un article additionnel. Je demande que l'opinant soit rappelé à l'ordre, pour avoir fallacieusement extorqué la parole.

Le président. La vérité est que Louvet n'a pas la parole sur l'affaire du ci-devant roi.

Louvet insiste pour continuer la lecture de son projet de décret. (Un murmure presque général couvre sa voix.)

Tallien. Je demande que le commis de Roland n'exerce pas ici un despotisme en extorquant la parole.

L'assemblée décide que Louvet ne sera pas entendu.

La séance est levée à sept heures.]

SÉANCE DU 7 DÉCEMBRE.

[*Ruth.* Vous avez chargé, par un décret, votre commission des douze de vous soumettre ceux des papiers trouvés au château des Tuileries, qui sont relatifs à Dumourier. Ces pièces sont de deux espèces ; celles relatives aux fournitures de l'armée et celles relatives au personnel de Dumourier. Je parlerai d'abord des pièces qui ont trait aux fournitures. Dans une lettre de Sainte-Foix à un certain Barbaret, il est dit : « J'ai ici Dumourier depuis deux jours. Il y a reçu ses courriers, venant de Paris et de son armée ; il m'a donné des réponses favorables. Demain, lui et ses compagnons partent pour Cambrai. » Voici une autre lettre du même, datée du Mont-Saint-Martin, où il est dit : « Après avoir demeuré deux jours chez moi, Dumourier en est parti pour se rendre à Bruxelles ; je l'ai accompagné jusqu'à Cambrai, où j'ai participé aux fêtes qu'on lui a faites. Il a profité de cet enthousiasme pour renforcer ses bataillons, de manière que, s'il eût voulu, toute la ville l'aurait suivi. Il est parti à deux heures du matin pour Valenciennes..... Sa campagne belgique commencera la semaine prochaine, et j'espère qu'elle sera couronnée du plus heureux succès. » Troisième lettre de Sainte-Foix à Barbaret, son oncle, dans laquelle il lui dit : « Depuis que je suis à Bruxelles, croyez-vous que je n'aie pas pensé à l'objet de mon voyage ! Cette campagne sera bonne, et pour vous et pour moi. »

Lettre de Talon à Sainte-Foix. — « Vous me ravissez en m'apprenant votre voyage à Bruxelles, et je compte bien que cette bonne occasion ne vous échappera pas. »

Dans une lettre de..... à Dumourier, il est dit : « Je partage beaucoup la gloire de tes succès.... Mon oncle va te faire une proposition avantageuse pour ton armée. L'ami que je te recommande est un bon Jacobin ; les fournitures qu'il t'envoie consistent en habits, capotes, bas, souliers. »

Voici une autre lettre de Saint-Léon à Sainte-Foix :

« Mandez-moi quand vous serez arrivé à Bruxelles. J'en sais un peu plus qu'un autre en finances.... d'ailleurs il y a à gagner à être l'agent d'un gouvernement qui n'a pas de tête, et je nagerai plus à mon aise dans un grand canal que dans un cuvier étroit, et d'ailleurs plein de gravier. »

La première pièce relative au personnel de Dumourier est une lettre de Laporte au roi, du 19 mars 1791.

« J'ai l'honneur d'adresser à votre majesté la lettre de Dumourier. Quoique divisé avec lui d'opinion depuis deux ans, je n'ai pas voulu rompre une liaison d'enfance et de collége. Soit qu'il ait voulu me tromper, ou qu'il soit de bonne foi, il m'a témoigné beaucoup d'attachement pour votre personne. Je ne lui ai vu que de l'horreur pour les démagogues ; avec tout cela il est révolutionnaire ; jamais il ne sera mon confident sur ce qui peut regarder les intérêts de votre majesté (on applaudit) dans les points où je ne vois point comme lui. Je sens l'inconvénient que votre majesté ait dans les pays étrangers des gens dans le sens de la révolution. Quant à Dumourier, il a de l'esprit, du caractère, beaucoup de tête ; un homme de sa trempe peut être, ou fort utile, ou fort dangereux. (On applaudit.) Je ne lui ai point rendu compte de la conversation que j'ai eue avec La Fayette. Le roi, m'a-t-il dit en souriant, n'est entouré que d'ecclésiastiques schismatiques ; dites-moi, a continué M. de La Fayette, (*Le rapporteur*. Je crois qu'il faut lire Dumourier.) la conscience du roi est-elle du département du conseil ou de la liste civile? Je n'ai rien là trouvé de plaisant. J'ai l'honneur d'envoyer le bulletin d'aujourd'hui ; votre majesté remarquera les articles que j'ai soulignés, où l'on dit que Deffieux a le secret des Jacobins. »

Lettre de Dumourier au roi. Paris, le 19 mars 1797.

« Sire, votre majesté est le plus honnête homme de son royaume (on murmure) ; c'est à ce titre que je vous adresse avec confiance mes plaintes respectueuses. Vous ne devez me connaître que par mes services, puisque ma naissance et ma fortune ne m'ont jamais mis à portée de vous approcher. Je sers depuis trente-cinq ans. J'ai reçu plusieurs blessures. Je n'ai jamais ni demandé ni obtenu de récompense. J'ai pour votre majesté le plus tendre attachement; il est redoublé par les circonstances. M. Laporte est mon ami depuis quarante ans; il sera mon garant.

» J'ai été calomnié auprès de vous; la calomnie a été bien profonde, puisque votre majesté a rejeté le choix qui lui a été proposé de ma personne pour commander à Lyon. J'ai gémi en silence. Je regarde comme vos ennemis, sire, ceux qui vous rendent de mauvais services, et qui consultent plus leurs passions que vos intérêts. Il se présente pour moi une nouvelle occasion de vous être utile. Vous verrez par la note ci-jointe que je pourrais vous rendre de grands services si j'étais à Mayence. Rien n'est plus dangereux pour le royaume et pour votre personne que les projets des princes. L'importance de cette mission, mon expérience et mes relations, me peuvent seules porter, à mon âge et avec mon grade, à accepter une place du second ordre dans la diplomatie. M. Montmorin doit vous proposer ce choix. Dans le cas où vous ne l'agréeriez pas, épargnez-moi l'injure d'un second refus, en m'ordonnant de prier M. Montmorin de retirer sa proposition. »

Autre lettre non signée, mais écrite en entier de la main de Laporte, apostillée par le roi, 26 mai.

« Sire, comme il est vraisemblable que Montmorin verra avant moi votre majesté, je dois vous dire ce que M. Dumourier m'a dit. M. Talon est venu le chercher pour lui parler de l'emprunt de M. Ribes. Il lui a parlé avec la plus grande chaleur. Il se plaint qu'il lui est dû plus de 600,000 liv. Il faut payer tous les jours de deux à trois cents soldats de la garde nationale; cela coûte plus de 100,000 liv. par mois. Il insiste sur la nécessité d'un emprunt de 1,500,000 fr.

Lettre de Sainte-Foix au roi, 14 juin 1792.

« Sire, lorsque j'ai pris la liberté de vous exprimer, il y a deux mois, mon opinion sur Dumourier, je le connaissais assez pour savoir ce qu'il deviendrait, et qu'il serait un des fidèles serviteurs de votre majesté. J'ai la douleur de voir aujourd'hui *qu'il n'a suivi aucun de mes conseils.* (On applaudit.) J'étais absolument contraire à la déclaration de guerre, et je lui avais remis un plan de négociation bien différent. L'intérêt de votre majesté et l'intérêt de la monarchie exigeaient le renvoi des ministres; mais je pensais que ce devait être un à un, et non pas tous à la fois, de peur qu'ils n'y fussent ramenés comme en juillet 1789. Je croyais qu'il fallait, en travaillant l'armée, la faire servir à détruire les factieux, et qu'il fallait se ménager un parti dans l'assemblée. »

On demande l'impression de ces pièces.

La Convention passe à l'ordre du jour motivé sur ce qu'elles doivent être imprimées avec le rapport général.

Merlin, de Douai. Avant de vous entretenir en peu de mots de l'objet pour lequel vous me voyez à la tribune, je crois de mon devoir d'énoncer un fait passé très-notoirement dans le département du Nord, au mois de juillet dernier. Dumourier, en passant par Douai pour aller rejoindre l'armée de Luckner, me dit qu'il avait aimé la royauté constitutionnelle, mais que les intrigues l'en avaient dégoûté. Il alla de là à Lille, et prononça, dans la société dite alors des amis de la Constitution, un discours pour l'inviter à envoyer une adresse à l'assemblée nationale, afin de lui demander la déchéance de Louis XVI. (On applaudit.) Je passe à ce qui me regarde.

Lorsque la commission des douze a fait son premier rapport, où je me trouve inculpé, j'étais auprès d'une mère expirante, dont je recevais les derniers adieux. Voici les faits. A l'époque où il fut question du rapport sur les domaines, Dangivilliers et Dangest m'assaillirent, apparemment comme ils firent auprès de Barrère. Je les reçus avec honnêteté. Le projet concerté entre

Barrère et moi fut mis deux jours de suite à la discussion du comité. Notre objet était de séparer la question des domaines de celle des chasses. Le premier point fut de savoir si les chasses du roi seraient closes. Nous parvînmes à obtenir qu'elles le seraient. Il s'agissait de savoir ensuite aux frais de qui se ferait cette clôture. La majorité voulut que ce fût aux dépens du trésor public; mais il fut convenu qu'on n'en parlerait point à l'assemblée, parce que cette dépense serait alors tacitement appliquée à la nation.

Le premier article du projet de Barrère fut décrété. Barrère allait passer au second article; je l'arrêtai, et je demandai à l'assemblée aux frais de qui se ferait cette clôture, et je proposai que ce fût aux frais de la liste civile. La majorité, audacieuse dans le comité, n'osa pas se montrer dans l'assemblée. Ma proposition fut décrétée. J'avais eu la veille occasion de voir le garde des sceaux, Champion de Cicé. Il me dit, en me serrant la main : Votre beau-frère est commissaire du roi; c'est une affaire faite. Je suis piqué qu'il m'ait fait écrire par madame Necker; cela marque de la défiance de sa part et de la vôtre. A demain le rapport sur les chasses. Je lui dis : Oui, à demain. Je fis ma proposition; vous sentez que mon beau-frère fut rayé de la liste des commissaires du roi. A présent, jugez-moi. (On applaudit.)

Grangeneuve. Je dénonce un fait à l'assemblée. Ce matin il a été déposé sur le bureau du comité de surveillance un ordre signé *Bazire*, ayant pour objet de convoquer certains membres pour une affaire importante; en sorte qu'il serait très-possible, si on laissait subsister cet abus, que les affaires s'arrangeassent par la minorité du comité.

Lindon. Je demande que ce fait soit examiné, afin que nous prenions un parti sur ce comité de sûreté générale, parce qu'il faut que personne ne dirige à son gré nos délibérations.

Tallien. Je demande la parole pour répondre à cette importante dénonciation.

Ruamps. Voulez-vous savoir pourquoi il a été fait une convocation de certains membres pour s'assembler chez Chabot? c'était pour manger un dindon.

Tallien. Voilà l'importante affaire. (Il s'élève quelques rumeurs.)

Ruamps. Voilà ce grand comité secret! Oh! ce n'est pas dans celui-là que viennent les courriers de Dumourier qui vont à Londres; là ne viennent pas les agens de Roland.

Grangeneuve. Le billet de convocation portait : Pour entendre la dénonciation d'une affaire importante.

Marat et Chabot montent à la tribune. *Marat, très-animé :* Cela est indigne, monsieur le président! Je vous demande la parole.

Biroteau. Je la demande aussi pour dénoncer les menées de ces messieurs.

Grangeneuve. Je l'avais le premier. L'observation que je présente à l'assemblée pour la déterminer à entendre les députés que j'ai dénoncés, c'est qu'ayant en quelque sorte dépouillé le comité de sûreté générale de la connaissance d'une affaire pour laquelle il était seul compétent, ils se sont rendus coupables d'un exercice arbitraire de pouvoirs. Je demande aussi que la pétition qui vient d'être prononcée à la barre ne soit pas renvoyée à ce comité, qui se trouve en ce moment réduit à MM. Chabot, Bazire, Tallien, Merlin, Ruamps et Ingrand.

Plusieurs voix d'une partie de l'assemblée : Aux voix le renouvellement de ce comité.

Louvet. Il faut en exclure les intrigans.

La partie opposée demande à grands cris l'ordre du jour.

Vardon. J'ai vu dans le comité, sur le bureau de Bazire, le rapport de plusieurs affaires qui n'étaient venues à la connaissance d'aucun des membres qui composent la majorité de ce comité, et qui n'étaient délibérées que par le sextuor dont Grangeneuve vient de vous donner le signalement.

Grangeneuve. Voulez-vous connaître plus à fond la source de ces intrigues et de ces dénonciations. Voici ce que Marat écrit dans une de ses feuilles, après s'être arrogé le titre insolent d'Ami du peuple et avoir traité de traîtres tous ses collègues, à l'exception de quelques-uns. Voici comment il a l'impudence de s'exprimer; il commence par menacer de la vengeance du peuple plusieurs membres de cette partie de l'assemblée, et les accuse de travailler à sauver Louis XVI. Il ajoute, en parlant des membres du comité de surveillance : « Ces indignes citoyens protégent les prêtres, ils égorgeraient les patriotes si Rovère, Ruamps, Bazire, Chabot, etc., ne se trouvaient là pour les défendre...... » Un comité ainsi inculpé, quoiqu'une grande partie de ses membres ait assez d'estime pour eux et le public pour ne relever qu'à la dernière extrémité une calomnie aussi atroce; ce comité doit cependant, quand il en trouve l'occasion, provoquer l'attention de l'assemblée sur ce système de calomnies; et si vous le jugez utile, il demande lui-même de passer par un scrutin épuratoire, afin d'expulser les traîtres, s'il y en a. (On applaudit à droite; on applaudit à gauche. — *Aux voix le scrutin épuratoire*, s'écrie-t-on de tous côtés.)

Chabot. Oui, il faut expulser les traîtres; mais les traîtres ne sont pas les patriotes que vous désignez sous ce nom.

On demande que le billet de convocation, signé Bazire, soit déposé sur le bureau.

Chabot. Nous ne contestons pas qu'une invitation a été faite à certains membres du comité de se trouver ce matin chez moi, je l'avoue; c'est moi-même qui ai proposé de rassembler ces membres ailleurs qu'au comité. Mais le citoyen qui m'a précédé à la tribune n'aurait pas dû oublier que nous tenions aussi des comités secrets composés d'une partie des membres du comité de surveillance.

Grangeneuve. Mais non pas hors du comité de surveillance.

Merlin. Si fait. Car c'était chez Bernard, et vous y alliez avec nous.

Grangeneuve. Mais nous ne nous constituions pas en comité.

Chabot. Mais aussi ce n'est pas par des exemples que nous voulons nous justifier, quoique j'affirme que nous tenions souvent des assemblées chez Bernard, ancien président du comité de surveillance. Voici le fait. La confiance ne se commande pas. (Applaudissemens.) Un citoyen vient demander à nous communiquer en particulier un grand complot, dont des membres du comité de surveillance sont les principaux acteurs. (*Grand nombre de membres simultanément* : Nommez-les, ou vous êtes un calomniateur.) Oh! je les nommerai tout à l'heure, car j'ai en main le procès-verbal qui le constate. (De nombreux applaudissemens partent tout à coup des tribunes.)

Tallien. Cela ne devait pas être encore dit à l'assemblée.

Chabot. Il faut le dire. — Lorsqu'un grand complot s'ourdit et que des membres du comité de surveillance trempent dans ce complot, nous ferez-vous un crime, citoyens, de vouloir ne pas lutter contre le front audacieux de celui qui trempe dans cette abominable conjuration? Lorsqu'elle sera dévoilée, me ferez-vous un crime, à moi, dépositaire de ce secret, d'avoir appelé chez moi les membres les plus forts en patriotisme... (On murmure. — On entend quelques éclats de rire.) au moins dans mon opinion, car j'ai toléré assez d'opinions sur mon compte pour qu'on puisse me permettre d'en avoir une. J'ai donc appelé plusieurs de mes collègues pour rédiger avec moi un procès-verbal sur des faits qu'un particulier voulait nous dénoncer ; le témoin existe, et il pourra comparaître devant vous.

On demande que Chabot lise son procès-verbal.

Chabot. Je puis le lire si l'assemblée le juge absolument nécessaire. (*Oui, oui* : s'écrie une grande partie de l'assemblée.)

Tallien. Je demande qu'on ne publie pas tout de suite... (Murmures.)

Lindon. Il faut connaître ce grand secret.

Chabot. Si la Convention me l'ordonne...... je lirai.

L'assemblée décide que le procès-verbal sera lu. — On demande qu'il le soit par un secrétaire.

Fermont monte à la tribune et lit : « Le citoyen Achille Viard nous avait remis le journal de sa mission à Londres. J'avais cru nécessaire de ne lui faire aucune question, jusqu'à ce qu'enfin j'eusse rassemblé un certain nombre de mes collègues du comité de surveillance, et que cette assemblée se tînt ailleurs que dans le lieu des séances du comité. Enfin, aujourd'hui, 7 décembre, à onze heures du matin, Achille Viard a comparu en présence de *Ingrand, Roverre, Lavicomterie, Ruamps, Tallien, Montaut* et *François Chabot*; nous avons lu son journal, sur lequel la discussion s'est ouverte. Interrogé comment il avait été envoyé à Londres, il a répondu que Lebrun, ministre des affaires étrangères, l'avait mandé chez lui, et lui avait dit qu'il allait lui donner une mission à Londres, mais qu'il fallait qu'il allât trouver l'abbé Fauchet; il alla en effet trouver l'abbé Fauchet; celui-ci lui dit qu'il devait aller à Londres pour chercher des paquets qu'il devait remettre à lui-même. Il lui remit ensuite une lettre cachetée, adressée à Lebrun, sans lui donner d'autres explications. Viard se rendit avec cette lettre chez Lebrun pour lui demander un passeport. Le ministre lui recommanda d'aller trouver à Londres le nommé *Masselin*, agent de d'Aiguillon, et ajouta qu'il devait feindre d'être de leur parti, et se charger des paquets qu'ils lui donneraient. Arrivé à Londres, il vit *Masselin* qui le présenta au ci-devant duc d'Aiguillon, et celui-ci lui remit une lettre pour Narbonne qui demeurait alors chez madame Boulogne, à environ quinze milles de Londres. Narbonne l'accueillit favorablement et lui donna une lettre pour l'évêque de Saint-Pol-de-Léon; il se rendit chez ce dernier, où il vit les évêques de Lisieux, d'Angoulême, de Poitiers, d'Amiens et autres émigrés, tant prêtres que ci-devant seigneurs; là, il les entendit discuter entre eux sur les affaires présentes, et sur l'état de la France; ils s'attendaient à un autre ordre de choses, et à rétablir le roi dans son ancienne autorité, assurant qu'ils avaient des amis dans la Convention nationale, et qu'ils comptaient surtout sur Fauchet et sur Roland. (Des rumeurs, quelques éclats de rire, quelques exclamations, se font entendre. — *Chabot*. Continuez la lecture, vous allez entendre d'autres choses.) Qu'ils comptaient surtout sur Fauchet et sur Roland au sujet du procès du roi; qu'il étaient sûrs que leurs amis à la Convention trouveraient des moyens dilatoires ou évasifs pour retarder ou empêcher son jugement.

» Il a vu ces évêques avec Talleyrand, ci-devant évêque d'Autun, et c'est dans le sein de ce dernier qu'il les a vu déposer leurs regrets à l'époque de son départ. Celui-ci les assura que le roi serait sauvé, et qu'il comptait sur Fauchet et sur ses autres amis à la Convention. Il dit ensuite au déclarant qu'il lui remettrait deux lettres pour Fauchet, mais qu'il attendait une décision de Calonne et le retour de l'abbé de la Salle que Calonne avait envoyé à Naples. Achille Viard alla voir ensuite le ci-devant comte de Noailles; il trouva chez lui Narbonne, Chauvelin, ministre de France, madame Dubarri et Dubut de Longchamp. Les liaisons qu'il avait entretenues autrefois avec ce dernier lui donnèrent une consistance dans cette société. Narbonne le tira en particulier, et lui dit que les choses n'étaient pas prêtes, qu'il venait de recevoir un paquet du ministre de l'intérieur, par l'entremise de Dubut de Longchamp; que ce paquet le forçait à attendre; que l'ordre des choses était changé au moyen d'un changement dans le mot du *guet*; qu'il était sûr que l'Angleterre n'attendait que le moment où l'on attaquerait le Hollande pour s'expliquer et prendre parti pour le roi; qu'au surplus, elle faisait des préparatifs. Narbonne lui a dit ensuite qu'un membre de l'assemblée lui avait prêté son passeport, au moyen duquel il allait s'embarquer pour Calais et pour le Havre, et rentrer en France. Il eut ensuite ordre de repartir par la voie de Dubut de Longchamp. Il partit en effet, sans avoir reçu, pendant son séjour à Londres, aucune réponse du ministre des affaires étrangères. Il revint rendre compte de sa mission à Lebrun, et lui dit que Narbonne et Talleyrand lui avaient recommandé de retourner au plus tôt à Londres pour chercher des paquets. Achille Viard a déclaré ensuite que depuis son arrivée, quoiqu'il ne connaisse ni M. ni madame Roland, il avait reçu de madame Roland une invitation pour un rendez-vous depuis dix heures jusqu'à l'heure du dîner, mais qu'il ne s'y est pas rendu. Il a signé le présent procès-verbal après l'avoir lu et approuvé, et nous l'avons clôturé et signé comme ci-dessus, etc. »
(Quelques ris et des murmures suivent la lecture de cette pièce.)

On demande qu'Achille Viard soit mandé sur-le-champ.

Lindon. Je propose qu'il soit interrogé par la commission des douze.

Merlin. Je demande, moi, le plus grand calme, et que l'on entende la lecture des autres pièces que Chabot a entre les mains.

Legendre. Cela ne vaut rien, Merlin, elles ne doivent pas être lues.

La lecture est vivement réclamée.

Fauchet demande à être préalablement entendu.

Chambon. Je demande le renvoi à la commission des douze.

Marat. Non pas, monsieur, c'est du ressort du comité de surveillance... *A part.* Ah! ces petits messieurs veulent exclure des affaires les membres patriotes! (On rit.)

Féraud. Je demande que Viard soit traduit à la barre. C'est au milieu de l'assemblée que cette intrigue ténébreuse doit être dévoilée.

Marat, se précipitant à la tribune. Cela n'a pas le sens commun. Comment! cet homme vient vous faire une dénonciation officielle, une révélation civique, et vous voulez le faire arrêter comme un scélérat!

La proposition de Férudd est adoptée.

Ducos. Je demande que le ministre de l'intérieur soit mandé à l'instant pour répondre à la partie de la dénonciation qui le concerne.

Ruamps et Thuriot appuient cette proposition, en l'étendant au ministre des affaires étrangères; elle est adoptée avec l'amendement.

On renouvelle la demande de la lecture des autres pièces annoncées par Chabot.

Fermont. Chabot m'avait remis une lettre entre les mains pour la lire, actuellement il ne veut plus qu'elle soit lue.

Lacase. Je demande à exposer un fait; c'est que des personnes sûres m'ont attesté que depuis huit jours une partie des membres du comité de sûreté générale préparait une dénonciation contre Roland. Je ne suis donc pas étonné de cette trame; je suis seulement surpris que ce procès-verbal ne soit signé que d'aujourd'hui.

Marat. Quelle folie! Peut-on dire qu'une dénonciation se trame!

Plusieurs voix. Président, faites donc taire ce Marat, qui interrompt perpétuellement.

Le président. Le seul moyen de rétablir le silence est de faire avancer la délibération. Chabot, lisez la pièce que vous avez annoncée.

Chabot. Si la Convention nationale juge que certaines mesures que nous avons prises pour faire arrêter des conspirateurs qui sont maintenant à Paris; si elle juge qu'il est nécessaire de ne pas préjudicier, par trop de précipitation, à l'exécution de ces mesures, je ne lirai pas la lettre. Cependant, si elle me l'ordonne.....

Marat. Non, je m'y oppose au nom du salut public. Ne voyez-vous pas que c'est pour faire échapper leurs complices qu'ils ont demandé cette lecture... Parbleu, ils sont malins!

Legendre. Je m'oppose aussi à la lecture. On vient de m'annoncer que quelques personnes sont à la poursuite des conspirateurs; je connais cette affaire. (On rit.) Je déclare qu'on a presque la main sur le chef de la conspiration. Si la lettre est lue, la chose est manquée.

Marat. Je demande la parole.

Mailhe. Pour terminer ce débat, je demande que les lettres soient renvoyées au comité des douze.

Marat remonte à la tribune.

(Applaudissemens de quelques membres des tribunes. — Un violent tumulte s'élève dans l'assemblée.)

Marat. Je me borne à demander que l'affaire soit renvoyée au comité de surveillance.

Fermont. J'ai jeté un coup d'œil sur la lettre que m'a remise Chabot; j'ai vu qu'elle porte les signatures d'hommes bien coupables; mais j'ai vu qu'elle est adressée au président, et non à Chabot, et qu'il s'agit d'une admission à la barre pour défendre Louis XVI.

Chabot. Je puis lire actuellement, Fermont a tout dit.

Marat. C'est une perfidie, c'est une trahison!

Montaut. Tout est perdu, les scélérats vont m'échapper!

Merlin de Thionville. Nous allions arrêter Narbonne et Mallouet qui sont à Paris.

Il est décrété que la lettre sera lue par un secrétaire.

Fermont. La voici.

Paris, le 6 décembre, l'an 4ᵉ de la liberté.

« Citoyen président, n'ayant point l'honneur de vous connaître, et ne connaissant aucun député à la Convention, un de mes amis m'a donné votre adresse. Je vous prie de lire la lettre ci-jointe à votre assemblée. » (Sans signature.)

Autre lettre de la même écriture. — *Paris*, 6 *décembre.*

« Citoyen président, les citoyens Narbonne, Mallouet, John Waris et Williams, demandent à la Convention d'être les défenseurs officieux de Louis XVI; vous avez décrété qu'il paraîtrait à la barre ; nous l'y accompagnerons avec une garde que nous avons rassemblée, et qui est de douze mille hommes, bons républicains, qui ne veulent pas la mort de Louis XVI. » (Des éclats de rire interrompent la lecture. — On demande l'ordre du jour.)

Chabot. Il est inconcevable qu'on ne veuille pas entendre.

Fermont. Il n'y a plus que les signatures. J'observe qu'ayant été avec Mallouet dans le comité de marine de l'assemblée constituante, je connais sa signature, et j'atteste que celle-ci est fausse. Mallouet est un grand gueux en révolution, mais je ne le crois pas assez bête pour avoir écrit une lettre de ce genre; c'est pour cela que j'ai demandé qu'elle fût lue, afin que l'on connût qu'il y a des gens qui trompent nos collègues, qui veulent tromper la Convention, l'avilir, et par-là exciter le peuple contre elle. (La grande majorité de l'assemblée applaudit à plusieurs reprises. — Un silence profond règne dans les deux extrémités.)

Plusieurs membres s'approchent de la tribune pour vérifier les signatures de la lettre; ils en confirment la fausseté.

Fermont. A présent sans doute l'Assemblée est bien convaincue qu'on n'a pas voulu faire perdre le fil d'une grande conspiration, que quand j'ai demandé la lecture de cette lettre, je n'avais pas intention de faire échapper des complices. Je demande maintenant à mon tour des explications à messieurs du Comité secret, sur un fait qui me paraît bien étonnant. Cette lettre est adressée au président de la Convention. Il y est même dit qu'on ne connaît aucun député. Pourquoi Chabot l'avait-il entre les mains? Pourquoi l'a-t-il ouverte dans son Comité secret? Je désire comme lui qu'on réalise la capture de Narbonne; mais s'il voulait venir à la barre de l'assemblée, n'aurait-on pas pu le saisir? Si au contraire elle est controuvée, pourquoi vient-on avec de semblables misères faire diversion à nos travaux?

Quelques voix demandent l'ordre du jour.

D'autres avec force : Non, non, il faut que cela s'éclaircisse.

L'assemblée décide que la lettre lue par Fermont sera paraphée et déposée sur le bureau.

Jean Debry. Pour que cette scène ne soit pas perdue pour la Convention, je demande que tous les membres impliqués soient entendus, pour que la nation enfin s'éclaire sur les dénonciations perpétuelles dont on nous fatigue, et pour que nous sachions s'il existe parmi nous des membres dont nous devions nous purger. (On applaudit.) S'il y a des malintentionnés qui ont cherché à se jouer de l'assemblée par de fausses dénonciations, en abusant de la bonne foi et du patriotisme de quelques-uns de ses membres; s'il y a des trames royalistes, anarchistes, c'est dans cette séance qu'elles doivent être découvertes. (Mêmes applaudissemens. — Deux ou trois membres seulement insistent pour l'ordre du jour.)

Il est temps que nous quittions enfin cette route souillée de fange et de dénonciations, où nous nous traînons depuis quelque temps, tandis qu'à côté de nous sont les routes de la Constitution, des subsistances, du bonheur du peuple. Pour que nous puissions plus promptement passer à ces importantes délibérations, je demande que Chabot et Fauchet soient sur-le-champ entendus.

Cette proposition est adoptée.

Chabot. Je vais exposer le fait. Il y a sept à huit jours qu'Achille Viard était venu me trouver pour me dire que les ennemis de la République travaillaient à Londres à une contre-révolution, et qu'ils étaient d'accord avec les conspirateurs du dedans. Il me dit qu'il avait donné à Lebrun un journal d'une mission qu'il avait eue en Angleterre, et il m'en remit un double. Comme il y avait dans ce journal des indices qui me paraissaient importans, je lui dis : Ce n'est pas moi qui reçois les dénonciations, c'est le comité de sûreté générale; il faut vous y présenter. Il me répondit alors : Je ne le puis pas, parce qu'il y a un membre de ce comité qui est compromis dans la dénonciation que j'ai à faire, et qu'il serait dangereux que je révélasse mon secret en sa présence; d'ailleurs je ne connais pas tous les membres de ce comité, et je voudrais faire ma révélation à quelques membres dont je fusse aussi sûr que de vous. Je lui dis : Je ne peux rien prendre sur moi, mais je verrai mes collègues. Je parlai en effet de cette affaire à quelques membres du comité. Je craignais que cet homme fût un intrigant; mais il m'avait donné son adresse, ce qui me servit à prendre des renseignemens sur son compte. Je m'assurai qu'en effet il avait été chargé d'une mission du pouvoir exécutif, et il me fit voir son mandat.

Quant à la lettre qui a été lue ensuite, voici le fait : Hier matin, je la trouvai chez mon portier; elle était adressée au président de la Convention nationale, mais elle était accompagnée d'un billet, dans lequel on me charge de la présenter moi-même à la Convention. Cependant, comme ce billet n'était pas signé, je voulus savoir si ce n'était pas un piége; je consultai quelques-uns de mes collègues, ils convinrent qu'il ne fallait pas remettre cette lettre au président avant que nous en eussions vérifié les signatures. J'étais possesseur de cette lettre, puisque c'est à moi qu'elle est envoyée. Alors, relisant le journal de Viard, je crus apercevoir le fil d'une trame, et qu'il était véritablement possible que Narbonne fût à Paris, qu'il eût eu l'audace de venir avec un sauf-conduit, puisque des membres de l'assemblée lui avaient prêté leurs passeports.

Nous convînmes de faire venir Viard, pour voir si en l'interrogeant il persisterait dans ses déclarations et s'il les signerait. Nous étant assemblés, il nous a offert non-seulement de répondre catégoriquement à toutes les questions que nous lui ferions, mais encore de signer l'interrogatoire. En même temps, nous avons arrêté que nous mettrions des gens sûrs aux trousses de Narbonne, de Malouet, John et Williams, pour faire arrêter les deux premiers ; nous en avions le droit, puisque Narbonne est sous le poids d'un décret d'accusation, et que l'autre est émigré. Quant aux deux autres, nous nous bornâmes à envoyer à leur recherche, pour en référer ensuite au comité entier. Nous avons chargé le citoyen Legendre, qui a de très-grandes correspondances dans cette ville, et qui connaît plus le terrain que nous, de se mettre aux aguets. Nous voulions garder dans le secret le procès-verbal qui vous a été lu, jusqu'à ce que nous eussions pris toutes les mesures propres à parvenir à la preuve juridique du fait. Mais comme on vous a dénoncé notre réunion, j'ai cru qu'il était prudent de vous le lire, pour vous faire voir à quoi se réduisent ces grandes intrigues mises en œuvre par une section du comité, pour préparer une dénonciation contre Roland. Si vous ne m'aviez forcé à vous tout découvrir à ce moment même, je pouvais parvenir à la preuve juridique de cette conspiration : alors j'aurais dénoncé Roland ; car, fût-il un ange, je n'aurais pas cru devoir l'épargner plutôt qu'un autre. Cette dénonciation étant signée par un citoyen nanti d'un pouvoir du conseil exécutif, m'a paru mériter quelque attention. Si l'assemblée juge que j'ai été imprudent de publier dès à présent ces faits, je me soumets à sa censure ; mais j'ai fait ce que l'amour du bien public m'a inspiré. (Quelques applaudissemens s'élèvent et se prolongent. — Le président réclame le silence.) Et je pourrai dire ici que ceux qui m'accusent de ne pas vouloir de gouvernement, sont les mêmes qui m'ont accusé d'avoir dit qu'il fallait se presser d'en établir un. Je le désire autant, pour le moins, que mes accusateurs ; et c'est pour y parvenir, que je suis à la piste des conspirateurs, et que je les dénoncerai, dussé-je monter sur l'échafaud.

Barbaroux. Je demande la parole pour un fait d'un intérêt majeur. (Quelques membres murmurent, et demandent que Barbaroux ne soit pas entendu. — Il obtient la parole par un décret.) Le citoyen Viger, premier suppléant du département de Mayenne-et-Loire, pourra vous attester les faits suivans. Ils vous paraîtront d'abord s'éloigner de l'objet qui vous occupe ; mais bientôt ils jetteront un trait de lumière sur l'affaire, en vous prouvant la fausseté des signatures apposées à la lettre que Chabot vous a présentée. Un homme, ayant invité Viger à écrire sous des noms supposés à Marat, lui proposa de se servir des mots John-Naris et Williams ; ce sont les mêmes noms que ceux de la lettre de Chabot. Il n'y a dans le premier que la différence de l'*N* au *W*. Marat doit avoir reçu la lettre.

Marat se tourne en riant du côté de Barbaroux. (*A part.* Les imbéciles ! ils nous font des contes à endormir les enfans.) *S'adressant au président.* Je vous assure qu'il ne m'est parvenu aucune lettre de ce genre.

Merlin. Je demande que celui qui a mis ces fausses signatures soit mandé à la barre.

Marat. Ne voyez-vous pas maintenant qu'on s'est joué impudemment du comité de surveillance? Je ne crois pas qu'il y ait de fripons plus adroits que les ennemis de la révolution.

L'assemblée mande Viger à la barre. — Il est sur-le-champ introduit.

Viger. Je ne connais pas la personne avec laquelle j'étais à dîner, il y a quelques jours, et dont vous a parlé Barbaroux ; mais cet homme me proposa de communiquer à Marat un mémoire que j'avais fait sur les subsistances. Je fus effrayé de cette proposition, je l'avoue. Vous vous trompez, me répondit-il ; vous aimez les honnêtes gens. Marat a pu être égaré ; la vie souterraine qu'il a menée a pu lui donner des idées extraordinaires ; mais tous les grands hommes ont leurs défauts. (On rit.)

Marat. Voyez comme on vous amuse.

Viger. Il me dit enfin que je ne devais pas avoir tant de répugnance pour Marat. D'ailleurs, ajouta-t-il, quelle que soit votre opinion sur son compte, il est incontestable qu'il a quelquefois de bonnes idées. Envoyez-lui quelques exemplaires de votre ouvrage, il pourra vous faire des observations utiles. Je vais en faire autant sur un ouvrage que j'ai fait sur la même matière. Je m'y prêtai, mais je ne voulus pas signer. Nous écrivîmes chacun une lettre, et il me proposa de signer *Jonh Nwaris*, et l'autre *Williams*. Je remis ma lettre à un huissier de l'assemblée, qui se chargea de la remettre à Marat. En entendant la discussion qui vient d'avoir lieu, j'ai été frappé de la ressemblance des deux signatures qui se trouvent dans la lettre de Chabot, avec les signatures supposées que ce particulier m'avait fournies, et j'ai cru devoir faire ma déclaration à l'assemblée; je déclare de plus que je n'ai jamais parlé à Roland.

Marat. Parbleu, messieurs, voilà un tour plaisant! (Il monte à la tribune.)

Roverre. Je demande que les signatures soient confrontées.

Marat. Un grand complot.... (Il s'élève quelques murmures.) Un grand complot a été ourdi contre la sûreté publique. (Les murmures continuent. — On rit. — On demande que Marat réponde catégoriquement, ou que l'affaire soit renvoyée à un comité.) Il ne s'agit pas ici d'éluder la lumière : je vous prie, messieurs, de bien distinguer le fil de ces trames. Il est incontestable que tous les ennemis de la liberté sont réunis dans ce moment pour empêcher le jugement de Louis Capet. (Violens murmures. — *Plusieurs voix*. Vous nous dites cela tous les jours.) Un moment, messieurs... Il est constant que dans ce moment les ennemis de la liberté se réunissent pour empêcher le jugement du chef des conspirateurs. (Les murmures continuent. — *Au fait!* s'écrie-t-on de toutes parts. — Marat répète une troisième fois sa phrase. — On entend quelques applaudissemens partir des tribunes.) J'ajoute qu'ils vont à leurs fins par tous les moyens possibles, par toutes les basses menées, par toutes les sourdes intrigues. (*Une voix*. Vous dites vrai, Marat.) Mais il est impossible qu'ils parviennent jamais à leur but sous les yeux du comité de surveillance; aussi il y a long-temps qu'ils ont ourdi des trames à l'effet de le faire renouveler, afin d'en expulser les membres patriotes. (Nouveaux murmures.)

Chambon. Je demande que Marat se borne à répondre aux

préventions qui résultent contre lui de la déclaration de Viger.

Marat. Je suis imperturbable. Vous ne m'empêcherez pas, par vos clameurs, de dire la vérité. Aussi, disais-je, j'ai cru devoir, comme sentinelle publique, mettre ce projet sous les yeux du peuple, et je l'ai imprimé dans mes feuilles. J'ai la satisfaction de le voir en partie déjoué. Je ne m'abaisserai pas à répondre aux imputations dont je suis chargé par de vils folliculaires qui m'ont accusé d'être l'auteur des troubles. Mais si ceux que je représente comme des citoyens peu sûrs ont à se plaindre de mes écrits, qu'ils me démentent par des actes de civisme notoires. (Il s'élève quelques applaudissemens dans une extrémité de la salle.) Je ne demanderai pas mieux que de me rétracter.

Grangeneuve, s'avançant au milieu de la salle. Je te demande, avant tout, de me dire quelle preuve tu as de mon infamie.

Duhem. Je demande que Grangeneuve soit rappelé à l'ordre. (Des applaudissemens s'élèvent dans les tribunes.)

Le président. J'ordonne le silence aux tribunes, et je rappelle tous les interrupteurs à l'ordre; ce lieu ne doit pas être une arène de gladiateurs.

Grangeneuve continue d'interpeller Marat. — Des rumeurs et des cris violens partent de l'une des tribunes. — L'assemblée presque entière se lève d'indignation. — Plusieurs membres font des propositions sur les moyens de maintenir les tribunes dans le respect dû à la Convention.

Legendre. Je combats ces propositions ridicules, avec lesquelles on insulte à la majesté d'une portion du peuple.

On demande que Legendre soit rappelé à l'ordre. — Une grande agitation se manifeste. — Une vive altercation s'élève entre Duperet, Grangeneuve et Duhem. — Après quelques minutes de trouble, le président parvient à rétablir le silence.

Marat. Le projet d'expulser du comité de surveillance les membres purs et patriotes ayant été mis sous les yeux du public, alors on a cherché à les rendre ridicules par de fausses dénonciations, et vous devez connaître les auteurs de ces fausses machinations. Il est évident que la lettre qui a été lue ici a été forgée par des fripons. (On rit. — *Plusieurs voix.* Vous y aviez pourtant donné beaucoup d'importance.) Je suis sûr que ce projet est tramé de longue main. A qui entre-t-il, en effet, dans l'esprit que Narbonne, Malouet aient l'audace de se présenter ici pour défendre Louis Capet? On vient de dire qu'on m'a envoyé une lettre contenant les mêmes signatures que celle-là; je jure sur mon honneur.... (On rit.)

Garnier. Rappelez donc à l'ordre ce côté qui interrompt sans cesse.... C'est absolument un côté droit.

Montaut. Faites regarder dans ce côté-là si Ramond n'y est point encore. (On murmure.)

Louvet. Je m'engage à prouver que Catilina est dans le vôtre. (Les murmures, le tumulte et l'agitation recommencent et se prolongent.)

Le président. Je prie les membres de s'interdire toute espèce de personnalité.

Marat. Je jure sur mon honneur que je n'avais pas d'abord de souvenir de la lettre que l'homme qui est à la barre a dit m'avoir écrite. Dans la multitude de lettres et de papiers qui me sont adressés tous les jours, soit pour que j'y fasse des observations utiles, soit pour des dénonciations, il est bien possible que le souvenir de ce billet m'ait échappé; mais ce que vient de dire celui qui l'a écrit, me rappelle qu'il y a quinze jours j'ai reçu une lettre écrite en *baragouin*, qui était signée *John N. Waris:* Il est bien étonnant (montrant Viger qui est à la barre) que ce soit là l'auteur de cette sottise, et surtout qu'il soit lié avec Barbaroux. (Des applaudissemens s'élèvent dans une partie de l'assemblée. Ils sont suivis de ceux des tribunes.) Je demande à la Convention, pour le salut public, et pour mettre un terme à tant de machinations, que l'on s'assure des vie et mœurs de ce citoyen.... (Murmures. — On demande que Marat soit tenu de conclure.) Vous ne pouvez vous opposer à ma demande, à moins que vous ne soyez compromis; tant mieux si cet homme est pur; les hommes purs ne craignent pas la lumière. (*Boileau.* Ils ne se cachent pas dans les souterrains.) Pour éclaircir davantage le fait, je demande que la Convention me permette de me transporter chez moi avec deux de ses membres qu'elle nommera, pour chercher cette lettre; on confrontera les écritures, et on verra si les signatures sont véritables. (On applaudit. — Marat descend de la tribune. — Il remonte précipitamment.) J'oubliais de dire que vous devez avoir égard à la dénonciation que je vous ai faite des trames ourdies contre les membres patriotes du comité de surveillance, qui sont les garans du salut public, et qui assureraient par leur retraite le succès des trames infernales de tous les machinateurs.

Tallien. Je demande la parole pour appuyer la dernière observation de Marat.

Fauchet. Mais, monsieur, je vous observe que j'ai la parole.

Tallien. Afin qu'elle soit décrétée tout de suite; rien n'est plus important que d'encourager le patriotisme dans un comité chargé d'aussi importantes fonctions que celles qui sont confiées à votre comité de surveillance.

Fauchet. Vous parlerez après; j'ai la parole pour me disculper.

Tallien. Si vous renouveliez le comité de surveillance, vous feriez disparaître les preuves d'un grand délit national. (On observe que Tallien n'a pas la parole; on demande qu'il soit rappelé à l'ordre.)

Marat. J'en reviens à mon objet. L'assemblée ne peut me refuser deux membres pour confronter les écritures; je demande qu'ils me soient donnés.

Morison. Que Marat aille chercher ses lettres, il est intéressé à les produire.

Tallien. Si vous n'envoyez pas des commissaires, on dira qu'il a forgé ces lettres.

L'assemblée décide que deux commissaires se rendront au domicile de Marat.

Le président nomme à cet effet, Buzot et Tallien.

Marat. Bon! un de chaque bord.

Marat sort de la salle avec Tallien. Les tribunes applaudissent.

Roland entre dans la salle. Les applaudissemens cessent.

Buzot. Je ne crois pas que la Convention puisse m'ordonner d'aller chez Marat; je n'irai pas. (On murmure.)

Merlin. Je demande que Buzot soit condamné à trois jours d'Abbaye.

Bazire. Il faut y envoyer un honnête homme. (Nouvelles rumeurs.)

Le président rétablit l'ordre. — Il nomme un second commissaire, qui se récuse; il nomme un huissier.

Fauchet. J'espère enfin qu'on voudra bien m'entendre; mon exposé sera court et très-simple. Je ne connais point *Achille Viard;* il me paraît que c'est l'homme qui, il y a environ deux mois, vint me trouver, et me dit qu'il avait des liaisons avec le secrétaire du ci-devant duc d'Aiguillon, qui machinait à Londres; qu'il désirait avoir une mission, et s'aboucher avec cet homme pour découvrir cette trame; je lui dis qu'il devait s'adresser au ministre des affaires étrangères; il me demanda une lettre pour Lebrun; je lui en donnai une, dans laquelle je disais au ministre que je ne connaissais pas cet homme, que c'était à lui de juger s'il était utile de l'employer; depuis, je ne l'ai point revu. Je ne lui ai donné et je n'ai reçu de lui aucune espèce de lettre.

Il y a quinze jours qu'un secrétaire du département des affaires étrangères vint me demander si je le connaissais; je lui répondis que non, que ce n'était pas une lettre de recommandation que je lui avais donnée, mais seulement un renvoi de sa demande au ministre. Voilà l'unique rapport que j'ai dans cette affaire. Tout ce qui me concerne dans le prétendu procès-verbal qu'on a lu est un tissu de mensonges et d'impostures. Je défie qu'on me cite la moindre correspondance de ma part, soit avec cet homme, soit à Londres. (On applaudit.)

Un membre assis dans l'une des extrémités de la salle. Je demande que le président déclare ce qu'il vient de faire dire par un huissier au ministre Roland.

Le président. Comme il m'avait demandé la parole, je lui faisais dire qu'il attendît que Viard, qu'on vient d'arrêter, eût parlé, et que j'eusse fait lire la lettre que je viens de recevoir du ministre des affaires étrangères.

Viard est traduit à la barre.

Le président. Citoyen, la Convention a décrété que vous seriez traduit à la barre pour être entendu sur les faits compris dans le procès-verbal dressé par une section du comité de surveillance, dont je vais vous donner lecture.

Lecointe-Puyravaux. Je demande qu'on ne lui lise pas ce procès-verbal. Je ne suis point de l'avis de ceux qui prétendent que, lorsqu'il s'agit d'établir un gouvernement, les dénonciations sont dangereuses; au contraire, je pense que lorsqu'une république s'élève, il est bon de les encourager. Mais à ce principe il faut en ajouter un autre non moins essentiel, celui que l'on doit, tout en vérifiant les faits, se défier du dénonciateur lui-même; car la méfiance doit être la première vertu d'une république naissante. Je demande que ce dénonciateur soit interrogé, pour savoir à quoi il faut s'en tenir sur son compte.

Legendre. Je demande qu'il ne soit pas interrogé en présence de Roland.

Bazire. Je soutiens que Viard ne doit point subir d'interrogatoire; il n'est point accusé; il n'y a d'accusé que Roland.

Génissieux. J'appuie les observations de Bazire. Je demande que Viard s'explique librement.

Taillefer. Je demande préalablement que Roland sorte de la salle.

Le président consulte l'assemblée sur la question de savoir si Roland restera présent aux réponses de Viard. — Il prononce l'affirmative.

Génissieux, Taillefer et Bazire, etc., réclament contre la délibération; ils demandent qu'elle soit renouvelée; beaucoup de membres n'y ayant pas pris part.

Il se fait une seconde épreuve. — Même indécision, mêmes réclamations.

Le président fait une troisième épreuve. — Il annonce encore que la majorité lui paraît douteuse, ainsi qu'à trois secrétaires;

que deux secrétaires pensent que la majorité est pour que Roland se retire, qu'un seul est pour la négative.

Merlin, Bazire, Legendre, Chabot, tous ensemble. Prononcez donc le décret, puisque nous avons deux secrétaires pour nous contre un.

Ichon. Il faut absolument que Roland se retire, puisque, par un décret, Viard doit être immédiatement entendu.

Un grand trouble se manifeste dans l'assemblée. Plusieurs membres demandent l'appel nominal.

Manuel. On dit toujours que l'Europe a les yeux fixés sur la Convention nationale...

Bazire. Il n'est pas question de cela.

Merlin. Aux voix donc l'appel nominal. Manuel nous fait perdre du temps.

Manuel. Je dis que je ne laisserai jamais avilir la Convention, et je demande si ce matin nous sommes dignes des regards de l'Europe... On dit que nous sommes les représentans du peuple, et je demande aux concitoyens qui nous entendent s'ils ont eu pour nous aujourd'hui le respect que l'on doit aux représentans d'un peuple libre. Il faut pourtant avoir le courage de le dire nettement, si ce trouble de nos séances continue, la chose publique périra. (*C'est vrai! C'est vrai!* s'écrient un grand nombre de membres. — Une partie de l'assemblée se lève pour demander l'ordre du jour.)

Sans doute tous les hommes vertueux gémissent de ces passions qui nous divisent. Est-il croyable qu'on nous ait fait mander des ministres sur la dénonciation d'un inconnu? Ne voyez-vous pas que l'on cherche à faire avilir tous les fonctionnaires publics l'un par l'autre? (On applaudit.) Ce n'est plus la hache des révolutions que vous devez avoir à la main, c'est la truelle des républiques, pour bâtir. Je demande l'ordre du jour et le rapport de tous les décrets rendus dans ce débat.

Fermont. J'observe que les dénonciations ayant été faites, l'assemblée ne peut se dispenser d'entendre les réponses. J'ajoute que Roland, ayant été mandé, ne peut se retirer qu'en vertu d'un décret. Je propose que Roland soit entendu d'abord, et Viard ensuite.

Cette proposition est adoptée.

Roland. Je déclare n'avoir jamais vu ni connu aucune des personnes avec lesquelles on prétend que je suis en correspondance. Talleyrand est le seul que j'aie vu. Il est venu chez moi depuis son retour d'Angleterre me demander ma voix pour une mission qu'il sollicitait pour Londres, mais elle lui a été refusée par le conseil exécutif, à l'unanimité des voix. (Une très-grande partie de l'assemblée applaudit.) Si ma femme est impliquée dans cette affaire, je demande qu'elle soit mandée; et qu'il me soit permis de rester ici. (Mêmes applaudissemens.)

L'assemblée décide que la citoyenne Roland se rendra à la barre.

Achille Viard est à la barre.

Le président. L'assemblée m'autorise-t-elle à faire les questions? (*Un grand nombre de voix.* Oui! oui!) En ce cas, je vais procéder à l'interrogatoire.

Citoyen, l'assemblée a décidé que vous seriez traduit à la barre pour être entendu sur les questions suivantes :

Quel est votre nom? — Achille Viard. — D'où êtes-vous? — Des environs de Bordeaux; de Mauriac, près Libourne; j'y suis marié et établi. — Quel est votre état? — Je n'en ai point.

Bazire, interrompant, d'un ton animé. Je demande à faire une motion d'ordre extrêmement essentielle. Je remarque que, dans cette affaire, on a totalement interverti l'ordre naturel des choses : on transforme le dénonciateur en accusé, et on lui fait subir un interrogatoire. (Murmures.) Le président va lui faire des questions à son gré, pour détourner le cours des dénonciations..... (On demande que Bazire soit rappelé à l'ordre. — *Quelques voix.* Il craint la lumière.)

Bazire monte à la tribune et insiste pour parler contre l'interrogatoire. — Les tribunes applaudissent. — Une quarantaine de membres se lèvent, et réclament pour lui la parole.

Le président. Vous ne pouvez l'avoir contre le vœu de l'assemblée.

Lacaze. Bazire est partie dans l'affaire, puisqu'il a signé le prétendu procès-verbal de dénonciation qu'il n'avait pas le droit de dresser. La délicatesse devrait lui imposer le silence.

Bazire. Le bien public, l'ordre de la justice... (Les murmures continuent. — Bazire parle long-temps dans le tumulte ; il crie, il s'enroue. — *A bas de la tribune!* lui crie-t-on de presque toutes les parties de la salle.)

Serre. Voyez comme cet homme nous fait perdre un temps précieux.

Bazire. J'insiste pour que Viard ne soit pas interrogé.

Birotteau. Voulez-vous donc lui faire sa leçon?

Chambon. Nous voulons connaître la vérité.

Bazire. Il est dénonciateur, Roland est l'accusé... (Le tumulte redouble.) Je ne descendrai de la tribune que par un décret.

L'assemblée décide que Bazire ne sera pas entendu. — Il reste quelque temps à la tribune. — Les cris continuent. *A bas! exécutez le décret!* — Il descend. Des rumeurs se font entendre dans les tribunes.

Le président reprend l'interrogatoire.

- Avez-vous été dans quelque autre pays ? — J'ai passé en Amérique avec ma femme, pour affaires. — Avez-vous servi? — J'ai servi dans la maison du roi. (Un murmure subit se renouvelle dans l'une des extrémités.)

Bazire. Il est indigne de questionner comme cela.

Le président. Comment avez vous servi?—En qualité de page. (Mêmes rumeurs.)

Duperet. Oh! messieurs, le mot est lâché.

Osselin. Je parie que c'est un émigré.

L'agitation continue dans l'une des extrémités. — On rit dans une grande partie de l'assemblée.

Bourdon (de Paris), Bazire, Merlin (de Thionville), Legendre, Chales, etc., parlent au milieu du tumulte.

Bailleul. Le royalisme se montre. (Applaudissemens.)

Le président veut continuer l'interrogatoire. — Les mêmes membres interrompent.

Le président. J'observe à l'assemblée que le vœu de la grande majorité m'a paru être que j'interrogeasse Viard. J'ai d'ailleurs consulté le bureau pour savoir ce qu'il y avait à faire; il m'a remis une série de questions.

Saint-Just. Je n'ai pas pris part à cela.

Saint-André. Ni Pelletier ni moi n'avons fait aucune question. (Quelques membres applaudissent. — Il s'élève un murmure presque général. — On entend une voix : *Vous avez donc peur des Jacobins!*)

Chabot. Rappelez donc à l'ordre ces interrupteurs. (Bruit.) Je demande la parole pour une motion d'ordre... Je demande.... que... que... l'on se borne à recevoir la dénonciation de Viard, (Le tumulte continue.) et qu'on en dresse un procès-verbal. (On observe que Chabot n'a pas la parole. — Il parle au milieu des cris. — *Une voix à Chabot*: Taisez-vous donc; vous nous compromettez.) — Chabot quitte la tribune.

Le président. Les questions ne pouvaient être faites par six personnes à la fois; c'est Treilhard et Fermont que j'ai chargés de les rédiger. (On applaudit, quelques membres murmurent.— On entend une voix: *Pourquoi avez-vous choisi ces deux-là?*)

Je vais maintenant consulter l'assemblée pour savoir si je dois continuer l'interrogatoire.

Chabot redemande la parole. — Les cris d'improbation couvrent sa voix. — Il interrompt deux fois la délibération, s'opposant toujours à ce que Viard subisse l'interrogatoire proposé. — L'assemblée est très-agitée.

Ferrand. C'est une trahison. Ceux qui s'opposent à l'interrogatoire veulent empêcher que la vérité perce; et nous, au nom du peuple, nous demandons la vérité...

Chabot. Vous voulez perdre le temps à un interrogatoire injuste et insignifiant... Je vais en peu de mots expliquer les faits.

Ferrand. Je le dis dans la douleur de mon ame, on trompe le peuple. (Applaudissemens d'une partie, murmures de l'extrémité opposée. — L'agitation continue dans l'assemblée entière.)

Chabot. Si le particulier qui est à la barre est un conspirateur, je serai le premier à le désavouer; mais il faut commencer par juger sa dénonciation.

Legendre. Il faut interroger Roland.

Plus d'un quart d'heure se passe dans le trouble et dans le tumulte des altercations particulières. — Un grand nombre de membres se répandent tumultuairement dans la salle. Le président envoie des huissiers pour rétablir l'ordre et le silence.

Fermont. Dès l'instant où le juré fut décrété pour la nation française, toutes les formes n'ont tendu qu'à connaître la vérité. La dénonciation civique est honorée; mais elle doit être faite avec mesure et sagesse. L'homme qui dénonce doit commencer par signer, en donnant son nom, sa qualité, et sa demeure. (On applaudit.) C'est moi qui ai préparée les questions sur le procès-verbal, je les ai crues nécessaires pour parvenir à connaître la vérité; c'est Bellegarde qui m'a dit qu'il croyait reconnaître cet homme pour avoir servi. (Applaudissemens. — *Aux voix l'interrogatoire!* s'écrie une grande partie de l'assemblée.)

L'opposition tumultueuse d'un petit nombre de membres continue. Le trouble se prolonge. — Le président veut en vain consulter l'assemblée. Les cris non-interrompus qui partent de l'une des extrémités couvrent sa voix. — On remarque qu'un étranger s'introduit dans la salle, et qu'il s'approche de Viard. Le président le fait arrêter.

Après trois quarts d'heure d'agitation, les efforts du président parviennent à remettre le calme.

Il consulte l'assemblée sur la proposition de continuer l'interrogatoire. — Une cinquantaine de membres, seulement, se lèvent pour la négative. — Il est, en conséquence, autorisé à continuer les questions.

Le président à Viard : N'avez-vous pas servi? — J'ai servi dans les gendarmes de la garde, jusqu'à la réforme de ce corps.

On me donna pour retraite le grade de capitaine. Dégoûté du service, je voyageai en Amérique et en Angleterre. J'eus occasion de connaître le factotum du ci-devant duc d'Aiguillon. Ayant appris plusieurs langues, je vins proposer mes services aux ministres de France. Je m'adressai au citoyen Fauchet; il me donna une lettre cachetée pour le ministre Lebrun, et j'obtins de ce ministre une mission pour l'Angleterre. Arrivé à Londres, je fus bien accueilli par M. d'Aiguillon; il m'envoya chez M. Narbonne, j'y trouvai madame Dubarry, M. Talleyrand, des ci-devant évêques et des ci-devant seigneurs. Je feignis de partager leurs opinions pour obtenir leur confiance. Bientôt je leur annonçai mon départ. Alors M. Talleyrand me dit : Je vous chargerai d'un paquet pour M. Fauchet. M. Narbonne me dit : Je vous chargerai de remettre un paquet à M. Roland, car il m'a écrit par Dubut de Longchamp. Mais ces messieurs changèrent apparemment de résolution, et ne me confièrent point leurs paquets. De retour à Paris, je rendis compte de ma mission au citoyen Lebrun; il en parut content. Après quelques jours de repos, j'offris au ministre de me charger d'une nouvelle mission, mais je le trouvai très-tiède; il me dit : Nous verrons; il faut encore attendre; je vous ferai prévenir quand j'aurai besoin de vous. Surpris et inquiet de cette tiédeur du ministre, ayant affaire en Angleterre, et persuadé qu'on y tramait quelque complot contre la France, je m'adressai au citoyen Chabot. Je lui donnai copie du journal de ma dernière mission. — N'avez-vous pas rempli d'autres missions? — J'avais déjà rempli des missions pour l'Angleterre. Le 7 juillet, le 10 et le 25, j'en reçus des ministres Chambonas et Dubouchage; je les ai fait voir au citoyen Chabot; je les ai encore chez moi. Madame Roland m'invita, par un billet, à la voir. — Qu'avez-vous fait de ce billet? — Ah! un moment, je ne sais pas le motif du billet de madame Roland. Mon intention était de lui parler, pour voir si l'on pourrait tirer parti de ce qui se tramait en Angleterre, car j'étais ennuyé de la tiédeur du ministre Lebrun. Madame Roland m'écrivit qu'elle était visible depuis dix heures jusqu'à onze. — Pendant que vous étiez à Londres, avez-vous reçu des lettres de France? — Je n'ai reçu qu'une seule lettre de France pendant ma mission en Angleterre; elle était de mon épouse, qui ne connaissait point l'objet de cette mission. — N'avez-vous rendu aucun compte pendant votre séjour en Angleterre? — Je m'en serais bien gardé, très-certainement. Je craignais trop d'être découvert par les émigrés. Je m'étais mis à l'unisson de ces messieurs, et j'étais obligé de rester depuis le matin jusqu'au soir avec les enragés.

Robespierre monte à la tribune. (Quelques spectateurs applaudissent.) Tout ce qui me paraît résulter de ces réponses, dit-il, et de l'affaire tout entière, c'est que l'un des coupables, c'est l'homme qui vient de répondre. (*Une voix* : Oui, car c'est un émigré.)

Achille Viard rit et salue Robespierre.

Fermont. J'observe qu'avant d'avoir sur un individu une opinion quelconque, il faut épuiser toutes les questions auxquelles il peut répondre, et je demande la permission d'en faire quelques-unes. (*A Viard.*) Quel était l'objet de la mission que vous avez reçue le 7 juillet? — Je n'en sais rien ; le ministre me confia des paquets cachetés, je les remis tels à M. Chauvelin. Je vous assure bien que je n'ai pas commis d'infidélité. A l'égard du titre d'émigré qu'on vient de me donner, je réponds qu'il y a un an que je suis établi à Paris, rue Montmartre, et que le citoyen Bellegarde, qui me connaît, m'a vu ici il y a deux ans. Ma mission du 25 juillet était encore de porter à M. Chauvelin des paquets cachetés que je reçus de M. Dubouchage. Je partis le 25 juillet, et je ne fus de retour qu'après le 10 août. Je rendis compte de ma mission au ministre des affaires étrangères.

Vous venez de dire que vous avez montré vos missions à Chabot. Ayant des missions écrites, comment se fait-il que vous ne savez pas en quoi elles consistent? — J'ai remis mes paquets cachetés, et si j'étais coupable d'une infidélité, vous pensez bien que je ne l'avouerais pas, cela ne tombe pas sous le sens. — Vos missions vous ont-elles été payées? — La dernière pas encore, mais je ne m'en plains pas. — Et les autres? — Quant à celle du 25 juillet, M. Dubouchage n'étant plus en place, le ministre Lebrun m'a dit que cela ne le regardait pas. Je n'ai reçu d'avance que les frais de voyage. Celle du 10 m'a été payée, par M. Chambonas, 1800 liv. — Avez-vous signé sur quelque registre votre reçu? — Non. — Avez-vous donné une quittance quelconque? — Non. — Ce n'était donc pas une mission pour le compte de la nation?

Bourdon. Allons, en voilà assez.

Plusieurs voix : Non, non.

Viard. Pardonnez-moi, j'ai toujours voulu être utile à la République.

Fermont. A quelle époque avez-vous été payé? — Je ne m'en rappelle pas, mais mon passeport justifie mon retour. — Est-ce le ministre lui-même qui vous a remis la somme? — Non. — Qui donc? — Je ne sais pas. — Était-ce chez lui? — Non, il m'a fait venir à l'ancienne place des Victoires, chez un marchand.— Où demeure ce marchand? — En face de la statue.... Je ne sais pas au juste. — Avez-vous fait part à Lebrun de vos liaisons avec Chambonas et Dubouchage? — Non..., non, monsieur.— Vous ne lui avez donc pas dit que vous aviez eu des missions précédentes? — Pardonnez-moi....

Garnier, interrompant brusquement. C'est bon, nous savons maintenant à quoi nous en tenir.

Génissieux. Cet homme me paraît coupable. Je demande que l'on continue à l'interroger. Mais il peut avoir des complices qui l'écoutent. Je demande que les scellés soient mis sur ses papiers. (On applaudit.)

La proposition est décrétée.

Fermont continue. De retour de votre mission le 19 novembre, en avez-vous le même jour rendu compte au ministre? — Non, deux jours après, parce que j'étais malade. — L'avez-vous fait prévenir de votre arrivée? — Oui, par une lettre. — Vous a-t-il donné un rendez-vous? — Oui, il m'a fait dire qu'il m'attendait pour le surlendemain. — Par qui vous l'a-t-il fait dire? — Par l'homme qui me sert, qui avait porté la lettre. — Comment s'appelle cet homme? — Ledoux. — Vous a-t-il accompagné à

Londres? — Non, il est resté depuis quatorze mois à Paris. — Où est-il? — Il demeure chez moi, rue, etc.

Louvet. Je demande que ce domestique soit arrêté à l'instant. (On applaudit.) — L'arrestation est décrétée.

Fermont. Où avez-vous rédigé le journal de votre mission? — A Calais. — Combien êtes-vous resté de temps dans cette ville? — Six jours. — Pourquoi, étant chargé d'une mission importante, avez-vous différé aussi long-temps de vous rendre à Paris? — Ah!.... Vous avez raison, monsieur....; cependant, je puis affirmer que j'étais incommodé. — Chez qui avez-vous logé? — Chez Tessier. — Avez-vous eu quelque relation avec Fauchet? — Jamais, si ce n'est lorsque je lui ai fait part de ma mission. — Vous a-t-il donné des lettres pour Londres? — Non. — Quelqu'un vous en a-t-il donné pour lui? — Talleyrand Périgord m'a proposé de m'en remettre; c'était à Londres, deux jours après mon arrivée. — Êtes-vous allé chez Fauchet après votre retour? — Non, puisqu'on m'avait donné des paquets. Je ne pouvais jouer deux rôles à la fois. — Qu'entendez-vous par là? — Je veux dire qu'on m'en avait proposé, et comme j'étais dénonciateur, je n'ai pas voulu aller chez lui. — Vous soupçonnez donc Fauchet? — Je ne dis pas cela; je ne crois pas qu'il ait de mauvaises intentions. Mais j'avais de la répugnance à aller chez lui, attendu que l'évêque d'Autun m'a proposé de lui porter des paquets.

Treilhard. Pourquoi êtes-vous allé au comité de surveillance? — Monsieur, j'étais jaloux de faire voir à la République ce qu'on tramait contre elle. — Pourquoi ne vous êtes-vous adressé qu'à une partie des membres de ce comité? — Je ne voulais confier ma dénonciation qu'à des membres dont j'étais bien sûr. (On rit.) — Vous connaissez donc Chabot? — Non, je ne le connaissais pas avant. — Pourquoi allâtes-vous chez Fauchet avant de partir pour Londres? — Pour lui faire un aveu qu'il reçut de bonne foi, et il s'y prêta. — Quel aveu? — Mais l'aveu qu'on tramait...., ce qui se tramait à Londres contre la République..., et pour les paquets dont j'étais porteur. — Vous aviez donc des paquets? — Non, il ne m'en a pas donné. — Êtes-vous reparti de Londres par ordre du ministre? — Non, puisqu'il ne me répondait pas. — Pourquoi repartîtes-vous? — Dubut-Longchamp me dit que le ministre Lebrun me rappelait, et d'ailleurs la dépense était extrême en Angleterre, les assignats perdant beaucoup. — Y avait-il long-temps que vous connaissiez Dubut-Longchamp? — Oui; l'ayant reconnu à Londres, il me raconta son histoire; mon rôle était alors de me mettre à l'unisson de ces gens-là. — D'où vient que c'est par l'entremise de Dubut-Longchamp que le ministre des affaires étrangères vous a rappelé à Paris? — Je n'en sais rien, cela m'a étonné. — Avez-vous eu des rapports avec un citoyen nommé Villeneuve, demeurant à Paris, rue de la Butte-des-Moulins? — Non. — Vous ne le connaissez pas? — Je le connais, mais je ne l'ai pas vu à Londres. — Comment l'avez-vous connu? — Il me fournissait toutes sortes de denrées, et même d'avance, et je ne rougis pas de dire que j'ai encore un reste de compte avec lui. — Le voyez-vous fréquemment depuis votre séjour à Paris? — Quelquefois, mais nos comptes nous ont brouillés, et ont mis du froid entre nous. — Pourquoi cherchâtes-vous à être admis chez Roland?

Merlin. Mais en voilà assez.

Legendre. Tout cela ne signifie rien.

Chambon. Je prie Legendre de nous dire *s'il a mis la main sur Narbonne.*

Plusieurs membres, notamment Bazire, Bourdon, Merlin, etc., insistent pour que l'interrogatoire cesse. — *Non, non,* répond de nouveau une grande partie de l'assemblée.

Fermont reprend. Pourquoi, des paquets vous ayant été offerts pour Roland comme pour Fauchet, avez-vous cherché à être admis chez ce premier, tandis que vous ne voulûtes pas retourner chez Fauchet?

Viard. J'ai chez moi toutes les pièces de ma correspondance avec le ministre Lebrun. On y trouvera les preuves de tout ce que je viens de dire. Lors de mon retour à Paris, j'allai chez Lebrun, et je lui rendis compte de ma mission. Il en écouta le détail avec tant de froideur, que je résolus de me présenter chez M. Roland, dont la réputation de civisme m'enhardissait, pour l'intéresser à la surveillance dans une circonstance aussi critique. Mais jugeant que M. Roland devait avoir peu de temps à me donner, et désirant me présenter à lui dans un moment opportun, je m'adressai à madame Roland, et lui écrivis pour la prier de me ménager un instant d'entrevue avec son mari. Elle me répondit qu'on la trouvait depuis dix jusqu'à onze heures. Je ne me rendis pas chez elle le lendemain de la réception de ce billet; mais le surlendemain j'y allai, et je lui fis part des motifs de l'entrevue que je sollicitais. Madame Roland me répondit qu'elle s'en tenait à son rôle de femme, qu'elle n'était qu'à côté des affaires, et que si j'avais à communiquer à son mari quelque chose d'important, je pouvais m'adresser à lui-même.

On observe que cette dernière réponse est entièrement contradictoire avec la déclaration écrite, lue au commencement de la séance par Chabot. — Un mouvement presque général d'indignation se manifeste dans l'assemblée. — Un grand nombre de membres se lèvent à la fois, et demandent que Viard soit mis en arrestation.

On entend au milieu du tumulte les cris de Chabot, de Tallien, de Marat.

Ruamps. J'atteste que notre procès-verbal a cependant été relu par Viard, et qu'il s'est le premier offert à signer.

Viard. Dans la multitude de questions qui m'ont été faites ce matin par Chabot, il est possible qu'il se soit trompé en écrivant.

Fermont fait quelques autres questions à Viard; celui-ci ne répond plus que par paroles entrecoupées et contradictoires. — Tallien interrompt en demandant à faire une motion d'ordre.

On demande que la citoyenne Roland soit sur-le-champ introduite pour donner des explications sur cette partie de la déclaration de Viard. — *Décrété.*

Un grand nombre de voix. Oui, oui.

Chambon. Il faut qu'elle soit entendue pendant que Viard est à la barre.

L'admission est ordonnée.

La citoyenne Roland paraît à la barre. (Il s'élève de nombreux applaudissemens.)

Le président. Citoyenne, la Convention a désiré vous entendre sur un objet dont il va vous être donné connaissance. — Quel est votre nom ?

La citoyenne. Roland, nom dont je m'honore, car c'est celui d'un homme de bien. (On applaudit.)

Le président. Connaissez-vous le citoyen Achille Viard ?

La citoyenne Roland. Je ne le connais pas ; mais je reçus, il y a huit jours, une lettre où le citoyen qui signait ce nom m'annonçait qu'ayant la confiance du citoyen Lebrun, ministre des affaires étrangères, et étant sur le point de partir pour l'Angleterre où il avait découvert une grande conspiration contre la République, il avait à communiquer au citoyen Roland des choses très-intéressantes pour lui et pour le citoyen Lebrun, mais qu'il n'avait pu lui en faire part à cause de la multiplicité de ses affaires. Je lui répondis par un billet non signé que, s'il s'agissait d'affaires publiques, je m'en tenais à mon rôle de femme, et qu'il fallait s'adresser au citoyen Roland ; que si la chose intéressait sa personne, je serais visible le lendemain depuis dix heures jusqu'à onze. Je reçus une seconde lettre, par laquelle on m'informait qu'invité par le citoyen Lebrun à un rendez-vous très-important, on ne viendrait pas le lendemain, mais seulement le surlendemain. Le surlendemain je vis le citoyen Viard, que je reconnais. Il me raconta ce qu'il avait vu à Londres. Je le laissai parler autant qu'il voulut. Je lui témoignai mon étonnement, sur ce qu'ayant des choses intéressantes à communiquer au ministre, c'était à moi qu'il s'adressait plutôt qu'à lui ; je lui dis qu'apparemment il était dans une erreur que partageaient plusieurs personnes. Il me dit que le ministre était si surchargé d'affaires, qu'il ne pourrait lui indiquer qu'un rendez-vous fort éloigné ; que mon intervention pourrait en rapprocher le terme. Je lui répondis que je n'étais qu'à côté des affaires, que ce n'était pas à moi à disposer du temps du citoyen Roland, qu'il savait trop bien diriger l'emploi de ses momens, pour que je pusse m'en mêler ; que, d'ailleurs, comme fonctionnaire public, il s'en tenait à l'usage de n'entendre les personnes qui ont des affaires à lui communiquer, que dans l'ordre de la date de leur présentation. Il se retira.

Sans avoir l'œil très-exercé, j'ai cru voir dans monsieur, un homme qui venait pour observer ce qu'on pensait, plus que pour toute autre chose. (On applaudit à plusieurs reprises. — Quelques rumeurs se font entendre dans une extrémité de la salle.)

On demande que les honneurs de la séance soient accordés à la citoyenne Roland.

Le président. Citoyenne, la Convention nationale, satisfaite des éclaircissemens que vous venez de lui donner, vous invite aux honneurs de la séance.

La citoyenne Roland traverse la salle au milieu des applaudissemens de la grande majorité de l'assemblée.

Marat, près la tribune. Voyez le silence du public ; il est plus sage que vous.

Un des secrétaires fait lecture de la lettre du ministre des affaires étrangères.

Paris, 7 décembre. « J'apprends que je suis accusé d'avoir envoyé à Londres, pour y fomenter des troubles, le citoyen Achille Viard. Voici la vérité du fait. Le 30 septembre, Achille Viard est venu me demander un passeport pour se rendre à Londres. Il m'apportait une lettre de Claude Fauchet, annonçant que ce citoyen y pourrait être très-utile pour arrêter l'effet d'une conspiration qu'il avait découverte. Je ne crus pas devoir refuser ce passeport à un citoyen muni d'une telle recommandation. J'ignore ce qu'il a fait à Londres, mais je sais qu'il n'a rempli ni l'espoir de Claude Fauchet, ni le mien. Il n'est pas assez fort en moyens physiques et moraux (On rit.) pour donner de l'inquiétude à l'Angleterre. Toute ma correspondance prouve que j'ai toujours tenu envers la nation britannique une conduite franche et loyale. (On applaudit.) J'ai une trop haute idée des relations que doivent avoir ensemble les deux nations, pour recourir à des manœuvres si basses.

P. S. Si une extinction de voix ne m'empêchait de me faire entendre, j'eusse été moi-même donner ces détails à l'assemblée. Si elle en exige d'ultérieurs, je les donnerai au comité de sûreté générale, ce que je suis toujours disposé à faire. »

Lettre de Claude Fauchet au ministre des affaires étrangères, 30 septembre.

« Ministre citoyen, le citoyen Achille Viard vient de recevoir de Londres une lettre d'un sieur Marcellin, homme d'affaires du ci-devant duc d'Aiguillon, qui le mande en Angleterre pour le charger de papiers importans, contenant la découverte d'une machination infâme. Je charge le citoyen Viard de vous remettre cette lettre et de prendre vos ordres. » — Au comité de surveillance.

Fermont. Il est bien étonnant que Viard, qui devait être connu dans les bureaux des affaires étrangères, puisqu'il avait déjà rempli deux missions, ait besoin d'une lettre de Fauchet pour obtenir du ministre un passeport afin d'aller retirer des papiers importans. Je demande au citoyen Viard pourquoi, à son retour, il n'est pas allé voir Fauchet.

Viard. J'ai peut-être eu tort; mais j'ai dit que la raison qui m'en avait empêché, c'est que, d'après les papiers dont on voulait me charger pour lui à Londres, je le croyais suspect et malintentionné.

Pons, de Verdun. Il y a au comité de surveillance des dépositions contre Viard comme fabricateur de faux assignats.

Sergent. Cet homme était consigné à l'administration de police pour les passeports, et c'est pour n'être pas arrêté qu'il se sera fait donner une commission par le ministre des affaires étrangères.

Buzot. Je demande au citoyen Viard depuis quand il connaît Chabot; si c'est spontanément qu'il a fait sa dénonciation; si le procès-verbal a été fait sous sa dictée. (Il s'élève des murmures et des applaudissemens.)

Chabot. Je demande qu'on fasse ces questions, elles m'intéressent.

Viard. J'ai connu le citoyen Chabot à l'époque où je lui ai remis mon journal, il y a quatre jours. Chabot, en écrivant le procès-verbal, avait mon journal à côté de lui. Il lisait chaque phrase à mesure qu'il l'écrivait; quand il a été fini, il nous l'a présenté, et j'ai offert le premier de le signer.

Buzot. En sorte que vous serez seul impliqué dans les contradictions qui peuvent exister entre ce procès-verbal et vos réponses. (Il s'élève un violent murmure dans toutes les parties de l'assemblée.)

Ruamps. J'observe que l'assemblée ne peut avouer une question qui tendrait à forcer l'accusé à une réponse affirmative, par la crainte de rester seul impliqué dans l'affaire.

Tallien. Je demande à l'assemblée une justice éclatante contre ce nouveau Cazalès.

Une partie de l'assemblée demande que Buzot soit rappelé à l'ordre avec censure. — On murmure. — L'agitation recommence.

Marat, près de la tribune. Ils ne seront pas si plats quand le peuple se montrera.

Bertrand. Mettez aux voix si Achille Viard sera mis en état d'arrestation, et levez la séance pour finir tout ce scandale.

Thuriot. Comme il paraît qu'il y a un grand complot dont Viard semble l'agent, je demande que le pouvoir exécutif soit chargé ne lever les scellés apposés sur ses effets, en présence de deux commissaires de l'assemblée pris parmi les membres du comité des douze.

Ces deux propositions sont décrétées.

La séance est levée à sept heures passées du soir.]

— La séance que nous venons de lire est appelée par les journaux girondins la séance solennelle, parce que tous les chefs de leur parti, Dumourier, Roland, etc., comparurent en quelque sorte à la barre, et la quittèrent justifiés. Il sera facile à nos lecteurs de voir que, dans cette séance, les deux partis furent en présence, que les Girondins défendirent Dumourier en lançant une accusation à leurs adversaires, et que ceux-ci, à leur tour, répondirent de la même manière.

Parmi les journaux, le *Patriote Français* et le *Journal de la République* furent les seuls qui émirent une opinion sur le but de ces débats.

« Non, dit Marat, rien n'égale l'hypocrisie, l'astuce, la fourbe et la profonde scélératesse des complots formés contre la liberté publique, par la clique Roland. Celui qui a éclaté le 7 de ce mois les surpasse tous en scélératesse. (Suit l'histoire de la séance.) Il paraît démontré aux yeux des lecteurs qui pensent, que toute cette affaire est un complot tramé par la clique chez Roland et peut-être par sa Pénélope, aidée de ses principaux frères servans, pour engager les patriotes du comité de surveillance, dans de fausses démarches, et les donner en spectacle au public comme des imbéciles toujours prêts à jeter l'alarme sur des faits faux, afin de les faire remplacer par des fripons dévoués à la clique, ou leur ôter toute confiance lorsqu'ils dénonceront des complots trop fondés.

» Un autre objet de ce complot était de remettre Roland en crédit en faisant voir d'une manière éclatante qu'il était calomnié par les patriotes.

» Le principal acteur de ce complot est Viard, ancien garde du corps et l'un des émissaires de Chambonas... Le second acteur est le suppléant Viger reconnu publiquement faussaire, et intimement lié avec Barbaroux... On y voit aussi un Fermont, suppôt de l'ancien régime et un Buzot, meneur de la clique, qui se rend le défenseur officieux de Viard, lorsqu'il le voit confondu, afin d'empêcher que ce scélérat, conduit au pied de l'échafaud, ne révèle la trame. Sans doute on ne peut qu'être fâché que les patriotes du comité de sûreté générale aient donné dans le piége; mais il vaudrait mieux qu'ils jetassent l'alarme dix fois sans cause que de compromettre une seule fois le salut public en gardant le silence... La preuve que tout cela était un complot rolandin, brissotin et buzotin, c'est qu'on n'a donné aucune suite à cette affaire dans la séance du lendemain, quoiqu'elle ne soit pas terminée ; et je gage cent contre un, que Viard ne sera pas mis en jugement...

» L'indignation et la douleur que j'ai ressenties à la vue de toutes ces lâches machinations, tramées au sein même de l'assemblée, ont si fort altéré ma santé que je suis depuis trois jours dans mon lit avec la fièvre et la migraine...

» Révoltés des insinuations mensongères de Buzot, le Vaublanc de l'assemblée conventionnelle, les membres patriotes du comité voulaient donner leur démission. Gardez-vous en bien, mes chers amis ! C'est là précisément ce que les scélérats demandent. » (*Journal de la République*, numéro du 15 décembre.)

Dans cet article Marat ne pousse pas plus loin ; mais, dans d'autres, soit antérieurs, soit postérieurs, il émet l'opinion que le but qui domine tous les actes des Girondins, est le salut du roi ; que l'avilissement des patriotes, les alarmes semées sur les subsistances, les dénonciations de Roland sont les moyens de ce but. A cause de cela il s'applaudit de voir que les pièces lues au commencement de la séance, font connaître Dumourier.

« Sainte-Foi qui s'y connaît, dit-il, indiquait à l'ex-monarque Clavière, Kersaint, Dietrick et Dumourier, comme les hommes qui convenaient le mieux à la remonte du ministère pour les projets du cabinet. De ces quatre personnages, trois sont de vieux valets de cour ; l'autre est un publicain prêt à tout faire pour de l'argent. Dietrick, maire contre-révolutionnaire de Strasbourg, est décrété d'accusation. Dumourier, général des armées de la Belgique, est accusé d'intrigues affreuses pour se faire attribuer la disposition des trésors destinés aux besoins des troupes sans surveillance, accusé d'accaparemens et de dilapidations inouïes, d'intelligences secrètes avec les puissances coalisées, et les rebelles fugitifs ; coupable de mille persécutions atroces exercées contre les volontaires de ses armées et trop justement soupçonné du projet infernal de faire périr les soldats de la liberté, en les menant à la boucherie; de ne s'emparer des places de la Belgique que pour les remettre à l'ennemi, en lui conservant ses arsenaux et ses magasins (1).

» L'ex-noble Kersaint s'est justifié comme il a pu, ainsi que Barrère; et l'agioteur ministériel Clavière garde encore le silence.

» Dans une autre lettre à Louis XVI, Laporte jette de cruels nuages sur les meneurs de la constituante et de la législative. Je ne donnerai rien au hasard pour connaître les masques, mais on ne trouvera pas mauvais non plus que je mette sur la voie.

» Il est prouvé par l'une des pièces dénoncées que Sainte-Foi écrivait à Louis XVI de ne pas se rendre le 10 août à l'assemblée nationale, mais d'appeler auprès de lui deux cents membres. Or, le 10 août, Guadet s'efforça de déterminer l'assemblée à envoyer deux cents membres auprès du roi... La conséquence va d'elle-même. » (*Journal de la République*, du 8.)

— Il est curieux de comparer les conclusions de Marat avec l'une de celles que le *Patriote Français* tire des mêmes pièces. « Depuis quelques jours, dit-il, on annonçait, avec une maligne affectation, des pièces à la charge de Dumourier, trouvées dans les papiers de Louis Capet. Déjà triomphaient ceux que nos triomphes consternent, et qui représentent nos victoires comme des trahisons; il se faisaient une cruelle joie de lancer un décret d'accusation contre le vainqueur de Jemmapes et de charger de fers celui qui rompt les fers de la Belgique. On a lu ces pièces... On les a lues pour la confusion des ennemis de la patrie, pour la gloire de Dumourier. On n'y a rien trouvé que d'honorable pour les principes et le caractère du général. » (*Patriote Français*, n° MCCXV.) — Le journal de Brissot ne se borna pas à ces remarques, il imprima dans le numéro du lendemain, l'article suivant.

(1) Nous ferons remarquer que Marat mêle ici ses propres accusations à une imputation à laquelle prêtait Dumourier, par ses démarches en faveur des fournisseurs de son armée, ainsi que nous le verrons plus bas. (*Note des auteurs.*)

« *Sur la dénonciation contre Roland et sur la marche des agitateurs.*

» Si quelqu'un pouvait douter du projet de désorganiser tout, et que ce projet a pour un de ses foyers principaux le comité de surveillance de la Convention, la scène du 7 devrait l'en convaincre. — Quelle marche doivent prendre les désorganisateurs? Calomnier les ministres, calomnier les généraux, avilir la Convention, inspirer au peuple de la défiance contre ses représentans. L'esprit de conduite dans un régime libre, disait un des meneurs des anarchistes, consiste à exciter le peuple contre ses magistrats et à prendre toujours son parti. Voilà la clef de toutes ces calomnies. On sait bien qu'en dénonçant et faisant aussi ridiculement dénoncer Roland, on ne le fera pas mettre en état d'arrestation; mais on ajoutera dans l'esprit du peuple quelques grains à la défiance ou même à la haine qu'on a excitée contre lui; il restera dans les esprits qu'il a correspondu avec Narbonne, et que Narbonne compte sur lui. Dans huit jours, on reproduira, dans un nouveau libelle, cette correspondance comme certaine et la calomnie prendra de la consistance. Puis, en parlant sans cesse de Roland, on fatigue les oreilles de ce nom, et cette fatigue mène si promptement à l'ostracisme! Puis ces dénonciations amènent des débats bruyans et des scènes tumultueuses. La tribune est alors souillée par ces hommes qui, au milieu des grandes questions, sont perdus dans une nullité complète; la Convention en est d'autant plus avilie. La multitude se familiarise avec le *disrespect* pour ses représentans, et de cette familiarité à des scènes sanglantes, l'espace est si étroit et si facile à franchir par les brigands qui épient le moment de la maturité et de l'avilissement!

» Quel est donc l'espoir des agitateurs? Est-ce de préparer une scène qui sauve le ci-devant roi? Leurs hurlemens contre lui le feraient présumer; car un vrai républicain condamne froidement un tyran, mais ne l'injurie pas, mais ne paraît pas avide de boire son sang. Est-ce encore de substituer un autre tyran? Les assassins ont toujours, en effet, besoin de quelqu'un qui les paie. Est-ce tout simplement de prolonger l'anarchie, parce que l'anarchie leur profite, parce que dans l'anarchie on fait trafic de tout?

» Quel que soit le but des agitateurs, leur marche n'en est pas moins funeste et à notre révolution et à celles qui se préparent. Comment veut-on que les peuples nous imitent, lorsqu'ils voient qu'une poignée de factieux, l'emportant sur la presque totalité de la nation qui veut l'ordre, parvient à entretenir une agitation nuisible à presque tous les citoyens et que presque tous exècrent? — Au surplus, ces factieux sont maintenant dans le mépris; leurs projets sont connus; que les départemens continuent à manifester pour eux leur exécration, et alors ils rentreront dans le néant, et alors nous aurons la tranquillité intérieure, et du pain, et du numéraire, et nos assignats remonteront à leur prix; car la disette et le discrédit tiennent aux défiances sur le nouvel ordre de choses. On ne peut croire à sa tenue, tant qu'on verra des scélérats ou des fous, non pas dominer précisément, mais avoir quelque influence sur la marche des choses, et l'entraver à leur fantaisie. » (*Patriote Français*, n. MCCXVI.)

Extrait de la séance des Jacobins, du 7 décembre au soir.

Dubois-Crancé. La séance de la Convention a été entièrement perdue pour la chose publique. Grangeneuve a dénoncé des conciliabules secrets formés par des membres du comité de surveillance. Cette dénonciation a jeté une pomme de discorde dans l'assemblée, qui a perdu sa séance dans de vaines discussions. Sur la dénonciation de Chabot, Roland et sa femme ont été mandés à la barre : ils se sont pleinement justifiés, et madame Roland a parlé avec beaucoup de grace et d'esprit. (On rit.) Enfin la séance a été consacrée aux misérables discussions qu'a fait naître cette dénonciation. Si cela continue, je ne sais comment nous pourrons sauver la chose publique. (Applaudi.)

(*Un membre* monte à la tribune pour entretenir l'assemblée des dilapidations dont se rendus coupables quelques fournisseurs des armées.)

Moenne observe que de telles discussions ne doivent point occuper la société.

Robespierre est aussi de cet avis. L'affaire qui vous occupe, dit-il, est importante, mais subordonnée aux grands intérêts de la République. Cette société n'est point une arène ouverte. L'ordre du jour est la conjuration contre la liberté et la proscription des patriotes ; je demande la parole sur les moyens de sauver la patrie. (Applaudissemens très-vifs de l'assemblée et des tribunes.)

Un citoyen. Je vais apprendre un fait propre à servir d'introduction à ce que va dire Robespierre.

Ce matin, je me suis rendu à neuf heures à la Convention. Comme je me trouvais seul, j'ai été aux Tuileries ; j'ai rencontré un de mes collègues, qui m'a raconté le fait suivant ; c'est lui qui vous parle par ma bouche. Écoutez attentivement. « Je suis dans l'usage d'aller dîner chez Venna ; chez ce restaurateur, il y a deux salles. J'aperçus dans une la table bien servie, ce qui me détermina à y entrer. On se met à table, et je me trouve avec quatre-vingts députés. Je demande à mon voisin si le dîner était préparé ; il me dit : Est-ce que vous n'êtes pas invité ? — On avait choisi Barbaroux pour président : Buzot fait l'agrément de cette table par ses bons mots. Dans ce conciliabule, on tire à boulets rouges sur les Jacobins. Tout en rendant justice à la société, on se plaint beaucoup de Chabot et de quelques autres membres. Ils assurent que, dans trois semaines, il ne restera pas plus de quarante sociétaires. A la fin du repas, on a fait un appel nominal : chacun a payé 6 francs. » Notre collègue a quitté cette mauvaise compagnie, et s'est bien promis de n'y plus retourner.

Garnier, qui, pendant la dénonciation de ce complot, avait voulu interrompre le dénonciateur, s'écrie avec vivacité : Mon coup est manqué : je voulais m'introduire à cette table de scélérats pour les démasquer ; mais je ne puis plus exécuter mon projet. Je ne pourrai donc démasquer ce perfide Buzot, cet indigne Buzot, que son département devrait rougir d'avoir nommé député. Je rends hommage aux intentions du préopinant; mais j'ai manqué mon coup, et cela m'afflige cruellement. (On rit et on applaudit à plusieurs reprises.)

Robespierre l'aîné. Plus les dangers de la patrie sont imminens, plus nous devons travailler à son salut. Il est évident que les hommes qui nous dominent veulent fonder une tyrannie nouvelle sur les débris de la royauté. Pour établir cette tyrannie, il est clair qu'il fallait anéantir les hommes du 10 août. Quels sont les hommes qui ont préparé la révolution du 10? Ce sont les hommes qui n'ont d'autre but que de faire le bonheur du peuple, c'est le peuple de Paris qui a soutenu la liberté par de nombreux sacrifices depuis 1789. Depuis le 10 août, que fait la Convention? Rien pour le peuple. Qu'a-t-elle fait qui réponde au vœu de la République? Pourquoi n'a-t-elle pas fait ces lois provoquées par la volonté générale? C'est qu'avant il était de l'intérêt des dominateurs de se débarrasser des patriotes qui pouvaient s'opposer à leurs projets. Aussi vous avez vu des dénonciations perfides dirigées contre les meilleurs patriotes, contre les défenseurs du peuple. Tout ce qu'il y a de plus subtil et de plus adroit parmi les intrigans de la France, a été employé pour dénigrer les plus incorruptibles citoyens.

Lisez les séances de la Convention, il n'en est pas une dont le but ne soit de perdre les patriotes, d'animer les départemens contre le bon peuple de Paris; voilà le but vers lequel sont dirigées toutes les discussions de la Convention. Vous savez les manœuvres employées pour faire croire que Paris est dominé par un petit nombre de factieux. Pour fortifier cette calomnie dans les départemens, on a accaparé tous les papiers publics qui journellement répandent le mensonge dans toute la République. Le projet des intrigans est évidemment d'exciter à Paris un grand désordre; quand ce désordre sera excité, on dira dans les départemens : nous ne vous en avions pas imposé; vous voyez les troubles qui règnent dans Paris. Il se servent adroitement du procès du roi et des subsistances comme d'un moyen assuré pour exciter des troubles. Quels sont ceux qui apportent des lenteurs au procès de Louis XVI? Ce sont les ennemis de la patrie.

Citoyens, je vais vous indiquer les moyens de détourner les malheurs qui nous menacent.

C'est d'abord de ne pas nous laisser alarmer par les subsistances ; la disette n'est point le produit du défaut de blé, car le sol français produit plus qu'il ne faut pour la nourriture de ses habitans. Que le peuple ne se porte donc à aucun mouvement qui serait nuisible à la chose publique. Quant au jugement du roi, il paraît qu'il y a une conjuration, puisque l'on veut conserver encore un tyran déjà jugé par l'insurrection. Ce n'est pas Louis XVI qui est à craindre ; mais on veut que Louis XVI paraisse immolé par le peuple de Paris, et l'on dirait ensuite : La Convention nationale allait juger Louis XVI avec la dignité qui lui convenait ; mais les factieux l'ont empêché. C'est dans cette intention que les hommes qui ont reculé pendant trois ou quatre mois le jugement de Louis XVI voudraient exciter un mouvement populaire ; en un mot, s'il excite un trouble, il sera le seul moyen de légitimer tous les attentats des ennemis de la liberté. Ces mêmes conspirateurs ont attiré à Paris une force armée. Qu'il naisse un trouble, et voilà les patriotes de Paris désignés pour les auteurs des troubles ; voilà la guerre civile allumée à Paris. Déjouons donc les projets des intrigans qui, dans ce moment, imputent aux patriotes les troubles qu'ils veulent exciter. Veulent-ils exciter des troubles, ils disent que vous êtes des agitateurs. Veulent-ils rétablir le despotisme, ils disent que vous voulez ressusciter la royauté. Tout mouvement qui arriverait dans ce moment serait nuisible à la chose publique. Ce que nous devons faire dans ce moment, c'est de nous opposer à toute insurrection ; car l'insurrection, qui est le plus saint des devoirs, serait dangereuse contre la Convention. Qu'avons-nous à faire? Éclairer l'opinion ; faire circuler nos écrits parmi les fédérés, afin de les désabuser ; il faut aller les trouver, leur donner vos circulaires pour dissiper leurs erreurs. Et quand la conspiration sera prête à éclater, nous combattrons comme des hommes qui ont toujours voué leur vie à la cause de la liberté. On dit que la poste arrête notre correspondance, eh bien! que le comité recueille tous les faits qui peuvent constater cette affreuse conspiration, alors nous dénoncerons le pouvoir exécutif à l'univers entier. (Applaudissemens très-vifs de l'assemblée et des tribunes.)

» Et vous, députés patriotes, je dois vous donner un conseil important. C'est de ne pas souffrir que vos collègues soient privés du droit de suffrage dans la Convention. Un député tient ses pouvoirs du peuple entier, et étouffer sa voix, c'est étouffer la voix du peuple lui-même. Jurons tous de plutôt mourir à la tribune que d'en descendre lorsque l'on nous refusera la parole. » (Applaudissemens très-vifs de l'assemblée et des tribunes.)

— Au milieu de l'approbation universelle, une douzaine de députés présens à la séance s'écrient qu'ils sont décidés à mourir à la tribune avec Robespierre lorsqu'on lui refusera la parole. (Applaudissemens.)

Legendre demande que, pour se conformer aux vues patriotiques de Robespierre, les députés du côté gauche soient invités à se lever plus matin; car, il est à remarquer, dit-il, que les députés du côté droit sont à leur poste pour intriguer, tandis que les patriotes sont encore absens. (Applaudissemens.)

Extrait de la séance des Jacobins du 8 décembre.

Robert. « Citoyens, je n'ai jamais été aussi affligé que je le fus hier. Le spectacle de la Convention avait porté dans mon ame un sentiment d'amertume que je ne pourrais vous peindre; j'en avais presque conclu que la guerre civile allait être déclarée en France, puisqu'elle était déjà déclarée dans la Convention. Elle est bien décidément divisée en deux partis. Jusqu'à ce jour j'avais douté encore si ceux qui manifestaient tant de haine contre Paris, j'avais douté si ces hommes étaient de mauvaise foi; mais je n'en puis plus douter, lorsque j'ai vu MM. Guadet et Buzot accuser de projets de dominations des hommes qui n'ont pour titre que leur misère et leur indépendance, et c'est moi, c'est vous que l'on accuse de vouloir un maître. S'ils ne sont point de bonne foi, ils ne sont point les amis de la liberté; ils sont donc bien réellement des agitateurs ; ils sont donc les auteurs des troubles qui agitent la Convention. Je dis que si votre sagesse ne nous indique pas le moyen ou de démasquer les traîtres ou d'anéantir les troubles, la France se divise en deux sections.

» Si Paris, si quelques départemens veulent venger la cause des Jacobins, si d'autres veulent venger la majesté de la Convention, alors la guerre civile existera, et elle n'est pas éloignée. Robespierre vous a exposé un grand principe, c'est que tous les individus doivent jouir de la liberté de suffrages ; ses moyens sont vrais et bons, ses moyens se réduisent à ce que tous les vrais Jacobins se réunissent pour maintenir la parole à celui d'entre eux qui ne pourrait en jouir. Voilà bien la théorie de l'insurrection, et certes cette insurrection est légitime ; car là où tous les représentans du peuple ne peuvent pas tous voter, il n'y a pas de représentation nationale ; elle n'est que là où toutes les parties de la République sont représentées ; et là où un représentant ne peut pas voter librement, toutes les parties de la République ne sont pas représentées.

» Mais si cette insurrection de la minorité contre la majorité est légitime, il faut encore la rendre légitime dans les formes ; une ardeur trop grande nous emporte souvent nous-mêmes.

» Mais il ne suffit pas d'avoir de bons sentimens, il faut être politique avec les intrigans, et je pense que nous devons leur laisser la plus grande liberté. Je désirerais que cette Montagne restât calme, même quand elle entend Buzot : c'est le seul moyen de faire respecter nos droits ; mais si nous continuons à faire ce que nous avons fait, ils auraient raison dans la forme de nous dire que nous sommes intolérans. Ceci s'adresse à mes collègues, et je les prie d'y faire une sérieuse attention. Il faut que dans les jours qui vont précéder le jugement du roi, nous soyons calmes et que nous conservions notre dignité ; il ne faut pas que nous ayons les formes judiciaires, mais il faut avoir l'impassibilité qui convient à des juges. Quand nos ennemis verront en nous ce caractère, ils n'oseront plus nous calomnier. Ceci me rappelle deux actes irréguliers de Merlin et de Chabot. Je suis de l'avis de Merlin; je pense qu'une nation a le droit de se donner des rois; si Merlin avait cru que la nation fût assez vile pour ressusciter le royalisme, il serait indigne de siéger parmi nous, et si la nation était assez vile pour se donner un roi, je donnerais ma démission, car je ne me croirais pas fait pour représenter un tel peuple. (Applaudi.)

» Il n'en est pas moins vrai que Merlin a compromis ses collègues. Il savait qu'on nous accusait de royalisme, il ne devait pas accréditer les calomnies répandues contre nous. Guadet nous a dit que l'opinion de Merlin donnait la clef des principes de tous ceux qui sont du parti de Merlin; il en a conclu que les Jacobins étaient royalistes. Le reproche que je fais à Chabot n'est pas moins grave, Chabot avait dans les mains des papiers propres à révéler une grande conspiration; il devait les garder jusqu'à ce que la preuve fût acquise; mais ne pouvant faire ce sacrifice, pénible pour lui à la vérité, il parle sans être sûr de la réalité de sa dénonciation. Chabot avance des assertions propres à le compromettre. J'avoue que, s'il y a là du patriotisme, il y a beaucoup d'imprudence; c'est un reproche que je fais aux patriotes; ils n'imitent pas nos ennemis. Ceux-ci ne donnent pas une scène au public que tous les rôles n'aient été distribués. Selon mon calcul approximatif, il y a un tiers de la Convention composé de bons Jacobins; mais, je vois une foule de membres qui ne sont trompés que par les formes qui nous caractérisent. Cette majorité viendrait à nous, si nous voulions nous promettre d'être calmes et tranquilles, si nous voulions parler le langage de la raison publique..... »

Robert termina son discours par la lecture d'un projet d'adresse qu'il avait rédigé pour en proposer l'adoption à la Convention. En voici un extrait :

« Serait-il donc vrai que la France touchât au moment affreux de l'anarchie!... Voudriez-vous, citoyens, que témoin de vos désordres civils, l'Europe accusât la République d'avoir trompé son attente..... Ne vous apercevez-vous pas que ce sont vos ennemis qui vous excitent au désordre : que c'est pour vous faire haïr la révolution républicaine, qu'ils agitent la République ; que c'est pour agiter la République qu'ils sèment des inquiétudes sur les subsistances..... Citoyens, vous aurez du pain : la société en doit à tous ses membres, et elle acquittera sa dette..... Rassurez-vous de même sur la liberté des cultes et sur la justice de vos représentans envers les ministres du culte catholique..... Français ! nous avons fait un serment, nous le tiendrons ; nous avons juré de ne porter aucun atteinte à vos droits, et vos droits seront scrupuleusement respectés. Que ne pouvons-nous aussi jurer de vous procurer le bonheur ! mais ce résultat ne saurait être exclusivement notre ouvrage..... Votre bonheur, citoyens, il est dans vos mains. Se soumettre aux lois parce qu'on les a consenties, se soumettre aux autorités parce qu'on les a choisies, aimer la République parce que c'est son propre bien, la préférer à tout dans la vie, parce qu'elle doit fonder le bonheur de tous : voilà, citoyens, voilà la théorie du bonheur public. »

Cette adresse fut très-applaudie, la société décida qu'elle-même la publierait si la Convention ne l'acceptait pas. (*Journal des Débats du Club*, n. CCCXV et CCCXVI.)

— Les citations que nous venons de faire, nous prouvent que les Jacobins étaient loin de considérer comme avantageux les résultats de la séance du 7 ; ils prouvent aussi qu'ils se sentaient inférieurs en nombre, en pouvoir, et enfin menacés. Parmi les passages cités, il en est qui sont relatifs à quelque chose qui n'a pas laissé de trace, à quelque projet, d'insurrection sans doute, qui est resté sans publicité comme sans réalisation. Quant aux suites de la séance elle-même, le procès du roi vint les rompre.

Le dimanche 9, comme nous allons le voir, Guadet essaya d'en tirer utilité pour son parti ; il fut, grace à l'absence de beaucoup de députés, sur le point de réussir. Pour Viard, il fut, par décision du 10, renvoyé devant les tribunaux.

SÉANCE DU DIMANCHE 9 DÉCEMBRE.

[*Ducos*, au nom du comité des pétitions et correspondance, rend compte des pétitions déposées dans ces comités pendant la semaine; les unes contiennent des félicitations sur le décret qui abolit la royauté; d'autres expriment un vœu pour ou contre le projet d'une force armée; d'autres demandent le décret d'accusation contre Marat, et invitent la Convention à se défier de ces hommes qui couvrent leurs projets sinistres du nom de patriotisme et d'amour du peuple.

Un curé de la paroisse de Cornay a repoussé les Prussiens à la tête de ses ouailles.

Les citoyens d'Amiens disent que Roland conserve leur confiance.

Partout amour brûlant de la liberté; haine profonde contre les tyrans; sentiment profond de la nécessité de voir l'ordre se rétablir.

A la suite de ce rapport, Ducos lit une adresse de l'assemblée électorale du département des Bouches-du-Rhône. Cette adresse a pour objet de demander un décret contre Marat. Elle finit ainsi : « Souvenez-vous, représentans, que le peuple a conservé le droit de rappeler ceux de ses représentans qui oseraient trahir la patrie. »

Guadet. Citoyens, une partie du peuple français se plaint, avec raison, de ce que des passions particulières viennent quelquefois interrompre les travaux de la Convention nationale. J'ai applaudi comme vous au courage de ces citoyens français, qui vous avertissent que le peuple, dans sa souveraineté, a le droit de rappeler ceux de ses représentans qui trahiront la patrie. Mais, citoyens, tant que cette réserve ne sera pas réduite en acte, elle sera inutile à la liberté.

Je demande donc, afin que les plaintes ne se renouvellent plus, que la Convention nationale décrète que les assemblées primaires se réuniront pour prononcer sur le rappel des membres qui auront trahi la patrie.

L'assemblée se lève avec enthousiasme, et demande que la proposition de Guadet soit mise aux voix.

Le président semble hésiter; mais le mouvement presque unanime de l'assemblée le force à la consulter, et elle adopte la proposition de Guadet.

Merlin, de Thionville. Je demande qu'un comité soit chargé de présenter le mode d'exécution, pour faire le rapport séance tenante.

Manuel. Je vois dans ce décret le renversement de la liberté; car il prépare le renouvellement continuel de la Convention nationale; et chaque mois le peuple, trompé par des intrigans ou agité par des factieux, pourrait la changer tout entière. (On murmure.) Il ne faut pas se dissimuler le motif de la proposition : c'est celui de purger la Convention de quelques hommes qui lui répugnent; mais qui vous assure que l'homme que vous voulez vomir ne vous sera pas renvoyé par des assemblées primaires? (Les murmures recommencent.) S'il faut que la majorité des départemens sanctionne les choix individuels, j'y vois moins d'inconvéniens; mais dans tous les cas, sous tous les rapports, ces propositions méritent le plus mûr examen : je demande qu'elles soient renvoyées au comité de constitution.

Plusieurs membres demandent la parole.

Guadet. Je demande à expliquer ma pensée. Ma proposition tend à consacrer ce grand principe, c'est que le peuple doit nommer immédiatement ses mandataires. Sans doute, je n'entends pas dire qu'il faille changer la Convention nationale, parce qu'elle a été nommée par les corps électoraux; j'entends dire seulement que les assemblées primaires doivent être consultées pour sanctionner le choix des corps électoraux, et rappeler les membres qui auraient perdu la confiance du peuple. (On applaudit et on murmure.)

On observe que nous sommes dans des circonstances où les assemblées primaires pourraient servir d'occasion à l'aristocratie pour fomenter des troubles, et j'aime trop ma patrie pour l'exposer à ces dangers; ainsi, je demande l'ajournement de ma proposition jusqu'au lendemain du jour où nous aurons prononcé le jugement du roi.

L'agitation se répand dans l'assemblée.

Barrère demande à quitter le fauteuil, et à énoncer son opinion sur la question.

Prieur. Citoyens, c'est à la veille du jugement de Louis Capet, que l'on a jeté dans cette assemblée une motion qui tend à vous faire regarder comme représentans provisoires du peuple, et comme indignes de sa confiance.

Le tumulte recommence et se prolonge.

Albitte. Je demande le rapport du décret proposé par Guadet; non, il ne sera pas dit que, sous la présidence Barrère, on a égaré l'assemblée ou trahi la nation.

Lacombe-Saint-Michel. Président, obtenez le silence dans l'assemblée.

Le président. Il n'est pas au pouvoir d'un homme de faire régner le silence, quand sept cent quarante-cinq membres de l'assemblée ne veulent pas y concourir avec le président. Ainsi, j'invite chaque membre à m'aider pour cette police. Quant au décret présenté par Guadet, c'est une des plus grandes questions que le comité de constitution aura à examiner; et cet objet tient évidemment au plan général de la Constitution. Pour moi, j'ai déjà demandé la parole à l'assemblée, à mon tour, et je prie un ex-président de vouloir me remplacer. Je me suis déjà opposé deux fois aux mouvemens d'enthousiasme de l'assemblée; j'y ai résisté même dans ce moment, et j'ai excité des réclamations, parce que je ne mettais pas assez vite la proposition aux voix. Mais je déclare que, si je peux attaquer cette proposition, je prouverai qu'elle est aussi précoce que dangereuse, et qu'elle peut entraîner la nation dans des désordres et des divisions incalculables. (On applaudit.) — Le calme se rétablit.

La discussion se continue.

Prieur. Ce décret tend à ébranler la République encore naissante; il ne nous laisse que deux alternatives effroyables : c'est de voir le despotisme s'établir sur les ruines de la Convention nationale, ou de voir arriver les républiques fédératives; c'est un appel à l'aristocratie du jugement que vous prononcerez contre le dernier tyran de la France. (On murmure.) Citoyens, montrons-nous en masse contre les désorganisateurs, quels qu'ils soient. (*Plusieurs membres*. Oui ! oui !) La proposition de Guadet ne tend qu'à avilir la Convention nationale ; et bientôt peut-être on viendra vous dire que votre jugement sur le roi doit être soumis à la ratification des assemblées primaires : or, si vous décrétiez cela, ce serait décréter la guerre civile.

Après quelques momens d'agitation, l'assemblée rapporte son décret, et renvoie la proposition de Guadet au comité de constitution.

La séance est levée à cinq heures.]

SÉANCE DU LUNDI 10, AU SOIR.

Rapport sur les crimes imputés à Louis Capet.

[*Lindet, au nom de la Commission des vingt-un*. Votre comité a pensé qu'il était utile de faire précéder la lecture de l'acte d'accusation par un historique rapide de la conduite du ci-devant roi, depuis le commencement de la révolution. Je l'ai rédigé dans un style simple et à la portée de tous les citoyens, et tel qu'il est possible de faire un travail de ce genre dans l'espace d'un jour et demi.

Louis a été dénoncé au peuple comme un tyran qui constamment s'est appliqué à empêcher ou à retarder les progrès de la liberté, et même à l'anéantir par des attentats persévéramment soutenus et renouvelés, et qui, n'ayant pu prévenir par ses efforts et ses crimes à empêcher une nation libre de se donner une constitution et des lois, a conçu, dirigé, exécuté, un plan de conspiration qui devait anéantir l'État. Les attentats de Louis pendant les sessions de l'assemblée constituante et de la première législature sont liés, et tiennent à un plan unique d'oppression et de destruction. L'acceptation de la Constitution couvrait encore du voile de l'indulgence publique les crimes et les forfaits qui la précédèrent, si Louis ne l'avait déchiré en faisant enfoncer, en 1792, dans le sein de la patrie, les poignards qu'il avait fait forger en 1791, dans tous les ateliers de l'Europe.

La France était arrivée à ce terme où les lumières généralement répandues, et la connaissance des droits de l'homme, annonçaient une prochaine régénération. Un despote isolé, chancelant sur son trône, ne pouvait plus se soutenir qu'en s'environnant de la force, de la confiance et des lumières du peuple; le trésor public sans ressources, sans crédit, sans moyens pour prévenir une banqueroute générale, dont le terme n'était éloigné que de quelques jours. L'autorité était sans respect pour la liberté des citoyens, et sans force pour maintenir l'ordre public. Ce fut sous de pareils auspices que les représentans du peuple se réunirent en assemblée constituante. Les premiers travaux de cette assemblée annoncèrent les destinées de la France. Louis se proposa aussitôt de l'asservir et de la subjuguer. Il entreprit, le 20 juin 1789, de suspendre le cours de ses séances et de ses délibérations. Ce jour fut heureux pour la France. Les représentans du peuple se réunirent et prêtèrent le serment solennel de ne jamais se séparer, et de se rassembler partout où les circonstances l'exigeraient, jusqu'à ce que la constitution fût établie et affermie sur des fondemens solides.

Louis parut le 23 juin au milieu d'eux, avec l'éclat et l'appareil du despotisme, pour dicter ses volontés avec l'autorité qu'à l'exemple de ses prédécesseurs il était accoutumé à déployer dans ces séances, appelées *lits de justice*, qu'il tenait au milieu de quelques magistrats, pour dicter ses ordres absolus, séances qui étaient suivies du deuil et de la consternation, et qui ajoutaient toujours aux calamités publiques. Le courage et la fermeté de l'assemblée nationale l'élevèrent au-dessus de l'appareil menaçant du despotisme : elle persista dans ses arrêtés, déclara la personne des représentans du peuple inviolable, et promit une constitution à la France.

Le 25, Louis fait environner de gardes et de soldats toutes les avenues et les entrées de la salle ; le peuple en est écarté. Ce n'était plus qu'à travers des baïonnettes et au milieu d'une haie de soldats, que les représentans du peuple parvenaient au lieu de leurs séances. En vain l'assemblée nationale adressa-t-elle à Louis un message pour le prier de faire retirer les gardes et lever les consignes ; il était occupé de plus vastes desseins. Il préparait une entreprise plus funeste à la France. Il faisait arriver chaque jour des troupes nationales et étrangères, suivies de trains d'artillerie. Il se formait plusieurs camps.

Il ne fut plus permis de douter qu'il voulait asservir l'assemblée et la nation, ou signaler son règne par une guerre sanglante, déclarée au peuple français. L'assemblée nationale décréta, le 8 juillet, que le roi serait prié de donner les ordres nécessaires pour la cessation de mesures également inutiles, dangereuses et alarmantes, et pour le prompt renvoi des troupes et des trains d'artillerie. Le 9, elle décréta cette adresse célèbre au roi, dans laquelle elle retraça avec énergie et dignité les alarmes et les agitations du peuple ; le trouble croissant dans Paris, sa confiance et sa fermeté, ne lui permettaient de voir, au milieu des périls qui l'environnaient, que les maux dont le peuple était menacé. — « Personne n'ignore, répondit Louis, les désordres et les scènes scandaleuses qui se sont passés, et qui se renouvellent à Paris et à Versailles. » — Il ajouta : « Si pourtant la présence nécessaire des troupes causait de l'ombrage, je me porterais, sur la demande des états-généraux, à les transférer à Noyon ou à Soissons, et alors je me rendrais moi-même à Compiègne, pour maintenir la communication qui doit exister entre l'assemblée et moi.

Louis avait résolu de réprimer les élans de la liberté par la terreur des armes ; d'isoler l'assemblée, de lui rendre toutes les communications difficiles ou pénibles, et de diriger ses délibérations par l'appareil de la force et du despotisme. Le conseil du roi, qui avait ordonné de sang-froid tous ces préparatifs, chancela au moment de l'exécution, en prévint la suite. Louis renvoya trois ministres opposés à ces mesures violentes. L'assemblée arrêta, le 13, de représenter au roi les dangers qui menaçaient la patrie ; elle insista sur le renvoi des troupes dont la présence animait le peuple. La députation rapporta cette réponse : « Je vous ai fait connaître mes intentions sur les mesures que les dés-

ordres de Paris m'ont forcé de prendre ; c'est à moi seul à juger de leur nécessité, et je ne puis y faire aucun changement. »
Cette réponse peut être considérée comme une déclaration de guerre.

Le bruit était déjà répandu qu'un prince de la famille de Capet devait être principal ministre. L'assemblée décréta qu'elle ne cesserait d'insister sur l'éloignement des troupes; et déclara que les ministres et les conseils du roi, quels que fussent leur rang, état et fonctions, seraient personnellement responsables des malheurs présens et de ceux qui pourraient en être la suite. Le roi refuse de recevoir, à dix heures du soir, le président de l'assemblée nationale. Le 14, un escadron de hussards se présenta dans le faubourg Saint-Antoine; il y répandit une alarme générale, et excita la fureur du peuple. On craignait le feu de la Bastille. On envoya une députation au gouverneur pour le conjurer de ne pas faire tirer le canon. Elle ne put rien obtenir. On en envoya une autre plus nombreuse avec un drapeau blanc et un tambour, signal de paix. On la laissa pénétrer dans l'enceinte de cette forteresse. Aussitôt une décharge d'artillerie fit tomber plusieurs citoyens à côté de Corny, procureur de la Commune.

Le peuple proposa de faire le siége de la Bastille. Un courrier avait apporté au gouverneur, au nom du roi, l'ordre de tenir jusqu'à la dernière extrémité, et de faire usage de toutes ses forces. Dans ces circonstances, Louis répond à la députation de l'assemblée, qui lui rappelait la nécessité d'éloigner les troupes :

« J'avais donné des ordres au prévôt des marchands et aux officiers municipaux de se rendre ici pour concerter avec eux les dispositions nécessaires. Instruit de la formation d'une garde bourgeoise, j'ai donné ordre aux officiers généraux de se mettre à la tête de cette garde. J'ai ordonné aux troupes qui sont au Champ-de-Mars de se retirer. »

On ne crut pas que ce fût pour faire cesser les hostilités et ramener la paix que le roi avait mandé à Versailles les administrateurs de la Commune de Paris, qui ne pouvaient quitter leur poste sans danger, et qu'il voulait mettre un officier général de

DÉCEMBRE (1792). 263

son choix à la tête de la garde bourgeoise, qui était alors le peuple armé pour résister à l'oppression.

Une nouvelle députation se rendit chez Louis. Il répondit : « Vous déchirez mon cœur par le récit des malheurs de Paris ; il ne m'est pas possible de croire que ce soit la présence des troupes qui en est la cause. Je n'ai rien à ajouter à mes précédentes réponses. » Louis ignorait encore qu'il était vaincu. Il apprit enfin la prise de la Bastille. Dissimulant alors sa défaite, mais convaincu de la nécessité de poser momentanément les armes, ou de succomber, il demanda des conseils ; il parla de paix.

Il se rend, le 15 juillet, au milieu des représentans du peuple, les invite à trouver les moyens de ramener l'ordre et le calme, et de faire part de ses dispositions à la ville de Paris. « Je sais, dit-il, qu'on a élevé contre moi d'injustes préventions ; je sais qu'on a osé publier que vos personnes ne sont pas en sûreté. Est-il donc nécessaire de vous rassurer sur des récits aussi coupables, démentis d'avance par mon caractère connu?... Eh bien! c'est moi qui me fie à vous. »

Il se rendit le 17 à Paris ; il annonça les mêmes dispositions, et cependant il médite et prépare de nouveaux attentats. Dès le 16 mars, Broglie signait l'ordre de désarmer les communes de Toul et de Thionville. Le 25, il expédia un nouvel ordre, et en pressa l'exécution.

Louis avait obtenu, par le décret du 12 septembre, le droit de sanctionner les lois. Il s'empressa d'user de ce pouvoir, et il suspendit, le 11 août, les décrets concernant l'abolition de la servitude personnelle, du régime féodal, des dîmes, etc. Le 13, il adressa les motifs de ce refus. Il n'ignorait cependant pas que ces décrets avaient été dictés à l'assemblée constituante par la volonté générale, qui s'était manifestée dans toutes les sections du peuple, par tous les cahiers.

L'assemblée constituante présenta à son acceptation la déclaration des droits et les dix-neuf articles de la Constitution qui étaient terminés. Voici ce qu'il répondit : « Je ne m'explique point sur votre déclaration des droits : elle contient de très-bonnes maximes, mais qui, étant susceptibles d'explications et même d'interprétations différentes, ne peuvent être justement appréciées, et n'ont besoin de l'être qu'au moment où le véritable sens en sera fixé par les lois. » De pareilles observations annonçaient qu'une longue lutte allait s'engager entre l'assemblée nationale et le roi, et que Louis, qui n'avait pu dissoudre l'assemblée et l'asservir le 14 juillet, s'efforcerait de rendre ses travaux inutiles, et de priver la nation des avantages qu'elle s'en promettait.

Dès lors les bruits du départ s'accréditaient, le peuple était agité; l'on manquait de subsistances, leur circulation éprouvait des entraves et des difficultés. L'approvisionnement de Paris avait souffert une interruption alarmante. On remarquait à Versailles des préparatifs dont la destination n'était pas connue. On annonçait une augmentation de surnuméraires dans la maison militaire. La cour parvint, par des intrigues, à faire venir à Versailles le régiment de Flandre. Bouillé était désigné comme général d'une armée prête à se former. Les gardes-du-corps et le régiment de Flandre se préparent, par des orgies et des fêtes dans lesquelles la nation est insultée, à exécuter les desseins de la cour. On porte dans ces fêtes les santés du roi et de la famille royale; celle de la nation n'est proposée que pour être rejetée dédaigneusement. La musique exécutait des morceaux choisis, pour enflammer la valeur guerrière à venger l'injure des rois, et à immoler le peuple à leurs ressentimens.

La cocarde nationale fut foulée aux pieds; les femmes de la cour distribuèrent des cocardes blanches. La reine dit, le 4 octobre, qu'elle était enchantée de la journée du 1er, celle de l'orgie où les soldats, dans les écarts de l'ivresse, avaient exprimé avec énergie leur dévouement pour le trône.

L'inquiétude était générale. On s'attendait à la fuite du roi. L'assemblée décréta le 5 que le roi serait prié de donner une acceptation pure et simple. Elle obtint enfin, par sa fermeté, cette acceptation dont le succès de ses travaux dépendait. Le peuple de Paris inonda le même jour la ville et le château de Versailles. La tyrannie fut encore vaincue et désarmée. Louis fut conduit à Paris, et la tranquillité parut se rétablir. Les vues ambitieuses de quelques membres de l'assemblée constituante, leur changement d'opinion dans les grandes discussions, la corruption dont quelques-uns étaient soupçonnés, firent rendre, le 7 novembre, un décret qui défendait aux membres de l'assemblée d'accepter des places du ministère.

Dès le commencement de l'année 1790, le Midi était agité de troubles dont la religion était le prétexte. Nîmes était en proie aux factions; la fédération du 14 juillet était une occasion de rassemblement dont on se servit pour exciter un foyer de contre-révolution à Jalès; et c'est au nom du roi que les révoltés tentèrent un soulèvement pour rétablir la monarchie absolue. Dans le même temps, on chargeait Bouillé du massacre de Nancy. Vous vous rappelez les lettres qui vous ont été lues à cet égard.

L'hiver de 1791 vit former de nouveaux plans; la corruption fut le moyen qu'on employa de préférence. On comptait sur La Fayette; on était assuré de Mirabeau. Talon était chargé d'imprimer à Paris le mouvement nécessaire, par des agens que l'on entretenait aux frais de la liste civile, dans l'assemblée nationale, dans les comités, dans les sections, dans les sociétés populaires. Les mêmes moyens devaient être employés par Mirabeau dans les départemens. On voit par quels moyens et par quels sacrifices la liste civile voulait le dédommager de l'expectative d'une place dans le ministère, que ses heureux efforts pour faire accorder au roi le *veto* suspensif lui avaient acquise, et que le décret du 7 novembre 1789 ne lui permettait plus d'envisager. Laporte adressa à Louis, le 5 février 1791, le développement du plan dont il lui avait remis note. Ce mémoire est apostillé de la main de Louis. Ce projet, qu'il paraît avoir médité, consistait à accélérer sa fuite de Paris. On lui répondait du succès, si la liste civile fournissait encore 1,500,000 livres. L'auteur était donc instruit de toutes les profusions de la liste civile et de l'étendue des sacrifices qu'elle faisait pour acquérir des suffrages et égarer le peuple. Il savait aussi les appliquer. Il invitait Louis à monter à cheval plusieurs jours de suite, à passer dans les faubourgs. « On criera *vive le roi!* ajoute-t-il; sa majesté emploiera ses moyens de popularité en parlant à tout le monde; et si quelque homme du peuple lui parle de la détresse des ouvriers et de la misère du temps, sa majesté répondra : J'ai fait tout ce que le peuple m'a demandé, et j'ai toujours désiré son bonheur. Le roi jettera une vingtaine de louis en disant : Je voudrais faire davantage. » Il annonce encore les idées qu'on fera circuler dans le peuple les projets de pétitions; la réunion de la société monarchique, l'intérêt que l'on fera prendre à la maladie simulée du roi, la déclaration publique du roi de faire un voyage pour sa santé, l'empressement du peuple à l'inviter à faire ce voyage. Ce plan a été suivi presque en entier; mais au moins le projet d'évasion fut-il adopté. On remarqua de nouveaux rassemblemens à Paris, des démarches et des correspondances suspectes, des mouvemens et un grand concours au Château. On ne vit dans cette nouvelle scène que la tentative de la fuite prochaine de Louis. Le peuple, qu'on s'était flatté d'égarer et d'intéresser au succès de l'entreprise, redoubla de vigilance; mais on employa de nouveaux moyens pour tromper son activité et sa surveillance; on chercha à diriger son attention et ses forces sur des points éloignés. On dit que le château de Vincennes était menacé, que les conspirateurs se rassemblaient hors de Paris. Il consent d'éclairer tous les points menacés, mais il se porte au château des Tuileries; il y trouve rassemblés tous les esclaves et les stipendiés de la royauté.

Louis allait quitter Paris; on chasse tous les chevaliers du poignard, après les avoir désarmés; le succès de cette journée ramena le calme et la tranquillité dans Paris. Le roi résolut d'attendre une occasion plus favorable à l'accomplissement de ses desseins. Le 16 avril, il annonçait à l'évêque de Clermont que, s'il recouvrait sa puissance, il rétablirait l'ancien gouvernement et le clergé dans l'état où ils étaient avant la révolution.

Paris était dans la plus inquiète agitation; le départ du roi était annoncé; des circonstances menaçantes se renouvelaient; le peuple était agité; Louis se proposa, le 18 avril, d'aller à Saint-Cloud; mais le peuple ne voit dans ce voyage que l'exécution d'un projet d'évasion; Louis est arrêté et reconduit au château des Tuileries; le lendemain il se rend à l'assemblée, il se plaint des doutes inspirés sur ses sentimens pour la Constitution. J'ai accepté, dit-il, j'ai juré de maintenir la Constitution, dont la constitution civile du clergé fait partie, et j'en maintiens l'exécution de tout mon pouvoir. Le même jour, il reçoit une lettre de Laporte, qui lui écrit : « M. Rivarol a eu avec moi une longue conversation sur les affaires publiques. En voici le résultat. Le roi perd sa popularité; il faut, pour la lui rendre, employer les mêmes moyens et les mêmes agens qui la lui ont enlevée; ces agens sont ceux qui dominent dans les sections. Tout ce que je puis dire à votre majesté, c'est que les millions qu'on l'a engagée à répandre n'ont rien produit; les affaires n'en vont que plus mal. » (Cette lettre est apostillée de la main du roi.) Laporte adressa à Louis, le 22, une pièce importante, contenant un extrait d'une lettre de l'évêque d'Autun; il lui annonce qu'un nouveau parti s'offre à le servir : « Mais, dit-il, je crois que cette faction veut vous dominer; elle sait que vous avez répandu de l'argent, et que vous l'avez partagé entre Mirabeau et quelques autres. Cette faction, dans l'espérance d'y avoir part, va empêcher qu'on attaque votre liste civile. »

Tandis que Louis entretenait cette correspondance, il s'occupa du soin de rappeler la confiance aliénée; il fit écrire, par le ministre des affaires étrangères aux ambassadeurs, que son intention la plus formelle est que ses ambassadeurs et les ministres de France manifesteront, aux cours où ils résident, ses sentimens sur la révolution et la Constitution française, afin qu'il ne puisse rester aucuns doutes sur ses intentions, ni sur l'acceptation libre qu'il a donnée à la nouvelle forme de gouvernement; il chargea les ministres d'en donner connaissance à l'assemblée nationale. Cette démarche produisit l'effet qu'il en attendait. La lecture de cette lettre excita dans l'assemblée nationale les plus vifs transports de satisfaction, et même de reconnaissance. Louis, parvenu si facilement à égarer les soupçons et les défiances, et à inspirer des sentimens de sécurité à l'assemblée, prépare tranquillement sa fuite, et le désordre qu'elle peut occasioner dans l'état : il rédige sa déclaration du mois de juin; elle est tout entière de son écriture; les corrections, les changemens de composition et de rédaction, attestent qu'il en est l'auteur; il y rappelle les événemens de la révolution, les travaux de l'assemblée nationale, le plan de Constitution; il y discute les lois de l'assemblée sur la justice et sur l'administration de l'intérieur, sur les finances, les affaires étrangères, la guerre et le clergé; il veut le rétablissement de la religion de ses prédécesseurs, et une Constitution qui donne au gouvernement la force d'action et d'exécution qui lui est nécessaire. Il avait perdu sa liberté; il cherche à la recouvrer, et à se mettre en sûreté avec sa famille. Cette déclaration porte la date du 20 juin : c'était sans doute le manifeste destiné à plonger la France dans les horreurs de la guerre civile.

Laporte est choisi pour en être le dépositaire, et la présenter à l'assemblée nationale. Louis sort de Paris avec sa famille dans la nuit du 20 au 21 juin; son frère prend la route de la Belgique, et arrive dans les états ci-devant possédés par la maison d'Autriche; Louis continue sa route par Châlons, et est arrêté à Varennes; Bouillé devait le recevoir, et avait donné des ordres pour la marche des troupes qui étaient sous son commandement. Louis sortait de France en fugitif pour y rentrer en conquérant, à la tête des armées que Bouillé commandait, des émigrés qui étaient réunis auprès de ses parens et des secours qu'il attendait de ses alliés. Son manifeste du 20 juin atteste ses intentions hostiles; il voulait le renversement de l'état, puisqu'il ne voulait ni les lois, ni la Constitution qu'il avait juré de maintenir. On le ramène à Paris, et jamais la liberté ne fut plus menacée. La Fayette, l'ami de Louis, est informé, le 17 juillet, qu'un grand nombre de citoyens se réunit au Champ-de-Mars pour signer une pétition sur l'autel de la Patrie, ayant pour objet la déchéance du roi; il s'y rend avec une partie de la garde nationale et des pièces d'artillerie; il fait tirer sur le peuple : le Champ-de-Mars devient le tombeau de la liberté. Une lettre de La Fayette prouve qu'il s'était concerté avec Louis, qui alors, quoique suspendu de ses fonctions, ordonnait le massacre du peuple. C'est sous ces funestes auspices que s'est faite la révision.

Mais ce qui fondait surtout les espérances de Louis, c'était la convention de Pilnitz. L'empereur et le roi de Prusse s'engageaient par ce traité, le 24 juillet, à relever en France le trône de la monarchie absolue, et à soutenir l'honneur des couronnes contre les entreprises de la France. Ils s'engageaient à solliciter l'accession des puissances voisines à leur traité. Louis ne désavoua pas cette coalition; les faits postérieurs prouvent au contraire qu'il en était le chef.

L'assemblée constituante présenta à son acceptation la constitution qu'elle avait faite. Il l'accepta en déclarant « qu'il n'avait pas aperçu dans les moyens d'exécution et d'administration toute l'énergie nécessaire pour imprimer le mouvement et conserver l'unité dans toutes les parties d'un si vaste empire; mais que puisque les opinions étaient divisées sur cet objet, il consentait que l'expérience seule en demeurât juge. » Sa prévoyance embrassait dès-lors un avenir qui ne lui paraissait pas éloigné. Ses frères, ses parens, excitaient les puissances, en son nom, à donner leur accession à la convention de Pilnitz. Il s'attendait à avoir bientôt à soutenir, au nom du peuple français, une guerre faite en son nom contre la France. Il pouvait obtenir du désespoir du peuple le rétablissement de l'autorité absolue. S'il ne l'obtenait pas, le succès d'une invasion, la faiblesse, l'impuissance, la dispersion des armées françaises, obligeraient le peuple à recevoir la loi du vainqueur, qui, pour prix de sa conquête, n'exigerait que la soumission d'un peuple rebelle et le rétablissement du despotisme, événement qui aurait justifié le jugement que Louis avait eu soin de porter sur la Constitution.

La ville d'Arles devait fixer les regards de Louis. Le fanatisme y régnait et invoquait à son appui un monarque absolu. Il y envoya des commissaires qui, au lieu de rétablir la paix, arborèrent ouvertement l'étendard de la contre-révolution. Il différa d'un mois l'envoi du décret de réunion qui aurait rétabli la paix à Avignon, et ce retard fut cause du renouvellement des scènes sanglantes qui ont désolé ce pays. Ces événemens ne doivent pas être considérés isolément. Ils appartiennent à un vaste plan de conspiration, car le même système absolument fut adopté pour prolonger les troubles des colonies. C'est à ce plan que se rapportent toutes les actions et toute la conduite de Louis.

La corruption se présente encore à l'esprit de ses agens, comme un moyen propre à rétablir sa puissance. Il l'emploie pour acquérir des suffrages dans le corps législatif. Laporte, Sainte-Foi, Saint-Léon, se concertent pour faire décharger la liste civile des pensions dues aux militaires qui composaient la maison du roi. Radix et Sainte-Foi s'engagent à traiter avec plusieurs membres du corps législatif. Dufresne fait adopter par la majorité des membres du comité de liquidation un décret qui renvoie à la liquidation les pensionnaires de la maison militaire du roi, décret qui, s'il eût passé à l'assemblée, aurait déchargé la liste civile de plusieurs millions. Les sommes consenties par Sainte-Foi, en faveur des membres qui doivent appuyer le projet de décret et se distribuer les rôles à cet effet, s'élèvent à 1,500,000 livres. Dufresne écrit à Delessart qu'il s'occupe de la liquidation des offices de la maison du roi, « que les membres du comité se familiarisent avec le mode qu'il propose, que le total des remboursemens ne doit s'élever qu'à 18 millions, mais qu'il le porte à 25, pour avoir de la marge. » Ce projet ne fut pas présenté à l'assemblée, mais les preuves de la corruption sont constantes ; les projets et les mémoires sont apostillés de la main de Louis.

Louis, après s'être assuré du caractère et des dispositions de plusieurs membres marquans du corps législatif, poursuit ses desseins. Son ancienne garde se forme à Coblentz, il la paie ; il fournit des secours aux autres émigrés, au mépris d'une loi formelle ; plusieurs des états de paiement portent la date des premiers jours d'août 1792. Les frères de Louis ralliaient tous les émigrés à leurs drapeaux ; ils déployaient sur toutes les frontières de la France l'étendard de la révolte ; ils levaient des régimens dans les États du corps germanique ; ils négociaient avec les puissances étrangères, faisaient des emprunts et traitaient avec les États et les particuliers, au nom du roi. Différens témoins affirment avoir vu l'acte d'autorisation de Louis, et certes, sans cette autorisation, les princes n'auraient pas trouvé les facilités qu'ils ont eues auprès de toutes les cours et banquiers de l'Europe. Ces emprunts étaient hypothéqués sur les domaines de la nation. Louis n'en fit un inutile désaveu que lorsqu'il fut convaincu qu'il ne nuirait plus à ses desseins, c'est-à-dire peu de momens avant l'invasion du territoire français. Les émigrés insultaient les Français et avaient intercepté la communication avec l'Allemagne avant que Louis eût réclamé cantre cette violation des traités, et demandé une satisfaction aux puissances qui souffraient sur leurs territoires des rassemblemens de troupes destinées à agir hostilement contre la France. Enfin, il parut déférer aux pressantes sollicitations de l'assemblée, lorsqu'il ne pouvait plus résister sans encourir l'indignation de toute la France. Il ouvrit une négociation avec le chef de l'Empire et l'électeur de Mayence, mais ce ne fut que pour rapporter des réponses évasives et des promesses sans exécution.

Mais il laisse ignorer le traité de Pilnitz ; les nouveaux engagemens pris dans le mois de novembre, entre l'empereur et le roi de Prusse, et l'accession du roi de Prusse à la ligue formée contre la France. Le corps législatif ayant invité Louis à porter les forces militaires sur un pied capable de faire respecter l'indépendance et la souveraineté nationale, Narbonne parut s'occuper de préparatifs de guerre, de levée de soldats, d'achats d'armes et de munitions. L'assemblée constituante avait décrété que l'armée serait portée au pied de guerre ; cependant elle n'était encore composée que de cent mille hommes à la fin de 1791. Le corps législatif décréta la levée de cinquante mille hommes. Narbonne fit commencer ce recrutement ; mais il le fit cesser, sous prétexte qu'il était rempli. Il fit renvoyer un grand nombre de citoyens enrôlés ; il avait visité les frontières, il assura que toutes les dispositions étaient faites, et qu'on pourrait commencer la campagne dans le mois de février. La guerre a été déclarée le 20 avril. Degrave a succédé à Narbonne; ce nouveau ministre suivit pendant six semaines le plan de son prédécesseur, sous l'influence du trône. La nation essuya des revers; il donna sa démission; Servan le remplaça : il eut tout à faire et tout à créer. Il proposa au corps législatif de décréter la levée de vingt mille gardes nationaux, pris dans tous les départemens, qui se rendraient à Paris avec armes et uniformes, pour former à quelque distance un corps de réserve destiné à renforcer les armées, ou à en soutenir les débris en cas de revers. Le corps législatif décréta la formation d'un camp et la levée d'une réserve de vingt mille hommes. Ce décret fut présenté à la sanction du roi, qui en suspendit l'exécution. Servan fut obligé de donner sa démission. Dumourier fut nommé au département de la guerre; il déclara qu'il ne voulait pas engager imprudemment sa responsabilité; qu'il devait déclarer qu'il n'y avait point d'armes ni de munitions, que les places ne pouvaient soutenir un siège, qu'il n'y avait ni armes, ni magasins, ni subsistances, que tout manquait. Lajard lui succéda. L'assemblée législative lui demanda, le 22 juin, s'il avait des moyens et des ressources pour sauver l'État. Il répondit le 23 que le roi avait cru devoir présenter à l'acceptation de l'assemblée législative la formation de quarante-deux nouveaux bataillons. On ne concevait pas comment Louis, qui avait suspendu un décret qui aurait formé une augmentation rapide de la force publique, proposait ce nouveau moyen, qu'il était impossible d'exécuter avec la même célérité. L'assemblée législative apprend le 5 juillet, par des correspondances particulières, que les Prussiens sont en marche pour attaquer la France. Elle demande compte au pouvoir exécutif de l'état des relations politiques de la France avec la Prusse. Le 6, Louis répond au corps législatif que la marche des troupes prussiennes, dont le nombre s'élève à cinquante mille hommes, et dont une partie est déjà rassemblée sur les frontières de la France, prouve le concert établi entre le cabinet de Vienne et celui de Berlin; que ce sont là des dangers imminens aux termes de la constitution française, et qu'il en donne communication. Un nouvel ennemi paraissait sur les frontières; Louis, qui avait laissé ignorer sa longue marche au corps législatif, semble l'attendre au milieu de son palais. Les armées étaient dispersées. Montesquiou, sous le prétexte d'hostilités imminentes de la part du roi de Sardaigne, retenait oisive une partie des troupes dans le Midi. Les régimens coloniaux étaient abandonnés et laissés dans une absolue inactivité dans les départemens qui composent la ci-devant Bretagne, les départemens intérieurs et des côtes maritimes étaient remplis de volontaires nationaux, et cependant la France trahie n'avait point d'armée à opposer aux puissances étrangères.

La fédération du 14 juillet était la ressource sur laquelle elle devait compter; on devait s'attendre à voir réunir à Paris une nombreuse jeunesse disposée à voler au secours de la patrie; mais le ministre de l'intérieur, Terrier de Montciel, avait écrit au nom du Roi pour enlever cette ressource à la France. Il écrivit à la fin de juin à tous les départemens, pour leur recommander de n'envoyer aucuns fédérés, et de dissoudre tous les rassemblemens qui se formeraient. Cet ordre ne fut que trop bien exécuté. Le ministre de la guerre avait donné sa démission le 10, en déclarant qu'il ne pouvait plus être utile. Louis lui laissa le portefeuille jusqu'au 23 juillet, et croyant alors n'avoir plus aucun motif de dissimuler, il confia ce ministère à Dabancour, neveu de Calonne. Le résultat de toutes ces perfidies fut que Longwi et Verdun furent livrés au roi de Prusse, qui en prit possession au nom de Louis; que pour arrêter ces rapides progrès, on ne put opposer pendant quinze jours que quinze mille hommes à une armée cinq fois plus nombreuse; que la nation, perdue et trahie, était livrée à ses ennemis; qu'il fallait des prodiges pour la sauver, qu'elle en fit, et qu'elle en fut sauvée.

Il était aussi entré dans le plan de Louis d'anéantir la marine. Les officiers étaient émigrés; il n'en restait plus le nombre suffisant pour faire le service des ports; cependant Bertrand, ministre de la marine, délivrait encore des passe-ports et des congés, lorsque le corps législatif exposa le 6 mars, à Louis, la conduite coupable du ministre, et déclara qu'il avait perdu la confiance de la nation. Louis déclara qu'il était satisfait de ses services ; Bertrand donna, quelque temps après, sa démission. Lacoste, qui avait été envoyé en qualité de commissaire civil aux îles du Vent, en était revenu pour se rendre accusateur des chefs de l'administration civile et militaire, et remettre au pouvoir exécutif et à l'assemblée nationale des preuves multipliées de leur incivisme. Louis lui offrit le portefeuille de la marine. Lacoste accepta, et devint le juge de ceux qu'il venait accuser ; mais il oublia ce qu'il devait à la nation ; il laissa l'autorité à ceux qu'il avait vus en abuser de la manière la plus criminelle. L'assemblée législative le chargea d'envoyer aux colonies une force suffisante pour réprimer les troubles et y faire respecter la souveraineté nationale. Il n'y envoya au contraire, par ordre de Louis, qu'un faible secours, dont les révoltés se sont rendus maîtres. Docile aux influences du trône, ce ministre conserva sa place jusqu'à l'époque des démissions combinées du mois de juillet ; mais il sacrifia les intérêts de la nation, et abandonna la colonie de la Guadeloupe, qui est maintenant au pouvoir des rebelles.

Les troubles de l'intérieur exigeaient des mesures répressives d'une grande sévérité : l'assemblée nationale porta, le 29 novembre, un décret contre les prêtres fanatiques, Louis en suspendit l'exécution.

Les troubles croissaient ; tous les départemens étaient dans la plus violente agitation. Les corps administratifs étaient réduits à la nécessité d'employer des mesures arbitraires pour prévenir de plus grands désordres. Le ministre de l'intérieur déclara qu'il engagerait sa responsabilité s'il laissait subsister les arrêtés des corps administratifs, mais qu'il perdrait la chose publique s'il les cassait. Il demanda au corps législatif une loi expresse ; le corps législatif porta ce décret si essentiel à la sûreté publique, si long-temps attendu, si ardemment sollicité par le ministre. Louis en suspendit l'exécution. Il s'est persévéramment refusé à concourir aux mesures qui pouvaient assurer la tranquillité dans l'intérieur,

Arles était dans un état de contre-révolution, Marseille y envoyait des gardes nationaux ; Louis fit marcher contre eux vingt-deux bataillons. La conspiration de Dussaillant dévoila le secret de toutes ces conspirations dont la religion était le prétexte, mais qui avaient pour objet principal le rétablissement du trône. Que pouvait-on espérer du gouvernement pour le rétablissement de l'ordre, lorsque les fonds de la liste civile étaient employés à payer des libelles, à les répandre dans Paris et les départemens, à égarer les sociétés populaires, à avilir la représentation nationale, à substituer l'esprit de faction, les haines, les vengeances, aux sentimens de la fraternité?

Le ministère se coalisa, et écrivit deux lettres à Louis le 10 juillet ; la première annonçait leur démission ; la seconde en contenait les motifs. Plusieurs d'entre nous, disaient-ils, sont exposés à des décrets d'accusation, dans les circonstances graves et délicates où se trouve l'état ; nos démissions auront cet objet d'utilité, *qu'elles rendront les députés odieux, et les feront envisager comme désorganisateurs.* Louis abandonna jusqu'au 23 juillet le ministère à ces mêmes hommes qui avaient publiquement déclaré qu'ils ne pouvaient plus y être utiles, parce que leur inertie secondait ses projets, autant qu'un ministère bien composé les aurait retardés.

Le peuple trahi demandait justice ; il commençait à se soulever contre l'oppression. Louis médite alors un autre attentat dont le plan et le jour de l'exécution étaient connus d'avance à Milan, dans les principales villes étrangères et dans plusieurs départemens. Une lettre adressée à Laporte avant le 10 août constate ce fait. L'incivisme de sa garde en avait nécessité le licenciement ; il la conserve à sa solde ; il retenait à son service les ci-devant gardes suisses, au mépris de la Constitution et d'un décret du corps législatif ; il avait des compagnies particulières entretenues pour un service secret ; on enrôlait secrètement pour lui ; enfin, la cour provoqua l'affaire du 10 août, dont l'objet était de soulever les faubourgs, et de les massacrer ensuite, en les laissant avancer et les prenant par derrière avec de l'artillerie. Ce fait est constaté par l'ordre du commandant de la garde nationale, et par une foule de dépositions. Le 9, les appartemens du château se trouvent remplis d'hommes armés qui y passent la nuit; le 10, Louis fait la revue des Suisses dans le jardin des Tuileries, et leur fait prêter le serment de fidélité à sa personne. Les citoyens de Paris, les fédérés, s'avancent en confiance vers le Château, et c'est du Château que l'on tire sur eux; ils souffrent plusieurs décharges meurtrières; il s'engage un sanglant combat entre les Suisses et les citoyens. Le tyran est enfin vaincu, et son trône renversé, tandis que Louis était allé chercher un asile dans le sein des représentans du peuple.

Louis est coupable de tous ces attentats, dont il a conçu le dessein dès le commencement de la révolution, et dont il a tenté plusieurs fois l'exécution. Tous ses pas, toutes ses démarches, ont été constamment dirigés vers le même but, qui était de recouvrer son ancienne autorité, d'immoler tout ce qui résisterait à ses efforts. Plus fort et plus affermi dans ses desseins que tout son conseil, il n'a jamais été influencé par ses ministres; il ne peut rejeter ses crimes sur eux, puisqu'il les a au contraire constamment dirigés ou renvoyés à son gré. La coalition des puissances, la guerre étrangère, les étincelles de la guerre civile, la désolation des colonies, les troubles de l'intérieur, qu'il a fait naître, entretenus et fomentés, sont les moyens dont il s'est servi pour relever son trône où s'ensevelir sous ses débris.

A la suite de ce rapport, Lindet annonce que la rédaction de l'acte énonciatif des charges n'est pas terminé, la commission étant occupée encore à des vérifications de pièces.

Marat. Le rapporteur a omis dans son récit plusieurs faits qu'il importe de rétablir, et d'insérer dans l'acte d'accusation. Il ne vous a pas parlé de soixante mille soldats patriotes expulsés des bataillons, des accaparemens de numéraire, des accaparemens de grains, des compagnies de famine, des massacres juridiques commis sous le nom du roi, des entraves mises au cours de la justice, et de tant d'autres crimes dont Louis Capet est coupable. (Applaudissemens d'une partie des membres et des citoyens.)

Bazire. Voici un fait que je dénonce : la commission des Vingt-Un s'est adressée au greffier du tribunal criminel du 17 août, pour avoir les pièces qui ont servi aux procès de Laporte, Septeuil, etc. Il lui a été impossible de se faire remettre ces pièces originales, extrêmement importantes, et qui doivent être mises sous les yeux de Louis, parce que Restou, agent de Roland, met actuellement les scellés sur les papiers de ce greffe. Je sais bien que ce tribunal ayant été anéanti, une loi lui a ordonné d'apposer ces scellés; mais il est bien étonnant qu'il ait attendu jusqu'à ce jour pour l'exécuter; et que Restou continue de mettre les scellés malgré les réclamations de votre comité.

Pons, de Verdun. Je demande que le ministre Roland soit mandé à l'instant. (Applaudissemens d'une partie de l'assemblée et des tribunes.)

Valazé. Dans le court espace de temps que votre commission des Vingt-Un avait pour rassembler les immenses matériaux sur lesquels elle doit dresser son acte d'accusation, elle n'a négligé aucun soin pour se les procurer tous dans les différens dépôts; mais il est vrai qu'elle a éprouvé des obstacles au greffe de ce tribunal, de la part du commissaire chargé par le ministre de l'intérieur d'y faire apposer les scellés. Je demande que ces obstacles soient levés et que vous rendiez un décret à cet effet.

Sur la proposition de Bazire, amendée par Kersaint et rédigée par Saint-André, l'assemblée rend le décret suivant :

La Convention nationale décrète que six membres pris dans son sein, accompagnés de deux commissaires du pouvoir exécutif, se transporteront sur-le-champ au greffe du tribunal criminel créé par la loi du 17 août, à l'effet d'en retirer toutes les pièces relatives au ci-devant roi, desquelles pièces ils donneront décharge à tous greffiers, commis-greffiers ou gardiens des scellés; les autorisant à procéder à la levée de toute apposition de scellés qui pourraient se trouver actuellement sur lesdits papiers, et à donner tous ordres nécessaires pour que la remise qui doit en être faite à la commission des Vingt-Un n'éprouve aucun délai : décrète en outre qu'après la remise desdites pièces, les scellés seront de nouveau apposés sur lesdits papiers.

Les commissaires sont : les citoyens Condorcet, Lecointre de Versailles, Cambacérès, Manuel, Breard, Prieur.

Sur la proposition de Valazé, il est décrété que les pièces qui serviront de preuves contre Louis Capet, lui seront lues demain.

Barbaroux. Le comité de sûreté générale n'a pas remis à la commission des Vingt-Un toutes les pièces dont il est dépositaire. On a trouvé dans le secrétaire du ci-devant roi des listes de proscription dirigées contre des citoyens de Marseille, et à la tête desquels j'avais l'honneur d'être inscrit. Le 11 ou le 12 août, Bazire lui-même m'a déclaré que ces listes existaient. Je demande qu'elles soient remises à la commission des Vingt-Un.

Chabot, Rovere et Bazire, membres du comité de sûreté générale, déclarent qu'ils n'ont jamais vu ces listes.

Bazire. C'est peut-être un mal-entendu; si Barbaroux regarde comme des listes de proscription les lettres de Blangilly, dans lesquelles il désignait plusieurs Marseillais comme soupçonnés de vouloir tenter un régicide, nous sommes d'accord. Ces pièces existent; je n'en connais pas d'autres.

La proposition de Barbaroux n'a point de suite.

L'assemblée s'ajourne à demain 8 heures. — Il est minuit.]

SÉANCE DU MARDI 11 DÉCEMBRE.

[On lit une lettre des citoyens de la section de Paris, dite de *Mirabeau*, qui annoncent à la Convention qu'ils changent le nom de la rue dite de Mirabeau en celui du *Mont-Blanc*, et que la section ci-devant *Mirabeau* s'appellera désormais section du *Mont-Blanc*.

Prieur annonce que les six commissaires chargés d'assister à la levée des scellés apposés sur les pièces de la procédure contre Louis Capet, qui existaient au greffe du tribunal criminel créé par la loi du 17 août, les ont déposées entre les mains de la commission des Vingt-Un, à quatre heures du matin.

Barbaroux. Votre commission des Vingt-Un m'a chargé de

vous présenter l'acte énonciatif des crimes de Louis Capet, dernier roi des Français. Si vous ne voyez pas à la tribune le même rapporteur, c'est que ses forces physiques ne lui ont pas permis de se présenter aujourd'hui, après avoir travaillé pendant trois nuits successives. Si dans la liste des faits que je vais vous soumettre, la commission en a omis quelques-uns, nous entendrons avec plaisir les observations que nos collègues voudront bien nous faire.

Barbaroux lit le projet de l'acte énonciatif des crimes dont est accusé Louis Capet (1).

Rewbell. Un fait important a été oublié dans l'acte ; il est un de ceux qui me paraissent le plus propres à caractériser la perfidie du ci-devant roi ; c'est qu'à une certaine époque tous les régimens de ligne ont été travaillés, et criaient dans leurs orgies : *Vive d'Artois ! vive Condé !* On a oublié aussi d'accuser Louis d'avoir donné une mission aux commandans de ces troupes de désorganiser l'armée, de pousser les soldats à la désertion et de leur faire passer le Rhin pour se réunir à ses frères. Ces faits sont constatés par une lettre de Toulongeon, qui prouve l'intelligence de Louis avec ses frères. (Quelques applaudissemens.)

Manuel. Je demande que l'assemblée interdise dans cette séance tous murmures et applaudissemens.

Le président, s'adressant aux tribunes. Les citoyens doivent sentir que dans cette séance importante toute la majesté du peuple doit se trouver dans la Convention nationale, et s'étendre sur tout ce qui l'environne. J'invite les représentans du peuple et les citoyens des tribunes à se tenir dans le plus profond silence.

Rewbell. Il y a une autre omission ; on ne l'accuse pas d'avoir employé dans les cours étrangères des agens chargés de susciter des ennemis à la France, et d'engager la Turquie à prendre les armes contre la France. Je demande que ces faits soient insérés dans l'acte énonciatif.

(1) Nous avons cru inutile d'insérer ce projet ; c'eût été faire un double emploi, car il ne se composait d'autre chose que des allocutions ou des questions successives que le président adressa à Louis XVI dans cette séance.

(*Note des auteurs.*)

Cette proposition est décrétée.

Carpentier. J'ai un fait d'une plus haute importance à rappeler. Vous avez vu qu'il n'est pas question dans l'acte énonciatif de la fuite de Louis à Varennes, et des précautions qu'il a prises pour sortir de l'empire ; il faut lui reprocher le langage qu'il a tenu alors, les recrues qui se sont faites dans tous les départemens, et aux dépens du trésor public.

Drouet. Louis XVI en a imposé à la nation lorsqu'il a dit qu'il allait à Montmédy. Il devait se rendre à l'abbaye d'Orval, où il devait souper avec les princes ses frères. A Varennes, il pria les citoyens de l'escorter jusqu'à Montmédy, disant qu'il ne voulait pas aller plus loin. Il ne demandait que cinquante hommes pour l'accompagner. Louis XVI savait bien qu'à deux lieues au-delà de Varennes il était attendu par un détachement de hussards allemands, à la merci desquels il voulait nous livrer.

Carpentier. Je rappelle un autre fait, c'est l'intelligence de Louis avec Mirabeau et La Fayette, prouvée par la lettre signée du roi, dans laquelle il priait le général, dont les fonctions étaient, selon lui, très-multipliées, de s'adjoindre Mirabeau pour le service de sa personne.

Tallien. Je rappelle un fait plus important, et qui ne doit pas être omis dans l'acte énonciatif, c'est la défense qu'il a faite aux ministres, en partant pour Varennes, de signer aucun acte émané du corps législatif, et au ministre de la justice de remettre les sceaux de l'état. Je demande que ces faits soient ajoutés à l'acte énonciatif.

Cette addition est prononcée.

N.... Vous avez des preuves palpables, telles que la protestation à son départ pour Varennes. Je ne veux pas d'autre fait que celui-là.

Tallien. L'affaire du Champ-de-Mars prouve que non-seulement le roi avait des intelligences avec La Fayette, mais encore avec Bailly et les officiers municipaux d'alors qui ont accompagné La Fayette avec le drapeau rouge.

Taveau. Il ne suffit pas que nous ayons la conviction intime, il faut des preuves palpables pour convaincre l'Europe entière. En conséquence, je m'oppose à l'insertion de ces faits dans l'acte énonciatif.

Gorsas. Voici une preuve de l'intelligence de Louis et de La Fayette. A l'époque du 26 juin, l'assemblée constituante avait mis le roi sous la sauvegarde de La Fayette, et l'on se souvient que c'est à cette époque que La Fayette a été nommé lieutenant-général des armées du roi.

Ruhl. Rien ne prouve mieux la complicité de Louis avec La Fayette, c'est la lettre que le roi lui écrivait, dans laquelle il l'invite à se joindre avec Mirabeau.

Amar. Les deux faits que j'ai à rappeler sont : 1° sa protestation avant la fuite de Varennes, ses plaintes amères contre la nation française. Il s'élève contre les représentans du peuple. 2° Louis n'a employé que des ennemis connus de la révolution ; il a accordé la protection la plus ouverte aux prêtres insermentés.

Dubois-Crancé demande qu'on mette dans l'acte énonciatif le texte de la lettre de Louis à l'évêque de Clermont, qui porte que quand le roi aura recouvré son autorité, il rétablira le culte catholique.

Valazé relit le texte de la lettre.

Serre. Je demande qu'il ne soit pas parlé du culte, à moins que vous ne vouliez le faire un jour canoniser.

Sur la proposition de Rulh, la Convention décrète qu'elle insérera dans l'acte le texte ainsi arrangé : « La nation vous accuse d'avoir manifesté le désir et la volonté de recouvrer votre ancienne puissance. »

Saint-André demande que les pièces qui ont été remises entre les mains du ministre de la justice, et qui peuvent donner de nouvelles preuves, soient déposées par lui au lieu des séances de la commission. — *Décrété.*

Marat. Il importe à l'instruction et à la conviction publique que l'acte énonciatif des crimes de Louis Capet commence à l'époque des premiers momens de la révolution. On y verra que ses crimes ne sont pas des actes inconsidérés, suggérés par des conseillers perfides ; on y remarquera au contraire un système suivi de conspirations contre l'état. Mais je demande que l'interrogatoire ne porte que sur des faits passés depuis l'acceptation, parce que les faits antérieurs ont été couverts d'une amnistie qui a sauvé tous les conspirateurs. Les faits additionnels que j'avais à proposer viennent d'être articulés par ceux qui m'ont précédé à cette tribune ; ils portent sur la protection accordée aux prêtres réfractaires, sur les systèmes d'accaparement de numéraire qui a réduit le peuple à la plus profonde misère, sur l'accaparement de grains, sur le projet de réduire le peuple à la famine, et d'anéantir ainsi la liberté. Mais je vous invite, citoyens représentans, à réduire à un très-petit nombre les chefs d'accusation contre Louis Capet, autrement vous vous embarrasseriez dans des discussions interminables. Je vous invite à réduire les chefs d'accusation à un très-petit nombre, parce que ceux sur lesquels les preuves ne seraient pas évidentes affaibliraient ceux sur lesquels elles sont victorieuses. Je vous invite à faire ce choix-là.

Billaud-Varennes. Je propose d'ajouter le fait suivant à l'acte énonciatif : « La nation t'accuse d'avoir fait prêter aux Suisses, dans la matinée du 10 août, le serment de soutenir ta puissance ; la nation t'accuse d'avoir établi, à cette même époque, au château des Tuileries, un bureau central composé de plusieurs juges de paix, où se fomentaient tes desseins criminels ; la nation t'accuse d'avoir donné ordre à Mandat, commandant de la garde nationale, de tirer sur le peuple, par derrière, quand il serait entré dans les cours du Château ; enfin la nation te reproche l'arrestation du maire de Paris dans l'intérieur du Château, pendant la nuit du 9 au 10 août.

Tallien. La lettre du roi à Mandat doit exister à la maison commune.

Osselin. Je réponds que ce n'est pas Louis qui a signé cet ordre, mais Mandat. Au reste, je pense, comme Marat, qu'il ne faut pas noyer les faits positifs dans des faits douteux.

Bazire. Je combats le système de Marat.

Tallien. Je cite ce nouveau fait : le 21 juin dernier, la cour fit offrir à Santerre cinq cent mille livres pour abandonner le parti patriote, et se ranger dans celui de la cour; la preuve est dans une lettre de Chambonas qui, chargé de faire les propositions, annonçait qu'il était impossible de déterminer Santerre.

Sergent. Il est prouvé que Louis a fait des promenades dans le faubourg Saint-Antoine ; qu'il a distribué de l'argent dans les manufactures; qu'il y avait des gens apostés pour crier : *Vive le roi!* Il est prouvé, en un mot, qu'il a exécuté toute cette partie du plan de Talon. Je demande qu'il en soit fait mention dans l'acte énonciatif.

Je pense aussi qu'il faut lui demander si c'est par ses ordres que les généraux français ont évacué Courtray.

Prieur rappelle à l'assemblée la lettre de change tirée par Brunswick sur Louis XVI. Il demande qu'il en soit fait mention.

Sur toutes ces propositions, l'assemblée passe à l'ordre du jour.

L'acte d'accusation présenté par Barbaroux est adopté.

Manuel. Vous allez entrer dans des discussions beaucoup trop longues. Vous savez qu'il importe que Louis XVI retourne au Temple avant la fin du jour; je demande donc que vous donniez des ordres pour que Louis XVI soit amené sur-le-champ, et qu'il attende vos ordres pour être introduit à la barre.

Cette proposition est adoptée.

Pétion. Billaud a parlé de l'arrestation du maire de Paris, dans la nuit du 9 au 10 août. Voici les faits dans leur exactitude; le commandant général, qui avait donné des ordres sanguinaires à l'insu du maire, lui écrivit plusieurs lettres pour le demander au château des Tuileries. Il fut dit par acclamation dans le conseil de la Commune : Il faut que le maire y aille. Je me rendis au Château. Je traversai les différens appartemens qui étaient alors remplis de Suisses, la baïonnette au bout du fusil, et d'autres gens que nous appelions dans d'autres temps les chevaliers du poignard. Il ne me fut pas difficile de voir les sentimens qui les animaient, et le courroux qui agitait Louis XVI. Je descendis bientôt au jardin. Je fus entouré par des grenadiers du bataillon des Filles-Saint-Thomas, qui me tenaient des propos fort peu rassurans, et qui disaient clairement que ma tête en répondrait : je vis bien qu'on voulait me garder en otage. Les ministres me firent dire de ne point sortir, et de remonter, parce que le roi voulait me parler. Je ne montai point, et je fis bien, car je ne serais pas descendu. Quelques-uns de mes collègues vinrent à l'assemblée qui rendit un décret pour me mander à sa barre; ce ne fut que par la signification bien solennelle de ce décret qu'on parvint à me tirer du Château. Il résulte de ces faits une arrestation bien méditée.

Je vais parler d'un autre fait : il n'en a pas été question. J'ai remis aux comités la déclaration faite par un citoyen de Strasbourg amené à la mairie par le citoyen Pertois, négociant de la même ville. Ce citoyen déclara qu'il avait vu et lu les lettres-patentes données par Louis XVI à ses frères pour faire des emprunts sur les domaines nationaux, et où Louis XVI disait à ses frères qu'il n'avait jamais accepté que par force les décrets de l'assemblée constituante. Ce citoyen ajouta que plusieurs expéditions de ces lettres avaient été faites pour les puissances étrangères, et qu'il en avait été donné une à Calonne. Il me promit de faire tous ses efforts pour avoir une expédition de ces lettres-patentes. Ces faits ont été rédigés par écrit. Il serait à désirer, mais le comité a observé, avec raison, que le temps ne le permet pas, que Pertois et l'autre citoyen pussent être entendus. Mais on peut au moins faire à ce sujet des questions à Louis XVI. Cette dénonciation paraît assez vraisemblable, parce que ces lettres étaient nécessaires pour donner de la consistance aux frères du roi, et leur donner des moyens de faire des emprunts.

Garan-Coulon. Le citoyen Pertois est à Paris, nous avons fait plusieurs démarches pour le découvrir.

Valazé présente, au nom des comités réunis, une série de questions à faire à Louis XVI.

Ducos. Je demande la suppression de cet interrogatoire, et que l'acte d'accusation soit lu en entier au ci-devant roi, ensuite article par article, et qu'à chaque chef d'accusation on lui demande : Qu'avez-vous à répondre?

Bancal. Thomas Payne pense que les questions doivent distinguer entre les délits commis avant la Constitution, parce que ceux-là font le procès à la royauté, et les délits postérieurs à la Constitution, parce qu'ils font le procès à l'homme.

La motion de Ducos est décrétée.

Valazé. La commission des Vingt-Un a reçu de Sainte-Foi une lettre par laquelle il demande qu'il soit fait à Louis XVI, lors de sa traduction à la barre, des interpellations qu'il prétend, lui Sainte-Foi, être à sa propre décharge. Voici ces questions.

« Je vous demande (c'est Sainte-Foi qui parle) de déclarer si, dans le peu de notes que je vous ai fait passer l'année dernière, mon avis ou mon sentiment ont porté sur quelques projets de contre-révolution, et si je vous ai conseillé d'autre parti que celui de vous attacher à la Constitution ; 2° si dans le cours de cette année j'ai eu d'autres rapports avec vous que pour une opération fiscale qui tendait à décharger votre liste civile de pensions militaires que mon avis, à moi, est que vous ne deviez pas payer ; 3° si je vous ai écrit d'autres lettres que celle où je vous désignais le patriote Dumourier pour ministre des affaires étrangères ; et une autre où je vous disais qu'il avait mal fait de déclarer la guerre qui pouvait alors véritablement effrayer les capitalistes. »

Votre commission a reçu une autre lettre, elle est de Dufresne-Saint-Léon ; voici comme il s'exprime :

« Je suis informé par les crieurs de journaux, dont la voix perce à travers les murs de ma prison, de la manière dont le comité a considéré ma lettre au roi sur les pensions, malgré les interprétations que je lui ai données avec bonne foi et vérité. Je vous prie de faire demander au ci-devant roi à quel propos je lui ai écrit cette lettre. Je vous demande cette faveur avec instance, dans la conviction intime où je suis que sa réponse sera conforme à la mienne. »

Sergent. Dufresne et Sainte-Foi ne sont accusés que sur des preuves écrites, que le témoignage de Louis XVI ne pourra infirmer. Je demande donc l'ordre du jour.

Cette dernière proposition est adoptée.

Legendre. Je demande qu'aucun membre ne fasse aucune motion pendant que Louis XVI sera à la barre ; j'ajoute qu'il ne doit sortir aucun signe d'approbation ou d'improbation. Il faut que le silence des tombeaux effraie le coupable. (Quelques applaudissemens des tribunes. — Des murmures s'élèvent dans l'assemblée.)

Fermont. Lorsqu'un accusé comparaît devant un tribunal, la loi autorise le président du tribunal à inviter l'accusé à s'asseoir. Je demande que vous suiviez cet usage pour Louis, et qu'il soit placé un siége à la barre.

Ces deux propositions sont adoptées.

Fermont. Je consulte l'assemblée sur la conduite que doit tenir le bureau relativement à l'interrogatoire de Louis. Comme il est extrêmement important que les réponses de Louis soient exactement recueillies, ne serait-il pas à propos qu'elles lui fussent relues, et qu'elles fussent proposées à sa signature ?

Cette proposition est décrétée.

Manuel. Comme la Convention n'est point condamnée à ne s'occuper aujourd'hui que d'un roi, je pense qu'il serait bon que nous nous occupassions d'un objet important, dussions-nous faire attendre Louis à son arrivée.

Osselin monte à la tribune, et propose la suite des articles sur les exceptions à la loi des émigrés. Après une légère discussion, tous ces articles sont ajournés pour être imprimés.

Le président. J'avertis l'assemblée que Louis est à la porte des Feuillans...

Représentans, vous allez exercer le droit de justice nationale ; vous répondez à tous les citoyens de la République de la conduite ferme et sage que vous allez tenir dans cette occasion importante.

L'Europe vous observe. L'histoire recueille vos pensées, vos actions. L'incorruptible postérité vous jugera avec une sévérité inflexible. Que votre attitude soit conforme aux nouvelles fonctions que vous allez remplir. L'impassibilité et le silence le plus profond conviennent à des juges. La dignité de votre séance doit répondre à la majesté du peuple français. Il va donner par votre organe une grande leçon aux rois, et un exemple utile à l'affranchissement des nations.

Citoyens des tribunes, vous êtes associés à la gloire et à la liberté de la nation dont vous faites partie. Vous savez que la justice ne préside qu'aux délibérations tranquilles. La Convention nationale se repose sur votre entier dévoûment à la patrie, et sur votre respect pour la représentation du peuple. Les citoyens de Paris ne laisseront pas échapper cette nouvelle occasion de montrer le patriotisme et l'esprit public dont ils sont animés. Ils n'ont qu'à se souvenir du silence terrible qui accompagna Louis ramené de Varennes, silence précurseur du jugement des rois par les nations.

Le commandant-général. J'ai l'honneur de vous prévenir que j'ai mis à exécution votre décret. Louis Capet attend vos ordres.

Louis entre à la barre; le maire, deux officiers municipaux, et les généraux Santerre et Wittenkof entrent avec lui. — La garde est en dehors de la salle.

Un profond silence règne dans l'assemblée.

Le président. Louis, la nation française vous accuse. L'assemblée nationale a décrété, le 3 décembre, que vous seriez jugé par elle; le 6 décembre elle a décrété que vous seriez traduit à sa barre. On va vous lire l'acte énonciatif des délits qui vous sont imputés. — Vous pouvez vous asseoir.

(Louis s'assied.)

Un des secrétaires fait lecture de cet acte en entier.

(Le président reprenant chaque article d'accusation, interpelle successivement Louis de répondre aux différentes charges qu'il contient.)

Interrogatoire de Louis Capet.

Le président. Louis, le peuple français vous accuse d'avoir commis une multitude de crimes, pour établir votre tyrannie en détruisant sa liberté. Vous avez, le 20 juin 1789, attenté à la souveraineté du peuple, en suspendant les assemblées de ses représentans, et en les repoussant par la violence, du lieu de leurs séances. La preuve en est dans le procès-verbal dressé au Jeu de Paume de Versailles par les membres de l'assemblée constituante. Le 23 juin, vous avez voulu dicter des lois à la nation, vous avez entouré de troupes ses représentans, vous leur avez présenté deux déclarations royales éversives de toute liberté, et vous leur avez ordonné de se séparer. Vos déclarations et les procès-verbaux de l'assemblée constatent ces attentats. Qu'avez-vous à répondre?

Louis. Il n'existait pas de lois qui me l'empêchaient.

Le président. Vous avez fait marcher une armée contre les citoyens de Paris. Vos satellites ont fait couler le sang de plusieurs d'entre eux, et vous n'avez éloigné cette armée que lorsque la prise de la Bastille et l'insurrection générale vous ont appris que le peuple était victorieux. Les discours que vous avez tenus les 9, 12 et 14 juillet aux diverses députations de l'assemblée constituante, font connaître quelles étaient vos intentions, et les massacres des Tuileries déposent contre vous. Qu'avez-vous à répondre?

Louis. J'étais le maître de faire marcher des troupes dans ce temps-là; mais je n'ai jamais eu l'intention de répandre du sang.

Le président. Après ces événemens, et malgré les promesses que vous aviez faites, le 15, dans l'assemblée constituante, et le 17 dans l'Hôtel-de-Ville de Paris, vous avez persisté dans vos projets contre la liberté nationale; vous avez long-temps éludé de faire exécuter les décrets du 11 août, concernant l'abolition de la servitude personnelle, du régime féodal et de la dime. Vous avez long-temps refusé de reconnaître la déclaration des Droits de l'homme; vous avez augmenté du double le nombre de vos gardes du corps et appelé le régiment de Flandre à Versailles; vous avez permis que dans des orgies faites sous vos yeux, la cocarde nationale fût foulée aux pieds, la cocarde blanche arborée, et la nation blasphémée. Enfin, vous avez nécessité une nouvelle insurrection, occasioné la mort de plusieurs citoyens, et ce n'est qu'après la défaite de vos gardes que vous avez changé de langage, et renouvelé des promesses perfides. Les preuves de ces faits sont dans vos observations du 18 septembre sur les décrets du 11 août, dans les procès-verbaux de l'assemblée constituante, dans les événemens de Versailles des 5 et 6 octobre, et dans le discours que vous avez tenu le même jour à une députation de l'assemblée constituante, lorsque vous lui dîtes que *vous vouliez vous éclairer de ses conseils, et ne jamais vous séparer d'elle.* Qu'avez-vous à répondre?

Louis. J'ai fait les observations que j'ai crues justes sur les deux premiers objets. Quant à la cocarde, cela est faux, cela ne s'est pas passé devant moi.

Le président. Vous aviez prêté, à la fédération du 14 juillet, un serment que vous n'avez pas tenu. Bientôt vous avez essayé de corrompre l'esprit public à l'aide de Talon, qui agissait dans Paris, et de Mirabeau, qui devait imprimer un mouvement contre-révolutionnaire aux provinces. Qu'avez vous à répondre?

Louis. Je ne me rappelle pas ce qui s'est passé dans ce temps-là; mais le tout est antérieur à l'acceptation que j'ai faite de la Constitution.

Le président. Vous avez répandu des millions pour effectuer cette corruption, et vous avez voulu faire de la popularité même un moyen d'asservir le peuple. Ces faits résultent d'un mémoire de Talon, que vous avez apostillé de votre main, et d'une lettre que Laporte vous écrivait le 19 avril, dans laquelle, vous rapportant une conversation qu'il avait eue avec Rivarol, il vous disait que les millions que l'on vous avait engagé à répandre n'avaient rien produit. Dès long-temps vous aviez médité un projet de fuite. Il vous fut remis, le 23 février, un mémoire qui vous en indiquait les moyens, et vous l'apostillâtes. Qu'avez-vous à répondre?

Louis. Je n'avais pas de plus grand plaisir que de donner à ceux qui avaient besoin; cela ne tient à aucun projet.

Le président. Le 28, une multitude de nobles et de militaires se répandirent dans vos appartemens, au château des Tuileries, pour favoriser cette fuite; vous voulûtes, le 18 avril, quitter Paris pour vous rendre à Saint-Cloud. Qu'avez-vous à répondre?

Louis. Cette accusation est absurde.

Le président. Mais la résistance des citoyens vous fit sentir que la défiance était grande; vous cherchâtes à la dissiper en communiquant à l'assemblée constituante une lettre que vous adressiez aux agens de la nation auprès des puissances étrangères, pour leur annoncer que vous aviez accepté librement les articles constitutionnels qui vous avaient été présentés; et cependant le 21 vous preniez la fuite avec un faux passe-port; vous laissiez une déclaration contre les mêmes articles constitutionnels; vous ordonniez aux ministres de ne signer aucun des actes émanés de l'assemblée nationale, et vous défendiez à celui de la justice de remettre les sceaux de l'état. L'argent du peuple était prodigué pour assurer le succès de cette trahison, et la force publique devait la protéger sous les ordres de Bouillé, qui naguère avait été chargé de diriger le massacre de Nancy, et à qui vous aviez écrit à ce sujet, *de soigner sa popularité, parce qu'elle vous serait utile.* Ces faits sont prouvés par le mémoire du 23 février, apostillé de votre main; par votre déclaration du 20 juin, tout entière de votre écriture; par votre lettre du 4 septembre 1790, à Bouillé; et par une note de celui-ci, dans laquelle il vous rend compte de l'emploi des 993,000 livres données par vous, et employées en partie à la corruption des troupes qui devaient vous escorter. Qu'avez-vous à répondre?

Louis. Je n'ai aucune connaissance du mémoire du 23 février. Quant à ce qui est relatif à mon voyage de Varennes, je m'en réfère à ce que j'ai dit aux commissaires de l'assemblée constituante dans ce temps-là.

Le président. Après votre arrestation à Varennes, l'exercice du pouvoir exécutif fut un moment suspendu dans vos mains, et vous conspirâtes encore. Le 17 juillet, le sang des citoyens fut versé au Champ-de-Mars. Une lettre de votre main, écrite en

1790 à La Fayette, prouve qu'il existait une coalition criminelle entre vous et La Fayette, à laquelle Mirabeau avait accédé. La division commença sous ces auspices cruels; tous les genres de corruption furent employés. Vous avez payé des libelles, des pamphlets, des journaux destinés à pervertir l'opinion publique, à discréditer les assignats et à soutenir la cause des émigrés. Les registres de Septeuil indiquent quelles sommes énormes ont été employées à ces manœuvres liberticides. Qu'avez-vous à répondre?

Louis. Ce qui s'est passé le 17 juillet ne peut aucunement me regarder; pour le reste, je n'en ai aucune connaissance.

Le président. Vous avez paru accepter la Constitution le 14 septembre; vos discours annonçaient la volonté de la maintenir, et vous travailliez à la renverser avant même qu'elle fût achevée.

Une convention avait été faite à Pilnitz, le 24 juillet, entre Léopold d'Autriche et Frédéric-Guillaume de Brandebourg, qui s'étaient engagés à relever en France le trône de la monarchie absolue, et vous vous êtes tu sur cette convention jusqu'au moment où elle a été connue de l'Europe entière. Qu'avez-vous à répondre?

Louis. Je l'ai fait connaître sitôt qu'elle est venue à ma connaissance; au reste, tout ce qui a trait à cet objet, par la Constitution, regarde le ministre.

Le président. Arles avait levé l'étendard de la révolte; vous l'aviez favorisée par l'envoi de trois commissaires civils qui se sont occupés, non à réprimer les contre-révolutionnaires, mais à justifier leurs attentats. Qu'avez-vous à répondre?

Louis. Les instructions qu'avaient les commissaires doivent prouver ce dont ils étaient chargés, et je n'en connaissais aucun quand les ministres me les ont proposés.

Le président. Avignon et le comtat Venaissin avaient été réunis à la France; vous n'avez fait exécuter le décret qu'après un mois; et pendant ce temps, la guerre civile a désolé ce pays. Les commissaires que vous y avez successivement envoyés ont achevé de le dévaster. Qu'avez-vous à répondre?

Louis. Je ne me souviens pas quel délai a été mis dans l'exécution; au reste, ce fait ne peut me regarder personnellement; ce sont ceux qui ont été envoyés, et ceux qui les ont envoyés, que cela regarde.

Le président. Nîmes, Montauban, Mende, Jalès, avaient éprouvé de grandes agitations dès les premiers jours de la liberté; vous n'avez rien fait pour étouffer ce germe de contre-révolution, jusqu'au moment où la conspiration de Saillant a éclaté. Qu'avez-vous à répondre?

Louis. J'ai donné pour cela tous les ordres que les ministres m'ont proposés.

Le président. Vous avez envoyé vingt-deux bataillons contre les Marseillais, qui marchaient pour réduire les contre-révolutionnaires arlésiens. Qu'avez-vous à répondre?

Louis. Il faudrait que j'eusse les pièces pour répondre juste à cela.

Le président. Vous avez donné le commandement du Midi à Wigenstein, qui vous écrivait, le 21 avril 1792, après qu'il eût été rappelé : « Quelques instans de plus, et je rappellerai pour toujours, autour du trône de votre majesté, des milliers de Français redevenus dignes des vœux qu'elle forme pour leur bonheur. » Qu'avez-vous à répondre?

Louis. Cette lettre est postérieure à son rappel. Il n'a pas été employé depuis. Je ne me souviens pas de la lettre.

Le président. Vous avez payé vos ci-devant gardes-du-corps à Coblentz; les registres de Septeuil en font foi, et plusieurs ordres signés de vous constatent que vous avez fait passer des sommes considérables à Bouillé, Rochefort, Lavauguyon, Choiseul-Beaupré, Hamilton, la femme Polignac. Qu'avez-vous à répondre?

Louis. D'abord que je sus que mes gardes-du-corps se formaient de l'autre côté du Rhin, j'ai défendu qu'ils touchassent aucun paiement; pour le reste, je ne m'en souviens nullement.

Le président. Vos frères, ennemis de l'état, ont rallié les émigrés sous leurs drapeaux; ils ont levé des régimens, fait des emprunts, et contracté des alliances en votre nom; vous ne les avez désavoués qu'au moment où vous avez été bien certain que vous ne pouviez plus nuire à leurs projets. Votre intelligence avec eux est prouvée par un billet écrit de la main de Louis-Stanislas-Xavier, souscrit par vos deux frères, et ainsi conçu :

« Je vous ai écrit, mais c'était par la poste, et je n'ai pu rien vous dire. Nous sommes ici deux qui n'en font qu'un; mêmes sentimens, mêmes principes, même ardeur pour vous servir. Nous gardons le silence; mais c'est que, le rompant trop tôt, nous vous compromettrions; mais nous parlerons dès que nous serons sûrs de l'appui général; et ce moment est proche. Si l'on nous parle de la part de ces gens-là, nous n'écouterons rien; si c'est de la vôtre, nous écouterons, mais nous irons droit notre chemin; ainsi si l'on veut que vous nous fassiez dire quelque chose, ne vous gênez pas. Soyez tranquille sur votre sûreté; nous n'existons que pour vous servir, nous y travaillons avec ardeur, et tout va bien; nos ennemis même ont trop d'intérêt à votre conservation pour commettre un crime inutile, et qui achèverait de les perdre. Adieu. L. S. XAVIER, et CHARLES-PHILIPPE. »

Qu'avez-vous à répondre?

Louis. J'ai désavoué toutes les démarches de mes frères, suivant que la Constitution me le prescrivait, aussitôt que j'en ai eu connaissance. Je n'ai aucune connaissance de ce billet.

Le président. L'armée de ligne, qui devait être portée au pied de guerre, n'était forte que de cent mille hommes à la fin de décembre; vous aviez ainsi négligé de pourvoir à la sûreté extérieure de l'état. Narbonne, votre agent, avait demandé une levée de cinquante mille hommes; mais il arrêta le recrutement à vingt-cinq mille, en assurant que tout était prêt. Rien ne l'était pourtant. Après lui, Servan proposa de former, auprès de Paris, un camp de vingt mille hommes; l'assemblée législative le décréta, vous refusâtes votre sanction. Qu'avez-vous à répondre?

Louis. J'avais donné au ministre tous les ordres qui pouvaient accélérer l'augmentation de l'armée; au mois de décembre dernier les états en ont été mis sous les yeux de l'assemblée. S'ils se sont trompés, ce n'est pas ma faute.

Le président. Un élan de patriotisme fait partir de tous côtés des citoyens pour Paris. Vous fîtes une proclamation qui tendait à les arrêter dans leur marche; cependant nos armées étaient dépourvues de soldats. Dumourier, successeur de Servan, avait déclaré que la nation n'avait ni armes, ni munitions, ni subsistances, et que les places étaient hors de défense. Vous avez attendu d'être pressé par une réquisition faite au ministre Lajard, à qui l'assemblée législative demandait d'indiquer quels étaient ses moyens de pourvoir à la sûreté extérieure de l'état, pour proposer par un message la levée de quarante-deux bataillons.

Vous avez donné mission aux commandans des troupes de désorganiser l'armée, de pousser des régimens à la désertion, et de leur faire passer le Rhin pour les mettre à la disposition de vos frères et de Léopold d'Autriche, avec lequel vous étiez d'intelligence; le fait est prouvé par la lettre de Toulongeon, commandant dans la Franche-Comté. Qu'avez-vous à répondre?

Louis. Je n'en ai aucune connaissance : il n'y a pas le mot de vrai dans cette accusation.

Le président. Vous avez chargé vos agens diplomatiques de favoriser la coalition des puissances étrangères et de vos frères contre la France, et particulièrement de cimenter la paix entre la Turquie et l'Autriche, pour dispenser celle-ci de garnir ses frontières du côté de la Turquie, et lui procurer par là un plus grand nombre de troupes contre la France. Une lettre de Choiseul-Gouffier, ambassadeur à Constantinople, établit le fait. Qu'avez-vous à répondre?

Louis. M. Choiseul n'a pas dit la vérité : cela n'a jamais existé.

Le président. Les Prussiens s'avançaient vers nos frontières; on interpella, le 8 juillet, votre ministre de rendre compte de l'état de nos relations politiques avec la Prusse; vous répondîtes, le 10, que cinquante mille Prussiens marchaient contre nous, et que vous donniez avis au corps législatif des actes formels de ces hostilités imminentes, aux termes de la Constitution. Qu'avez-vous à répondre?

Louis. Ce n'est qu'à cette époque-là que j'en ai eu connaissance : toute la correspondance passait par les ministres.

Le Président. Vous avez confié le département de la guerre à Dabancourt, neveu de Calonne; et tel a été le succès de votre conspiration, que les places de Longwy et de Verdun ont été livrées aussitôt que les ennemis ont paru. Qu'avez-vous à répondre?

Louis. J'ignorais que M. Dabancourt fût neveu de M. Calonne; ce n'est pas moi qui ai dégarni les places; je ne me serais pas permis une pareille chose; je n'en ai aucune connaissance, si elles l'ont été.

Le président. Vous avez détruit notre marine; une foule d'officiers de ce corps étaient émigrés; à peine en restait-il pour faire le service des ports; cependant Bertrand accordait tous les jours des passeports, et, lorsque le corps législatif vous exposa, le 8 mars, sa conduite coupable, vous répondîtes que vous étiez satisfait de ses services. Qu'avez-vous à répondre?

Louis. J'ai fait ce que j'ai pu pour retenir les officiers. Quant à M. Bertrand, comme l'assemblée nationale ne portait contre lui aucun grief qui pût le faire mettre en état d'accusation, je n'ai pas cru devoir le changer.

Le président. Vous avez favorisé dans les colonies le maintien du gouvernement absolu; vos agens y ont partout fomenté le trouble et la contre-révolution qui s'y est opérée à la même époque où elle devait s'effectuer en France; ce qui indique assez que votre main conduisait cette trame. Qu'avez-vous à répondre?

Louis. S'il y a de mes agens dans les colonies, ils n'ont pas dit vrai; je n'ai eu aucun rapport à ce que vous venez de me dire.

Le président. L'intérieur de l'état était agité par les fanatiques; vous vous en êtes déclaré le protecteur, en manifestant l'intention évidente de recouvrer par eux votre ancienne puissance. Qu'avez-vous à répondre?

Louis. Je ne peux pas répondre à cela ; je n'ai aucune connaissance de ce projet.

Le président. Le corps législatif avait rendu, le 29 janvier, un décret contre les prêtres factieux, vous en avez suspendu l'exécution. Qu'avez-vous à répondre ?

Louis. La Constitution me laissait la sanction libre des décrets.

Le président. Les troubles s'étaient accrus ; le ministre déclara qu'il ne connaissait dans les lois existantes aucun moyen d'atteindre les coupables. Le corps législatif rendit un nouveau décret, vous en suspendîtes encore l'exécution. Qu'avez-vous à répondre ?

Même réponse que la précédente.

Le président. L'incivisme de la garde que la Constitution vous avait donnée en avait nécessité le licenciement. Le lendemain vous lui avez écrit une lettre de satisfaction ; vous avez continué de la solder. Ce fait est prouvé par les comptes du trésorier de la liste civile. Qu'avez-vous à répondre ?

Louis. Je n'ai continué que jusqu'à ce qu'elle pût être recréée, comme le décret le portait.

Le président. Vous avez retenu auprès de vous les gardes suisses : la Constitution vous le défendait, et l'assemblée législative en avait expressément ordonné le départ. Qu'avez-vous à répondre ?

Louis. J'ai exécuté tous les décrets qui ont été rendus à cet égard.

Le président. Vous avez eu dans Paris des compagnies particulières chargées d'y opérer des mouvemens utiles à vos projets de contre-révolution. Dangremont et Gilles étaient deux de vos agens ; ils étaient salariés par la liste civile. Les quittances de Gilles, chargé de l'organisation d'une compagnie de soixante hommes, vous seront présentées. Qu'avez-vous à répondre ?

Louis. Je n'ai aucune connaissance des projets qu'on leur prête ; jamais idée de contre-révolution n'est entrée dans ma tête.

Le président. Vous avez voulu, par des sommes considérables, suborner plusieurs membres des assemblées constituante et législative. Des lettres de Saint-Léon et d'autres attestent la réalité de ces faits. Qu'avez-vous à répondre?

Louis. Il y a plusieurs personnes qui se sont présentées avec des projets pareils; mais je les ai éloignées.

Le président. Quels sont ceux qui vous ont présenté ces projets?

Louis. Ils étaient si vagues que je ne me les rappelle pas dans ce moment.

Le président. Quels sont ceux à qui vous avez promis ou donné de l'argent?

Louis. A aucun.

Le président. Vous avez laissé avilir la nation française en Allemagne, en Italie, en Espagne, puisque vous n'avez rien fait pour exiger la réparation des mauvais traitemens que les Français ont éprouvés dans ces pays. Qu'avez-vous à répondre?

Louis. La correspondance diplomatique doit prouver le contraire; au reste, cela regardait le ministre.

Le président. Vous avez fait, le 10 août, la revue des Suisses, à cinq heures du matin, et les Suisses ont tiré les premiers sur les citoyens. Qu'avez-vous à répondre?

Louis. J'ai été voir toutes les troupes qui étaient rassemblées chez moi ce jour-là; les autorités constituées étaient chez moi, le département, le maire et la municipalité; j'avais fait prier même une députation de l'assemblée nationale d'y venir, et je me suis ensuite rendu dans son sein avec ma famille.

Le président. Pourquoi aviez-vous rassemblé des troupes dans le Château?

Louis. Toutes les autorités constituées l'ont vu : le Château était menacé; et comme j'étais une autorité constituée, je devais me défendre.

Le président. Pourquoi avez-vous mandé au Château le maire de Paris, dans la nuit du 9 au 10 août?

Louis. Sur les bruits qui se répandaient.

Le président. Vous avez fait couler le sang des Français. Qu'avez-vous à répondre?

Louis. Non, monsieur, ce n'est pas moi.

Le président. Vous avez autorisé Septeuil à faire un commerce considérable de grains, sucre et café à Hambourg. Ce fait est prouvé par une lettre de Septeuil. Qu'avez-vous à répondre?

Louis. Je n'ai aucune connaissance de ce que vous dites.

Le président. Pourquoi avez-vous mis le *veto* sur le décret qui ordonnait la formation d'un camp de vingt mille hommes?

Louis. La Constitution me donnait la libre sanction des décrets, et, dès ce temps-là même, j'ai demandé la réunion d'un camp à Soissons.

Le président, à l'assemblée. Les questions sont épuisées. — *A Louis Capet.* Louis, avez-vous quelque chose à ajouter?

Louis. Je demande communication des accusations que je viens d'entendre et des pièces qui y sont jointes, et la faculté de choisir un conseil pour me défendre.

Valazé, assis auprès de la barre, énonce et présente à Louis Capet les pièces suivantes : « Mémoire de Laporte, qui établit entre Louis Capet, Mirabeau et quelques autres, des projets contre-révolutionnaires.

Louis. Je ne le reconnais pas.

Valazé. Lettre de Louis Capet, datée du 29 juin 1790, établissant ses rapports avec Mirabeau et La Fayette, pour opérer une révolution dans la Constitution.

Louis. Je me réserve d'expliquer ce qui y est contenu.

Valazé lit la lettre.

Louis. Ce n'est qu'un projet; il n'y est aucunement question de contre-révolution; la lettre n'a pas dû être envoyée.

Valazé. Lettre de Laporte à Louis Capet, du 22 avril, relative à des entretiens au sujet des Jacobins, et au président du comité des finances et au comité des domaines; elle est datée de la main de Louis Capet.

Louis. Je ne la connais pas.

Valazé. Lettre de Laporte, du jeudi matin 3 mars, apostillée de la main de Louis Capet, 3 mars 1791, indicative d'une prétendue rupture entre Mirabeau et les Jacobins.

Louis. Je ne la reconnais pas.

Valazé. Lettre de Laporte, sans date, de sa main, mais apostillée de celle de Louis Capet, contenant des détails sur les derniers momens de Mirabeau, sur les soins qu'on a pris pour dérober à la connaissance des hommes des papiers d'un grand intérêt, dont Mirabeau était dépositaire.

Louis. Je ne la reconnais pas plus que les autres.

Valazé. Projet de constitution ou de révision de la Constitution, signé La Fayette, adressé à Louis Capet, 6 avril 1790, apostillé d'une ligne de sa main.

Louis. Ces choses-là ont été effacées par la Constitution.

Valazé. Connaissez-vous cette écriture?

Louis. Non.

Valazé. Votre apostille?

Louis. Non.

Valazé. Lettre de Laporte du 19 avril, apostillée par Louis Capet, 19 avril 1791, faisant mention d'un entretien avec Rivarol.

Louis. Je ne la connais pas.

Valazé. Lettre de Laporte, apostillée 16 avril 1791, dans laquelle on paraît se plaindre de Mirabeau, de l'abbé Périgord, d'André, de Baumetz, qui ne semblent pas reconnaissans des sacrifices qu'on a faits pour eux.

Louis. Je ne la connais pas non plus.

Valazé. Lettre de Laporte, du 23 février 1791, apostillée et datée de la main de Louis Capet, énonciative d'un mémoire qui y est joint, relatif aux moyens de le populariser.

Louis. Je ne connais aucune des deux pièces.

Valazé. Plusieurs pièces sans signatures trouvées au château des Tuileries, dans la baie qui était close dans les murs du palais, relatives aux dépenses à faire pour gagner cette popularité.

Le président. Avant l'interrogatoire à ce sujet, je demande à faire une question préliminaire.

Avez-vous fait construire une armoire avec une porte de fer

au château des Tuileries, et y avez-vous fait renfermer des papiers?

Louis. Je n'en ai aucune connaissance.

Valazé. Voici un journal de la main de Louis Capet, portant les pensions qu'il a accordées sur sa cassette depuis 1776 jusqu'en 1792, parmi lesquelles on remarque des gratifications accordées à Acloque pour son faubourg.

Louis. Je reconnais celui-là, mais ce sont des charités que j'ai faites.

Valazé. Divers états de sommes payées aux compagnies écossaises de Noailles-Grammont et Montmorency-Luxembourg, au 1er juillet 1791.

Louis. Ceci est antérieur au temps où j'ai défendu de les payer.

Le président. Louis, où aviez-vous déposé ces pièces reconnues par vous?

Louis. Chez mon trésorier.

Valazé. Reconnaissez-vous cet état des pensions des gardes du corps, cent-suisses et gardes du roi pour 1792?

Louis. Je ne le reconnais pas.

Valazé. Plusieurs pièces relatives à la conjuration du camp de Jalès, dont les originaux sont déposés au secrétariat du département de l'Ardèche.

Louis. Je n'en ai nulle connaissance.

Valazé. Lettre de Bouillé, datée de Mayence, portant compte de 993,000 livres reçues de Louis Capet.

Louis. Je ne la connais pas.

Valazé. Ordonnance de paiement de 16,800 livres, signée Louis; au dos signée de Bonnières, avec une lettre et un billet du même.

Louis. Je ne les reconnais pas.

Valazé. Deux pièces relatives à un don fait à la femme de Polignac, et aux nommés Lavauguyon et Choiseul.

Louis. Pas plus que les autres.

Valazé. Billet signé de deux frères du ci-devant roi, cité dans l'acte énonciatif.

Louis. Je ne le connais pas.

Valazé. Pièces contenant l'affaire de Choiseul-Gouffier à Constantinople.

Louis. Je n'en ai pas connaissance.

Valazé. Lettre du ci-devant roi à l'évêque de Clermont, avec la réponse de celui-ci, du 16 avril 1791.

Louis. Je ne la connais pas.

Le président. Vous ne reconnaissez pas votre écriture et votre signature?

Louis. Non.

Le président. Le cachet est aux armes de France?

Louis. Beaucoup de monde l'avaient.

Valazé. Reconnaissez-vous cet état des sommes payées à Gilles?

Louis. Je ne le connais pas.

Valazé. Mémoire pour décharger la liste civile des pensions militaires; lettre de Dufresne-Saint-Léon, qui y est relative.

Louis. Je ne connais aucune de ces pièces.

Le président. Je vous invite à vous retirer dans la salle des conférences. — L'assemblée va prendre une délibération.

Louis. J'ai demandé un conseil.

Louis Capet se retire.

Treilhard. Je propose le projet de décret suivant :

« Louis Capet peut choisir un ou plusieurs conseils. » (Des murmures s'élèvent dans une partie de l'assemblée.)

Albitte. Cette question est trop importante pour qu'on la décide dans ce moment. Si on ne rejette pas la proposition de Treilhard, j'en demande l'ajournement.

Duhem, Chales, Billaud-de-Varennes, Tallien, Robespierre jeune, Marat et quelques autres membres se lèvent à la fois, et appuient l'ajournement.

Ducos appuie la proposition de Treilhard.

On demande la question préalable sur l'ajournement. — L'ajournement est rejeté à la très-grande majorité.

Les mêmes membres se lèvent encore. Ils demandent l'appel nominal. — Le président veut passer outre à la délibération. — Il est interrompu. — Une longue et vive agitation.

Garat. La loi sur les jurés porte que l'accusé pourra choisir pour sa défense un ou deux amis, ou conseils; je demande que cette loi soit commune à Louis Capet.

Marat. Il ne s'agit point ici d'un procès ordinaire... Il ne nous faut pas de chicane de palais.

Plusieurs membres demandent la question préalable sur la proposition de Garat.

L'assemblée décide à une grande majorité qu'il y a lieu à délibérer.

Marat, Chabot, Merlin, Montaut, demandent à la combattre. — Séveste fait de longs efforts pour obtenir la parole dans le même sens.

Duhem. Je demande qu'on aille aux voix par appel nominal sur toutes les questions qui s'élèveront sur ce procès.

Le tumulte et l'agitation continuent. — Le président se couvre. — Le silence se rétablit.

Pétion. Je demande la parole pour une motion d'ordre. Il est surprenant qu'une question aussi simple excite autant d'aigreur et de division. De quoi s'agit-il? De donner au roi un conseil. Je dis que personne ne peut le lui refuser, à moins d'attaquer à la fois tous les principes de l'humanité ; mais les lois l'autorisent à prendre non pas deux amis, les lois n'en connaissent pas, mais deux défenseurs. Il a demandé un conseil; ce conseil peut, d'après la loi, être composé d'une ou de deux personnes; c'est son affaire. Eh bien! que cette question très-simple : Louis Capet pourra-t-il prendre un conseil? soit mise aux voix; je ne vois pas quelles sont les difficultés qu'on pourrait lui opposer.

La proposition de Pétion est mise aux voix.

Il est décrété, à l'unanimité, à quelques voix près, que Louis Capet pourra se choisir un conseil.

La séance est levée à huit heures.]

Telle fut la première séance de ce procès fameux. On pouvait s'attendre à des troubles dans la ville ; jamais cependant Paris ne fut plus calme. Il est vrai que les précautions avaient été considérables. Tous les postes furent doublés dès huit heures du matin par l'adjonction de la garde montante à la garde descendante. Un appel fut fait toutes les heures ; et les hommes absens furent punis. Un piquet de deux cents hommes resta sous les armes dans chaque section, dans chaque prison, sur chaque place publique. Une forte réserve avec du canon occupa les Tuileries ; de grosses patrouilles détachées de tous ces postes circulaient dans les rues. Enfin, l'escorte qui accompagna la voiture du roi était une petite armée formée de cavalerie, d'infanterie et d'artillerie. Un piquet de gendarmerie ouvrait la marche ; venaient ensuite trois canons et un caisson ; puis une double haie d'infanterie, chacune de trois hommes d'épaisseur, au milieu de laquelle marchait la voiture du roi. L'arrière-garde était formée par un détachement de cavalerie de ligne, et trois autres pièces d'artillerie. Ajoutons que tous les hommes mis sous les armes dans cette journée, avaient dû être choisis et munis d'une carte spéciale. Tel était l'ordre de la Commune. Elle avait voulu, en outre, que l'escorte du roi fût composée des hommes qui savaient le mieux manœuvrer, et que chacun d'eux fût muni de seize cartouches. À ces précautions, on joignit de ne permettre ni stationnement, ni groupes sur le passage du cortége. Aussi, n'y eut il ni le bruit, ni la foule, ni les cris, qu'une pareille circonstance semblait devoir provoquer. Le cortège suivit cependant pour arriver aux Feuillans une ligne très-fréquentée, les boulevarts, la rue Neuve-des-Capucines et la place Vendôme.

« Le seul événement que l'on puisse citer, dit le *Moniteur*, comme ayant quelque caractère de turbulence, est attribué à un des citoyens du cortége. Il se répandait en propos violens contre le général (Santerre) qui voulut le faire retirer. On dit qu'il affecta au contraire de s'approcher de la voiture et qu'il résista avec opiniâtreté. Il a été arrêté et mis à l'Abbaye. »

Mais, ce qui doit intéresser davantage les lecteurs d'aujourd'hui, ce sont les anecdotes relatives à Louis XVI lui-même. Nous les emprunterons aux pièces officielles. Nous commencerons par donner, sur la vie de la famille royale dans sa prison, quelques courts détails qui n'ont pu trouver leur place dans nos volumes précédens. Ils sont extraits et abrégés des divers procès-verbaux des séances de la Commune où l'on s'occupa des prisonniers du Temple.

« *Le 17 août.* La Commune arrête qu'elle répond de la personne du roi, que toutes les précautions nécessaires seront prises pour le garder en otage; il sera fait un fossé autour du Temple: outre la garde extérieure, la garde intérieure sera composée de cinquante hommes, qui, pendant vingt-quatre heures, ne pourront pas sortir, et seront nourris aux frais de l'état: chaque légion nommera vingt-cinq hommes qui s'engageront à faire ce service particulier.

» *Le 12 septembre.* Louis et sa famille sont dans les petits appartemens adjacens à la grande tour du Temple. Louis passe une grande partie de la journée en famille, ou bien il se promène en lisant. Madame Élisabeth fait de même. Deux sapeurs servent de guichetiers aux portes des appartemens.

» Le roi est toujours accompagné de deux officiers municipaux; il peut se promener dans le jardin. On lui prépare un appartement au second dans la tour du Temple. Il est composé d'une antichambre, d'une chambre à coucher, et de deux cabinets chacun dans une tourelle, d'une salle pour les commissaires, et d'une autre chambre pour les domestiques, avec un cabinet. Les fenêtres sont grillées en fer. Sur les plaques de fonte de la cheminée, on lit : *liberté, égalité, propriété, sûreté.* Au premier et au troisième sont des corps-de-garde. Le rez-de-chaussée de la tour, composé de cinq ou six pièces, sera occupé par le prince royal. Les petits appartemens adjacens à la tour sont destinés à Marie-Antoinette, à sa fille et à madame Élisabeth.

» *Le 20.* Louis XVI s'occupe de littérature dans sa tour. Il prend des notes au crayon, il fait expliquer des passages latins à son fils, il choisit toujours ce qui est analogue aux circonstances. Marie-Antoinette fait lire ses enfans, et leur fait réciter des dialogues. Madame Élisabeth enseigne le dessin et le calcul à sa nièce.

» L'après-dîner se passe ordinairement en parties de piquet et en conversations. On cherche à parler aux commissaires. Sur les cinq à six heures, le temps est partagé entre les livres et la promenade.

» Le soir, on fait des lectures : on choisit ordinairement les lettres de Cécilia. Après cette lecture, qui souvent renferme des applications auxquelles la famille prend le plus grand intérêt, on se propose des énigmes, on devine celles du *Mercure*, on fait des jeux de cartes, etc., etc. Les mêmes occupations reviennent dans la journée suivante, et ces récréations périodiques reviennent avec les heures de chaque jour.

» Les commissaires de la Commune ont remarqué qu'on se parlait toujours par chiffres, et qu'on employait le plus souvent devant eux un langage hyérogliphique et mystérieux.

» Le 21. Le conseil-général arrête, que tout ce qui concerne le service du roi sera enfermé avec lui. On prend cette mesure rigoureuse pour arrêter les communications et les correspondances des prisonniers. Il est nommé cinq commissaires pour les surveiller.

» *Le 27*. Les commissaires municipaux formant le conseil de gestion pour les prisonniers du Temple, font leur rapport au conseil-général de la Commune ; ils expose qu'il se formait des rassemblemens nocturnes de trois à quatre cents hommes, près de l'enceinte extérieure de la tour ; qu'on y joue différens airs sur le flageolet ; qu'on y fait plusieurs signaux ; et qu'on a entendu des cris de *vive le roi*. Les commissaires prenaient des mesures pour prévenir l'effet de ces machinations. Ils ont proposé ensuite au conseil-général d'ôter à Louis XVI le crachat, le cordon rouge, et tous autres signes de la féodalité qu'il porte sur son habit.

» *Du 28*. Les travaux du Temple n'avancent pas et consument beaucoup d'argent ; le commandant-général s'est plaint de ce que les postes y étaient mal gardés et presque dénués de moyens de défense. Il a proposé de supprimer le corps-de-garde qui est sur l'appartement de Louis XVI, et d'employer à l'achèvement des travaux, les 500,000 livres destinées au traitement des prisonniers.

Du 29. La garde des prisonniers du Temple devenant tous les jours plus difficile par leur concert et les mesures qu'ils peuvent prendre entre eux, la responsabilité du conseil-général de la Commune lui impose l'impérieuse loi de prévenir les abus qui peuvent faciliter l'évasion de ces traîtres ; il a pris l'arrêté suivant : « 1° Que Louis et Antoinette seront séparés ; 2° que cha-
» que prisonnier aura un cachot particulier ; 3° que le valet-de-
» chambre sera mis en état d'arrestation ; 4° adjoint avec les cinq
» commissaires déjà nommés, le citoyen Hébert ; 5° les autorise
» à mettre à exécution l'arrêté de ce soir, sur-le-champ, même
» de leur ôter l'argenterie, les accessoires pour la bouche ; en un
» mot le conseil-général donne plein pouvoir à ses commissaires
» d'employer tout ce que leur prudence leur prescrira pour la
» sûreté de ces otages. »

» *Du 3 octobre.* Les commissaires se sont transportés au Temple, et ont signifié au roi l'arrêté ci-dessus. A cette nouvelle, le roi a été frappé d'étonnement : « Je n'ai pas demandé cela, a-t-il dit, et je me trouve bien dans mon appartement. » Les commissaires ont répondu qu'il fallait obéir, et ils lui ont signifié l'ordre qu'ils avaient de lui ôter plumes, crayons, écritoires, et tout ce qui pouvait lui servir à entretenir des correspondances coupables. Au moment de leur séparation, Marie-Antoinette et madame Élisabeth ont versé des larmes ; mais l'arrêté n'en a pas moins été exécuté. Alors, le roi a pris leurs mains, et les a serrées, comme pour leur dire : résignons-nous. L'appartement qu'on lui a donné est très-commode. Il a paru satisfait en y entrant ; mais quand il a porté les yeux sur les fenêtres, et qu'il a aperçu les grilles et les abat-jour, il s'est écrié qu'il avait trop chaud, et qu'il ne voulait pas rester dans cet appartement.

» Les femmes ont demandé s'il ne leur serait pas permis de communiquer avec les enfans. Les commissaires n'ont pas cru devoir leur refuser cette satisfaction, en prenant cependant des mesures pour qu'ils ne pussent rien se dire de secret. On a aussi consenti qu'ils mangeassent ensemble, mais avec la promesse de ne faire aucun signe, ni de tenir aucun langage suspect. Le valet-de-chambre de Louis XVI est logé au côté opposé; et pour aller dans sa chambre, il est obligé de passer par celle des commissaires. Louis XVI est logé au second, Marie-Antoinette au troisième, et madame Élisabeth, leur sœur, au premier.

» La circonvallation qui doit environner le Temple se continue avec la plus grande activité. Sous peu de jours, le mur sera clos et inaccessible. Les fossés auront douze pieds de profondeur, et ne pourront être franchis qu'à l'aide d'un pont-levis. Par ces diverses mesures, la garde de cette forteresse sera à l'abri de toute surprise, et elle pourra tenir une nuit entière contre quiconque entreprendrait de l'attaquer.

» *Du 7.* Un membre a dénoncé hier au conseil-général de la Commune l'un de ses collègues, pour avoir mis chapeau bas devant Marie-Antoinette et sa belle-sœur. « Les signes de la royauté, a dit M. Manuel, existent jusque dans la tour du Temple. Louis de la Tour ignorait qu'il n'était plus roi; il paraît que le décret ne lui avait point été signifié : je lui ai fait une visite, et dans la conversation, j'ai cru devoir lui apprendre la fondation de la République : — Vous n'êtes plus roi, lui ai-je dit, voilà une belle occasion de devenir bon citoyen. Il ne m'a pas paru affecté : j'ai dit à son valet-de-chambre de lui ôter ses décorations; et s'il a mis un habit royal à son lever, il se couchera avec la robe de chambre d'un citoyen. Il est coupable, je le sais; mais comme il n'a pas été reconnu tel par la loi, nous lui avons promis les égards dus à un prisonnier : il est très-possible d'être sévère et bon.

» Un membre avait proposé ici de réduire les vingt plats qu'on sert sur sa table..... « Nous sommes convenus, a ajouté M. Manuel, qu'il ne faut pas tant de prodigalité sur sa nourriture, et pour son intérêt comme pour le nôtre, il faudra l'accoutumer à plus de frugalité. Quant à son valet-de-chambre, je lui ai dit qu'il n'était plus au service d'un roi, mais à celui d'un simple particulier qui ne pourrait plus le payer aussi richement. Comme il s'était résigné à garder prison, je crois qu'il ne tardera pas à changer de condition. Louis de la Tour n'est pas plus touché de son sort de prisonnier qu'il ne l'était de celui de roi; je lui ai parlé de nos conquêtes; je lui ai appris la reddition de Chambéry, Nice, etc., etc., et je lui ai annoncé la chute des rois aussi prochaine que celle des feuilles. »

» *Du 26.* Madame Élisabeth, Marie-Antoinette et sa fille ont pris possession, avant-hier soir, de leur nouvel appartement au troisième étage de la grande tour. Cet appartement est composé de quatre pièces très-bien ornées, dont deux à cheminée, et les deux autres avec des poêles. Le fils de Louis Capet couche dans la chambre de son père. On lisait sur une pendule de la chambre de Louis : *Le Pautre, horloger du roi;* on a effacé le nom de *roi*, on y a substitué celui de *République.* Toute la famille descend de la tour à la garde montante, et se promène dans le jardin.

» *Du 4 novembre.* Il a été question du traitement annuel du valet-de-chambre de Louis XVI ; mais le conseil considérant que le procès du ci-devant roi allait s'instruire, il s'est contenté d'accorder un traitement *provisoire* de 500 livres.

» *Du 14.* Le roi et la reine furent attaqués d'un rhume, suivi d'un accès de fièvre qui leur dura quelques jours. M. Monnier fut demandé par le roi, ou, à son absence, M. Vicq d'Azir, tous deux médecins. M. Monnier, qui se rendit auprès du roi, en eut soin jusqu'à son rétablissement.

Du 23. Les commissaires de service au Temple annoncent que Louis demandait, pour son usage et pour celui de son fils, différens livres latins à l'usage des colléges, le tout au nombre de trente-trois volumes.

» Le conseil, après bien des débats, accède à sa demande.

» *Du 7 décembre.* « Le conseil arrête : 1° Qu'il sera enlevé aux
» prisonniers du Temple toute espèce d'instrument tranchant,
» ou autres armes offensives et défensives, en général tout ce

» dont on prive les autres prisonniers présumés criminels ;
» 2° arrête que ceux qui les servent, ou les approchent de près,
» subiront les mêmes privations ; 3° que tous les comestibles se-
» ront dégustés par les personnes préposées au service des pri-
» sonniers, tels que cuisiniers, traiteurs et servans ; 4° que tout
» ce qui entre dans la Tour sera scrupuleusement examiné par les
» commissaires au Temple ; 5° que l'arrêté qui ordonne que
» tous les jours les commissaires au Temple rendront compte par
» écrit au conseil de ce qui se passe dans cette prison, sera exé-
» cuté strictement ; 6° que les servans ne coucheront plus dans
» la tour. »

» Il a été arrêté en outre, sur la proposition d'Hébert, que les commissaires nommés au service du Temple passeront à l'examen civique avant de se rendre au poste important qui leur est confié.

» *Du 8.* Les commissaires au Temple ont rendu compte au conseil-général de l'exécution de l'arrêté qui ordonne que tout instrument tranchant, arme offensive ou défensive, serait enlevé aux prisonniers du Temple. Il résulte de leur rapport que la cérémonie s'est passée à l'amiable de part et d'autre ; tandis que l'on signifiait à Louis XVI l'ordre du conseil, son valet-de-chambre était là pour mettre la main sur tous les objets détaillés dans l'arrêté. Louis XVI s'est fouillé lui-même, a remis aux commissaires différens objets qu'il a dit être tout ce qu'il avait ; puis, en haussant les épaules, il a dit que *l'on ne devait pas avoir peur de lui.* Du reste, il n'a témoigné aucune humeur : il paraissait cependant vouloir soustraire aux recherches un petit nécessaire ; mais l'observation faite par les commissaires, que les arrêtés de la Commune ressemblaient à la déclaration des droits, qu'ils devaient être exécutés aussi exactement, il leur a remis le petit nécessaire. Les commissaires sont descendus ensuite dans l'appartement de Marie-Antoinette : elle était avec sa belle-sœur ; elle n'a pas appris avec autant d'indifférence l'arrêté du conseil. *Si ce n'est que ça*, a-t-elle répondu avec humeur, *il faudrait aussi nous enlever les aiguilles, car elles piquent bien vivement.* Elle en aurait peut-être dit davantage, si madame Élisabeth ne lui eût fait signe du coude pour l'inviter au silence. Sur ce rapport des commissaires, et sur celui qu'ils ont fait relatif à quelques dépenses du Temple, l'arrêté suivant a été pris :

» Le conseil-général arrête : 1° Que le citoyen Cléri, valet-de-chambre des prisonniers, sera logé et couchera dans la tour, du côté gauche, donnant dans la salle à manger, sans qu'il puisse coucher ailleurs sous aucun prétexte ; 2° que le conseil du Temple sera placé dans la tour ; 3° que le citoyen Métey, concierge, aura la surveillance de ladite tour, et ne pourra en sortir sous aucun prétexte ; 4° que les guichetiers actuels, devenant inutiles par la nouvelle disposition, seront réformés immédiatement après avoir été payés de ce qui leur est dû ; 5° que la cuisine sera placée dans la tour, et que les agens sous-employés ne sortiront point ; 6° pendant la nuit, deux officiers-municipaux garderont les prisonniers de chaque étage ; 7° et enfin la même cuisine servira pour les commissaires du Temple.

» *État des armes enlevées aux prisonniers du Temple.*

» Savoir : à Louis Capet, 1° Un étui de chagrin vert avec la serrure et la clef, contenant six rasoirs à manche d'écaille, à œil d'or, une paire de ciseaux fins et un cuir ; 2° un couteau à manche d'ivoire composé de cinq pièces (le ci-devant roi a observé que depuis dix ans il avait ce même couteau) ; 3° un couteau à manche de nacre de perle, garniture d'or et lame plate ; 4° deux paires de ciseaux, une grande paire de ciseaux à couper les cheveux, et une plus petite ; 5° une lancette enchâssée dans deux branches d'acier ; 6° un petit compas en acier, un autre pour rouler les cheveux ; 7° une petite boîte à bois de chêne, doublée de peau basanne, garnie en cuivre avec crochets, renfermant une autre petite boîte en chagrin d'or doublé de velours cerise, garni de neuf instrumens pour les pieds, tous à manche de nacre de perle, dont huit à lame d'acier et une à lame d'or : dans le double fond se trouvent trois paires de ciseaux, plus une petite paire appartenant à Louis-Charles.

» A Marie-Antoinette : 1° Deux paires de ciseaux ciselés ; 2° un couteau à poudre, et un crochet à remuer les dents.

» A la fille, un couteau à deux lames à manche d'écaille, dont un à lame d'or avec son manche renfermé dans un étui à caluchat, plus une paire de ciseaux avec son étui.

» A madame Élisabeth : 1° Un étui à caluchat renfermant deux couteaux à manche de nacre, et un à lame d'or ; 2° un petit couteau et un canif ; 3° une paire de ciseaux avec son étui.

» Supplément de Louis Capet, un nécessaire en maroquin avec son accessoire. »

— Après ces préliminaires, il nous reste à donner les divers rapports relatifs à la translation du roi à la Convention, et à ce qui se passa dans l'intérieur du Temple. Le procès de Louis XVI est un fait si grave, et il a été l'objet de tant de mensonges déclamatoires, soit dans un sens, soit dans l'autre, que les plus petits détails acquièrent ici de l'intérêt. Nous commencerons par un extrait des *Révolutions de Paris,* n. CLXXIX.

« Dès les six heures du matin, les citoyens, avertis par un rappel dans toutes les rues, se rendirent aussitôt à leurs postes, les établissemens publics furent mis en même temps sous la sauvegarde d'une force armée, proportionnée à leur importance. On confia l'Abbaye aux soins des fédérés marseillais, qui rassurèrent les prisonniers, fort inquiets d'abord. Le département, la municipalité, le club des cordeliers, *l'ami du citoyen,* affichèrent des placards pour inviter au calme ; mais la disposition des esprits était telle, qu'on n'eut pas besoin de les lire.

» Presque tout Paris était sous les armes (1), et il n'y eut point de confusion, grace au commandant général du département, le citoyen Berruyer, qui fait son métier de soldat et ne s'en fait pas

(1) Victor Broglie s'étant trouvé de garde à la Convention nationale, sa présence inquiéta plusieurs citoyens ; il fut mandé par le comité de surveillance, qui le tint consigné jusqu'au soir. Après un examen scrupuleux de sa conduite et des motifs de son retour, le comité n'y trouva rien qui pût devoir fonder à son égard des mesures extraordinaires de surveillance ; et lui en délivra le certificat en le mettant en liberté. (*Note de Prudhomme.*)

accroire, comme La Fayette. On se rappelle que celui-ci n'a jamais pu, dans les grands événemens, établir un ordre constant parmi les bataillons volontaires et autres qu'il avait à conduire. Secondé de Santerre, le citoyen Berruyer distribua son monde de façon qu'à la première alerte chaque corps de troupes se fût trouvé l'espace nécessaire pour se mettre en bataille. Le peu de citoyens qui s'offraient sans armes sur le passage du cortége, pour peu qu'ils voulussent rompre les rangs et faire foule, étaient rembarrés par ce seul mot auquel ils n'avaient rien à répliquer : Que faites-vous ici? Rendez-vous à vos sections.

» Louis Capet ne sortit qu'à une heure, quand on lui eut notifié le décret qui le traduisait à la barre, et dont on lui montra l'expédition. Dès onze heures, un officier municipal du conseil du Temple l'avait séparé de son fils, en lui annonçant la visite prochaine du maire; le père embrassa son enfant, et lui dit : — Embrasse aussi pour moi ta mère, ta sœur et ta tante; il ajouta à demi-voix et à l'oreille : c'est le maire.... Lors de cette première annonce, le ci-devant roi était occupé à jouer aux dames avec son valet de chambre, et celui-ci venait de lui faire un coup de quatre (1). Il n'était nullement préparé à une comparution à la barre, mais la nouvelle ne parut pas l'affecter beaucoup. Il se montra sensible au délai de trois heures qui se passa entre l'annonce du maire, la notification du décret, et le moment de partir. Il se plaignit avec justice de ce que pendant tout ce temps on l'avait privé de la compagnie de son fils. Il est pourtant si facile de concilier les droits de la justice et le vœu de l'humanité ! On se conduit avec les prisonniers du Temple de manière qu'ils finiront par exciter la pitié.

» Au moment de descendre, Capet dit au citoyen maire : Je vais prendre ma redingote noisette par-dessus mon habit. Il n'ouvrit presque pas la bouche en allant; il était placé à côté du maire, dans la voiture de ce magistrat, qui n'outre-passa point les bornes

(1) Voyez ci après, p. 517, le rapport de la Commune et l'entretien de Capet avec un des commissaires. Ce que nous rapportons ici ne s'y trouve pas.
(*Note de Prudhomme.*)

de ses fonctions. Les glaces du carrosse étaient ouvertes, en sorte que les citoyens purent tout à leur aise contempler Louis Capet, qui regardait tout le monde, sans donner signe ni de tristesse ni de mauvaise humeur. Il s'occupa même des objets les plus étrangers à sa situation, et demanda en passant devant les portes Saint-Martin et Saint-Denis, laquelle des deux on se proposait d'abattre.

» Entré dans la cour des Feuillans, les municipaux confièrent à la force armée la personne du ci-devant roi; Santerre lui mit la main sur le bras, et le conduisit ainsi jusqu'à la barre de la Convention. On remarqua que Louis Capet occupait le même fauteuil et la même place où il était quand il accepta la constitution; car depuis cette époque les distributions intérieures de la salle du manége furent changées sur un nouveau plan tout-à-fait inverse du premier. On croit le ci-devant roi fataliste (son gouverneur l'était) : il faut qu'il en soit quelque chose, puisqu'il soutint avec assez de flegme la vue de tant d'objets bien propres à lui rappeler des souvenirs amers, eu égard à sa situation présente. Louis Capet sembla ne penser à rien de tout cela; lui qui a si bonne mémoire, qui sait par cœur le nom de toutes les rues de Paris et de toutes les personnes qui l'ont approché, il ne parut pas du tout songer à ce qu'il fut, à ce qu'il aurait pu devenir et à ce qu'il se trouve être en ce moment; cette forte leçon serait perdue pour lui s'il lui restait encore de longs jours. Ses réponses aux demandes assez mal digérées qu'on lui fit ne sont pas des chefs-d'œuvre de logique, comme on va le voir dans son interrogatoire; elles décèlent une ame stupidement féroce, elles annoncent un homme organisé apparemment pour le mal, puisqu'il le commet sans remords, et en parle comme d'une chose ordinaire et habituelle.

» Feuillant, le journaliste du soir, avance qu'à la question de l'argent distribué aux pauvres du faubourg Saint-Antoine, le ci-devant laissa tomber quelques larmes. Cela est faux; les magistrats qui l'accompagnèrent à la barre, loin de remarquer en lui la moindre trace de sensibilité, lui trouvèrent un visage très rassuré; il n'avait l'air inquiet, embarrassé, que quand il fallait répondre à certaines questions; souvent il s'en tirait en invoquant le bénéfice de la loi constitutionnelle.

» Louis Capet quitta la barre sans avoir inspiré aucun sentiment favorable, par même celui de la pitié. On ne vit dans cet individu réduit à ses propres forces, qu'un criminel obscur, à qui il n'a manqué que de l'énergie pour devenir un scélérat consommé.

» Au sortir de la salle de la Convention, on le fit passer dans celle des conférences, toujours accompagné du commandant, du procureur de la commune, du citoyen Chaumet, et du maire; celui-ci demanda au ci-devant s'il voulait prendre quelque chose. Louis Capet lui répondit : — Non. Mais un instant après, voyant un grenadier tirer un pain de sa poche et en donner la moitié à Chaumet, le ci-devant s'approcha du procureur de la commune pour lui en demander un morceau. Chaumet, en se reculant, lui répondit : — Demandez tout haut ce que vous voulez, monsieur. Capet reprit : — Je vous demande un morceau de votre pain. — Volontiers, lui dit Chaumet; tenez, rompez : c'est un déjeuner de Spartiate. Si j'avais une racine, je vous en donnerais la moitié. Il était cinq heures, et l'ex-roi n'avait encore rien pris de la journée. L'ordre de repartir arrivé, il remonta dans la voiture du maire, tenant son pain à la main, dont il ne mangea que la croûte. Il ne savait trop comment se débarrasser de la mie, et il en parla au citoyen Colombeau, substitut, qui jeta le morceau par la portière dans la rue. — Ah! reprit Capet; ah! c'est mal de jeter ainsi le pain, surtout dans un moment où il est rare. — Et comment savez-vous qu'il est rare? reprit Chaumet. — Parce que celui que je mange sent un peu la terre. — Le procureur de la commune, après un intervalle, s'avisa d'ajouter : — *Ma grand'mère me disait toujours : Petit garçon, on ne doit pas perdre une mie de pain, vous ne pourriez pas en faire venir autant.* — *Monsieur Chaumet,* reprit Louis Capet, *votre grand'mère était, à ce qu'il me paraît, une femme d'un grand bon sens.*

» Toutes ces petites particularités sembleront peut-être un peu niaises, mais elles sont bonnes et nécessaires à raconter; elles porteront à réfléchir sur les dangers qu'aurait courus notre liberté avec un individu qui, sous une sorte de bonhomie, cachait un cœur capable des projets les plus sinistres. Qui croirait que cet homme, qui trouve mal qu'on jette un peu de mie de pain dans la rue, est le même que celui qui en 89 voulut deux fois réduire Paris par la famine ? On pourrait citer plusieurs traits d'une cruauté bête de la part de Louis Capet, du temps qu'il était roi et qu'il passait ses journées à la chasse ou à la forge. C'est ici le cas de rappeler ce mot plein d'humanité, échappé de la bouche de Néron, jeune encore. Il s'agissait de signer un arrêt de mort : —Plût à Dieu, s'écria-t-il, que je n'eusse jamais appris à écrire ! Ce mot promettait un prince excellent.

» Mais revenons. Nous avons omis de dire qu'à la sortie de Louis Capet de la cour des Feuillans, les forts de la halle et les charbonniers sous les armes, rangés en bataille, dans la meilleure tenue, se mirent à chanter énergiquement le refrain de l'hymne des Marseillais,

Qu'un sang impur abreuve nos sillons.

» Cet à-propos civique fut senti et répété au loin. Louis Capet aurait pu se rappeler en ce moment qu'on lui chantait encore il y a à peine deux années :

Où peut-on être mieux
Qu'au sein de sa famille?...

il trouva plus à propos de compter les rues par où il passait, et de les appeler par leur nom. Ah ! voici la rue d'...... — Le procureur de la commune reprit : Dites la rue de l'Égalité.— Oui, oui, à cause de....

» Le citoyen Chaumet, pour lequel la matinée avait été très-pénible, se trouva un peu mal pendant le retour. — Je me sens le cœur embarrassé, dit-il. Voici la réflexion du ci-devant à ce sujet : — Avez-vous voyagé sur mer ? — Oui, j'ai fait la guerre avec Lamotte-Piquet. Capet reprit : C'était un brave homme que Lamotte-Piquet.

» Telle fut à peu près la conversation du ci-devant tout le long de la route jusqu'au Temple, et à travers les cris de *vive la Ré-*

publique, auxquels il ne semblait pas prendre garde. Il a perdu de son embonpoint ; sa barbe un peu longue, son extérieur négligé auraient intéressé pour lui la multitude, si son air d'insouciance n'avait pas détruit les dispositions généreuses dans lesquelles se trouve habituellement le peuple, bon de sa nature ; mais son visage, étranger pour ainsi dire à la scène dont il était le principal personnage, semblait dire aux spectateurs : Eh bien ! me voilà. Quoi que vous disiez, quoi que vous fassiez, je suis toujours votre roi. Eussiez-vous encore plus de griefs contre moi, vous n'oseriez toucher à ma personne ; j'en serai quitte pour quelques mauvais complimens ; ce printemps j'aurai mon tour, et je prendrai ma revanche.

» Quoi qu'il arrive, Louis Capet ne manifestant aucune crainte, et se trouvant à son aise dans tout le cours de la journée de son premier interrogatoire, fait l'éloge des Parisiens et de l'excellent esprit qui les anime. Cela servira à prouver aux départemens et à nos voisins que nous ne sommes pas une horde féroce, toujours prête à substituer le poignard de la vengeance au glaive de la justice. Cela prouvera que, malgré les agitateurs, dont on dit cette grande ville toute pleine, la sauve-garde de la loi est un égide sacré que nous respectons.

» Mais en même temps, il faut le dire, le peuple ne se montre ainsi disposé que dans le ferme espoir où il est que justice se fera : il la veut, il l'attend. Il la veut exemplaire, il l'attend sans de nouveaux délais, et il n'exige rien de trop ; il ne faudrait pas le décevoir encore long-temps. Depuis quatre mois, c'est un modèle de courage et de patience, mais tout a son terme. Accablé de privations en tout genre, gémissant sur le sort de ses frères sous les armes livrés aux brigandages des fournisseurs avides, au gaspillage des malintentionnés ; peu tranquillisé sur l'état des finances qu'enveloppe le crêpe du mystère, mal rassuré sur les subsistances qui circulent à si grands frais et avec tant de peine, le peuple supporte tout cela avec résignation, persuadé que la cause première de tous ces désordres est au Temple. Du fond de la tour, l'ex-roi impuni, c'est l'épée de Damoclès, suspendue par un cheveu sur la tête du peuple. Tant que Louis XVI existera, jugé ou non, il se dira roi, et trouvera des gens pour le croire. En ce moment un piége adroit est tendu au peuple, mais il s'en doute. Les aristocrates (car si le mot a vieilli, la chose ne l'est pas) se coalisent avec les patriotes modérés ou peu instruits, à l'insu peut-être de ceux-ci, pour presser le jugement de Capet. Ils vont jusqu'à publier que c'est un monstre, assurément cent fois digne de mort ; mais en même temps ils ajoutent qu'il serait digne de nous de lui faire grace. Ainsi, on ne presse son jugement que pour hâter sa délivrance, et lui rendre la faculté de servir d'étendard à une contre-révolution à laquelle on n'a pas encore renoncé. Déjà la *Chronique* cite avec complaisance les noms de Vilette, Manuel et Gorsas, lesquels, dit-elle, votent pour le bannissement de Louis Capet ; et elle ajoute impudemment : une grande partie du peuple paraît partager ces opinions.

» Peuple, c'est ainsi qu'on fait les honneurs de ta personne, et qu'on juge de l'opinion publique, d'après Gorsas, Manuel et Vilette, l'ex-marquis. L'opinion publique est et doit être que justice se fasse, que le niveau de la loi se promène sur toutes les têtes coupables. Point de grace à un chef de brigands, pas plus qu'à ses complices.

» Les rapports suivans compléteront l'historique que nous avons commencé :

» *Rapport du maire et du procureur de la commune sur leur mission au Temple. Du 11 décembre.* — Arrivés au Temple, nous y avons attendu très-long-temps le décret de la Convention qu fixait l'époque de la translation. Ce retard a inspiré quelqnes inquiétudes aux citoyens. Ils nous ont députés, afin de s'informer pourquoi nous différions si long-temps de nous remettre en marche. Ils ne nous ont pas dissimulé qu'ils craignaient que la translation n'eût pas lieu. Nous leur avons expliqué les raisons de nos délais, et ils se sont retirés. Nous nous sommes ensuite rassemblés pour dissiper ces germes d'inquiétude, et pour disposer la force armée. Sur ces entrefaites, le décret est arrivé. Je suis alors monté dans l'appartement de Louis, et avec la dignité qui convient à un représentant du peuple, je lui ai signifié son mandat d'amener. — Je suis chargé, lui ai-je dit, de vous annoncer que la Convention nationale vous attend à sa barre, et qu'elle m'ordonne de vous y traduire. Je lui ai demandé ensuite s'il voulait descendre. Après avoir fait plusieurs questions auxquelles je n'ai pas cru devoir répondre, il est descendu sans beaucoup de difficultés. Lorsqu'il a été de retour, il m'a demandé si on lui donnerait un conseil; je lui ai répondu que je n'étais chargé que de le conduire à la barre de la Convention, et que ma mission était remplie. Malgré cette réponse, il m'a encore rappelé lorsque j'étais au bas de l'escalier, pour me réitérer la même question. — La Convention, lui ai-je dit alors, vous fera connaître sa volonté. Nous nous sommes ensuite transportés dans la salle du conseil; nous y avons demandé décharge; elle nous a été accordée, et nous nous sommes retirés. Chaumet n'a rien ajouté à ce rapport, sinon que Louis Capet avait reçu une leçon terrible; que des cris de mort avaient été portés contre lui. Ceci était pardonnable, a-t-il dit, parce que les citoyens ignoraient encore ce qui se passerait à la Convention. Mais à présent nous attendons de Paris le même calme, la même tranquillité que lors de l'arrivée et de l'exécution des émigrés. Louis est de retour au Temple, peut-être n'en sortira-t-il que pour être traduit de nouveau à la barre de la Convention, *et de là au supplice.* — Nous vous invitons, citoyens, à vous rappeler qu'il n'appartient plus au peuple, mais à la loi qui doit seule le frapper.

» L'on a entendu ensuite le procès-verbal dressé par le secrétaire-greffier Colombeau, dont voici l'extrait :

» *Extrait de la translation de Louis Capet du Temple à la barre de la Convention nationale, et de la Convention au Temple.* — Le procureur de la commune a observé que la rue du Temple était étroite, et qu'il y avait à craindre qu'il n'arrivât quelque accident au moment du départ. Il a requis en conséquence que le commandant du poste fût invité à se rendre pour prendre les mesures convenables.... Il a été arrêté que Louis Capet ne sortirait point du Temple que le décret de la Convention nationale ne fût notifié.... L'assemblée a décrété à une heure moins un quart que ce décret serait sur-le-champ notifié à Louis Capet, et qu'il partirait à l'instant même. En conséquence, le maire et le secrétaire-greffier sont montés à la chambre de Louis ; le maire a annoncé le sujet de sa mission, et le secrétaire-greffier a lu de suite ces mots : « Décret de la Convention nationale, du 6 décembre, article V. Louis Capet sera conduit à la barre de la Convention, pour répondre aux questions qui lui seront faites seulement par l'organe du président. » Après cette lecture, le citoyen maire a demandé à Louis Capet s'il voulait descendre; celui-ci a paru hésiter un instant, et a dit : « Je ne m'appelle pas Louis Capet ; mes ancêtres ont porté ce nom, mais jamais on ne m'a appelé ainsi. Au reste, c'est une suite de traitemens que j'éprouve depuis quatre mois par la force. » Le maire, sans répondre, l'a invité de nouveau à descendre, à quoi il s'est décidé. Monté en voiture, il a gardé le silence presque tout le temps de sa translation. (Ici sont détaillées les questions qui lui ont été faites à la barre, et ses réponses). Après son interrogatoire, il s'est retiré dans le lieu où les députations attendent ; il a accepté un petit morceau de pain, en observant qu'il était à jeun. Il était alors cinq heures. Bientôt il est remonté dans la voiture du citoyen maire ; mais il a peu parlé à son retour. La multitude était innombrable sur son passage: tant en allant qu'en revenant, la force armée a gardé le plus grand ordre, et les citoyens ont généralement observé le silence. A son retour, le soir, on a été moins tranquille. Louis a entendu plus d'une fois l'arrêt de sa mort mêlé aux cris de *vive la nation*, *vive la république*. Il a été remis dans sa chambre à six heures et demie ; il a fait rappeler le citoyen maire au moment de son départ, et lui a demandé avec instance de lui faire passer très-promptement le décret qui doit lui accorder le conseil qu'il a demandé, et qu'on ne refuse à personne. Le citoyen maire lui a répondu qu'il n'était chargé que de sa translation à la Convention nationale, et de la Convention au Temple ; mais que la Convention sans doute lui ferait connaître sa volonté.

» *Résumé du rapport du commissaire Albertier.*— Le ci-devant s'est levé à sept heures. *Quoique sa barbe fût longue* (1), *sa toilette a été courte.* Sa prière a été à peu près de trois quarts d'heure. A huit heures, le bruit du tambour l'a fort inquiété ; il m'a demandé ce que c'était que ce tambour, et a ajouté qu'il n'était point accoutumé à l'entendre de si bonne heure. — Je l'ignore, ai-je répondu. — Croyez-vous que ce ne soit pas la générale ? — Je l'ignore encore. Il se promène un instant dans sa chambre, et écoute attentivement. — Il me semble que j'entends le trépignement des chevaux dans la cour ? — Je ne sais pas ce que c'est. Un instant après l'on a servi le déjeuner. Louis a déjeuné en famille ; la plus grande agitation régnait sur tous les visages. Le bruit et le rassemblement, qui à chaque instant devenait plus nombreux, ont continué à beaucoup l'alarmer. Après le déjeuner, au lieu de la leçon de géographie qu'il a coutume de donner à son fils, il a fait avec lui une partie au jeu de Siam. L'enfant, qui ne pouvait aller plus loin que le point seize, s'est écrié : *Le nombre seize est bien malheureux !* — Ce n'est pas d'aujourd'hui que je le sais, a répondu Louis XVI. Le bruit cependant augmentait. J'ai cru qu'il était temps de l'instruire ; je me suis approché de lui. — Monsieur, je vous préviens que dans l'instant vous allez recevoir la visite du maire. — Ah ! tant mieux, a répondu Louis. — Mais je vous préviens, ai-je reparti, qu'il ne vous parlera pas en présence de votre fils. Louis faisant approcher son fils : — Embrassez-moi, mon fils, et embrassez votre maman pour moi. Ordre est donné à Cléry de sortir ; il sort, et emmène avec lui le jeune Louis. Louis XVI m'a demandé ensuite si ce maire est un homme petit, grand, gros, gras, jeune, vieux. Je lui ai répondu que je ne le connaissais qu'imparfaitement, mais que je croyais qu'il était d'un âge et d'une grosseur ordinaires, maigre et assez grand. Louis, après avoir resté un quart d'heure à se promener, se place dans son fauteuil, en me demandant si je sa-

(1) Ce M. Albertier fait aussi de l'esprit ; tout le monde s'en mêle. Condorcet a bien tort de dire que nous retournons à grands pas vers la barbarie. Mais est-il permis de faire de l'esprit aux dépens d'un prisonnier à la veille d'être jugé à mort ? (*Note de Prudhomme.*)

vais ce que le maire avait à lui dire. Je lui ai dit que je l'ignorais, mais que bientôt il le lui apprendrait lui-même. Il se lève et se promène encore pendant quelque temps. Je lisais sur son front l'inquiétude qui l'agitait.

» Il était tellement rêveur, tellement absorbé dans ses réflexions, que je me suis approché de très-près derrière lui sans qu'il me remarquât. A la fin il s'est retourné, et, tout surpris, il m'a dit : Que voulez-vous, monsieur? — Moi, monsieur, je ne veux rien; seulement je vous ai cru incommodé, et je venais voir si vous aviez besoin de quelque chose.— Non, monsieur. Il s'est replacé dans son fauteuil, et le citoyen maire est arrivé un instant après. M. Chambon lui a parlé avec beaucoup de chaleur et de dignité. (Ici le commissaire rapporteur rend compte du discours laconique du maire, de la lecture faite par le secrétaire-greffier du décret qui ordonne que *Louis Capet* sera traduit à la barre, de la réponse de celui-ci au mot *Louis Capet*. Seulement Louis XVI a ajouté: *Vous m'avez privé une heure trop tôt de mon fils*.) Louis XVI est ensuite descendu, sans beaucoup de difficulté, sur l'invitation du maire. Lorsqu'il a été au bas de l'escalier, dans le vestibule, qu'il a vu cette force armée, ces fusils, ces piques et ces cavaliers bleu de ciel, dont il ignorait la formation, son inquiétude a paru redoubler.

» Arrivé dans la cour, il a jeté un coup d'œil sur la tour qu'il venait de quitter; il pleuvait alors. Je suis monté ensuite avec mon collègue dans l'appartement des dames : elles étaient dans des transes terribles. Nous leur avons appris que Louis venait de recevoir la visite du maire. Le jeune Louis le leur avait déjà annoncé.—Je sais cela, m'a dit Marie-Antoinette; mais où est-il actuellement? Je lui ai répondu qu'il allait à la barre de la Convention, mais qu'elle ne devait point être inquiète, qu'une force imposante protégerait sa marche.— Nous ne sommes point inquiètes, mais affligées, m'a répondu madame Élisabeth; et si vous nous l'eussiez dit plus tôt, vous nous auriez bien soulagées. Lorsqu'il a été de retour, que le maire et tous ceux qui l'accompagnaient m'ont eu laissé seul avec lui, il m'a dit : — Monsieur, croyez-vous qu'on puisse me refuser un conseil? Le commissaire.—Monsieur, si la Convention vous en accorde un, vous en aurez un; mais je ne puis rien préjuger. Louis.—Je vais chercher la constitution. Il y va, revient, et après l'avoir parcourue : —Oui, la loi me l'accorde. Mais, monsieur, croyez-vous que je puisse communiquer avec ma famille? Le commissaire.—Monsieur, je l'ignore encore, mais je vais consulter le conseil. Louis XVI.—Faites-moi aussi, je vous prie, apporter à dîner, car j'ai faim; je suis presque à jeun depuis ce matin. Le commissaire.—Je vais d'abord satisfaire aux vœux de votre cœur, en consultant le conseil, puis je vous ferai apporter à dîner. Un instant après je suis rentré.—Monsieur, je vous annonce que vous ne communiquerez point avec votre famille. Louis.—C'est cependant bien dur; mais avec mon fils, mon fils qui n'a que sept ans! — Le conseil a arrêté que vous ne communiqueriez point avec votre famille; or, votre fils est compté pour quelque chose dans votre famille.

» L'on a ensuite servi le souper. Louis a mangé six côtelettes, un morceau de volaille assez volumineux, des œufs, bu deux verres de vin blanc et un d'Alicante, et sur-le-champ il a été se coucher. Nous sommes remontés chez les dames. Leur première question a été de savoir si Louis communiquerait avec sa famille. Nous leur avons fait la même réponse qu'à Louis. Marie-Antoinette.—Au moins, laissez-lui son fils. L'un de mes collègues lui a répondu : —Madame, dans la position où vous vous trouvez, je crois que c'est à celui qui est supposé avoir le plus de courage à supporter les privations; d'ailleurs, l'enfant, à son âge, a plus besoin des soins de sa mère que de ceux de son père. »

— A la suite de ces rapports, le conseil général arrêta que Louis Capet ne communiquerait plus avec sa famille; que le valet de chambre qu'on lui permettait d'avoir auprès de lui n'aurait de relations avec personne; que les conseils que la Convention pourrait lui donner ne communiqueraient qu'avec lui, et toujours en présence des officiers municipaux, attendu la complicité présumée de toute sa famille; qu'en conséquence, au moment où les conseils de Louis Capet seraient introduits, le valet de chambre se retirerait et les seuls officiers municipaux resteraient, l'assemblée s'en rapportant à leur discrétion sur l'attention de ne pas gêner la confiance du prisonnier dans les confidences qu'il pourrait avoir à faire, et à leur prudence pour ne pas compromettre la sûreté des prisonniers.

Nous terminerons par une dernière anecdote. Le bruit courut, ou au moins les contemporains rapportent, que plusieurs émigrés, instruits que l'époque du jugement de Louis XVI approchait, se rendirent à Paris, non pour conspirer en faveur de son salut, mais pour jouir du spectacle de l'humiliation d'un prince dont ils se croyaient en droit d'accuser la faiblesse, et auquel ils attribuaient tous leurs maux. Victor de Broglie était, dit-on, du nombre de ces émigrés. La nouvelle de son arrestation sous le déguisement de garde national se répandit rapidement, et donnait lieu à de singulières conjectures. Voici la lettre que nous trouvons dans les journaux.

Paris, le 12 décembre, l'an 1er de la République.

» On a imprimé dans plusieurs journaux qu'hier 11 décembre, j'avais été arrêté par ordre du comité de surveillance de la Convention nationale ; on a même ajouté que j'avais été conduit à l'Abbaye. Il m'importe de détromper mes concitoyens sur ce fait inexactement énoncé.

» Hier j'ai pris les armes avec tous les citoyens de ma section Je me suis trouvé de garde aux Capucins-Saint-Honoré ; à deux heures après midi, j'ai été mandé au comité de surveillance, où je suis resté consigné jusqu'au moment où les députés qui le composent s'y sont rendus après la séance. Une explication détaillée a suffi pour que le comité, rendant justice à mon civisme, et approuvant ma conduite, m'ait, à l'unanimité, donné l'attestation ci-jointe.   VICTOR BROGLIE. »

Copie de l'attestation du comité.

» Le comité de sûreté générale et de surveillance à la Convention nationale, ayant fait amener ce matin devant lui, sur la clameur publique, le citoyen Victor Broglie, dont la présence à Paris dans les circonstances actuelles avait excité quelques inquiétudes, déclare, qu'après avoir scrupuleusement examiné la conduite de ce citoyen, et s'être informé des motifs de son retour, il n'a rien trouvé de répréhensible et qui pût fonder à son égard des mesures extraordinaires de surveillance.

» Fait au comité de sûreté générale et de surveillance, à la Convention nationale, le 11 décembre, l'an 1er de la République française.

» *Signé* C. BAZIRE, *vice-président* ; KERVÉLEGAN, DUPRAT, LOUIS, MARIBONG, MONTAUT.

« Pour copie conforme à l'original :   VICTOR BROGLIE. »

SÉANCE DU 12 DÉCEMBRE.

[*Thuriot.* Je demande que les décrets rendus soient exécutés, que Louis XVI soit jugé vendredi, ou au plus tard samedi. En lui donnant un conseil, vous n'avez sans doute pas voulu ouvrir une nouvelle chicane, et donner à Louis le temps de s'envelopper dans la chicane. Les nations étrangères, pour leur propre liberté, réclament un grand exemple ; il faut que le tyran porte sa tête sur l'échafaud... (De violens murmures interrompent l'orateur. — *Rappelez-vous votre caractère de juge,* lui crient plusieurs voix. — Le président l'invite à ne pas préjuger le jugement.) Je n'énonce pas mon opinion ; je dis seulement que si les crimes imputés à Louis sont démontrés, il doit périr sur l'échafaud ; et si l'on m'avait laissé achever ma phrase, on aurait vu qu'il n'y avait pas de quoi m'interrompre.

Il paraît qu'on veut éluder ce jugement ; il existe à côté de la Convention deux systèmes ; celui des malveillans, qui ne veulent pas que la justice prononce ; et celui des amis de la liberté, qui veulent que la loi frappe. Votre devoir est de remplir le vœu de la nation : or, ce vœu est que Louis soit promptement jugé, et je déclare que tout homme qui s'opposera à ce vœu n'est pas digne de la confiance de la nation. (Applaudissemens des citoyens.) Comme après trois jours de justification, le ci-devant roi peut être jugé, je demande qu'il soit entendu définitivement samedi, et que des commissaires lui soient envoyés pour lui demander d'indiquer les conseils qu'il a choisis.

Treilhard. J'appuie la proposition de Thuriot, et je demande que quatre commissaires de la Convention communiquent les pièces au conseil que Louis aura indiqué.

N...... Je combats cette dernière proposition. Comment voulez-vous que le conseil puisse prendre connaissance des pièces qui lui seront remises, si vous ne lui accordez que jusqu'à samedi.

N.... Ce n'est point la seule humanité qui réclame pour Louis un conseil, c'est la justice; car quelque criminel que soit un homme, on ne peut pas la lui refuser. Ce n'est qu'après une défense qu'une condamnation est juste : autrement la peine prononcée serait un assassinat. Si vous ne voulez pas lui donner un droit illusoire, vous devez lui donner le temps d'examiner les pièces d'où nous tirons des inductions contre lui. (On entend quelques murmures. — Le président rappelle Duquesnoy à l'ordre.)

Un membre appuie les observations de l'ante-opinant. (Mêmes rumeurs. — Le président ordonne que le nom de Duquesnoy soit inscrit au procès-verbal.)

Le membre interrompu continue : Communiquons les originaux à Louis Capet en présence des commissaires que la Convention chargera de cette mission, et délivrons-lui ensuite copie de toutes les pièces. (Quelques murmures.) Nous ne craignons pas la haine des rois; mais l'exécration des nations : nous ne devons pas nous exposer comme le tribunal d'Angleterre, à la condamnation de la postérité, et nous couvrir d'opprobre par un jugement passionné et atroce. (Les murmures redoublent.)

Legendre parle dans le tumulte. — Le président s'adresse à la partie d'où partent les murmures; le silence se rétablit.

L'opinant. Je conclus à ce que, pour l'honneur même de la nation, on donne à Louis Capet tous les moyens de se défendre. Ce n'est qu'après qu'il aura épuisé toutes les ressources de défense, que notre détermination paraîtra juridique, et qu'il tombera avec justice sous le glaive de la loi.

Duquesnoy. Je demande que toutes les fois qu'il sera question de Louis, on aille aux voix par appel nominal, afin qu'on connaisse ceux qui défendent le peuple et ceux qui veulent défendre le ci-devant roi.

Legendre demande que deux huissiers de l'assemblée aillent dire à Louis Capet : Nous venons de la part de la Convention nationale, vous demander le nom du conseil que vous avez choisi :

Dartigoyte appuie cette proposition.

Un membre demande que la Convention charge le ministre de la justice de demander au roi l'indication de son conseil.

Cambacérès. L'interpellation à faire au roi est une fonction de juge, c'est le juge qui demande à l'accusé celui qu'il choisit pour son défenseur. J'appuie donc la proposition de Thuriot, mais je demande qu'au lieu de deux on nomme quatre commissaires.

La proposition de Thuriot, amendée par Cambacérès, est adoptée en ces termes :

« La Convention nationale décrète que quatre de ses membres se transporteront à l'instant au Temple, donneront connaissance à Louis Capet du décret du jour d'hier, qui lui accorde la faculté de prendre un conseil, l'interpellant de déclarer dans l'heure quel est le citoyen auquel il donne sa confiance : et nomme à cet effet Cambacérès, Thuriot, Dubois-Crancé, et Dupont-de-Bigorre, qui dresseront procès-verbal. »]

— Les commissaires nommés se rendirent aussitôt au Temple, en sorte qu'avant la fin de la séance, ils vinrent annoncer que Louis XVI avait choisi pour conseils *Target* et *Tronchet.* Aussitôt la Convention décréta que le ministre de la justice Garat, était chargé de notifier à ces messieurs toutes les pièces relatives à leur nomination comme conseils du roi ; et elle ordonna qu'ils communiqueraient librement avec lui, et que les officiers municipaux lui fourniraient tout ce qui était nécessaire pour écrire.

— Le lendemain 13, on lut une lettre signée *le républicain Tar-*

get, par laquelle celui-ci se démettait des fonctions de conseil, que sa vieillesse et sa santé, disait-il, ne lui permettaient pas de remplir. Cependant Target siégeait alors comme juge dans un tribunal; mais il ajoutait qu'il espérait que les élections bientôt le mettraient à la retraite, en le remplaçant par un homme plus valide.

Sur cela, Cambacérès proposa que la Convention nommât elle-même les conseils de Louis. Mais on annonça que l'on avait reçu deux lettres sur ce sujet; voici la première qui fut lue:

Paris, 11 décembre 1792.

« Citoyen président, j'ignore si la Convention donnera à Louis XVI un conseil pour le défendre, et si elle lui en laissera le choix. Dans ce cas-là je désire que Louis XVI sache que s'il me choisit pour cette fonction, je suis prêt à m'y dévouer. Je ne vous demande pas de faire part à la Convention de mon offre; car je suis bien éloigné de me croire un personnage assez important pour qu'elle s'occupe de moi; mais j'ai été appelé deux fois au conseil de celui qui fut mon maître dans le temps que cette fonction était ambitionnée par tout le monde. Je lui dois le même service lorsque c'est une fonction que bien des gens trouvent dangereuse. Si je connaissais un moyen possible pour lui faire connaître mes dispositions, je ne prendrais pas la liberté de m'adresser à vous.

» J'ai pensé que dans la place que vous occupez, vous aurez plus de moyens que personne pour lui faire passer cet avis.

» Je suis avec respect.   LAMOIGNON DE MALESHERBES. »

Autre lettre.

Paris, 12 décembre 1792.

» Citoyen président, la renommée publie que la Convention nationale a consenti à donner à Louis XVI un défenseur ou conseil. Avant d'offrir mes services pour cette mission, que le sentiment de l'innocence de Louis XVI et de la justice de la Convention nationale m'inspire le désir d'aborder avec le zèle nécessaire pour la remplir, je désirerais savoir de vous-même ce qu'il en est, en même temps que vous auriez la bonté de m'en apprendre les circonstances, je pourrais vous donner les notions qu'une telle offre de ma part peut et doit vous rendre nécessaires. Je me rendrai sur-le-champ à la conférence qu'il vous plaira m'accorder, et que l'importance de l'objet me donne la confiance de vous demander. La simplicité de ma démarche m'assure, j'ose l'espérer, la loyauté de celle que je dois attendre de vous.

» SOURDAT, *citoyen de Troyes.* »

A ce sujet, Tallien s'écria qu'il ne fallait pas que la difficulté pour Louis XVI de trouver un défenseur devînt une cause pour le retardement du procès. Il demanda qu'on en fixât le jour. Cependant, sur la proposition de Bourdon, la Convention décida que les commissaires se transporteraient sur-le-champ au Temple pour avoir la réponse de l'ex-roi; ensuite elle décida que copie serait faite, dans les vingt-quatre heures, de toutes les pièces recueillies par les commissions des Vingt et Un, et cette copie communiquée au prisonnier.

Thuriot. Je rappelle à l'assemblée que Louis a méconnu les notes et apostilles qui se trouvent sur les pièces. Je demande que la Convention décrète que des experts seront nommés par elle pour vérifier ces notes marginales.

Duroy. La commission s'est assurée que ces notes sont véritablement de la main de Louis Capet; son écriture est très-facile à reconnaître; la nouvelle vérification est inutile. Je demande qu'on passe à l'ordre du jour.

N..... Il est incontestable que ces notes sont de la main de Louis; mais il ne s'agit pas en ce moment d'en faire une nouvelle vérification; il faut auparavant les représenter encore à Louis; et peut-être que, forcé par sa conscience, il les reconnaîtra. Je demande donc l'ajournement de la proposition de Thuriot.

Thuriot. On veut, par ces ajournemens, prolonger cette affaire pendant un mois.

Legendre. Les rois n'ajournent pas leurs vengeances contre les

peuples, et vous ajourneriez la justice du peuple contre un roi!..
(Murmures.—Une partie des citoyens applaudit.)

Billaud-Varennes. Il faut briser le buste de Brutus; car il n'a pas balancé, comme nous, à venger un peuple d'un tyran. (Le bruit continue dans l'assemblée; plusieurs citoyens des tribunes applaudissent encore.)

Un autre membre. Toutes les propositions qu'on a faites sont une conspiration continuelle contre la liberté. (Les murmures de l'assemblée augmentent; une partie des citoyens applaudit.)

L'opinant monte précipitamment à la tribune.

N..... J'observe qu'un juge ne doit être ni passionné ni furieux.

—En ce moment, la discussion qui allait sans doute devenir très-vive, fut interrompue par un rapport. *Fermont* présenta le décret qui institua les *commissaires ordonnateurs* près les armées; ce décret fut voté sans discussion.

Il y eut le soir une réunion pour l'élection du président qui devait remplacer Barrère. Fermont fut nommé; les secrétaires furent Creuzé-Latouche, Louvet et Osselin; ces choix sont à noter, car ils indiquent l'esprit de la majorité à cette époque; après les élections on ne s'occupa plus que du procès; d'abord on lut une lettre de Tronchet, qui acceptait le devoir que le choix de Louis XVI lui imposait; puis on reçut une députation de la Commune qui vint communiquer un arrêté par lequel elle avait ordonné que les conseils de Louis Capet seraient fouillés *jusque dans les endroits les plus secrets.* A l'ouïe de cette disposition, il y eut de violens murmures; plus de cent voix demandèrent à la fois la suppression de cette mesure.

Bazire s'écria que l'on semblait, par l'emploi de ces moyens *vexatoires et tortionnaires,* vouloir apitoyer sur le sort de Louis Capet. Robespierre essaya de défendre la Commune; les murmures couvrirent sa voix. La Convention passa à l'ordre du jour motivé sur son décret de la veille qui ordonnait la libre communication entre l'accusé et les défenseurs.

Au commencement de la séance du 14, les commissaires annoncèrent que Louis XVI avait définitivement fixé son choix sur

Lamoignon-Malesherbes, que celui-ci avait accepté ; en conséquence la Convention lui accorda de communiquer librement avec le roi.

SÉANCE DU 15 DÉCEMBRE.

[*N....* Je viens, au nom de la Commission des Vingt et Un, rendre compte à la Convention que la transcription des pièces venant à l'appui de l'acte énonciatif des crimes dont Louis Capet est prévenu, sera terminée dans 24 heures. Les conseils du roi vous ont manifesté par une lettre le désir d'avoir communication des pièces originales pour eux et pour l'accusé, afin que celui-ci pût reconnaître ou nier l'écriture. En conséquence la commission m'a chargé de demander à la Convention par quelle voie elle communiquera les pièces transcrites ; et si dans le cas où les originaux seraient demandés, ils peuvent être déplacés du lieu où la commission s'assemble.

Dartigoyte. Citoyens, un acte d'accusation est porté contre Louis Capet. Cet acte circule dans la République et dans l'Europe. Il passera même à la postérité. La Convention nationale ne peut plus revenir sur ses pas. Vous devez convaincre Louis d'une manière éclatante sur chacun des faits énoncés, si vous voulez ôter aux malveillans le moyen d'égarer l'opinion publique. On vous a dit : Louis Capet est notoirement coupable ; il ne faut donc pas des formalités ; et moi je dis : Puisque Louis Capet est notoirement coupable, il faut donc, en le condamnant, rendre vraiment imposant, vraiment utile, vraiment auguste, cet acte de la justice nationale ; il faut que l'univers entier applaudisse à votre jugement, que l'aristocratie même soit forcée d'en reconnaître l'impartiale équité. Cependant, citoyens, ce procès ne doit pas devenir interminable, et vous devez considérer que le foyer de toutes les manœuvres aristocratiques existe au Temple. L'intérêt de la liberté et votre propre gloire exigent une prompte décision.

Louis dénie son écriture. Or, à défaut d'une loi positive, la raison nous prescrivait de faire vérifier contradictoirement avec lui les pièces non reconnues. Cette opération bien simple n'exige que quelques heures; mais elle devient d'autant plus indispensable que Louis affirme n'avoir aucune connaissance du lieu où on les avait déposées. On ne manquerait pas de dire que Roland les fabriqua de concert avec nous; et cette assertion, tout absurde qu'elle paraît, trouvera de nombreux partisans.

Ceux qui aujourd'hui ne veulent pas des formes, vous reprocheraient demain votre précipitation; et tel est le caractère du cœur humain, que l'on ne se souviendra plus de l'atrocité de Louis : ils furent, s'écriera-t-on de toutes parts (et vos ennemis l'ont bien calculé), ils furent les bourreaux, et non les juges du ci-devant roi.

C'est déjà trop peut-être que la Convention nationale se soit constituée cour judiciaire, n'ajoutons pas l'inobservation des premières règles de la justice. La plupart d'entre nous n'ont jamais vu l'écriture de Louis Capet; aucun d'entre nous ne possède vraisemblablement les connaissances nécessaires pour bien distinguer les écritures; comment pourrons-nous donc déclarer, en notre ame et conscience, que l'écriture déniée soit l'écriture de Louis Capet? Mais, fût-il vrai que chaque membre connût l'écriture, l'austérité du devoir vous défendrait de mépriser les formes : car l'histoire recueille tous les actes de ce grand procès; la malveillance vous écoute, et vous stipulez ici les intérêts de l'Europe et des générations futures.

Je suis loin, je le répète, de vouloir embarrasser ce procès par les formalités chicanières du barreau, c'est au contraire pour accélérer notre marche que j'ai pris la parole. J'ai vu que le jour du jugement n'était point encore déterminé; j'ai vu que la nécessité de la vérification des pièces entraînerait de nouveaux délais, parce que les conseils feront valoir la dénégation de Louis; et ne sachant jusqu'où pourrait nous conduire ce défaut de formalités, je propose à la Convention nationale de décréter :

1° Que la commission des Vingt et Un se transportera dans le jour au Temple, pour y communiquer à Louis Capet, en présence de ses conseils, toutes les pièces originales du procès, et l'interpeller, s'il persiste à les dénier; et en cas de déni, la commission procédera à leur vérification par experts, contradictoirement avec Louis Capet, et en sa présence, ainsi que des conseils.

2° D'ajourner Louis Capet à samedi prochain, huit heures du matin, pour entendre sa défense, et prononcer ensuite, sans désemparer, le jugement définitif dans la forme déterminée par les décrets précédens.

Thuriot. Nous paraissons embarrassés sur une marche tracée par la loi. Louis a été traduit à la barre; on lui a présenté les pièces originales, il en a reconnu une partie, et n'a pas voulu reconnaître l'autre. La marche que nous devons suivre actuellement est celle que suivent ordinairement les tribunaux; c'est-à-dire, qu'après le déni de l'écriture, nous devons la vérifier. Il faut donc que la vérification se fasse d'après la déclaration faite par Louis à la barre. Il faut que le comité reçoive de la Convention la mission de se transporter au Temple, et présente à Louis les pièces originales qui ne lui ont pas été présentées. Si Louis continue à nier l'écriture, la vérification se fera ensuite, et si de la vérification il résulte que les écritures sont de Louis Capet, nous en tirerons contre lui une forte prévention, c'est qu'il connaissait toute l'atrocité des crimes qu'on lui aura fait commettre. On a dit que les meneurs diraient peut-être que Roland a fabriqué avec nous les pièces qu'il a trouvées au château des Tuileries, puisque Louis a dit qu'il ne connaissait pas le lieu où les pièces étaient cachées. Je demande que Roland, le dénonciateur, le serrurier, et ceux qui ont été témoins de l'enlèvement des pièces par Roland, soient entendus à la barre, et fassent une déclaration qui répondra à tout.

Chabot. Je ne crois pas qu'on m'accuse de m'intéresser en faveur de Louis. Cependant je m'oppose à la mesure proposée par Thuriot, de vérifier les écritures que Louis a niées. Lorsqu'il ne s'agit que de la fortune des individus, la vérification par experts peut servir de preuves; mais quand il s'agit de la vie et de l'honneur d'un homme, alors il faut des preuves plus claires que le jour. Et je soutiens que la vérification des experts n'est pas une preuve suffisante contre les dénégations de Louis ; et quand on y aurait recours, je suis sûr qu'il faudrait toujours que Louis avouât les pièces pour qu'elles pussent servir de preuves contre lui. Je demande donc la question préalable sur la vérification des pièces.

Albitte. Vous avez entendu dire à cette tribune que la postérité nous jugerait. Oui, sans doute, elle nous jugera ; mais elle sera étonnée quand elle apprendra que nous avons eu recours à des vérifications d'experts pour prononcer sur le sort de Louis, pour savoir s'il est coupable ou s'il ne l'est pas. En doutez-vous encore, citoyens, quand toutes ces pièces ont été trouvées au château des Tuileries ? D'ailleurs les crimes de Louis ne sont-ils pas imprimés partout ? Je demande donc la question préalable sur tous les moyens de forme que l'on vous propose.

Desmoulins. Si l'on adopte la vérification par experts, le procès de Louis sera interminable. Tronchet, qui connaît encore mieux que moi les formes judiciaires, vous dira qu'un Sébastien, qui était à Venise, a si bien imité l'écriture de Sébastien, roi de Portugal, que jamais les banquiers, le sénat, ni aucun expert ne purent prouver le faux. Il vous citera une prétendue Henriette de Bourbon, qui imita si bien l'écriture de la véritable Henriette de Bourbon, qu'elle passa elle-même pour la reine de France. Il vous citera le fameux Priscus, qui contrefit si bien toutes les écritures, que Justinien fit rendre une loi portant que la preuve des vérifications par experts ne serait plus admise qu'en matière civile ; et d'ailleurs toutes les preuves qui déposent contre Louis, ne sont-elles pas dans la journée du 10 août ? J'appuie donc la question préalable sur la proposition de Thuriot.

Charlier. Le sang de nos frères demande vengeance. L'existence même de la Convention est une preuve des crimes de Louis. Je m'oppose à ce qu'on allègue toute autre espèce de preuves, et je demande que de lundi prochain en huit Louis soit entendu définitivement et jugé.

Legendre. Je demande que la discussion soit fermée. Si Roland n'avait pas trouvé ces pièces, Louis XVI n'aurait donc pas été jugé?

Lesage. On veut entraîner la Convention dans des mesures contradictoires. Si vous décrétez que vous communiquerez les pièces à Louis Capet, la vérification des pièces n'est donc pas inutile. Ainsi, vous tomberiez dans une contradiction frappante, si vous décrétiez que la vérification est inutile, et si vous décrétiez en même temps que vous les communiquerez à Louis Capet. Je demande donc la vérification proposée par Thuriot.

Lepelletier. On vient de faire une proposition dangereuse, en demandant que Roland et autres fussent entendus à la barre. Je m'oppose à cette proposition, comme à toutes les preuves testimoniales; car, si l'on admet des preuves contre, il faudra aussi admettre des preuves pour, et j'avoue que toutes ces preuves me paraissent fort suspectes depuis que j'ai vu un homme prêt à être condamné à la mort sur la déposition de deux hommes dont le témoignage avait été acheté pour 6 livres.

L'assemblée décide qu'il n'y a pas lieu à délibérer sur la proposition d'entendre les déclarations de Roland.

Le rapporteur. La commission a trouvé quantité de pièces qui n'ont point été présentées à Louis. La Convention veut-elle qu'elles lui soient présentées?

Albitte. On trouvera ainsi des pièces pendant six mois, et ce sera un prétexte pour reculer le jugement. (Applaudissemens.)

Il est décrété que les pièces non encore présentées à Louis XVI le seront, et que les commissaires en dresseront procès-verbal.

La vérification par experts est rejetée.

Lindon. Je demande que Louis Capet soit traduit à la barre vendredi prochain, pour être jugé définitivement et sans désemparer.

Quinette. J'appuie cette opinion. L'intérêt de la République, l'intérêt de Louis est que ce procès ne soit pas interminable. Je vous propose de fixer les bornes dans lesquelles doivent se renfermer les défenseurs de Louis; car le Code pénal veut que lorsqu'un objet est déterminé, le défenseur ne parle pas. Je demande que trois membres du comité réunis à la commission des Vingt et Un, vous présentent lundi matin ses vues sur les formes qui doivent être observées.

Lanjuinais. Je m'élève contre tout comité de prévoyance. La nation ne doit point imposer des règles qui pourraient nuire à l'accusé, qui ne jouit point ici de toute la faveur de la loi, puisqu'il n'aura point le recours en cassation. (Murmures.)

Osselin. La loi sur les jurés ne met point le délai à la disposition de l'accusé; c'est à vous à le fixer humainement, sans doute, mais enfin fixez-le.

N... Je demande la question préalable sur la proposition. Vous avez décrété que Louis serait jugé; il a été décrété que ses conseils et lui auraient tout le loisir nécessaire pour vous présenter ses moyens de défense. (Quelques murmures.) S'ils demandent des délais ridicules, alors seulement vous pourriez, vous devriez fixer un terme; mais, avant ce temps, c'est une injustice, une barbarie, et ce ne serait point alors juger Louis XVI, ce serait... ce que je n'ose pas dire.

Si des passions particulières, si d'obscurs intérêts ne fermaient pas le cœur de quelques-uns des membres de cette assemblée à la voix de la justice et de la raison, ils sentiraient que les vrais royalistes sont ceux qui veulent faire précipiter le jugement de Louis XVI. (Des ris et des murmures s'élèvent dans une extrémité de la salle.) Oui, les vrais royalistes sont ceux qui l'humilient et le supplicient d'avance, en vertu des arrêtés de la Commune. (Mêmes interruptions.) Les véritables royalistes sont ceux qui font naître la pitié du peuple pour lui, parce qu'ils veulent l'assassiner lâchement, au lieu de le juger : voilà les vrais royalistes. (*A l'ordre, à l'ordre!* s'écrie-t-on dans l'extrémité gauche.)

Je sais bien que ce que je dis là ne plaît pas à certaines gens; mais je les brave, eux et leurs satellites.

On demande l'ordre du jour.

Après un court débat, l'assemblée décrète qu'il n'y a pas lieu à délibérer sur la proposition de Quinette, et passe à l'ordre du jour sur celle de Lindon.

Un membre veut que le délai soit invariablement fixé à lundi prochain. — L'assemblée murmure; quelques citoyens applaudissent.

Legendre. Il n'est jamais entré dans l'intention d'aucun membre de la Convention, en accordant un conseil à Louis Capet, de rendre ce conseil illusoire; mais je demande que la Convention fixe le jour où il sera définitivement entendu : en conséquence, je propose que ce délai soit marqué au mercredi 26 décembre.

Cette proposition est décrétée.

Robespierre jeune. Il est extrêmement dangereux de reculer encore ce jugement : mais puisque cela est décrété, je demande qu'on prenne, pour la sûreté générale, la mesure de vérifier les passeports de tous ceux qui arrivent à Paris jusqu'à cette époque. (Il s'élève des murmures.)

Laurent Lecointre. Il est bien étonnant que Louis Capet soit privé de voir sa femme et ses enfans pour huit jours qu'il doit attendre son jugement. Je demande qu'il lui soit permis de voir sa famille. (On applaudit.)

Le président met aux voix cette proposition, et prononce le décret affirmatif.

Quelques membres réclament, dans une extrémité de la salle, contre la précipitation de la délibération. Ils allèguent que la délibération a été prise dans le tumulte.

Tallien. En vain la Convention le voudra, si le corps municipal ne le veut pas, le décret ne sera pas exécuté... (De nombreux murmures couvrent la voix de l'opinant. On demande de toutes parts qu'il soit rappelé à l'ordre.)

Léonard Bourdon. Cet objet n'est pas de la compétence de la Convention; je demande qu'il soit renvoyé à la municipalité.

Lindon. Il est bien étonnant qu'un représentant du peuple donne ici l'exemple de l'insubordination et du mépris des lois.

Pétion monte précipitamment à la tribune et paraît pénétré d'indignation. Ce n'est par sur le fond de la proposition que j'ai demandé la parole ; mais tous les jours il se manifeste ici un système d'avilir la Convention (*Plusieurs voix* : Cela n'est que trop vrai.), et avilir la Convention, c'est perdre la chose publique. (On applaudit.) J'avais demandé la parole il y a un moment pour engager quelques membres à mettre moins d'indécence dans leurs débats. Tout à l'heure on vient d'insulter la Convention de la manière la plus grave. (Et le peuple aussi! *s'écrient plusieurs membres.*) On vient de dire : Inutilement la Convention voudra-t-elle la chose, elle ne sera pas exécutée, si le corps municipal ne le veut pas. Ceux qui parlent ainsi outragent la liberté, violent les lois jusque dans leur sanctuaire. Ce n'est pas là de la liberté, c'est de la licence. Je demande que le membre qui s'est permis cet outrage soit censuré et son nom inscrit au procès-verbal. (On applaudit.)

Marat est au bas de la tribune. On remarque qu'il apostrophe Pétion avec des gestes violens; il semble l'injurier. — Pétion se retire.

Tallien. J'ai demandé la parole pour expliquer ma pensée. Je suis prêt à me soumettre à la censure de la Convention, et je suis un de ceux qu'on peut le moins soupçonner de vouloir l'avilir. J'avais demandé la parole contre la proposition de Lecointre; le président ne m'a pas probablement entendu; je n'ai pas eu la parole. Je voulais faire observer à la Convention que ce n'était pas à elle, mais à la municipalité que le dépôt du ci-devant roi et de sa famille a été confié. Il est inconséquent de permettre à Louis Capet de communiquer avec ses complices; je parle de sa femme et de sa sœur, car ils concerteraient ensemble et leurs projets et leurs réponses. Certes, si le corps municipal croyait que votre décret fût contraire à l'intérêt national, qu'il pût compromettre la tranquillité publique, il ferait bien de refuser... (Un mouvement d'indignation interrompt Tallien. — On insiste pour qu'il soit censuré. — *Quelques membres s'écrient* : A l'Abbaye!)

Robespierre jeune. Pour que ce décret puisse s'exécuter, il faut rapporter celui qui ordonne la responsabilité des officiers municipaux.

Tallien. Je n'entends pas par là avancer le principe que le corps municipal a le droit de s'opposer à l'exécution de vos décrets; lui-même a donné une preuve de sa soumission, en vous soumettant un de ses arrêtés, et en se retirant au moment même où il a reçu des marques de votre improbation. Il est possible que je me sois trompé dans la manière de présenter mon opinion. Si je mérite la censure, je suis prêt à la subir.

La Convention décrète à la presque unanimité que Tallien sera censuré.

Quelques membres déclarent qu'ils n'ont pas entendu; ils réclament avec chaleur une seconde délibération. — L'assemblée est consultée, et le décret de censure prononcé une seconde fois.

Le président exécute le décret.

Drouet. Je demande le rapport du décret rendu sur la proposition de Lecointre pour accorder au ci-devant roi la faculté de communiquer avec sa famille.

Bourdon appuie cette proposition, et la motive sur ce que le tumulte qui régnait dans l'assemblée a empêché plusieurs membres de prendre part à la délibération.

D'autres demandent que le décret soit modifié, de manière que Louis ne puisse voir que ses enfans.

On réclame la question préalable sur les deux propositions.

L'assemblée décide qu'il n'y a pas lieu à délibérer sur le rapport du décret.

Tallien. Je demande que l'on décrète pour principe que tous les complices pourront se concerter ensemble... (*Oui, oui!* s'écrient quelques membres d'une extrémité; et aussitôt de demander l'appel nominal, et d'insister de nouveau sur le rapport du décret.)

Drouet le réclame avec chaleur. Il parle dans le tumulte.

Le président observe que déjà la question préalable a écarté cette demande.

Lecointre. Lorsque j'ai fait ma proposition, je n'étais pas informé que la femme et la sœur du ci devant roi étaient inculpées. Sans doute, si elles sont inculpées, elles ne doivent point communiquer avec lui avant l'interrogatoire. Mais je ne crois pas qu'on puisse lui refuser de communiquer avec ses enfans.

Rewbel. Je ne conçois pas comment Lecointre a pu ignorer que la famille du roi est impliquée : n'a-t-on pas de preuves que la femme de Louis s'est dépouillée de ses diamans pour donner des secours aux émigrés? N'a-t-on pas contre elle mille preuves de conspiration contre la liberté? Il n'y a que des imbéciles qui puissent dire que la famille du roi n'est pas coaccusée. (On applaudit.)

Dubois-Crancé. En qualité de commissaire envoyé auprès du ci-devant roi, je dois déclarer qu'il nous fit la même demande, et que les officiers municipaux nous dirent que, s'il voyait ses enfans, il saurait, par eux, tout ce que sa femme et sa sœur voudraient lui faire savoir; car ils ont, pour cela, un art inconcevable.

On demande la priorité pour la dernière proposition de Lecointre.

La priorité lui est accordée.

Quelques membres de l'extrémité réclament l'appel nominal.

On demande, par amendement, que les enfans ne puissent voir que leur père, sans communiquer avec leur mère et leur tante, jusqu'au jugement définitif.

La seconde proposition de Lecointre est adoptée avec cet amendement en ces termes :

« Louis ne pourra communiquer qu'avec ses enfans, lesquels ne pourront voir leur mère ou leur tante qu'après le dernier interrogatoire. »

Marat. Il y a une heure que j'ai la parole... J'ai à faire des observations sur le procès du ci-devant roi.

On demande l'ordre du jour.

La Convention décide que Marat ne sera pas entendu.

Rapport sur la conduite à tenir par les généraux français dans les pays occupés par les armées de la République.

Cambon, au nom des comités des finances, militaire et diplomatique. Vous avez chargé trois de vos comités de l'examen de plusieurs lettres des généraux commandant les armées qui sont actuellement sur territoire étranger. Ces lettres sont en partie relatives au manque de vivres et d'habillemens. Déjà vos comités vous ont proposé divers moyens de ramener l'abondance dans les armées et de pourvoir aux besoins imprévus, et bientôt ils vous feront un rapport sur les crimes qui ont été commis dans cette partie. Les autres sont relatifs à la conduite politique que doivent tenir les généraux. Vous avez voulu fixer des principes sur la manière de continuer la guerre que vous avez entreprise. C'est sur ce dernier objet que porte mon rapport.

Avant de vous rendre compte des principes de vos comités, je dois vous annoncer l'objet de leurs délibérations. Ils se sont assemblés pendant quatre jours avec le conseil exécutif que vous leur aviez ordonné de s'adjoindre, avec les commissaires de la trésorerie, avec les directeurs des vivres et des habillemens; et ce n'est qu'avec le concours de toutes les instructions qu'il leur a été possible de recueillir, qu'ils ont rédigé le projet de décret que je suis chargé de vous soumettre.

Ils se sont demandé d'abord quel est l'objet de la guerre que vous avez entreprise. C'est sans doute l'anéantissement de tous les priviléges. *Guerre aux châteaux, paix aux chaumières.* Voilà les principes que vous avez posés en la déclarant : tout ce qui est privilégié, tout ce qui est tyran, doit donc être traité en ennemi dans les pays où nous entrons. Telle est la conséquence naturelle de nos principes.

Quelle a été, au contraire, jusqu'ici notre conduite? Les généraux, en entrant en pays ennemi, y ont trouvé les tyrans et leurs satellites; notre courage a fait fuir les uns et les autres; nous sommes entrés dans les villes en triomphateurs et en frères. Nous avons dit aux peuples : *Vous êtes libres;* mais nous nous sommes bornés à des paroles. Nos généraux, embarrassés sur la conduite qu'ils avaient à tenir, nous ont demandé des règles et des principes pour la diriger. Montesquiou nous adressa le premier un mémoire à ce sujet. Deux rapports vous furent faits par le comité diplomatique, le 20 et le 24 octobre dernier. Ces rapports ont été imprimés; mais les décisions qui y étaient projetées vous ont peut-être paru insuffisantes, et vous n'en avez pas encore fait le sujet de vos délibérations; les principes qu'ils contiennent vous sont parfaitement connus. Voici les faits.

Le général Custine, à peine entré en Allemagne, vous a demandé s'il devait supprimer les droits féodaux, les dîmes, les priviléges, en un mot tout ce qui tient à la servitude, et s'il devait établir des contributions sur les nobles, les prêtres et les riches, en indemnité des secours qu'ils avaient accordés aux émigrés; vous ne statuâtes rien sur ces objets; en attendant, il crut ne devoir pas laisser péricliter les intérêts de la République. Il exigea des contributions. On l'a accusé sur ce point, quoiqu'il vous eût soumis les motifs de ces contributions diverses; et ses ennemis ont voulu en tirer avantage contre lui, notamment par rapport aux 1,500,000 florins qu'il imposa sur Francfort. Depuis ce temps, Francfort a été repris, et vous avez frémi au récit des nouvelles *vêpres siciliennes* qui ont ensanglanté cette ville.

Dumourier, en entrant dans la Belgique, a annoncé de grands principes de philosophie; mais il s'est borné à faire des adresses aux peuples. Il a jusqu'ici tout respecté, nobles, priviléges, corvées, féodalité, etc. Tout est encore sur pied; tous les préjugés gouvernent encore ces pays, et le peuple n'y est rien, c'est-à-dire que nous lui avons bien promis de le rendre heureux, de le délivrer de ses oppresseurs, mais que nous nous sommes bornés à des paroles. Le peuple, asservi à l'aristocratie sacerdotale et nobiliaire, n'a pas eu la force, seul, de rompre ses fers, et nous n'avons rien fait pour l'aider à s'en dégager.

Le général a cru, d'après les instructions du conseil exécutif, devoir respecter sa souveraineté et son indépendance, ne pas lui imposer de contributions extraordinaires; lorsque ses convois passent à quelques barrières ou péages, ils y paient les droits ordinaires. Il a cru ne devoir pas même forcer les habitans à fournir des magasins et des approvisionnemens à nos armées. Ces principes philosophiques sont les nôtres; mais nous ne voulons pas, nous ne devons pas respecter les usurpateurs. Tous ceux qui jouissent d'immunités et de priviléges sont nos ennemis ; il faut les détruire ; autrement, notre propre liberté serait en péril. Ce n'est pas aux rois seuls que nous avons à faire la guerre ; car s'ils étaient isolés, ce ne serait que dix à douze têtes à faire tomber ; nous avons à combattre tous leurs complices, les castes privilégiées, qui, sous le nom des rois, rongent les peuples et les oppriment depuis plusieurs siècles.

Vos comités se sont donc dit : Tout ce qui, dans les pays où vous portez les armes, existe en vertu de la tyrannie et du despotisme, est usurpation : car les rois n'avaient pas le droit d'établir des priviléges en faveur du petit nombre, au détriment du plus grand. La France elle-même, lorsqu'elle s'est levée, le 17 juillet 1789, a proclamé ces principes : Rien n'était légal, a-t-elle dit, sous le despotisme ; je détruis tout ce qui existe par un seul acte de ma volonté. Ainsi, le 17 juin, lorsqu'elle se fut constituée en assemblée nationale, elle supprima tous les impôts existans. Dans la nuit du 4 août, elle mit le complément à la révolution, en détruisant et noblesse, et féodalité, et tout ce qui tient à la servitude. Voilà ce que doit faire tout peuple qui veut être libre pour mériter votre protection ; car nous ne protégerons jamais les priviléges.

Il faut donc que nous nous déclarions pouvoir révolutionnaire dans les pays où nous entrons. (On applaudit.) Nous n'irons point chercher de comité particulier ; nous ne devons point nous couvrir du manteau des hommes ; nous n'avons pas besoin de ces petites ruses. Nous devons, au contraire, environner nos actions de tout l'éclat de la raison et de la toute-puissance nationale. Il serait inutile de déguiser notre marche et nos principes. Déjà les tyrans les connaissent, et vous venez d'entendre ce qu'écrit à cet égard le stathouder : lorsque nous entrons dans un pays ennemi, c'est à nous à sonner le tocsin. (Applaudissemens.) Si nous ne le sonnions pas ; si nous ne proclamions pas solennellement la déchéance des tyrans et des privilégiés, le peuple, accoutumé d'être enchaîné, ne pourrait briser ses fers ; il n'oserait se lever ; nous ne lui donnerions que des paroles, et aucune assistance effective.

Ainsi donc, si nous sommes pouvoir révolutionnaire, tout ce qui existe de contraire aux droits du peuple doit être abattu dès que nous entrons dans le pays. (Les applaudissemens continuent.) En conséquence, il faut que nous proclamions nos principes en détruisant toutes les tyrannies, et que rien ne nous arrête dans cette résolution. Vos comités pensent qu'après en avoir expulsé les tyrans et leurs satellites, les généraux doivent, en entrant dans chaque commune, y publier une proclamation pour faire voir aux peuples que nous leur apportons le bonheur, qu'ils doivent supprimer sur-le-champ et les dîmes, et les droits féodaux, et toute espèce de servitude. (On applaudit.)

Cependant vous n'auriez rien fait si vous vous borniez à ces seules destructions. L'aristocratie gouverne partout; il faut donc détruire toutes les autorités existantes. Rien ne doit survivre au régime ancien, lorsque le pouvoir révolutionnaire se montre. Si nous avions, dès le commencement de la guerre, adopté ces principes, nous n'aurions peut-être pas à pleurer sur la mort de nos frères assassinés à Francfort. Les magistrats anciens existaient dans cette ville, et vous vouliez que ce peuple fût libre! Il faut que le système populaire s'établisse, que toutes les autorités soient renouvelées, ou vous n'aurez que des ennemis à la tête des affaires. Vous ne pouvez donner la liberté à un pays, vous ne pouvez y rester en sûreté, si les anciens magistrats conservent leurs pouvoirs; il faut absolument que les *sans-culottes* participent à l'administration. (De nombreux applaudissemens s'élèvent dans l'assemblée et dans les tribunes.) Déjà, citoyens, les aristocrates des pays qu'occupent nos armées, abattus au premier instant, ont conçu de nouvelles espérances; ils ne dissimulent plus leur joie féroce; ils croient à une Saint-Barthélemy, et il ne serait pas difficile de prouver qu'il existe déjà, dans la province de la Belgique, quatre ou cinq partis. Les aristocrates versent de l'or pour égarer le peuple et conserver leur ancienne puissance; on n'y voit que les nobles, le clergé, les états, et le peuple n'y est rien, il reste abandonné à lui-même; et vous voulez qu'il soit libre! Non, il ne le sera jamais, si nous ne prononçons plus fortement nos principes.

Vous avez vu les représentans de ce peuple venir à votre barre; timides et faibles, ils n'ont pas osé vous avouer leurs principes; ils étaient tremblans; ils vous ont dit : Nous abandonnerez-vous? Vos armées nous quitteront-elles avant que notre liberté soit assurée? Nous livrerez-vous à la merci de nos tyrans? Nous ne sommes pas assez forts. Accordez-nous votre protection, vos forces.... Non, citoyens, vous ne les abandonnerez pas; vous étoufferez le germe de leurs divisions et des malheurs qui les menacent. (On applaudit.) En Savoie, le peuple s'est prononcé plus fortement; il a commencé par tout détruire pour tout recréer. Alors son vœu n'a plus été douteux; il s'est montré digne d'être libre, et vous a donné un exemple que vous devez porter chez les autres peuples. Suivons donc cette marche dans les pays où nous serons obligés de faire naître les révolutions; mais donnons sûreté aux personnes et aux propriétés. (On applaudit.)

Vos comités ont cru qu'en proclamant la destruction des abus, des autorités existantes, il fallait que, de suite, les peuples fussent convoqués en assemblées primaires, et qu'ils nommassent des administrateurs et des juges provisoires pour faire exécuter les lois relatives à la propriété et à la sûreté des personnes. Ils ont cru, en même temps, que ces administrations provisoires pouvaient nous être utiles sous plusieurs autres rapports.

En entrant dans un pays, quel doit être notre premier soin? c'est de prendre pour gage des frais de la guerre les biens de nos ennemis; il faut donc mettre sous la sauvegarde de la nation les biens meubles et immeubles appartenant au fisc, aux princes, à leurs fauteurs, adhérens, participes, à leurs satellites volontaires, aux communautés laïques et régulières, à tous les complices de la tyrannie. (On applaudit.) Et pour qu'on ne se méprenne pas sur les intentions pures et franches de la république française, vos comités ne vous proposent pas de nommer des administrateurs particuliers pour l'administration et régie de ces biens, mais d'en confier le soin à ceux qui seront nommés par le peuple. Nous ne prenons rien, nous conservons tout pour les frais de la guerre.

Vous sentez qu'en accordant cette confiance aux administrations provisoires, vous aurez alors le droit d'en exclure tous les ennemis de la République qui tenteraient de s'y introduire. Nous proposons donc que personne ne puisse être admis à voter, ni être élu, s'il ne prête serment à la liberté et à l'égalité, et s'il ne renonce par écrit à tous les priviléges et prérogatives dont il pourrait être pourvu. (Applaudissemens.)

Ces précautions prises, vos comités ont pensé qu'il ne fallait pas encore abandonner un peuple peu accoutumé à la liberté absolument à lui-même ; qu'il fallait l'aider de nos conseils, fraterniser avec lui ; en conséquence, que, dès que les administrations provisoires seraient nommées, la Convention devait leur envoyer des commissaires tirés de son sein, pour entretenir avec elles des rapports de fraternité. Cette mesure n'est pas même suffisante. Les représentans du peuple sont inviolables ; ils ne doivent jamais exécuter. Il faudra donc nommer aussi des exécuteurs. Vos comités ont donc pensé que le conseil exécutif devait envoyer, de son côté, des commissaires nationaux qui se concerteront avec les administrations provisoires pour la défense du pays nouvellement affranchi, pour assurer les approvisionnemens et la subsistance de nos armées, et enfin se concerter sur les moyens qu'il y aura à prendre pour payer les dépenses que nous aurons faites ou que nous ferons sur leur territoire.

Vous devez penser qu'au moyen de la suppression des contributions anciennes, les peuples affranchis n'auront point de revenus ; ils auront recours à vous, et le comité des finances croit qu'il est nécessaire d'ouvrir le trésor public à tous les peuples qui voudront être libres. Quels sont nos trésors ? Ce sont nos biens territoriaux, que nous avons réalisés en assignats. Conséquemment, en entrant dans un pays, en supprimant ses contributions, et lui offrant une partie de nos trésors pour l'aider à reconquérir sa liberté, nous lui offrirons notre monnaie révolutionnaire. (On applaudit.) Cette monnaie deviendra la sienne ;

nous n'aurons pas besoin alors d'acheter à grands frais du numéraire, pour trouver dans le pays même des habillemens et des vivres ; un même intérêt réunira les deux peuples pour combattre la tyrannie. Dès lors nous augmenterons notre propre puissance, puisque nous aurons un moyen d'écoulement pour diminuer la masse des assignats circulant en France, et que l'hypothèque que fourniront les biens mis sous la sauvegarde de la République augmentera le crédit de ces mêmes assignats.

Il sera possible qu'on ait recours à des contributions extraordinaires ; mais alors la république française ne les fera pas établir par ses généraux ; ce mode militaire ne serait propre qu'à jeter dans l'esprit des contribuables une défaveur non méritée sur nos principes. Nous ne sommes point agens du fisc ; nous ne voulons point vexer le peuple. Eh bien ! vos commissaires, en se concertant avec les administrations provisoires, trouveront des moyens plus doux. Ils établiront sur les riches les contributions extraordinaires qu'un besoin imprévu pourrait exiger ; ils en excepteront la classe laborieuse et indigente. C'est par là que nous ferons aimer au peuple la liberté, il ne paiera plus rien, il administrera tout.

Mais vous n'aurez encore rien fait si vous ne déclarez hautement la sévérité de vos principes contre quiconque ne voudrait qu'une demi-liberté. Vous voulez que les peuples chez qui vous portez vos armes soient libres. S'ils se réconcilient avec les castes privilégiées, vous ne devez pas souffrir ce trafic avec les tyrans. Il faut donc dire aux peuples qui voudraient conserver des castes privilégiées : Vous êtes nos ennemis. Alors on les traitera comme tels, puisqu'ils ne voudront ni liberté, ni égalité ; si, au contraire, ils paraissent disposés à un régime libre, vous devez non-seulement leur donner assistance, mais les assurer d'une protection durable. Déclarez-leur que vous ne traiterez jamais avec leurs anciens tyrans ; car ils pourraient craindre que vous les sacrifiiez à l'intérêt de la paix. Faites la déclaration solennelle de plutôt périr tous que de capituler avec les oppresseurs du peuple. (On applaudit.) Vous devez en même temps annoncer aux peuples que, dès qu'ils auront déclaré leur indépendance et organisé une forme de gouvernement libre et populaire, tous les pouvoirs de l'administration provisoire et de vos commissaires cesseront.

A la fin de la guerre, vous aurez des comptes à régler. Vous compterez avec les représentans de chaque peuple, et des dépenses que vous aurez faites, et des approvisionnemens qu'on vous aura fournis. Si l'on vous doit, vous prendrez des arrangemens, comme vous en avez pris avec les États-Unis de l'Amérique ; vous vous prêterez à tout ce qui pourra soutenir la liberté de vos voisins : si, au contraire, vous êtes redevables, vous paierez comptant, car la république française n'a pas besoin de crédit.

Le projet de décret que vos comités m'ont chargé de vous présenter, est rédigé d'après ces principes ; il renferme quelques articles de détail, comme d'obliger les commissaires à rendre leurs comptes au conseil exécutif, qui les soumettra à la révision de l'assemblée nationale, qui doit toujours être le centre de l'autorité ; il est accompagné d'une proclamation qui doit être faite par les généraux pour développer ces principes, et à la suite de laquelle ils feront assembler les communes et organiser les administrations. Ce projet n'a été arrêté que ce matin. Je n'ai pas fait de rapport par écrit, parce qu'il était instant de vous le soumettre.

Cambon lit un projet de décret rédigé d'après les bases qu'il vient d'établir. — La lecture en est fréquemment interrompue par des applaudissemens.

Quelques membres en demandent l'ajournement. — Cette proposition est repoussée par un cri général. — *Aux voix!* s'écrie-t-on de toutes parts. — L'assemblée décide qu'il sera immédiatement mis en délibération.

Cambon relit le premier article, relatif à la suppression des priviléges. Mailhe demande la parole, mais l'assemblée est déjà levée tout entière. Elle adopte l'article par acclamation.

Mailhe insiste pour proposer un amendement ; il demande qu'on ne se borne pas à proclamer dans les pays conquis l'abolition des droits féodaux et de la servitude, mais que la noblesse elle-même soit déclarée anéantie. — Cet amendement est adopté.

Cambon lit les articles II et III relatifs au remplacement des autorités anciennes par des administrations provisoires.

Buzot. Le IIe de ces articles porte que « nul ne pourra remplir de fonctions publiques qu'après avoir prêté le serment à la liberté et à l'égalité, et avoir renoncé par écrit aux priviléges dont il pourrait jouir. » Cette dispostion me paraît insuffisante. Notre révolution aurait dû nous éclairer sur ces charlatans en politique, qui savent cacher du masque du patriotisme leurs intentions perverses. Je demande que toutes les personnes qui auront rempli les places dans les administrations anciennes n'en puissent obtenir de nouvelles ; je voudrais même qu'on étendît cette exclusion à tous les individus ci-devant nobles ou membres de quelques corporations ci-devant privilégiées. (Il s'élève des applaudissemens et quelques murmures.)

Réal. La proposition de Buzot tendrait à créer chez ces peuples deux partis, et à y allumer la guerre civile.

Merlin. En voulant aller trop loin on veut rendre la loi illusoire.

Rewbel. J'appuie au contraire la proposition de Buzot, au moins pour la première élection. Le conseil exécutif nous a appris que dans les élections qui se sont déjà faites dans la Belgique, les prêtres, les nobles, les riches aristocrates, accoutumés depuis longtemps à capter les suffrages de la multitude, ont été élus en plus grande partie. C'est là le motif de la torpeur de ce peuple ; si l'on veut sérieusement la révolution, il faut l'exclusion, au moins pour cette fois.

Fronfrède. J'ajoute en même temps qu'il faudrait pouvoir exclure les banquiers, les hommes à argent, qui sont tous ennemis de la liberté.

Bazire, avec chaleur. Je m'oppose de toutes mes forces à cet article... Il n'est ni révolutionnaire, ni dans les principes; il tend à priver le peuple d'une partie de sa souveraineté.

Rewbel. Si vous voulez sincèrement la révolution, il faut faire en sorte que les premières administrations révolutionnaires ne soient pas gangrenées, comme l'ont été les nôtres.

La proposition de Buzot est décrétée.

Bazire élève de nouvelles réclamations.

Charlier allègue contre la délibération, qu'elle a été prise sans que la question préalable, qu'il a demandée, ait été mise aux voix.

Bazire. Je demande le rapport du décret, et je vais vous en démontrer les dangers.

Sergent. Je demande que l'on fasse de la proposition de Buzot une simple invitation aux peuples étrangers.

Desmoulins. Ce sont les nobles qui ont fait la révolution des Belges, et vous voudriez les exclure!

Bazire monte à la tribune. Des murmures l'interrompent. — On observe qu'il ne peut parler contre un décret rendu.

Barbaroux. Je demande que Bazire soit entendu, car il sera curieux de voir comment il défendra la noblesse et le clergé.

Bazire. L'amendement de Buzot paraît au premier abord favoriser l'établissement de la liberté, et c'est ce qui a ébloui l'assemblée et l'a jetée dans un enthousiasme inconsidéré. Mais tous les prétendus avantages de cette proposition disparaissent devant un examen plus scrupuleux. Je soutiens qu'elle n'est ni politique, ni conforme aux principes. Son effet serait : 1° d'aigrir les esprits, 2° de priver le peuple de beaucoup d'hommes qui, quoique employés dans l'ancienne administration, peuvent être très-patriotes, et dont les lumières seraient utiles dans les administrations nouvelles. Ce qui vaudra mieux qu'un décret, c'est l'exemple de notre révolution; le peuple belge en connaît la déplorable histoire; il sait comment nous avons été trompés par le patriotisme de nos ci-devant nobles; vous n'avez donc pas de raison pour violer dans cette circonstance la souveraineté du peuple et la liberté de ses choix; vous vous exposeriez au contraire à aliéner de vous des hommes peut-être bien intentionnés. Vos volontaires rempliront dans la Belgique la mission d'apôtres de la liberté; ils apprendront au peuple à conserver une méfiance salutaire contre ses anciens oppresseurs. Ces instructions fraternelles vaudront mieux que des décrets qui entraîneraient avec eux l'idée d'une honteuse contrainte.

Buzot. Si les raisons que Bazire vient d'énoncer m'eussent fait croire que j'étais dans l'erreur, je demanderais comme lui le rapport du décret que l'assemblée vient de rendre sur ma proposition; mais voici les motifs qui me déterminent à y persister. Je me suis demandé d'abord quels sont les principes du décret qui est proposé, et je me suis dit : La Convention nationale veut exercer un pouvoir révolutionnaire; mais elle a senti que pour l'exercer utilement, il faut le mettre entre les mains du peuple. On ne peut pas prétendre que cet acte révolutionnaire soit une atteinte à la souveraineté du peuple, à moins qu'on ne regarde aussi comme tel l'anéantissement de tous les priviléges; mais il faut dire plutôt que l'exclusion dont il s'agit n'étant que provisoire, et ne devant durer que jusqu'à ce que le peuple ci-devant esclave soit constitué en corps de nation, et qu'il ait émis son vœu, elle n'est point une violation, mais bien un acte conservatoire de sa souveraineté. Il faut le mettre en garde contre ceux qui pourraient le tromper par la fausse apparence d'un patriotisme qu'on n'acquiert pas en vingt-quatre heures. Nous étions certainement, nous, en 1789, plus près des vrais principes que la Belgique. Cependant une longue habitude d'esclavage, de soumission aux caprices de ceux qui nous dominaient, ne nous a-t-elle pas fait porter dans nos premières administrations des hommes qui d'abord affectaient beaucoup de patriotisme, et qui conjurèrent ensuite la ruine de la liberté? Ce n'est pas en laissant dans les mains de l'homme malade l'arme avec laquelle il peut se détruire, que vous le guérirez. Il faut lui arracher cette arme meurtrière. (On applaudit.) Avant d'abandonner un peuple à lui-même, dirigez ses premiers pas, faites-lui goûter les douceurs d'un régime populaire; ne le laissez pas à la merci de ses anciens oppresseurs... Et remarquez que ceux de qui l'on vous propose d'exiger des renonciations, des sermens, sont précisément ceux qui dans tout le cours de notre révolution les ont prêtés avec tant de facilité, et ont ensuite impudemment trahi la foi des promesses les plus sacrées. (On applaudit.)

L'exclusion proposée par Buzot est adoptée.

Les articles du projet de décret de Cambon sont successivement mis aux voix, et décrétés ainsi qu'il suit :

Art. 1er. Dans les pays qui sont ou qui seront occupés par les armées de la république française, les généraux proclameront sur-le-champ, au nom de la nation française, l'abolition des impôts ou des contributions existans, la dîme, les droits féodaux fixes ou casuels, la servitude réelle ou personnelle, les droits de chasse exclusifs, la noblesse, et généralement tous les priviléges. Ils déclareront au peuple qu'ils lui apportent paix, secours, fraternité, liberté et égalité.

II. Ils proclameront la souveraineté du peuple et la suppression de toutes les autorités existantes ; ils convoqueront de suite le peuple en assemblées primaires ou communales pour créer et organiser une administration provisoire ; ils feront publier, afficher et exécuter dans la langue ou idiome du pays, dans chaque Commune, la proclamation annexée au présent décret.

III. Tous les agens et officiers de l'ancien gouvernement, ainsi que les individus ci-devant réputés nobles, ou membres de quelques corporations ci-devant privilégiées, seront, mais pour la première élection seulement, inadmissibles aux places d'administration ou de pouvoirs judiciaires provisoires.

IV. Les généraux mettront de suite sous la sauvegarde et protection de la république française tous les biens meubles et immeubles appartenant au fisc, au prince, à ses fauteurs et adhérens et satellites volontaires, aux établissemens publics, aux corps et communautés laïcs et religieux ; ils en feront sans délai dresser un état détaillé, qu'ils enverront au conseil exécutif, et ils prendront toutes les mesures qui sont en leur pouvoir afin que ces propriétés soient respectées.

V. L'administration provisoire nommée par le peuple sera

chargée de la surveillance et régie des objets mis sous la sauvegarde et protection de la république française; elle fera exécuter la loi en vigueur relative au jugement des procès civils et criminels, à la police et à la sûreté publique; elle sera chargée de régler et faire payer les dépenses locales et celles qui seront nécessaires pour la défense commune; elle pourra établir des contributions, pourvu toutefois qu'elles ne soient pas supportées par la partie indigente et laborieuse du peuple.

VI. Dès que l'administration provisoire sera organisée, la Convention nationale nommera des commissaires pris dans son sein, pour aller fraterniser avec elle.

VII. Le conseil exécutif nommera aussi des commissaires nationaux qui se rendront de suite sur les lieux, pour se concerter avec l'administration provisoire nommée par le peuple, sur les mesures à prendre pour la défense commune et sur les moyens à employer pour se procurer les habillemens, subsistances nécessaires aux armées de la République, et pour acquitter les dépenses qu'elles ont faites et feront pendant leur séjour sur leur territoire.

VIII. Les commissaires nationaux nommés par le pouvoir exécutif provisoire lui rendront compte tous les quinze jours de leurs opérations; ils y joindront leurs observations, le conseil exécutif les approuvera ou les rejettera, et en rendra de suite compte à la Convention.

IX. L'administration provisoire nommée par le peuple, et les fonctions des commissaires nationaux, cesseront aussitôt que les habitans, après avoir déclaré la souveraineté du peuple, la liberté et l'indépendance, auront organisé une forme de gouvernement libre et populaire.

Cambon fait lecture d'une proclamation à faire par les généraux français aux peuples conquis à la liberté.

La Convention l'adopte; la voici :

Le peuple français au peuple...

« Frères et amis, nous avons conquis la liberté, et nous la

maintiendrons : notre union et notre force en sont les garans. Nous vous offrons de vous faire jouir de ce bien inestimable, qui vous a toujours appartenu, et que vos oppresseurs n'ont pu vous ravir sans crime. Nous sommes venus pour chasser vos tyrans ; ils ont fui ; montrez-vous hommes libres, et nous vous garantirons de leur vengeance, de leurs projets et de leur retour.

» Dès ce moment, la république française proclame la suppression de tous vos magistrats civils et militaires, de toutes les autorités qui vous ont gouvernés ; elle proclame en ce pays l'abolition de tous les impôts que vous supportez, sous quelque forme qu'ils existent ; des droits féodaux, de la gabelle, des péages, des octrois, des droits d'entrée et de sortie, de la dîme, des droits de chasse et de pêche exclusifs, des corvées, de la noblesse, et généralement de toute espèce de contribution et de servitude dont vous avez été chargés par vos oppresseurs.

» Elle abolit aussi parmi vous toute corporation nobiliaire, sacerdotale et autres ; toutes prérogatives, tous priviléges contraires à l'égalité. Vous êtes, dès ce moment, frères et amis, tous citoyens, tous égaux en droits, et tous appelés également à défendre, à gouverner et à servir votre patrie.

» Formez-vous sur-le-champ en assemblées de Communes ; hâtez-vous d'établir vos administrations provisoires ; les agens de la république française se concerteront avec elle, pour assurer votre bonheur et la fraternité qui doit exister désormais entre nous. »

SÉANCE DU 16 DÉCEMBRE.

[On lit une lettre du général Santerre, qui transmet à la Convention une lettre qui lui a été adressée pour remettre à Louis Capet. Il annonce que l'on continue à travailler à Paris l'esprit public ; que des hommes se montrent assez hardis pour parler ouvertement de royauté.

La lettre de Santerre est renvoyée à la commission des vingt et Un.

Thuriot. Buzot vous a proposé, et vous avez adopté une mesure dont on a déjà quelquefois ressenti l'efficacité. J'en ai une autre à proposer qui vient à l'appui de celle de Buzot, et qui, comme la sienne, fera disparaître tout esprit de parti, et dissipera toutes les inquiétudes. Vous avez à côté de vous deux systèmes, celui d'une république fédérative, et celui de la réunion d'une partie du territoire français à un pays étranger. Voici ma proposition : Je demande que la Convention décrète la peine de mort contre quiconque tenterait ou proposerait de rompre l'unité de la République, celle de son gouvernement, ou d'en détacher des parties pour les unir à un territoire étranger.

Cette proposition est applaudie avec transports, et aussitôt décrétée à l'unanimité.

« La Convention nationale décrète que quiconque proposera ou tentera de rompre l'unité de la République française, ou d'en détacher des parties intégrantes pour les unir à un territoire étranger, sera puni de mort. »

Buzot. Citoyens, vous avez bien fait de prononcer cette loi contre ceux qui tenteraient de démembrer l'empire; mais on vous dénonçait les royalistes, et ce décret ne frappe point sur eux. Si vous voulez me le permettre, je vais vous proposer une mesure nouvelle, et que je crois salutaire. (*Oui, oui,* répond l'assemblée entière. — Il monte à la tribune.)

Buzot. Un grand acte de vengeance nationale va bientôt s'accomplir. La justice, trop long-temps effrayante pour le faible, contre lequel seul elle était exercée, va enfin s'appesantir sur la tête des rois, et va consacrer son glaive à la défense de l'égalité. Le trône est renversé; le tyran va bientôt n'être plus..... Prenez garde, le despotisme vit encore et la constitution n'est pas faite.

Le despotisme vit encore au sein des hommes corrompus, nourris de ses habitudes, de ses préjugés, de ses vices; de ces hommes qui travaillaient à son rétablissement avant les derniers triomphes de la liberté, et qui favoriseraient son retour, s'ils le pouvaient impunément.

Comme les Romains qui, après avoir chassé Tarquin, s'engagèrent par serment à ne souffrir jamais ni roi dans leur ville, ni rien qui pût mettre en péril la liberté, vous avez décrété la peine de mort contre celui qui proposerait le rétablissement de la monarchie ou de toute autre autorité attentatoire à la souveraineté du peuple.

Comme eux, vous avez encore un grand exemple à donner. Rome n'avait pas perdu les avantages de son origine; son peuple fier et pauvre n'avait pas long-temps fléchi sous le joug de la tyrannie. Les sages lois de Numa avaient diminué sa rudesse sans altérer son énergie ; les institutions de Servius avaient réglé l'exercice des droits de citoyen ; Tarquin seul, par ses excès, parut les méconnaître, et ce peuple généreux chassa son premier tyran; cependant il se trouva dans son sein de nombreux partisans de la royauté; Tarquin-le-Superbe eût été rappelé par eux, sans le terrible courage de Brutus sacrifiant la paternité au salut de la république naissante, et un successeur lui eût peut-être été donné, sans la sagesse du même consul déterminant le peuple à bannir Lucius, le dernier du sang des Tarquins.

Nous sortons d'un long esclavage, dont les flétrissures n'attestent que trop la durée et la profondeur; nous sommes en proie à toutes les passions corruptrices qu'il a fait naître : le mouvement de la révolution les a déchaînées avec furie, et elles sont prêtes à saisir le premier fantôme capable de rappeler le pouvoir qui les protége.

Louis XVI criminel et enchaîné paraissait moins dangereux ; vous l'avez immolé à la sûreté publique, vous devez à cette sûreté le bannissement de la famille.

Si quelque exception pouvait être faite, ce ne serait pas sans doute en faveur de la branche d'Orléans ; car par cela même qu'elle fut plus chérie, elle est plus inquiétante pour la liberté. Dès le commencement de la révolution, d'Orléans fixa les regards du peuple; son buste promené dans Paris, le jour même de l'insurrection, présentait une nouvelle idole; bientôt il fut accusé de projets d'usurpation, et s'il est vrai qu'il ne les ait pas conçus, il paraît du moins qu'ils existèrent, et qu'on les couvrit de son nom.

Ainsi le sang des rois est un prétexte, lorsqu'il n'est plus une cause de troubles et d'agitation ; ne l'ajoutons point à toutes celles qui rendent orageuse la formation des républiques. Une fortune, et surtout des espérances encore immenses ; des relations intimes avec les grands d'Angleterre ; le nom de Bourbon pour les puissances étrangères, jalouses de nous donner un maître afin de s'assurer un allié ; celui d'Égalité, pour les Français, faciles à toucher et dont le choix singulier fait remarquer d'autant plus son objet qu'il affecte de le cacher ; des enfans dont le jeune et bouillant courage peut être aisément séduit par l'ambition, dont l'ambition peut être habilement excitée par les soins et l'alliance de quelques rois étrangers : c'en est trop pour que Philippe puisse exister en France sans alarmer la liberté. S'il l'aime, s'il l'a servie, qu'il achève son sacrifice, et nous délivre de la présence d'un descendant des Capet.

Dans la situation où nous sommes, les considérations personnelles, les affections même ne peuvent entrer en balance avec les scrupules de la liberté ; elle impose les précautions les plus rigoureuses ; elle veut éteindre l'espoir de la royauté, effacer toute image qui pourrait en éveiller le souvenir.

Charles Ier porta sa tête sur l'échafaud, et cependant l'Angleterre releva le trône pour y placer un roi de son sang. Nous n'avons plus, il est vrai, parmi nous de *grands* semblables à ces *lords* qui le rappelèrent ; mais il existe partout des hommes avides de pouvoir. L'ambition a ses prêtres, habiles à créer des idoles, sous le nom desquelles ils dominent ; et la superstition monarchique, ainsi que toutes les superstitions du monde, est moins l'ouvrage de l'erreur que celui de l'imposture.

L'ignorance n'est pas tellement dissipée qu'il fût impossible de la séduire, et, ne fût-il question que de prévenir des agitations passagères, une lutte même inutile, le repos public est trop précieux, trop nécessaire pour négliger une mesure qui doit l'assurer. Le soupçon de royalisme est une source de troubles continuels, aujourd'hui même c'est lui qui nous tourmente ; on se craint, on s'accuse réciproquement ; bannissez le nom, le sang des rois, vous anéantirez l'espoir et de ceux qui les aiment, et de quiconque se servirait d'eux pour vous diviser.

S'il est vrai, comme je le crois, que la liberté ne puisse exister et avoir tout son essor que dans un gouvernement républicain, vous devez promptement rejeter de votre sein tout ce qui tient au pouvoir arbitraire. On ne reçut pas impunément dans l'enfance l'espoir de le partager un jour ; et quiconque crut exercer un jour ce que l'on appelait des droits, est suspect à l'ennemi des tyrans.

La liberté, qu'on n'acquiert qu'avec des combats, je dirais même avec l'adversité, qui ne se conserve qu'avec des mœurs, et ne respire qu'à l'ombre des lois, fière comme la vertu dont elle s'appuie, est exclusive comme l'amour ; le peuple qui l'adore sans jalousie ne tarde pas de la perdre ; et le soin vigilant d'écarter tout ce qui lui fait ombrage est la première règle de son culte.

Je demande que Philippe et ses fils, etc., aillent porter ailleurs que dans la République le malheur d'être nés près du trône, d'en avoir connu les maximes et reçu les exemples ; le malheur d'être revêtus d'un nom qui peut servir de ralliement à des factieux ou aux émissaires des puissances voisines, et dont l'oreille d'un homme libre ne doit plus être blessée.

On demande l'impression et l'ajournement du discours de Buzot.

Louvet. Je m'oppose à l'ajournement. Représentans du peuple, ce n'est pas moi qui viens appuyer la proposition de Buzot, c'est l'immortel fondateur d'une république fameuse, c'est le père de la liberté romaine, Brutus..... (On murmure.) Oui, Brutus...

Bréard. Je demande la parole pour une motion d'ordre.

Le président. La parole est à Louvet.

Louvet. Oui, Brutus ; et son discours ; prononcé il y a plus de deux mille ans, est tellement applicable à notre situation actuelle, qu'on croirait que je l'ai fait aujourd'hui.

Cependant veuillez d'abord souffrir encore un mot de moi. Las de la tyrannie, le peuple romain venait de jurer haine éternelle à la royauté. Il venait de chasser son despote, Tarquin-le-Superbe; et jaloux de la liberté naissante, il la sentait compromise par la seule présence de quelques Tarquins restés au milieu de lui.

Brutus aussitôt assemble ce peuple si digne de la république; et, devant lui, s'adressant à son collègue, neveu de Tarquin..... Français, je jure que c'est Brutus qui parle; je ne suis que son interprète fidèle, écoutez attentivement Brutus. (Legendre interrompt.)

Quoiqu'il n'y ait rien à craindre actuellement pour la liberté, on ne saurait prendre trop de précautions, afin de l'assurer. Il m'est pénible d'affliger un collègue, mais l'intérêt de quelques-uns ne saurait balancer l'intérêt de tous. Le peuple romain ne croit pas avoir recouvré pleinement sa liberté, lorsqu'il voit le sang de ses rois odieux subsistant dans Rome, et même revêtu d'une grande portion de pouvoir; c'est un obstacle dangereux à la liberté. Descendant de Tarquin, délivre-nous de cette crainte; peut-être est-elle vaine et mal fondée, mais enfin elle inquiète les amis de la République. Nous le savons, nous l'avouons, tu as contribué à chasser les rois : achève ce bienfait, ôte du milieu de nous jusqu'à leur fantôme, trop juste sujet d'alarme. Le peuple romain est juste, il ne te ravira pas tes biens. Te plaît-il de les laisser? il les tiendra sous la sauvegarde, il t'en fera passer les produits. Te convient-il mieux de les emporter? tu le peux; mais quitte la ville, pars à l'instant, pars. Les citoyens de Rome imaginent que la royauté ne sortira d'ici parfaitement qu'avec le dernier de la famille des Tarquins. (Murmures à l'extrémité.)

Ainsi parla Brutus; et qu'il me soit permis de faire entre la France et Rome, entre les Tarquins et les Bourbons, un rapprochement que je pourrais étendre, mais que j'abrégerai.

Duhem. Louvet ne doit pas nous écraser du despotisme de son talent.

Aimé Goupilleau. Il y a deux cents pétitionnaires à la barre.

Duhem. Il y a un décret qui porte que cette question ne sera discutée qu'après le jugement de Louis Capet. Président, maintenez le décret, Louvet ne peut être entendu en ce moment.

L'assemblée consultée décide que Louvet continuera d'être entendu.

Louvet. La république romaine était dans ses premiers jours; la nôtre vient de naître. Des rois voisins commençaient à inquiéter Rome; plusieurs despotes encore puissans, nos ennemis déclarés, nous menacent de leurs armes, moins redoutables que les guinées corruptrices de quiconque nous abuse d'une fausse neutralité. Le bruit de la mauvaise conduite des Tarquins s'était répandu dans quelques coins de l'Italie; la renommée des forfaits de la maison Bourbon remplit le monde. Collatin était le neveu du tyran : Philippe, naguère encore, tu pouvais te croire un de ces êtres privilégiés qu'au temps de notre idolâtrie servile nous appelions par excellence *un prince du sang*. Collatin avait puissamment contribué à chasser Tarquin-le-Superbe : on prétend que tu as aidé en quelque chose à la chute de Capet le traître. Quelques-uns paraissent penser qu'ils ont eu le pouvoir de te faire représentant du peuple : lui, par le choix libre, incontestablement libre des citoyens, il occupait une fonction non moins respectable, il était consul. A la tête de la jeunesse romaine, il avait, avec Brutus, partagé l'honneur de mettre en fuite le despote : tes enfans conduisent contre les barbares nos enfans vainqueurs. Il devenait l'objet de troubles naissans : Philippe, je te le déclare, tu jettes au milieu de nous les défiances, l'inquiétude, le germe de toutes les discordes. Il eut le bon esprit de ne pas attendre le décret du peuple romain : tu n'attendras pas le nôtre, si tu es l'ami vrai de la liberté; mais si toi et les tiens vous n'avez été que ses hypocrites flatteurs, nous aurons le regret de n'avoir pas rendu deux mois plus tôt ce décret salutaire.

Tarquin Collatin ne l'attendit pas; lui-même il s'imposa la peine du malheureux hasard qui l'avait fait naître l'héritier de l'un de ces usurpateurs insolens, de ces brigands titrés, vulgairement appelés *rois*. Lui-même il essaya de se régénérer ; il pacifia la république ; il devint l'ami de Rome en quittant son territoire ; il n'attendit pas le décret, et néanmoins le décret fut porté. Le peuple romain, actif et défiant à l'excès dès qu'il s'agissait de la liberté, rendit dès le lendemain, contre tous les Tarquins sans exception, le décret d'expulsion.

Représentans d'un peuple à peine délivré de la servitude, la tranquillité de l'intérieur n'est peut-être qu'à ce prix. Étonné de voir nos affaires, à mesure qu'elles succèdent au-dehors, empirer au-dedans ; fort de l'autorité d'un grand homme, fort de l'exemple d'un peuple qu'il affranchit, je vous invite à renouveler un des plus fiers décrets de Rome au jour de ses vertus. C'est d'après la motion de Brutus que je reproduis l'article suivant :

La Convention nationale ordonne à tous les individus de la famille des Bourbons, à l'exception de la femme, de la sœur et des enfans de Louis Capet, sur le sort desquels elle se réserve de prononcer, de quitter le territoire de la République et celui qu'occupent ses armées vingt-quatre heures après le jugement du ci-devant roi.

Jean-Baptiste Louvet descend de la tribune, applaudi de la majorité de l'assemblée et de quelques citoyens.

Bréard. J'ai demandé la parole pour une motion d'ordre, non pour discuter la proposition de Buzot, qui, selon moi, ne doit pas être actuellement discutée. Je crois qu'il a été décrété que immédiatement après le procès de Louis Capet on s'occuperait du sort de sa famille. Si ce décret existe, je demande qu'il soit exécuté ; s'il n'existe pas, je ne m'oppose point à ce qu'on discute la motion.

Lanjuinais. Il sera toujours puéril de prétendre avancer, retarder, écarter les plus grandes questions de droit public par des fins de non-recevoir, par de misérables chicanes. Ce n'est point avec de pareilles armes qu'il faut combattre, quand il s'agit de l'intérêt public. L'expulsion de la famille des Tarquins, ou celle de la famille royale, doit-elle à présent être traitée ? Oui, elle doit l'être, puisque cette famille est dénoncée comme le foyer, comme la cause de tous les troubles. Il ne faut point ajourner la destruction de cette cause, qui peut porter atteinte aussi essentiellement au salut de la République. (*Quelques membres d'une des extrémités* : Agitons le jugement du chef.) Décrétez la motion salutaire, la motion inévitable qu'on vous a soumise, et tout ce qui suivra le jugement que vous devez porter n'aura plus rien qui effraie les amis de la liberté, et ceux qui nous épouvantent seront exclus à jamais de la domination. Vous rappellerai-je un fait? Comment se sont faites les élections populaires de Paris, dont le dernier député se trouve être Égalité? sous la hache populaire, par les ordres de ceux qui devaient partager le protectorat qui lui était destiné. Ce n'est peut-être pas sans dessein qu'on a exercé cette tyrannie sur le peuple. Ce n'est peut-être pas sans dessein qu'on a amené ce nouveau Collatin parmi nous. (*Drouet* : Je demande que Lanjuinais soit rappelé à l'ordre pour avoir traité de tyrans les électeurs de Paris.) Non, ce n'est pas sans dessein qu'on a amené dans cette enceinte celui qui pouvait avoir des droits à la domination. Lorsque vous vous rappelez cet envoi de commissaires qui devaient effrayer la République par des exécutions non moins sanglantes qu'à Paris... (On murmure dans l'extrémité.) Tout vous annonce que ces hommes-là veulent la royauté, parce qu'ils ont un intérêt réel à l'avoir; parce qu'ils sont placés de manière que les graces de la liste civile se répandraient sur eux. (On applaudit.) Jetez un regard sur les hommes qui se distinguent à la tête de vos armées. Elles se trouvent dans les mains de ceux qui tiennent de plus près, le plus directement à la famille de ceux qu'on voudrait rétablir sur les ruines de la liberté. Personne, dit-on, ne songe à relever la royauté. Ah! personne n'y songe! Eh bien! donnez-nous donc des preuves. Hâtez-vous de vous réunir à nous pour détruire les dernières espérances de la tyrannie. Mais lorsqu'on agite les plus grandes questions, si vous venez argumenter des vices de forme, oh! ce sera alors que, malgré moi, je serai obligé de me livrer à mes défiances. J'appuie donc la motion de Buzot. Au surplus, j'atteste qu'arrivé il y a une demi-heure à la séance, j'ignorais qu'il fût question d'une motion que je porte dans mon cœur depuis trois ans.

Chabot est à la tribune.

Les spectateurs applaudissent.

Chabot. Il y a déjà quelque temps que j'ai manifesté moi-même publiquement le vœu que je forme de l'adoption de la motion de Buzot; mais est-ce là le moment... (*Plusieurs voix :* Oui, oui.) d'agiter cette question ? Je ne le crois pas. Et d'abord je dois relever un fait qui a été hasardé par Lanjuinais. Il vous a donné à entendre que c'était Robespierre qui avait fait nommer Égalité. (*Lanjuinais.* Je n'ai pas dit cela.) Je dois dire en toute vérité que l'élection d'Égalité n'a pas trouvé de plus grands antagonistes que dans Robespierre et ceux qu'on appelle ses partisans. (On murmure.) Quant à la motion de Louvet, je pourrais lui dire que la proposition de Brutus ne lui fut faite qu'après le jugement de Tarquin. J'ajoute que si vous commencez par juger la famille des Capet, avant d'avoir jugé la tête coupable, vous préjugez le jugement même sur cette tête coupable. Vous avez ajourné à dix ou onze jours la comparution de Louis XVI à cette barre, avec son conseil, pour s'y défendre sur les chefs d'accusation; vous avez donc supposé qu'il pourrait se défendre. Je dis que l'adoption actuelle de la motion de Buzot vous constituerait dès aujourd'hui juges de Louis Capet. Vous ne pouvez ordonner le bannissement d'Égalité, sans préjuger que Louis Capet sera au moins déporté. Si par hasard, ce que je ne crois pas possible, mais enfin si par hasard, au lieu de faire tomber la hache sur la tête du chef de la famille, on portait la peine de la déportation, voudriez-vous infliger à toute la famille une même peine que celle de la tête la plus criminelle? J'en appelle à votre pudeur. Si c'est un crime d'être né du sang des Bourbons, ce n'est pas un crime égal à celui d'avoir pendant quatre ans assassiné des peuples. Vous préjugeriez le jugement de Louis XVI, puisqu'en punissant les innocens, vous prendriez l'engagement de punir bien plus sévèrement le coupable. La mesure qu'on vous propose aujourd'hui est attentatoire à la liberté. Je veux que toute la race soit condamnée le même jour; mais je ne veux pas que vous commenciez par ceux qui, comme on l'avoue, ont servi la cause de la liberté. D'ailleurs, le peuple souverain a député Philippe Égalité parmi vous; il faut discuter la question de savoir si vous pouvez rejeter de votre sein un représentant du peuple, revêtu des mêmes droits, du même caractère que chacun de vous. Vous avez décrété que tous les articles de la Constitution seraient soumis à l'acceptation du peuple; mais celui-là n'est-il pas un article constitutionnel? Ainsi donc, comme vous préjugeriez le jugement du ci-devant roi, comme cette expulsion tient à nos principes constitutionnels, je demande l'ajournement au jour du jugement, et alors je ne m'opposerai point à l'expulsion totale de la famille. (Quelques applaudissemens.)

Génissieux. En abolissant la royauté, vous auriez dû, Louis XVI eût-il été aussi vertueux que Titus et Trajan, l'exclure par l'ostracisme. Sa famille porte ombrage à la liberté; il faut l'exclure aussi. Par cet exil vous ne supposez pas de crimes. Vous leur conservez leurs biens, leur honneur; mais vous prenez contre eux une grande mesure de sûreté générale. On dit que cet exil préjugerait le jugement de Louis XVI. Je suis bien étonné que ce soient ceux-là même qui ont demandé que sa tête tombât, qui opposent aujourd'hui ce préjugé. Si les Bourbons en faveur desquels on réclame avaient eu autant de civisme qu'on le suppose, ils n'auraient pas attendu le décret, ou plutôt ils seraient venus le proposer eux-mêmes. (On applaudit.) Si vous gardez Louis XVI, c'est comme coupable, c'est pour le punir. Lanjuinais a très-bien qualifié de misérable fin de non-recevoir l'objection du décret qui renvoie cette question après le jugement du ci-devant roi. On nous dit sans cesse des deux côtés de la salle que nous sommes menacés, agités par des projets attentatoires à la liberté. Si nous avons quelque chose à craindre, le moment approche. S'il existe, je ne dis pas dans la Convention, loin de moi cette idée! mais dans la République un projet de royauté, quel sera le moment où il viendra à éclore? Et si vous attendez au jour du jugement du roi, sera-t-il temps alors d'étouffer les complots? Non ; le feu serait au sein de la Convention même. Il faut prendre une mesure qui n'écarte pas le jugement du ci-devant roi, qui tranquillise le peuple. S'il était quelque membre qui ne prononçât pas contre Louis XVI la peine que ses forfaits méritent, ce ne serait que par politique. (On murmure.) Je demande donc la question préalable sur l'ajournement; et qu'on aille aux voix par appel nominal. (On applaudit.) J'oubliais de répondre à une objection. On a dit que ce décret porterait atteinte à la souveraineté du peuple. Il faut observer d'abord que ce n'a pu être que par une fiction qu'il a bien fallu admettre. Mais je suppose que Philippe d'Orléans, au lieu de se montrer bon citoyen, comme il a fait jusqu'à présent, eût été un citoyen dangereux et méchant; quoi! parce qu'il serait membre de la Convention, vous ne pourriez prononcer contre lui? Je persiste dans ma proposition.

Camille Desmoulins. Permettez que je vous éclaire....

Plusieurs membres. Aux voix ! l'appel nominal !

Thuriot. Je vois que l'intérêt politique appuie la proposition de Buzot; mais je demande qu'on ne précipite point la décision. Saint-Just m'a annoncé qu'il avait des idées nouvelles. Je demande qu'il soit entendu.

Saint-Just. Je demande aussi, moi, l'exil éternel de tous les Bourbons, et la mort de celui d'entre eux qui remettrait le pied en France. Brutus chassa les Tarquins pour assurer la liberté de Rome; mais ici, je ne sais pas si l'on ne chasse point les Bourbons pour faire place à d'autres Tarquins. (Quelques applaudissemens.) Rome avait des lois; Rome avait Brutus, je ne le vois point ici; quand nos Tarquins seront chassés, j'attends Catilina avec son armée. J'abhorre les Bourbons. Je demande qu'on chasse tous les Bourbons, excepté le roi, qui doit rester ici, vous savez pourquoi. (On applaudit.) On affecte en ce moment de lier d'Orléans au jugement du roi, pour sauver peut-être celui-ci, ou pallier son jugement. Je demande que le comité de constitution présente, d'ici au jugement du roi, les droits de l'homme et l'acte constitutionnel de la République, et que la famille d'Orléans se retire le lendemain.

Moreau, de Châlons. Si je pouvais me permettre quelques soupçons sur mes collègues, j'avoue que la circonstance actuelle en fournirait l'occasion. Il est assez singulier d'entendre proposer l'ajournement de cette question ; vous dire que vous chasserez d'Orléans le lendemain du jugement du roi, et vous dire d'un autre côté qu'on n'a pas le droit de le chasser. Je vous avoue que j'ai été tenté de croire qu'en demandant l'ajournement on avait voulu se ménager le temps d'écarter une motion qui blesse apparemment quelques intérêts. (On applaudit.) L'opinion de Saint-Just n'est pas mieux fondée; car il craint que les Tarquins ne soient chassés que pour faire place à d'autres, je ne vois pas que ce soit une raison pour les garder tous. Lorsqu'en arrivant ici on nous annonça qu'il existait des projets de dictature, aussitôt on opposa le fédéralisme. Aujourd'hui, vous voulez chasser les Bourbons; on vous dit : c'est pour placer Roland sur le trône. (On rit et on applaudit.) J'en conclus qu'il faut commencer par chasser les Bourbons qui nous font ombrage, et prendre des précautions pour que Roland ne puisse se mettre à leur place. (Nouveaux applaudissemens d'une partie de l'assemblée, et rumeurs de l'autre.) Quand on combat une opinion, on prouve qu'on n'est point de cet avis ; mais quand on injurie, on prouve qu'on a un parti. Je demande que la proposition de Louvet soit mise aux voix. (On applaudit.)

Saint-André. Quand on nous a proposé à cette tribune l'exemple de Brutus pour vous déterminer à une grande mesure, on nous a jugés dignes des vertus républicaines. L'exemple et le discours de ce grand homme doivent être notre leçon. Nous voulons tous être libres.... La proposition de Buzot avait pour motif de bannir les défiances et d'éteindre tous les soupçons. Remplit-elle ce but ? étouffe-t-elle toutes les haines ? anéantit-elle toutes les inquiétudes? Si elle ne remplit pas cet objet, elle n'est donc pas bien placée. Je ne veux point de Bourbon ; j'ai juré d'être libre, d'être républicain ; je l'étais avant que vous eussiez décrété la République; car mon métier était de braver les tyrans. Un grand procès est maintenant soumis à votre juridiction. Je vous le demande, pourquoi voulez-vous chasser les Bourbons avant d'avoir jugé Louis Capet? Pourquoi voulez-vous me faire envisager un rapprochement en eux, quand je les vois distincts et séparés? J'ai cru voir, et j'ai vu qu'il n'était pas impossible que, d'une mesure précipitée sur cet objet, on tirât un préjugé favorable pour un autre. Je conclus que la motion est prématurée; que la priorité doit appartenir au jugement du ci-devant roi. Là, s'évanouiront toutes les méfiances. Alors vous verrez si on veut des tyrans; alors vous verrez si le nom de Bourbon est agréable à une oreille républicaine. Je demande donc l'ajournement jusqu'après le jugement de Louis XVI.

Merlin, de Thionville. En 1788, j'ai entendu parler d'une faction d'Orléans; en 1789, 90 et 91, encore une faction d'Orléans; à présent, le nom d'Orléans est un ferment de troubles au milieu de nous; Orléans, partez dès aujourd'hui. (On applaudit.) Mais au moment où il partira, que les divisions, les dissensions qui nous tourmentent disparaissent enfin... (Nouveaux applaudissemens), et que, vrais républicains, nous nous occupions de fonder un gouvernement qui puisse écraser le premier intrigant qui voudrait anéantir la liberté. (Les applaudissemens recommencent et se prolongent.) Le pouvoir exécutif devient aussi parmi nous une pierre d'achoppement. Un ministre est favorisé par un parti, un ministre est favorisé par l'autre. Faisons jouir le peuple de sa souveraineté; que le comité de constitution apporte dans le plus prochain délai un mode d'organisation du pouvoir exécutif. Je conclus donc à ce que l'assemblée accorde trois jours, pour sortir de France, à tous ceux qui sont ou se prétendent de la famille de Bourbon, et que le rapport du comité de constitution soit fait incessamment. (On applaudit.)

On demande à aller au voix.

La discussion est fermée.

Camille Desmoulins courant à la tribune. Je demande à dire des choses neuves.

Duhem. La principale cause des divisions est Roland. Je demande à l'instant qu'il sorte du ministère. (Applaudissemens tumultueux d'une extrémité de la salle et des tribunes.)

Une voix. Non, non, le ministre de la guerre. (Applaudissemens de l'autre extrémité.)

Duhem. Je sais qu'en parlant contre Roland, je parle contre l'idole. (Nouveaux applaudissemens, nouveaux murmures.)

Camille Desmoulins s'agite autour de la tribune en demandant, en prenant et perdant aussitôt la parole.

Albitte. Puisque vous lancez l'ostracisme contre la famille d'Orléans, je demande aussi l'ostracisme contre Roland.

Une voix du côté opposé. Contre Pache.

Camille Desmoulins. Si ce décret passe, la France est perdue.

Albitte. Je demande l'abolition de tous les régens du royaume.

Merlin, Manuel et Barrère lisent successivement une rédaction.

On demande la priorité pour celle de Barrère.

Duhem. On ne veut point de chef de parti; Roland est un chef de parti.

Merlin. Celui-là est un chef de parti, qui corrompt l'esprit public, qui fait répandre dans les départemens des milliers d'exemplaires des libelles de Louvet, de Brissot, de Kersaint, etc.

L'agitation recommence, et règne quelques instans dans les deux extrémités.

Barrère. Je déclare que la rédaction que je propose tend à éloigner de ma patrie tous les hommes qui font ombrage à sa liberté. Je vois depuis long-temps, quoique nous ayons proclamé l'abolition de la royauté, surgir dans les places publiques des idées de royalisme. On cherche à égarer l'opinion publique. Ils disent : S'ils ne font pas mourir le tyran, nous les accuserons d'être coalisés avec les tyrans; s'ils le font mourir, c'est une cruauté indigne du peuple français. C'est ainsi qu'on veut environner ce jugement d'émeutes et de troubles. Eh bien! Merlin a bien mérité de la patrie, lui qui vous a dit qu'il fallait que tous ceux qui portent ombrage à la liberté disparussent. Mais je ne vois pas que nos seuls ennemis soient les hommes qui ont eu le malheur de naître du sang des tyrans; ce sont aussi les hommes qui ont une grande popularité, une grande renommée, un grand pouvoir. Vous seriez indignes de la République si vous pensiez que l'ostracisme ne doit pas abattre les têtes qui s'élèvent d'une manière effrayante pour la liberté. Quand Roland dénonça les crimes des scélérats, on voulut le faire renvoyer, il avait cependant fait son devoir. Pache, accablé d'un ministère immense auquel on vous a dit qu'un Dieu ne pourrait suffire, se plaint de malversations qu'il n'a pu causer; les amis de Roland demandent le renvoi de Pache. Je me suis demandé si nous étions envoyés ici pour faire, défaire, protéger ou persécuter des ministres. Non; que tous les hommes qui nous ont vus nous ranger pour eux en deux arènes de gladiateurs, s'éloignent. (On applaudit.) L'opinion les jugera; mais ils sont dangereux, mais ils nous blessent, mais ils nous divisent; et je soutiens que le décret doit être maintenu dans son entier. Je demande donc que la motion soit adoptée relativement à Orléans, Roland et Pache, et que le comité de constitution présente un mode de renouveler le ministère. (Nouveaux applaudissemens.)

Camille Desmoulins. Je demande la parole.

Le président. La discussion est fermée.

Camille Desmoulins. C'est pour un amendement. Si l'assemblée eût voulu m'entendre, je lui aurais ouvert en quatre mots les yeux sur le piége grossier qu'on lui tend. (On murmure. *Plusieurs voix.* Votre amendement.) Mon amendement est que Philippe ne sorte de France que lorsque la Convention lui aura assuré un pays où il puisse se retirer en sûreté. (Nouveaux murmures.)

Cambon. Les principes républicains qui nous guident prouvent à l'univers que la France était mûre pour la liberté. Mais prenons garde, nous allons d'une extrémité à l'autre. Nous servons peut-être des passions en établissant l'ostracisme. Quels sont les obstacles que nous rencontrons? On a suscité des partis, sans doute pour avoir à sa disposition des créatures et des places. Méfions-nous de nous-mêmes ; car les hommes sont sur le bord de l'abîme quand ils ont du pouvoir. Je vois ici les mêmes passions que dans la cour. On culbute les administrations, on arrête toutes les opérations. Il serait essentiel que nous reconnussions ou qu'il n'y a qu'un pouvoir en France, et alors les passions ne pourraient le désorganiser ; ou que s'il doit y en avoir deux, ils soient indépendans l'un de l'autre ; car si nous faisons des ministres, la Pompadour n'en aura pas fait un si grand nombre. (On applaudit.) Tous les huit jours, tous les jours nous changerons d'administrations, d'opérations de guerre, de généraux. Nous voudrons tout désorganiser. Que devons-nous faire ? la souveraineté du peuple est là. Nous sommes ses mandataires. Il existe un ministère ; c'est nous qui l'avons nommé ; nous crûmes alors qu'il était appelé par le vœu public. Dès qu'ils ont été en place, on les a attaqués. Que nous n'ayons plus le pouvoir de faire des ministres, pour que nous n'ayons plus celui de les déposséder. (On murmure.) Je croyais, après avoir déclaré que j'étais de l'avis de Merlin, être à l'abri de toute interruption... Il faut que les pouvoirs des ministres viennent de la même source que les nôtres. On me dira, ce que j'ai déjà entendu crier, si les pouvoirs viennent de la même source, alors il y aura deux rois. Décidons qu'il n'y aura pas deux pouvoirs, et ne créons pas d'intermédiaires. Si nous en voulons deux... (Les murmures recommencent.) Je ne croyais pas que les opinions eussent changé en un instant par cette espèce de transaction passée entre deux partis... J'ai défendu Pache, j'ai défendu et attaqué Roland, les hommes ne me font rien. J'appuie la rédaction de Merlin.

Thuriot. D'après les faits qui paraissent déterminer l'opinion générale, il me semble que la mesure de Barrère n'a point le degré de perfection nécessaire. Il pourrait se faire que Roland et Pache revinssent au ministère. Cela me paraît surtout assez vraisemblable pour Roland, car il a pris tous les moyens de s'assurer de l'opinion. (Applaudissemens, murmures.) Je dis que si, par impossible, Roland revenait encore au ministère, nous nous retrouverions dans le même embarras. Il faut une mesure pour les empêcher d'y revenir... (*Une voix*. Et la souveraineté du peuple?) La souveraineté du peuple! Lorsque la Constitution sera acceptée, alors toutes les limites seront posées, il n'appartiendra à personne de prendre des mesures provisoires pour le salut du peuple. Je demande qu'on ne puisse nommer ni Roland ni Pache... (On murmure.) ou bien laissez-les tous les deux.

Lacombe-Saint-Michel. Je ne viens point vous demander de laisser en place des ministres, parce que c'est rendre service à l'homme de bien que de l'éloigner du théâtre des calomnies. Je ne parlerai pas des personnes, mais bien de la chose publique qui seule doit nous occuper. Vous savez que depuis long-temps on se plaint de l'aristocratie des bureaux de la guerre. Pache l'a sentie; mais il a senti en même temps la difficulté de remplacer des hommes à qui la marche de l'administration est familière, par des hommes sans expérience; il l'a fait avec ménagement. Si vous le déplacez avant que son successeur soit au courant de son travail, vous allez tout désorganiser, et l'assemblée veut-elle se charger d'une aussi terrible responsabilité? Je m'y oppose, et j'appuie la motion de Merlin.

Kersaint. J'ai demandé la parole pour vous rappeler un fait important. En 1755, la cour de Louis XV, la plus corrompue de toutes les cours, était agitée par deux partis, dont chacun se disputait les dépouilles de l'autre. L'Angleterre toujours perfide, (je ne parle pas de la nation anglaise que j'estime et respecte, je parle de son gouvernement, gouvernement dont encore aujourd'hui les intentions sont plus que suspectes) l'Angleterre, alors prête à déclarer la guerre à la France, redoutait également deux hommes dans le ministère, d'Argenson et Machault. (*Tureau*. Nous savons cela.) Elle intrigua, forma deux partis dans la cour, sema l'or, et Machault et d'Argenson furent sacrifiés, et les opérations furent manquées, et la guerre fut honteuse pour la France. Aujourd'hui on vous propose de renvoyer deux ministres. Je ne suis l'ami ni de l'un ni de l'autre. (On murmure.) Je ne les connais que comme des hommes publics. J'appelle votre attention sur un acte qui tend à désorganiser votre ministère, et qui, en éloignant deux hommes généralement estimés, peut compromettre la chose publique.

Julien. Ces questions exigent la méditation la plus sérieuse et le plus entier recueillement. J'en demande l'ajournement.

Tallien. Jusqu'après la mort de Louis XVI. (Applaudissemens de quelques membres et de quelques spectateurs.)

Rewbell. Ce qui se passe en ce moment dans l'assemblée est la meilleure preuve de l'inconvenance de l'alliage d'une grande motion constitutionnelle d'ostracisme, avec la proposition mesquine du remplacement de deux ministres. Que l'on croie, si l'on veut, qu'un reste de respect aveugle pour le sang des Bourbons soit à craindre, et nécessite leur entier bannissement, qu'est-ce que cela a de commun avec le déplacement de deux hommes. Je l'avoue, j'ai entendu avec peine dire que deux êtres tels que Roland, tels que Pache, pussent compromettre la liberté publique. Avec de la bonne foi on conviendra que ces deux êtres n'ont d'autre importance que celle que nous voulons bien leur donner. Il est étonnant qu'on veuille renvoyer ces deux ministres, parce qu'ils nous divisent. Quand vous présenterez des choses grandes, comme hier, tout le monde sera d'accord; mais quand vous parlerez d'hommes, alors il y aura de la division; et je détesterais, moi, une assemblée où l'on serait d'accord, comme dans les anciens parlemens. Il n'y a que les scélérats qui soient ainsi d'accord. Vous voulez organiser provisoirement un ministère. Qui donc l'organisera? les assemblées primaires? Mais il faut aussi les organiser. Si vous faites une constitution provisoire, elle nuira nécessairement à la constitution définitive. Il n'y a rien de si mauvais qu'une constitution par lambeaux, l'assemblée constituante l'a prouvé; il faut donc nous en tenir à la première proposition. (*Legendre.* L'ajournement du tout.) J'ai parlé de discussion, et non de division; car j'avoue que jusqu'à présent on n'a traité la question qu'en citant un point d'histoire. Devons-nous imiter servilement les Romains? devons-nous établir l'ostracisme dans une république représentative? Avons-nous le droit de chasser un représentant du peuple? A mon avis, toutes ces questions méritent l'examen d'un comité.

Tous les membres de l'extrémité gauche demandent l'ajournement. On réclame la délibération dans l'autre partie de la salle.

La discussion est fermée de nouveau.

L'ajournement est écarté par la question préalable.

Les membres de l'extrémité réclament l'appel nominal.

Une seconde épreuve démontre qu'il n'y a pas eu de doute dans la délibération.

L'agitation recommence et se prolonge. Le tumulte règne dans l'extrémité. Le reste de l'assemblée est dans le calme et le silence.

Barrère veut relire sa rédaction.

Legendre, Drouet, Tureau, Goupilleau, Billaud-Varennes, Bazire s'agitent et parlent dans le tumulte.

Choudieu demande la parole contre le président, se précipite à la tribune au milieu des applaudissemens des mêmes membres.

L'assemblée consultée décide à une grande majorité que Choudieu ne sera pas entendu.

L'agitation est au comble dans la même partie.

Plusieurs voix. C'est un despotisme affreux!

Le tumulte se prolonge pendant quelques minutes.

Delbret. Il y a ici une tactique pour empêcher que l'assemblée délibère. Je demande qu'elle ne se sépare pas sans avoir pris une délibération.

Cette proposition est adoptée.

Montaut. A condition que Roland, avant le décret, quittera le ministère.

Lacase. Je demande qu'on envoie à l'Abbaye le premier membre qui troublera la délibération. (On applaudit.)

Cette proposition est décrétée. — Il se fait un moment de silence.

Barrère recommence la lecture de son projet de décret.

Billaud-Varennes. La souveraineté du peuple et le réglement.

Nouveau désordre. On crie de toutes parts : *A l'Abbaye!* Les membres du même côté se lèvent en criant : *Tous! tous!* L'autre partie reste calme.

Vergniaud. Il est impossible que la majorité de l'assemblée reste plus long-temps sous la tyrannie d'une minorité séditieuse; il faut qu'elle déploie toute son énergie. La souveraineté du peuple... (Rumeurs du même côté.) Président, donnez-moi la parole; il faut enfin que l'assemblée se délivre de cette tyrannie.

Le président. J'ai rappelé trois fois Calon à l'ordre, trois fois il a résisté. J'ai rappelé trois fois Bourdon à l'ordre, trois fois il a résisté. Il faut que l'assemblée donne à son président d'autres moyens de faire respecter la volonté de la majorité.

Barrère. Il ne peut exister une Convention nationale, si, lorsque la majorité s'est prononcée, ses décrets ne sont pas exécutés. (Nouvelles rumeurs; nouveaux cris : *A bas Barrère!*)

Calon. La minorité est disposée à mourir là. (Applaudissemens.)

Julien. Je demande que Barrère soit rappelé à l'ordre.

L'extrémité s'agite et crie dans le tumulte.

Les trois quarts de l'assemblée continuent à rester dans le calme.

Le président se couvre; le silence se rétablit.

Le président. Deux fois l'assemblée a pris une délibération; la première a été suivie d'un décret contre l'ajournement; la seconde, d'une décision que l'assemblée ne se séparerait pas sans avoir décrété.... (Nouvelles clameurs. — Le président se recouvre.)

Le président. On va vous lire le procès-verbal.

Plusieurs membres. La souveraineté du peuple est compromise.

Vergniaud. C'est vous qui la violez sans cesse.

Duhem. La majorité ne peut chasser un député du peuple.

Julien. Je demande la parole.

Le président. Vous l'aurez, mais quand j'aurai fini.

Duhem. Oui, quand vous nous aurez tous chassés. Je dénonce ce côté-là. Ils veulent renvoyer le jugement du ci-devant roi aux assemblées primaires. (Les tribunes applaudissent.)

L'extrémité se remet en tumulte.

Duhem. Je demande qu'on délibère sur le sort de Louis sans désemparer. (Applaudissemens des tribunes.)

Barrère. Je viens d'entendre la cause du trouble. Il vient de ce qu'il y a une question de droit public attachée à cette motion; question qui n'a besoin que d'être discutée en peu de mots. Cette question est qu'un des membres de la branche de Bourbon Capet se trouve représentant du peuple... (*Plusieurs voix :* C'est cela.) Je suis en possession de dire ma pensée : je vais la dire tout entière. Voici mon opinion : Vous faites non pas un ostracisme, non pas un acte constitutionnel, mais une loi de sûreté générale. Parmi les membres de cette famille, vous trouvez un homme revêtu d'un pouvoir national. Faut-il des amendemens, des explications? Voici encore mon opinion : Le roi aussi avait un caractère de représentant héréditaire. (On murmure.) Le peuple a abattu la tyrannie, il a renversé le représentant héréditaire, il a bien fait, car il a fondé la liberté. Une constitution vicieuse et incohérente, une constitution qui ne pouvait faire que le malheur de la nation, avait élevé le ci-devant roi, malgré une minorité toujours opposée à l'esprit infernal de la révision, (On applaudit.) mais qui respectait la majorité, parce qu'elle connaissait le caractère de la représentation nationale. La nation l'a dépouillée de ses pouvoirs. C'est ici le cas d'exercer une mesure révolutionnaire. Mais dire qu'on pourra de la même manière rejeter un autre individu revêtu de la même représentation, c'est ce que je nie. Distinguez donc les représentans du peuple qui sont dans la loi commune d'avec ceux qui sont hors la loi commune. (On murmure.) Après avoir énoncé mon opinion, c'est moi qui insiste pour que cette question soit discutée.

Choudieu. Nous avons le droit de nous étonner de ce qu'on veut mettre tant de précipitation dans une discussion qui mérite une attention si réfléchie; et nous nous étonnons encore de ce que, lorsque nous nous sommes présentés à la tribune pour faire entendre nos réclamations, on n'a pas voulu nous écouter. (On murmure; on applaudit.) On avait préparé toute cette manœuvre; on voulait nous présenter, nous, comme des factieux attachés au parti d'Orléans. (Mêmes applaudissemens.) C'est une erreur qu'il faut détruire avant tout, et peu nous importe ce qu'on pourra dire, nous aurons fait notre devoir. Nous parlons à la majorité éclairée qui nous entend. Nous avons dit que nous lutterions contre la majorité, lorsqu'elle ne voudra pas nous entendre, ou qu'elle violera les principes. Je soutiens avant tout, et voilà mon opinion, que l'assemblée n'a pas le droit de chasser de son sein un membre revêtu de la souveraineté nationale. Mais quand même ce principe devrait souffrir des exceptions, parce que le salut public est au-dessus de tout, je trouve toujours fort dangereux, fort indécent qu'on veuille le discuter, avec tant de rapidité, un jour que nous devons consacrer aux pétitions. Voilà pourquoi cette minorité s'élevait contre une majorité qui n'était pas éclairée, parce qu'elle n'écoutait pas. Voilà pourquoi nous voulions parler à cette majorité. Nous voulons une sûreté pour les représentans du peuple, et si vous en avez une fois exclu un, il n'y a plus rien qui nous réponde que vous n'en exclurez pas d'autres. Voilà la vérité que des rumeurs indécentes que des apostrophes scandaleuses, nous ont empêchés de faire entendre, car on est allé jusqu'à nous traiter de scélérats. Souvenez-vous que c'est la minorité de l'assemblée législative qui vous a amenés ici, que sans elle vous n'y seriez pas. C'est d'après ces considérations que nous avons demandé, aux termes du réglement (car nous étions toujours dans la loi), l'ajournement à deux jours. A présent qu'on nous écoute, nous demandons encore cet ajournement.

Choudieu descend de la tribune au milieu des applaudissemens de la plus grande partie de l'assemblée.

L'assemblée ajourne à deux jours la question relative à Philippe Égalité, indéfiniment celle qui regarde le ministère, et adopte le décret suivant :

« Tous les membres de la famille des Bourbons Capets qui se trouvent actuellement en France, excepté ceux qui sont détenus au Temple, et sur le sort desquels la Convention s'est réservé de prononcer, sortiront, dans trois jours, du département de Paris, et dans huit jours, du territoire de la République, ainsi que du territoire occupé par ses armées. ».

La séance est levée à six heures et demie.]

CLUB DES JACOBINS. — 16 *décembre. Présidence de Dubois-Crancé.*

On donne lecture du procès-verbal et de la correspondance... Marat entre; il est vivement applaudi. Les applaudissemens accompagnent l'*ami du peuple* jusqu'à sa place, et lorsqu'il est assis les applaudissemens recommencent.

A l'arrivée de Marat, un secrétaire lisait une adresse de la société de Chatellerault, dans laquelle on demandait aux Jacobins de chasser de leur sein Marat et Robespierre. Cette adresse excite les plus vifs murmures de la part de la société; un membre se rappelant qu'elle avait déjà condamné aux flammes un ouvrage de Kersaint, député demande à grands cris que l'on réduise en poudre la lettre incivique et audacieuse de la société de Chatellerault.

Cette motion, quoique vivement applaudie, n'a pas eu de suite, et la société passe à l'ordre du jour.

Un citoyen demande la permission de lire un petit discours, qui, dit-il, ne durera pas plus de cinq quarts d'heure, pour affermir le patriotisme des citoyens qui chancellent dans la route du civisme. La société n'a pas cru devoir entendre ce petit discours de cinq quarts d'heure.

Un invalide et un soldat, blessés en combattant le despotisme, réclament la bienfaisance de la société. La société arrête une collecte, qui doit leur être partagée.

Marat monte à la tribune. Les applaudissemens recommencent et ôtent pendant quelque temps à l'orateur la faculté de parler.

Marat. « La cause du peuple, de ce bon peuple que j'ai toujours défendu avec un courage héroïque (applaudissemens), m'appelle parmi vous pour exciter votre zèle et pour réveiller votre surveillance patriotique. (Applaudi.) Je ne parlerai point des sourdes machinations employées pour enlever le tyran au supplice qu'il mérite pour ses forfaits. (Applaudi.) Je ne vous rappellerai point les menées tyranniques d'un ministre assez audacieux pour violer le secret des lettres ; je ne vous parlerai point d'un ministre qui emploie les deniers du peuple à distribuer des libelles contre ceux qui, comme moi, défendent le peuple souverain. (Les tribunes applaudissent.) Je ne vous parlerai point de l'infâme Roland, qui a su se former un parti nombreux, pour enchaîner le peuple et la liberté ; mais je vais vous parler d'un danger plus imminent, je vais vous parler d'un affreux complot, qui tend à étouffer la liberté au sein de la Convention, et à fermer la bouche aux vrais amis du peuple. C'est ce qui m'est arrivé hier à la Convention : on a étouffé la voix de Marat. (Mouvement d'horreur et d'indignation.) Quelle cruelle injure pour le peuple ! car je suis l'homme du peuple, moi ! (Applaudissemens très-vifs.)

» Je suis resté seul hier sur la brèche, et cela est arrivé à l'ami du peuple par la perfidie du bureau de la Convention nationale, qui est toujours mal choisi, et qui est l'ennemi des défenseurs de la souveraineté du peuple. Je requiers les amis de ce peuple que l'on outrage en ma personne, de former une sainte coalition pour déjouer les perfides manœuvres et les noirs complots que les Brissotins trament contre moi. Pour y parvenir, il faut que la minorité fasse une sainte insurrection contre la majorité. (Applaudi.) Il faut que le président descende toujours au fauteuil de cette montagne sacrée où nous siégeons ; empêchons les Brissotins et les Rolandistes de nommer des présidens de leur faction, et ensuite il nous sera facile d'écraser les indignes et infâmes auteurs de ces machinations, qui attaquent ma personne, et qui nous mèneraient à la destruction du corps politique, si les Jacobins permettaient aux Brissotins de faire quelques pas de plus. » (Applaudissemens prolongés jusqu'à ce que Marat soit parvenu à sa place. Lorsqu'il est assis, les applaudissemens recommencent avec plus de force.)

C.... « Jacobins, vous êtes sans doute effrayés des divisions qui partagent la République. Des hommes qui se sont couverts du manteau du patriotisme sont les auteurs de la discussion qui nous afflige. Ces hommes ont revêtu leurs poignards d'un voile pour percer les patriotes avec plus de certitude. Ce sont les Feuillans qui sont la cause de tous nos maux ; ils ont voulu détruire les sociétés patriotiques ; mais ne pouvant y parvenir, ils sont entrés dans les clubs pour y semer la division. Les lettres que nous recevons sont une suite de ce complot. Leur projet est de former une garde prétorienne autour de la Convention nationale ; ils attaquent Marat et Robespierre, ces vrais amis du peuple, et ils veulent former une ligue pour attaquer les patriotes. Pour sauver la République, il faut éclairer les départemens, il faut former l'esprit public, car jamais la patrie ne fut autant en danger qu'elle l'est en ce moment. » (Applaudi.)

Camille Desmoulins, après avoir annoncé à la société qu'il a enfin pris la ferme résolution de cesser son journal, dit : « Citoyens, la Convention a eu aujourd'hui la séance la plus orageuse qui ait eu lieu depuis la révolution. La perfidie des Barnave, des Duport et des Dandré, était sottise toute pure auprès de la tactique des Brissotins. Vous allez voir le piége que nous a tendu Buzot ; il demanda aux nobles, aux prêtres et aux privilégiés de la Belgique, la faculté d'entrer dans les assemblées primaires. En vain je voulus rappeler l'assemblée aux principes ; je lui représentai en vain que c'était créer une classe considérable de mécontens, que c'était allumer en Belgique le flambeau de la guerre civile. Je proposai une mesure bien simple : c'était d'exiger le serment de la part des prêtres, des nobles et des privilégiés ; car s'ils eussent par sentiment de religion respecté leurs sermens, la Belgique eût trouvé en eux de nouveaux défenseurs. Si au contraire, violant leurs sermens, ils eussent trahi les intérêts du peuple, on les eût reconnus pour des traîtres, et ils eussent éprouvé le même sort que les prêtres français. Mais on n'a eu aucun égard à mes observations philosophiques ; on a rendu par le décret d'hier les prêtres de Belgique ennemis nécessaires de la liberté ; car dans le décret de Cambon, il y a de quoi bouleverser l'Europe. Thuriot a demandé la peine de mort contre quiconque démembrerait l'empire.

« Buzot est ensuite monté à la tribune pour faire une motion d'ordre ; il a tiré de sa poche un discours écrit, et il a bien fallu l'entendre. Sa motion était que, pour assurer la tranquillité publique, on exilât à perpétuité tous les membres de la famille des Bourbons. C'était, comme vous le voyez, demander le bannissement d'*Égalité*, qui a tant contribué à la révolution : demander le bannissement de cet ami sincère de la liberté, c'est demander qu'il soit assassiné à Coblentz. Voilà quel était le but des Brissotins ; ils se sont dit : les patriotes ne voudront pas abandonner Égalité, et nous ferons regarder la Montagne comme une faction. Nous étions très-embarrassés ; nous croyions très-impolitique d'exiler les fils d'Égalité, ainsi que leur frère d'armes Valence, qui se trouve le neveu de Sillery, et qui voudra les accompagner dans leur exil : c'est le moyen de désorganiser l'armée. Nous étions fort embarrassés ; d'ailleurs la motion impolitique de Merlin, au sujet de la royauté, rendait notre conduite difficile : c'était le comble de l'art de nous faire passer pour royalistes, en nous forçant de défendre Égalité.

» Louvet a appuyé la motion de Buzot. Ce n'est pas moi que vous allez entendre, a-t-il dit ; c'est Brutus lui-même lorsqu'il demanda le bannissement de Collatin, neveu de Tarquin. Vous jugez quelle joie pour les prisonniers du Temple d'apprendre que l'on veut exiler Égalité. Je voulais faire observer que la motion de Brutus était aussi la motion de Brutus Louvet, de Brutus Gautier et de Brutus Sulleau, qui n'ont cessé de déclamer contre Égalité ; mais il m'a été impossible d'obtenir la parole. Leur but a été de nous placer dans la triste alternative d'être injustes ou de nous montrer royalistes. Leur second projet est de se populariser en exagérant les principes du républicanisme. Leur troisième projet est de forcer Égalité à faire un appel au peuple ; et alors le peuple assemblé pourrait rappeler d'autres députés, qu'on aurait soin de lui désigner ; et peut-être ont-ils le projet de sauver Louis XVI, car les assemblées primaires une fois convoquées pourraient délibérer sur le jugement du roi, et il serait possible que par ce moyen les intrigans parvinssent à le sauver. Je suis d'autant plus certain de ce fait, que j'ai entendu Rebecqui dire qu'il y aurait sûrement un appel au peuple. Voilà le résultat de la séance de la Convention. J'invite la société à délibérer sur cette nouvelle manœuvre des Brissotins. » (Applaudi.)

Robespierre l'aîné. « Camille Desmoulins vous a entretenus de l'astuce des ennemis de la liberté ; mais je crois qu'il ne les a pas pénétrés dans toute leur profondeur. Il m'a été impossible de me trouver à la Convention aujourd'hui ; mais je déclare que si je m'y étais trouvé, j'aurais voté pour la motion de Louvet. Elle est conforme aux principes, et la conduite de Brutus est applicable à notre position actuelle. J'avoue que la maison d'Orléans a montré beaucoup de patriotisme. Je ne m'oppose aucunement à la reconnaissance que l'on doit à cette famille ; mais quels que soient les membres de la ci-devant famille royale, ils doivent être immolés à la vérité des principes. La nation peut-elle s'assurer que tous les membres de cette famille seront invariablement attachés aux principes? Je suis loin d'accuser ceux de ses membres qui semblent avoir été accusés ce matin par le parti aristocratique ; je ne les crois d'aucune faction, mais nous devons tenir aux principes. Or, tels sont les nuages répandus sur les caractères, que nous ne pouvons pas connaître le but direct de la maison d'Orléans. Les patriotes ont paru défendre le citoyen Égalité, parce qu'ils ont cru la cause des principes attachée à la cause d'Égalité. Et une chose bien certaine, c'est que les patriotes n'ont jamais eu de liaison avec la maison d'Orléans, et que ceux qui ont provoqué ce décret ont les plus grandes liaisons avec cette maison. Comment se fait-il que Pétion, qui est de la faction Brissotine, qui est évidemment l'ami d'Égalité, se soit déclaré contre lui? Voilà matière à réflexions. Comment se fait-il que Sillery, confident de la maison d'Orléans, n'abandonne pas la société de Brissot et de Pétion? Comment se fait-il que les patriotes, qui ont défendu d'Orléans, n'ont jamais eu aucune liaison avec la maison d'Orléans? Comment se fait-il que d'Orléans ait été nommé député à la Convention par ceux qui ont des liaisons avec Brissot? Comment se fait-il que Louvet ait cherché à accréditer le bruit que nous voulions élever d'Orléans à la royauté? Comment se fait il que Louvet, qui sait fort bien que dans l'assemblée électorale j'ai voté contre Égalité, ait répandu dans ses libelles que je veux donner la couronne à d'Orléans ?

» Voici les conséquences que je tire de tout cela : C'est que la motion faite ce matin n'a été qu'une comédie, comme beaucoup d'autres ; c'est que cette motion cache un piége où l'on voulait entraîner, les patriotes. Le but de cette faction est de se donner un air républicain; et, pour arriver à ce but, elle veut nous imputer tous les projets qu'elle médite elle-même. Le but de cette faction, c'est de jeter dans les esprits un peu crédules les alarmes que répandent quelques mots dont elle se sert. On a parlé de dictature (on a vu que cette calomnie ne faisait pas fortune ; en conséquence, on veut faire mouvoir un autre ressort : on veut nous appeler la faction orléaniste. Le but des Brissotins est d'anéantir le peuple en faisant alliance avec un tyran, quel qu'il soit. Cette observation peut répandre quelques lumières. Quant à moi, j'avais depuis long-temps le projet de demander l'exil d'Égalité et de tous les Bourbons, et cette demande n'est point inhumaine comme on vous l'a dit, car ils peuvent se réfugier à Londres, et la nation peut pourvoir d'une manière honorable à la subsistance de la famille exilée. Ils n'ont point démérité de la patrie ; leur exclusion n'est point une peine, mais une mesure de sûreté, et si les membres de cette famille aiment, non pas les Brissotins, mais les véritables principes, ils s'honoreront de cet exil, car il est toujours honorable de servir la cause de la liberté; car son exil ne durerait sûrement que pendant les dangers de la patrie, et elle serait rappelée lorsque la liberté aurait été raffermie.

» Actuellement voici les dangers de la motion de Louvet : Le but de cette motion est de chasser de la Convention les meilleurs patriotes ; car après avoir chassé Égalité, on voudra encore en chasser d'autres ; et lorsqu'ils auront empoisonné l'opinion publique, il leur sera facile de faire renvoyer les vrais patriotes et les vrais amis du peuple (Applaudi.), jusqu'à ce qu'ils restent seuls maîtres du champ de bataille. Déjà ils ont posé en principe que dès qu'une fois le nom d'un homme pouvait alarmer ses concitoyens, on pouvait le chasser par la voie de l'ostracisme. Bois-

Guyon a soutenu ces principes dans la *Chronique de Paris*. Louvet les a développés dans ses libelles contre moi ; mais, je le déclare, toutes ces raisons ne doivent point nous empêcher de voter pour les principes de Buzot ; je déclare que si les conséquences de ces principes pouvaient s'appliquer un jour contre les amis de la liberté, contre moi-même, je m'y soumettrais avec joie, et je consentirais volontiers à un exil pour le bien de ma patrie ; je vivrais heureux dans cet honorable exil, pourvu que je pusse y trouver un asile obscur contre les persécutions des Brissotins. (Applaudi.)

» J'invite donc mes collègues à voter pour le projet de décret présenté par Buzot ; je les invite en même temps à s'opposer aux conséquences que les Brissotins veulent en tirer contre les meilleurs amis du peuple. »

Un membre, qui avait la parole, veut se présenter à la tribune. Marat prend la parole. Le citoyen se plaint de la préférence que veut avoir Marat ; le président le rappelle à l'ordre ; en vain le citoyen se plaint du despotisme qu'il dit régner dans la société ; Marat parle au milieu des applaudissemens.

Marat. « Robespierre a paru élever des doutes sur les projets de la faction brissotine ; il a paru en même temps ne pas s'opposer à l'exil d'Égalité. Je suis loin d'approuver Robespierre : il faut qu'Égalité reste (Applaudissemens répétés, bravos de l'assemblée et des tribunes) ; car il est représentant du peuple. Aujourd'hui, la faction criminelle qui veut attaquer les droits du peuple dans Égalité, voudrait exiler tous les amis du peuple, et vous-même, Robespierre, vous seriez à la tête : qu'Égalité reste donc parmi nous, que les patriotes n'abandonnent pas le champ de bataille ; si nous l'abandonnons, la liberté est perdue sans retour. » (Applaudissemens.)

Réal. « J'ai assisté à toute la séance de ce matin ; j'ai entendu les deux motions, et j'ai vu dans les patriotes les plus maladroits des hommes. Je crois que les députés pouvaient y présenter quelques-uns des motifs que je vais vous offrir. Je ne crois pas que la sévérité des principes exige qu'Égalité soit exilé. Il n'existe aucune comparaison à faire entre le neveu de Tarquin, que fit exiler Brutus, et le citoyen Égalité, que veut faire exiler Buzot. Collatin avait un grand crédit dans Rome, des richesses immenses, de nombreux partisans. Rome était dans ce temps faible, chancelante : sa liberté était mal affermie.

» Ceci suffit pour faire voir qu'il n'existe aucune comparaison entre Égalité et Collatin, et entre la situation où se trouvait Rome après l'exil des Tarquins, et celle de la France après la conquête de la liberté. » Réal fait sentir la maladresse des patriotes dans la Convention ; ils ont tous regardé l'exil d'Égalité comme une mesure d'ostracisme, ce qui est fort maladroit. (Applaudissemens.)

Le citoyen qui avait été forcé de céder la parole à Marat monte à la tribune. Il débute par se plaindre du despotisme de la société, et surtout du président, qui l'a forcé de céder la parole à Marat. (Murmures violens.) Ce citoyen pense qu'il doit avoir les mêmes droits que Marat. (Murmures violens.) On lui crie de toutes parts : *Au fait ! au fait !* L'opinant s'obstine à vouloir prouver que Marat n'est pas plus que lui. Les plus violens murmures l'interrompent, et il est forcé de laisser Marat pour parler d'Égalité.

L'orateur, dont nous ne connaissons pas le nom, mais qui nous a paru être un lieutenant-colonel, fait le plus pompeux éloge des vertus et du patriotisme d'Égalité ; il retrace sa conduite pendant le cours de la révolution : il le représente comme en étant le premier héros. Ce portrait d'Égalité a été très-applaudi, surtout par les tribunes.

« Où veut-on, dit l'orateur, que se réfugie cet ardent défenseur de la liberté ? En horreur à tous les rois, il sera proscrit par eux, et ils lui refuseront un asile. Je dis plus, je dis qu'Égalité a un parti : tous ses amis vont se rallier à lui pour le défendre. » (Applaudissemens.) Quelques citoyens paraissant surpris de l'existence du parti d'Orléans, l'orateur finit en disant : « Je vous répète que ce parti existe, et qu'il n'abandonnera pas Égalité. » (Applaudissemens.)

Thuriot fait une motion d'ordre ; mais avant d'y arriver, il s'efforce de prouver que d'Orléans n'a point de parti. » Je pense, dit-il, que l'on veut remettre le tyran sur le trône; mais il n'y montera pas, car je suis disposé à lui brûler la cervelle. (Applaudissemens très-vifs. *Bravo!* s'écrie-t-on de toutes parts.) Je demande que, jusqu'à la mort du tyran, on s'occupe continuellement du genre de supplice qu'on lui infligera. » (Applaudissemens.) La société adopte la proposition de Thuriot.

Saint-André. « La scène d'aujourd'hui avait été préparée chez Roland, qui avait distribué tous les rôles : c'est pour cimenter son despotisme qu'il veut faire exiler Égalité. Si Roland était vertueux, il abandonnerait son parti; il quitterait une place où il n'a pas la confiance du peuple; il doit s'exiler lui-même, s'il aime la liberté. Au reste, soyons calmes, ayons la dignité qui nous convient. Le calme du peuple est le calme de la nature à l'approche de la tempête : elle sera funeste aux Brissotins et à tous les autres intrigans. » (Applaudissemens.)

Comme l'heure de lever la séance approchait, un grand nombre de membres sortaient confusément. Tallien les arrête par une apostrophe vigoureuse. Il expose une partie de l'intrigue qu'il soupçonne avoir donné lieu à la motion de Buzot, et engage les patriotes à se serrer plus étroitement pour sauver la liberté en péril.

La séance est levée à dix heures.

Aux éclaircissemens que nous présente la séance des Jacobins, il faut ajouter ceux que nous offre la presse.

« Il n'est point de rubriques, disait Marat le 15, que la clique rolandine, buzotine, guadetine, brissotine, etc., n'emploie pour tâcher de soustraire Louis Capet au supplice. Pour pressentir la Convention, le compère Guadet a engagé Merlin à proposer que quiconque proposerait de rétablir la royauté fût puni de mort, à moins que ce ne fût le peuple dans ses assemblées primaires. Cela n'ayant pas pris, le compère Ducos a proposé, dans son opinion, que Louis Capet fût jugé par le peuple dans ses assemblées primaires, presque toutes influencées par les émissaires de Roland, qui les égarent. Cela n'ayant pas pris, la clique criminelle a formé le projet d'engager Louis Capet à appeler de son jugement au peuple. C'est pour préparer cet appel, que Roland a fait distribuer ce matin aux députés ces deux questions imprimées sur papier superbe : *N'est-il pas incontestable que le peuple, comme souverain, a le droit de faire grâce à Louis Capet, supposé qu'il soit jugé digne de mort? — Comment le peuple pourrait-il exercer ce droit, si l'on exécutait le jugement sans l'avoir auparavant consulté?* (*Journal de la République*, n. LXXIV.)

» Oui, écrivait-il le 17, il existe dans le sein de la Convention une faction non moins nombreuse que criminelle, étrangère à la patrie, ennemie de toute égalité, de toute liberté, de toute justice; en proie à l'égoïsme, à la cupidité, à l'avarice, livrée à des desseins ambitieux, et recherchant jour et nuit les moyens de s'emparer de l'autorité suprême qu'elle partage déjà avec les traîtres qu'elle maintient à la tête de nos armées et le caffard qu'elle a porté au ministère de l'intérieur.

» Depuis quatre jours, Buzot, Guadet, Vergniaud, Gensonné, Kersaint, sont à machiner dans le boudoir de la femme Roland, avec un lieutenant-général de Dumourier. » (*Journal de la République*, n. LXXVI.)

« *Le Pot aux roses découvert* (20 décembre).

» Philippe d'Orléans, dit Égalité, était intimement lié avec Mirabeau et son ami Lamarc, chef de la bande qui voulait le faire roi de Brabant.

» Philippe est lié aujourd'hui avec la faction Roland, Pétion, Brissot, qui feint de vouloir l'expulser de la République, pour pouvoir calomnier le parti patriotique, en l'accusant de soutenir un Capet, d'en vouloir faire le maître de l'état, et de se donner elle-même un vernis républicain.

» Philippe fréquente la femme Boulogne, et il a assisté au mariage de sa fille avec Chauvelin : or, la Boulogne est sœur de ce Valekiers (1), l'ame de la cabale qui veut asservir le Brabant.

» Cette cabale a pour chefs le duc d'Ursel, le duc d'Aremberg,

(1) Walekiers venait d'être nommé maire de Bruxelles. (*Note des auteurs.*)

Wouek, etc., et elle est fortement soutenue par Dumourier et son état-major. Ainsi, ce sont les armées françaises envoyées pour rompre les fers des peuples, qui, sous nos dignes généraux, rétablissent le despotisme.

» Dumourier, l'ambitieux Dumourier le rétablira dans le Brabant pour son compte, si les Brabançons ont la lâcheté de le souffrir : nous voilà à la veille de voir nos armées détruites dans la Belgique, grace à la perfidie du conseil Roland, de sa clique, de Dumourier et de l'incurie de la Convention..... C'est la faute des dindons patriotes....., Pauvre peuple, dans quelles mains tu as remis tes destinées! » (*Journal de la République*, n. LXXIX.)

— « Notre impartialité, dit Gorsas, nous engage à citer un fait qui nous est personnel, et que nous aurions désiré pouvoir exprimer. Membre du corps électoral, nous avons examiné avec beaucoup d'attention tous les ressorts de l'intrigue; il est vrai qu'en apparence, au moins, la cabale maratiste et de Robespierre semblait écarter Louis-Philippe d'Orléans; mais, pour l'histoire, il ne faut pas oublier un fait que des milliers de placards attestent. Marat avait demandé 15,000 livres à Roland pour faire imprimer, disait-il, des ouvrages lumineux, et qui devaient éclairer la prochaine Convention. Le ministre ne daigna pas avoir égard à la demande du prétendu ami du peuple; il se borna à faire dire à Marat qu'il envoyât ses écrits lumineux, qu'il les soumettrait au conseil, et qu'on les ferait imprimer, s'il y avait lieu. On se doute bien que Marat voulut être cru sur parole... Ce soi-disant ami du peuple s'adressa à Louis-Philippe, et ne se contenta pas d'une simple lettre confidentielle ; il fit afficher dans tous les coins de Paris un placard dans lequel il se plaignait du refus qu'il avait éprouvé du ministre, et il demandait à d'Orléans de réparer cette injustice... Alors Marat faisait aussi afficher des listes indicatives de ceux qu'il voulait faire nommer ou proscrire. Nous ignorons si le citoyen d'Orléans a eu la faiblesse de donner ces 15,000 livres; au moins cela paraîtrait-il vraisemblable, d'après la protection que lui a constamment accordée Marat; et c'est sans doute l'une des choses qui a fait le plus de tort à notre collègue dans l'esprit d'une infinité de gens honnêtes qui avaient pour lui amitié et estime. —Quant au fait du nom *Égalité*, nous seuls pouvons et devons citer une anecdote qui nous est personnelle, et que notre franchise nous engage à rappeler. Chaque fois qu'à l'assemblée électorale on prononçait le nom d'Orléans, il s'élevait un murmure. Louis-Philippe en parut affecté, et il nous en parla; il nous dit qu'il avait l'intention d'écrire à la Commune, pour qu'elle lui donnât un nom : « Car il faut bien que j'en aie un, continua-t-il, et celui d'Orléans, qui me déplaît parce qu'il tient à la féodalité, ne me convient en aucune manière. » Nous lui conseillâmes de s'adresser à Manuel, et voici en propres termes ce que nous lui dîmes : « Il sera piquant de vous trouver baptisé par un homme qui en débaptise tant d'autres, et qui voudrait chasser tous les saints du Paradis. » Comme il ignorait l'adresse de Manuel, nous l'écrivîmes de notre propre main sur la lettre qu'il lui adressa, et nous en joignîmes une autre pour inviter Manuel à tenir sur *ses fonts cet enfant perdu* (ce sont nos propres termes). Nous devons ajouter, par suite de notre franchise, que nous avons donné notre voix à Louis-Philippe Égalité, et que nous avons invité plusieurs électeurs à lui donner leurs suffrages. » (*Courrier des départemens*, n. XIX. — 19 décembre.)

De son côté le duc d'Orléans avait fait distribuer à l'avance une lettre que nous trouvons consignée dans le numéro du 9 du journal de Gorsas.

L. P. J. Égalité, ci-devant Orléans, à ses concitoyens.

« Plusieurs journaux affectent de publier que j'ai des desseins ambitieux et contraires à la liberté de mon pays; que dans le cas où Louis XVI ne serait plus, *je suis placé derrière le rideau pour mettre mon fils ou moi à la tête du gouvernement*. Je ne prendrais pas la peine de me défendre de pareilles imputations, si elles ne tendaient pas à jeter la division et la discorde, à faire naître des partis et à empêcher que le système d'égalité, qui doit faire le bonheur des Français et la base de la République, ne s'établisse.

— Voici donc ma profession de foi à cet égard ; elle est la même que dans l'année 1791, dans les derniers temps de l'assemblée constituante. Voici ce que je prononçai à la tribune : « Je ne crois » pas, messieurs, que nos comités entendent priver aucun pa- » rent du roi de la faculté d'opter entre la qualité de citoyen fran- » çais et l'expectative, soit prochaine, soit éloignée du trône. Je » conclus donc à ce que vous rejetiez purement et simplement » l'article de vos comités ; mais, dans le cas où vous l'adopteriez, » je déclare que je déposerai sur le bureau ma renonciation for- » melle aux droits de membre de la dynastie régnante, pour m'en » tenir à ceux de citoyen français. — Mes enfans sont prêts à » signer de leur sang qu'ils sont dans les mêmes sentimens que » moi. »

Le duc d'Orléans ne se borna pas sans doute à ces préliminaires. Nous ignorons quelles démarches il fit pour éloigner le danger qui le menaçait ; mais plusieurs brochures, rédigées en sa faveur, furent distribuées aux portes de l'assemblée nationale et criées dans les rues. Un des fameux faiseurs de placards, rédacteur habituel du *Patriote français*, Charles Villette, adressa, sur ce sujet, une épître à ses collègues ; il demandait en quel lieu d'Orléans pourrait reposer sa tête, s'il était banni de France ; il invoquait l'humanité de la Convention ; il disait que le décret proposé équivalait à un arrêt de mort contre Louis-Philippe, etc. (*Courrier*, n. XVIII.)

Les actes dont il s'agit furent d'ailleurs mal reçus par le public. Il y eut quelques attroupemens dans Paris, les sections s'assemblèrent : nous verrons plus bas quel fut le résultat de leurs délibérations. Les habitans de Petit-Bourg s'armèrent, disent les journaux, pour empêcher le départ de la duchesse de Bourbon ; ils démontèrent sa voiture. Les habitans d'Anet retinrent le duc de Penthièvre, car ils ne comprenaient pas, à ce qu'il paraît, plus que le peuple de Paris, l'utilité du bannissement qui venait d'être prononcé et qui ne frappait que quelques individus inoffensifs. Nous citerons bientôt un article des *Révolutions de Paris*, qui nous fera connaître l'opinion des révolutionnaires mo dérés sur ces événemens. En ce moment nous allons rentrer dans la continuité parlementaire.

A la séance du 17, la Convention autorisa, sur leur demande, Tronchet et Malesherbes à s'adjoindre Desèze. Ce fut, à ce qu'il paraît, après s'être entendus avec Louis XVI, que les deux premiers conseils firent cette démarche, car ils avaient déjà été visiter le royal prisonnier et avaient eu avec lui une conversation secrète. Ils demandaient en même temps une prorogation; mais sous ce rapport la Convention ne leur fit point de réponse. Ensuite les commissaires donnèrent lecture du procès-verbal dressé au Temple lors de la communication des pièces à charge. Ainsi, du côté du procès, tout était selon la règle établie par l'assemblée. Quant à la situation de la famille royale, voici ce que nous trouvons, sous la date du 17, dans un journal qui rapporte ces choses comme extraites d'une séance de la Commune.

« Le prisonnier du Temple a déjà communiqué avec ses conseils. Le premier entretien a été court; il n'y avait encore aucune pièce de remise. Il faut que Louis eût eu connaissance du décret qui lui permettait de voir librement ses conseils, puisqu'il a fermé sur eux la porte avec précipitation. Il insiste sur la réclamation de communiquer avec sa famille; son fils a dû lui être rendu, et il couchera comme auparavant dans sa chambre.

» Un jeune homme ayant dit, dans un des couloirs de la Convention, que, si Louis lui demandait du poison, il ne ferait pas de difficulté de lui en donner, ce fait a été dénoncé à la Commune et a servi de motif à un membre pour insister sur ce que les conseils fussent fouillés jusque dans les endroits les plus secrets.

» La garde du Temple devenant de jour en jour plus fatigante, un membre s'est proposé lui-même pour servir de garde au prisonnier jusqu'à ce qu'il eût la tête tranchée; le maire (c'était Chambon, ainsi que nous le verrons), le maire l'a interrompu avec vivacité en le rappelant à l'ordre.

» Marie-Antoinette, sa fille et sa sœur, ont demandé des robes d'hiver dont elles manquent, et qu'on continuât de leur faire parvenir le *Journal des Débats.* » (*Journal de Perlet*, n. LXXXVII.)

Cependant, quant au séjour du jeune Louis dans la chambre de son père, *le Moniteur* dit que Louis XVI refusa de le recevoir, parce qu'il était obligé de donner tout son temps aux soins de sa défense et de travailler avec ses conseils sans être distrait. (*Moniteur*, n. CCCLIV.)

CONVENTION NATIONALE. — SÉANCE DU 19 DÉCEMBRE.

[*Le président.* L'ordre du jour appelle la discussion sur Philippe Égalité.

Léonard-Bourdon. Je demande que l'on traite simplement la question de savoir si vous rapporterez le décret de dimanche ; car dans le cas où vous vous décideriez pour le rapport, il deviendrait inutile de discuter la question relative à Philippe Égalité.

Buzot. Je crois que dans une question aussi délicate, il faut mettre de la bonne foi de part et d'autre. Nous cherchons à nous éclairer. Ce ne sont pas les passions qui doivent lutter ici, mais l'amour du bien public. On devrait regarder comme des jours malheureux ceux où l'on rapporte des décrets. Mais quoiqu'on ait employé huit heures à discuter celui que j'ai proposé dimanche, si l'on me prouve que j'ai eu tort, j'en demanderai aussi le rapport. Il faut donc que la discussion se rengage de nouveau. On peut traiter simultanément les deux objets. Il y a encore la proposition de Rewbel qu'on peut admettre ; car, peu m'importe à quelle époque le décret soit rendu, pourvu qu'après le jugement de Louis XVI, je ne voie pas derrière le rideau celui qui doit lui succéder.

La priorité est accordée à la proposition de Buzot.

Fayau. Je n'examinerai point quelles sont les intentions de ceux qui vous ont proposé de bannir à jamais du territoire de la République toute la famille des Bourbons.

Je me contenterai de faire observer à l'assemblée, que ceux de ses membres qui, sur des propositions tendant évidemment au bien public, avaient assez de prudence pour réclamer des ajournemens, parce que, disaient-ils, l'enthousiasme est dangereux, ont mis en quelque sorte de l'acharnement pour contraindre la Convention a décréter de prime abord une question si profonde et si délicate, que ceux-là même qui avaient adopté leurs opinions se rétractèrent aussitôt qu'ils connurent la vérité.

La première question consiste à savoir si la Convention peut retirer à un de ses membres les pouvoirs qu'il tient du souverain.

La seconde consiste à savoir si un individu, par cela même qu'il est d'une famille de tyran et de traîtres, doit être banni d'une société qui a juré l'égalité et l'abolition des despotes.

Philippe Égalité est, du choix libre du peuple, son représentant à la Convention nationale. Les pouvoirs dont il est revêtu sont en tout semblables aux vôtres; quand il les reçut, ses commettans, la nation, ne vit en lui, comme en chacun de vous, qu'un homme, qu'un citoyen, qu'un Français; et quand la nation aurait vu dans Philippe Égalité un descendant des Bourbons, si elle l'eût jugé digne de sa confiance, si elle l'eût voulu pour son représentant, quelle autorité aurait pu s'opposer à l'exercice de ses droits? De qui la nation aurait-elle reçu des ordres?

Vous l'avez dit, citoyens, et j'invoque ici vos sermens, la souveraineté réside essentiellement dans le peuple. Eh bien, c'est le peuple, c'est le souverain qui a placé Philippe Égalité au poste qu'il occupe. Le souverain seul a droit de le rappeler; autrement, si la majorité de la Convention veut voir comme dangereux au bonheur de la patrie trois cents de ses membres, elle pourra donc successivement les éloigner? Je ne crois pas, citoyens, qu'il y ait ici quelqu'un qui ose soutenir que vous avez le droit de dire à un envoyé du souverain : Nous ne voulons pas de toi..... Si vous croyiez avoir ce droit, je gémirais sur le sort de ma patrie; je verrais en vous des usurpateurs de la souveraineté; j'y verrais des despotes; et avez-vous oublié que le peuple a juré de les exterminer tous? (Applaudissemens des tribunes.)

Je dis que non, et si Philippe Égalité était assez lâche pour oublier le serment qu'il a fait de mourir ici en défendant les droits de ceux qui l'ont envoyé, je voterais alors pour que Philippe Égalité fût à jamais banni du sein d'une société qu'il aurait trahie. (Mêmes applaudissemens.) Je le répète, il existe au-dessus de vous une puissance qui ne se vend ni ne se prête, c'est la souveraineté du peuple. (Les applaudissemens continuent.) C'est lui seul qui peut rappeler ses mandataires, ainsi donc Philippe Égalité, mandataire du peuple, ne peut être méconnu par vous.

Maintenant Philippe Égalité, considéré comme descendant des Bourbons, doit-il être chassé du territoire de la République?

Depuis l'origine de la liberté en France, il s'en est montré l'ami et le défenseur; il n'est pas de sacrifices qu'il n'ait faits pour elle; eh bien, des hommes prévenus ont aussitôt pensé que chaque acte de bienfaisance de Philippe Égalité était un degré qu'il montait pour arriver au trône. Citoyens, s'il fallait juger les hommes sur des préventions, je prononcerais, moi, contre ceux qui se préviennent si facilement.

Quels crimes impute-t-on à Philippe Égalité? Sa naissance. O nature! ô philosophie! quel outrage on vous fait! Quoi! les crimes seraient héréditaires! et vous avez dit que les vertus ne l'étaient pas!... (Applaudissemens d'une partie de l'assemblée et des tribunes.)

Ma patrie! c'est toi qu'on invoque; c'est toi qu'on prétend sauver par un acte indigne! On veut que ta liberté dépende de l'absence d'un individu! Répondez, Français, seriez-vous assez faibles pour craindre l'influence d'un homme? Les colonnes de la République pourraient-elles donc être renversées par les mains d'un enfant?

On a cru, en vous citant l'exemple des Romains, entraîner votre décision; mais, citoyens, voyez ce qu'était la république romaine, lorsque les Tarquins en furent chassés, et voyez ce qu'est la république française au jour où l'on vous propose de chasser les Bourbons.

A Rome il suffisait alors d'avoir assez d'or, de crédit ou de talens pour se gagner trente mille individus; et la liberté cessait d'être.

Ici, il faudrait séduire treize millions de Français: et ceux-là qui ont proposé le bannissement des Bourbons savent bien que la chose est impossible: Les Français seront toujours républicains; ils ont juré le maintien de leur souveraineté, et la mort plutôt que l'esclavage... (Applaudissemens.)

Citoyens, après vous avoir parlé des intérêts généraux, je dois vous mettre sous les yeux la position terrible dans laquelle vous jetez un citoyen, qui n'est accusé que d'être trop ami de la liberté de son pays.

Lorsqu'il était encore incertain si la révolution opérée en 1789 produirait des résultats tels que ceux dont vous jouissez, Philippe Égalité se montrait révolutionnaire.

Lorsque tous les puissans de la France se rangeaient en bataillons sur vos frontières, et menaçaient votre liberté naissante, Philippe Égalité était ici, et ses enfans défendaient les droits du peuple, le mousquet sur l'épaule. (Applaudissemens vifs et répétés des tribunes. — Je demande, s'écrie Bazire, qu'on ne s'occupe pas des personnes, mais des principes. — L'assemblée applaudit.) Je ne puis m'empêcher de vous rappeler que lorsque presque tous les gouvernemens, devenus vos ennemis, se coalisaient pour vous asservir, Philippe Égalité partageait vos destinées; comme vous, il attendait la mort en homme libre.

Citoyens, et quand Philippe Égalité met en avant des actes de civisme, qu'aucun de vous, peut-être, ne saurait produire, vous le condamnez au plus cruel des supplices, à n'être plus Français !

Vous voulez donc qu'il regrette de n'avoir pas connu le crime?... Citoyens, je le répète, voyez sa position.

Ennemi de tous les rois, qu'avec vous il a osé combattre, Philippe Égalité ne sait où reposer sa tête. S'il eût émigré, s'il se fût ouvertement déclaré votre ennemi, sa punition serait moins cruelle. Il n'est donc plus de différence entre le crime et la vertu !...

Je me résume. Comme représentant du peuple, Philippe Égalité ne peut être banni par la Convention nationale; je l'ai prouvé. Comme descendant des Bourbons, il ne peut l'être, sans qu'au préalable vous lui fassiez son procès. C'est dans ce cas seulement, et après être bien convaincu que lui et les autres

Bourbons sont coupables, que je voterai pour l'exil. Il faut être juste. (Applaudissemens de quelques membres.) D'ailleurs, je le déclare, je me défie et de la proposition, et de ceux qui l'ont faite.....

Dimanche, ici, des membres de l'assemblée invoquèrent la souveraineté du peuple et la représentation de Philippe Égalité. Quelqu'un osa dire que Louis XVI était aussi représentant du peuple : et qui lui donna cette qualité, si ce n'est vous, réviseurs de la Constitution? Louis XVI a-t-il obtenu d'autres suffrages de ses concitoyens, que ceux que vous lui prodiguâtes?..... Ce sont vos expressions qui m'ont rendu défiant ; je crains que vous ne frayiez un chemin aux Bourbons coupables..... et d'ailleurs, citoyens, quel est celui de vous qui voudrait condamner aux mêmes tourmens le traître d'Artois et Philippe Égalité?

Citoyens, je ne suis point ici le panégyriste des Bourbons, ni l'intime de Philippe Égalité; je ne connais ce dernier qu'autant qu'il faut le connaître pour être son assassin, s'il cessait d'être le même. Oui, Philippe Égalité, je te jure que ce n'est ni toi, ni les tiens que je défends, c'est la justice. Songe bien que si tu étais assez audacieux pour vouloir un jour t'élever au-dessus du reste des Français....... Songe, te dis-je, que la faux de l'égalité est là.....

Ces motifs, ceux que vous avez tous sentis, et que je n'ai pas exprimés, suffiront sans doute pour vous déterminer à adopter la proposition suivante.

Je demande que la Convention rapporte le décret que l'enthousiasme lui arracha dimanche, et qu'elle passe à l'ordre du jour sur le surplus du projet présenté par Barrère.

On fait lecture de la lettre suivante :

Nicolas Chambon, maire de Paris, au président de la Convention nationale. « J'ai l'honneur de vous annoncer que les commissaires des quarante-huit sections que j'ai celui d'accompagner, attendent les ordres de la Convention pour lui présenter une adresse relative au rapport du décret rendu dimanche. (Quelques applaudissemens des tribunes.)

De toutes parts l'ordre du jour est réclamé.

L'assemblée passe à l'ordre du jour.

Le ministre des affaires étrangères demande la parole.

Bazire. Comme membre du comité de surveillance. (*Le président* : Bazire, tu n'as pas la parole... Plusieurs membres se soulèvent contre le président.) M'étant aperçu..... (*Le président :* C'est le ministre qui a la parole..... Je te rappelle à l'ordre. — Nouveaux murmures.) Consultez l'assemblée pour savoir si je serai entendu.

L'assemblée accorde la parole à Bazire.

Bazire. Comme membre du comité de sûreté générale, m'étant aperçu qu'il y avait dans les couloirs un plus grand nombre de citoyens qu'à l'ordinaire, je m'y suis rendu ; ils m'ont annoncé qu'ils venaient présenter une pétition pour obtenir le rapport du décret concernant la famille des Bourbons. Je leur ai répondu que cette démarche était inutile, qu'il y avait des orateurs inscrits pour et contre, que l'assemblée ne connaissait d'autre ascendant à cette tribune que celui de la raison. (On applaudit.) Nous le croyons bien, m'ont-ils dit ; cette démarche nous a été suggérée par des hommes qui nous sont suspects ; c'est Chambon surtout qui tient à ce que nous soyons admis ; et vous savez avec qui Chambon a des relations. (Applaudissemens et murmures.)

Robespierre. Je demande la parole pour dénoncer un complot contre la tranquillité publique. Citoyens, l'intérêt pressant du salut public m'oblige à vous parler avec franchise. Il vous importe d'entendre avec attention et sans prévention ce que je vais dire. Ceux qui ne voient dans la délibération qui nous occupe qu'une question de principes n'en voient pas le véritable point. Toute la question est dans les circonstances et dans les conséquences qu'on veut en faire naître. Cette motion n'a été proposée que pour amener un événement, et si vous voulez m'entendre, je vais vous faire toucher au doigt la vérité de mon assertion (*Plusieurs voix :* Parlez, parlez donc.) Les principes ici sont clairs ; ce n'est pas là ce qui peut jeter le trouble au milieu de nous ; les personnes nous sont à tous indifférentes ; la délibération dangereuse et délicate dans laquelle on nous a jetés n'aurait pas eu lieu, sans des passions particulières dont nous connaissons les motifs. Nous avions poussé la crainte des rois jusqu'à nous opposer à l'élection d'un représentant du peuple que les principes nous forcent aujourd'hui de défendre. On a prévu qu'une délibération qui atteignait des officiers de l'armée, qui touchait la représentation nationale, pourrait occasioner les troubles qu'on cherchait. Qui est-ce qui a déjà fait la motion de faire réviser toutes les élections, c'est-à-dire d'énerver la souveraineté nationale? qui sont ceux qui ont dit que Paris est un foyer de troubles ; que la Convention n'y est pas en sûreté; que la constitution n'y peut être faite? qui ont répandu tant de calomnies contre les différens membres de cette assemblée? Ce sont ceux qui ont amené la délibération dangereuse qui nous occupe; rien de plus conséquent, en effet, avec leurs démarches précédentes que le trouble qui peut résulter de cette délibération.

D'un autre côté, qui sont ceux qui ont intérêt que la tranquillité règne ? Ce sont ces mêmes hommes qui veulent repousser la calomnie et retenir la Convention au milieu du foyer le plus vaste des lumières; ceux qui seraient obligés de se poignarder de leurs propres mains, s'il arrivait un mouvement qui pût faire croire qu'ils sont les auteurs des maux de leur patrie. Il est certain qu'un mouvement semble menacer Paris, et pourtant nous n'avons cessé de prêcher la tranquillité publique. (Murmures de la plus grande partie de l'assemblée. — Applaudissemens de l'autre partie et des tribunes.) La calomnie et le soupçon planent encore sur cette assemblée, et au moment où je fais entendre la vérité... (Mêmes murmures et mêmes applaudissemens.) Eh bien, je vous déclare que les personnes qui veulent faire triompher la motion jetée dans cette assemblée sont les mêmes que celles qui provoquent les troubles.

Louvet. C'est ainsi que Robespierre parlait le premier septembre au conseil de la Commune.

Camille Desmoulins. Je demande à sauver la patrie.

Robespierre. Qu'on veuille bien m'entendre, ou qu'on m'égorge!

(Il s'élève un murmure général d'indignation dans l'assemblée.) Quels sont ceux qui provoquent des pétitions dans les sections de Paris, et se servent habilement du mécontentement qu'ils tâchent d'exciter pour compromettre la sûreté publique? Ce sont ces mêmes hommes qui ont fait prendre à des citoyens, qui ne connaissaient pas les conséquences de cette démarche, un arrêté pour demander par une pétition le rapport de votre décret. Cette pétition n'avait pour but que de faire croire qu'on voulait influencer les délibérations de la Convention, que Paris n'est pas digne de la posséder, et qu'il faut la transférer ailleurs.

Tallien. J'ai prié le maire de Paris de ne pas faire cette pétition. Il ne m'a répondu qu'en me disant qu'il voulait la présenter.

Tureau. Je demande que le maire soit mandé à la barre.

Billaud-Varennes. On répandait ce matin dans les sections qu'il fallait envoyer quarante mille hommes aux frontières, parce que nos armées avaient été défaites, et en même temps on a battu le rappel.

Robespierre. J'atteste ma patrie que j'ai dit une vérité utile au salut public. Je rends le cœur de tous les hommes de bien et amis de la liberté, je le rends dépositaire du mien. Je voudrais bien qu'un homme, connu par des haines personnelles contre moi.... (Murmures.)

Mazuyer. J'observe à Robespierre qu'il n'est pas question de lui quand il s'agit de l'intérêt public, et je demande la parole pour le dénoncer, les preuves à la main.

Robespierre. J'atteste la patrie que je lui ai dévoilé le véritable complot tramé contre la sûreté publique. Je demande qu'on fasse taire toutes les passions et qu'on examine cette question avec toute la maturité qu'elle exige.

Citoyens, s'il ne m'est pas possible de repousser les traits qu'on lance contre moi... (Les murmures continuent. — Robespierre descend de la tribune.

Pétion. Il est trop vrai, citoyens, que des passions continuelles gîtent cette assemblée; il n'est pas un bon citoyen qui n'ait à gémir de l'état pénible où elle se trouve ; il n'est aucun membre qui puisse monter à cette tribune sans être environné de soupçons qu'on ne se donne pas la peine de cacher. On fait perdre à la Convention sa dignité, et, par une fatale réaction, nous communiquons le désordre autour de nous. Certes, il est des questions qui piquent davantage la curiosité ; mais si elles étaient traitées avec le calme de la raison, le trouble n'aurait pas lieu au-dehors. Ceux qui se plaignent le plus de ce trouble déclament sans cesse contre leurs collègues ; il en résulte nécessairement que la voix de la raison ne peut se faire entendre ; que les lois de la Convention, si elles ne sont pas tout-à-fait méconnues, sont reçues avec cette indifférence qui en amène tôt ou tard le mépris ; il en résulte que l'opinion publique se déprave et que l'on met la Convention dans le cas de n'être plus utile à la nation. (On applaudit.) Dès qu'une proposition est faite dans cette assemblée, à l'instant on dit : C'est tel intérêt particulier qui fait mouvoir ses membres ; il semble qu'aucun de nous ne soit animé du bien public. On ne veut pas voir qu'on peut de très-bonne foi être divisés d'opinion. Par exemple : la grande question qui nous occupe peut être considérée sous des rapports différens, sans être influencés par aucune passion personnelle. Les uns peuvent la considérer sous le rapport de la justice, d'autres sous le rapport de la politique ; eh bien, si on traitait cette question avec le calme et la dignité qui conviennent, le peuple qui nous entend reporterait ce calme et cette dignité au-dehors. (On applaudit.) Mon opinion ne pouvait être suspecte. Je pensais, à la dernière séance, qu'un aussi grand objet ne pouvait être jeté incidemment dans l'assemblée ; que dans une grande question l'opinion doit être celle de l'assemblée entière, autrement il pourrait se faire que l'on détruisît la constitution quand elle sera faite ; car il suffirait que quelques membres, même sans mauvaise intention, se communiquassent leurs idées et saisissent l'instant de la minorité de l'assemblée, pour faire passer un décret désastreux. J'ai vu avec peine qu'on a cherché à supposer des opinions malfaisantes à ceux qui avaient demandé la parole pour ou contre ; c'est pourquoi je l'ai demandée relativement à un magistrat du peuple, qui ne pourrait plus être utile s'il n'était investi de la confiance. On a proposé qu'il fût mandé à la barre, et l'on semblait regarder cet appel comme une défaveur : quant à moi, je pense qu'il n'en est pas une. Je demande donc que le maire soit entendu; il n'est pas juste que le soupçon pèse sur sa tête, s'il est innocent; il n'est pas juste non plus qu'il obtienne la confiance, s'il ne la mérite pas. On annonçait qu'il se préparait du mouvement dans Paris; le magistrat vous dira s'il a pris des précautions nécessaires pour le prévenir ; s'il n'a pu les prendre, la Convention suppléera à son défaut pour empêcher l'agitation de prendre un caractère malfaisant. (On applaudit.)

L'assemblée appelle le maire de Paris à la barre, pour donner des éclaircissemens sur le fait dénoncé par Tallien.

Quelques objets de détails interrompent la discussion. Le président donne la parole au ministre des affaires étrangères.]

— Il y eut ici une interruption fort longue et qui semble avoir été introduite à dessein de rompre une enquête, que le parti qui formait le bureau craignait de voir approfondir. Le premier interrupteur fût le ministre des affaires étrangères, qui vint parler des relations de la France avec l'Angleterre; sujet grave, sujet fait pour saisir l'attention de l'assemblée. Mais ce rapport, en réalité, ne conclut à rien; c'est un article de gazette comme on en trouve mille. Ensuite vinrent des lettres des ministres de la marine, de la justice; un rapport sur les cours d'eau; un rapport sur quelques détails des mouvemens de la caisse de l'extraordinaire. L'affaire politique avait l'air d'être oubliée, lorsque Thuriot, saisissant un moment, interrompit à son tour tout ce bavardage administratif et reprit la question importante.

[*Thuriot.* Au terme du réglement, on doit lire au commencement de chaque séance le procès-verbal de la séance de la veille. Je ne sais par quelle fatalité on n'a pas encore lu celui de la séance de dimanche dernier. J'avoue que j'ai été d'abord séduit par la proposition de Buzot; mais, d'après les réflexions que j'ai faites depuis, j'ai reconnu que le décret rendu dimanche était un véritable arrêt de mort contre la famille de Philippe Égalité, et j'en demande le rapport. (On applaudit à plusieurs reprises dans une partie de la salle et dans toutes les tribunes.)

Lequinio. Je suis aussi étonné que Thuriot de ce qu'on n'ait pas lu aujourd'hui le procès-verbal, et je lui dispute la parole pour demander le rapport du décret.

Sillery. Avant que l'on reprenne l'ordre du jour, je demande que la Convention entende la lecture du procès-verbal, afin qu'il puisse être attaqué par ceux qui ne veulent pas que le procès-verbal soit flétri par une décision aussi précipitée et aussi immorale. (Une partie de la salle et les tribunes applaudissent.)

Henri Larivière. Je serai le premier à combattre avec toute l'énergie dont je suis capable, les atteintes qu'on pourrait porter à la moralité. Mais, je vous le demande, citoyens, est-ce par immoralité que vous avez cru que votre haine pour les tyrans devait s'étendre, non-seulement contre celui sur lequel va bientôt s'appesantir le glaive de la loi, mais contre ceux qui par leur crédit et leur puissance sont dans le cas de porter ombrage aux amis de la liberté? (Les murmures de toutes les tribunes, et d'une partie de la Convention interrompent l'orateur.) Je demande, président, que vous imposiez silence aux citoyens des tribunes qui se permettent ces huées, et qui feraient croire que nous délibérons sous les auspices des haches et des couteaux. Au reste, je prouverai à ceux qui m'ont envoyé que nulle puissance ne sera capable d'imposer silence à mon énergie.

Rewbel. Ceux qui vont dans certains quartiers de Paris exciter les citoyens à la révolte, ceux qui font mouvoir les groupes hors de la Convention, ne pensent pas sans doute qu'ils entraîneront la Convention à des démarches inspirées par la terreur. Il faut envisager la motion qui vous a été faite par Buzot, sous son véritable point de vue; cette question est assez importante pour être examinée et discutée. Je suis aussi d'avis du rapport du décret, moi; mais non pas du rapport pur et simple. Je demande que la motion de Buzot soit ajournée jusqu'après le jugement de Louis XVI, c'est le moyen de faire cesser les inquiétudes, et de ramener le calme et la paix. C'est ainsi que vous déjouerez les projets des factieux qui ne pourront plus, à l'aide des attroupemens, demander le rapport du décret. On a mal fait, à mon avis, de diviser le décret du bannissement de la famille royale, pour excepter un homme. Mais je demande le rapport du décret qui a été rendu, et l'ajournement du tout jusque après le jugement du roi.

Kersaint. Je ne parlerai pas de la proposition qui vient d'être faite de rapporter le décret le plus solennel que vous ayez rendu. (On murmure dans les tribunes et dans une partie de la salle.)

N... Nous quitterons Paris, si nous n'y sommes pas libres.

Rabaud. Je demande que le membre qui vient de parler soit rappelé à l'ordre.

Kersaint. Voulez-vous que l'Europe sache que nous ne sommes pas libres d'énoncer nos opinions? Je demande enfin que cette tyrannie cesse, que nous continuions nos travaux, et que nous mettions enfin un terme à ce scandale, et de l'ordre dans nos délibérations.

L'assemblée reprend la discussion sur l'affaire de Philippe-Égalité.

Lanjuinais. Étranger à tous les partis, isolé de toutes les sociétés, n'en connaissant d'autre que la Convention nationale, je vais vous présenter une opinion libre et pure de toute influence. La motion qu'il s'agit de discuter aujourd'hui a été, dit-on, inopinée; mais non, pas tant inopinée, puisqu'il y a quinze jours que la Convention a décrété qu'elle s'occuperait de la famille des Capet. J'envisage d'abord la question sous un point de vue général : une première observation, c'est qu'il ne s'agit point ici d'ostracisme, car l'ostracisme, par sa nature, est applicable à toute espèce d'individus. Ici, au contraire, on vous propose une mesure de sûreté générale, qui ne peut avoir lieu que dans la circonstance unique où un état monarchique se change en un état républicain, et qui ne peut se répéter. L'ostracisme est une loi commune à tous les citoyens, qui peut indistinctement frapper sur tous; celle-ci ne peut tomber que sur les citoyens royaux.

Ne cherchons donc pas si l'ostracisme sera une loi de la république française; il n'est pas question de cela, et c'est parce qu'il n'en est pas question, qu'il ne faut s'occuper que des individus royaux. La République est déclarée; nous voulons, nous, la conserver; nous rejetons également les rois, les royalistes, les aspirans à la royauté, en un mot tout ce qui tient au royalisme. Nous devons éloigner tous les individus que des prétentions héréditaires pourraient rendre dangereux : cette mesure est le complément essentiel du décret qui a changé la monarchie en république; il n'y a aucune raison de l'ajourner, car elle est le remède efficace d'un mal présent; elle éteint les défiances qui nous divisent; elle déjoue les factions au-dedans, elle étonne et altère nos ennemis au-dehors, elle dissipe la famine, elle écrase l'anarchie, elle anime de plus en plus le courage des peuples contre leurs tyrans.

Ne dites point : mais les individus de la race royale n'ont fait aucun mal; quelques-uns même ont servi la révolution. Ils n'ont fait aucun mal! ils ont par cela même une influence plus redoutable. Mais nous n'entendons pas les punir; nous ne voulons qu'assurer la tranquillité publique, et nous prémunir contre la superstition du royalisme, qui exerce depuis trois ans, parmi nous, ses ravages. Quelques-uns ont servi la cause de la révolution ! Je n'examinerai point si ce n'était pas plutôt la cause de leur ambition, de leur haine et de leur vengeance. J'écarte ces pensées; mais le danger est-il moins réel ? Mais Collatin n'avait-il pas aussi servi la cause de la liberté? On a dit : Ne comparez pas la France avec une petite république de quinze lieues. Comment ne s'est-on pas ressouvenu d'un grand fait qui a paru passer comme principe? Il est vrai que la République n'est pas dans Paris; quoique cette ville agisse souvent comme si elle était la République entière. Mais n'a-t-on pas posé en principe qu'une ville aurait le droit d'exercer l'initiative de l'insurrection? Je n'ai pas besoin d'examiner la question de droit; vous rejetez tous ce principe affreux. Non, aucune ville n'a le droit d'avoir une pareille initiative; mais Paris a, dans le fait, la faculté de l'exercer; et quelques indices, quelques mouvemens peuvent faire craindre qu'il ne soit tenté d'en user.

J'examine maintenant la question particulière à Philippe, dit Égalité. Où reposera-t-il sa tête? vous a-t-on dit. A l'orient, à l'occident; toute la terre lui est ouverte. Ce sont donc des individus bien difficiles à placer, ces individus royaux, si les quatre coins du monde ne leur suffisent pas! Je connaissais le bon esprit de quelques personnes qui approchent de Philippe Capet; je comptai sur une démission; il s'était même répandu qu'elle viendrait: on a adopté un autre système. Mais j'examine la question telle qu'elle a été présentée. L'individu de la race royale, nommé représentant du peuple, peut-il, sans violation des principes, être compris dans l'expulsion de cette même race? D'abord je demanderai pourquoi non? Quel est ici le principe? Il n'y en a point d'autre que le salut public. Ce qu'il exige, c'est tout ce qui est nécessaire, tout ce qui est possible. Il n'y en a point d'autre que la nécessité de conserver la tranquillité publique dans ces momens d'orage, et dans cette ville surtout qui est en possession de donner l'impulsion à la France, et qui prétend presque en avoir le droit. Le représentant peut se démettre sans consulter ni la section qui l'a nommé, ni l'assemblée dont il est membre: donc il est vrai qu'il n'y a rien d'essentiel à la représentation nationale dans la présence de tel ou tel individu; c'est la Convention nationale qui est essentielle à la République, mais non un individu de la Convention... (*Une voix s'élève dans l'extrémité:* Quel galimatias! — Lanjuinais reprend.) mais non un individu de la Convention, ni même celui qui m'interrompt: si l'individu représentant se démet, ou s'il est jugé coupable, il suffit que son suppléant soit admis pour que la représentation nationale ne perde rien de son intégrité.

Mais par quel mode ordonneriez-vous sa retraite? Par le même qui est adopté pour faire les lois; car à certains égards c'est une loi de l'état, mais une loi provisoire, que la retraite ordonnée d'un individu. Comme il n'est pas possible que la nation s'exprime aussi promptement que le danger peut être urgent; comme il est même impossible qu'elle s'entende sur une loi réglémentaire, telle que le retranchement d'un individu, c'est par sa représentation qu'elle exerce ce droit. Je me souviens que l'astucieux Mirabeau a le premier exagéré dans cette matière, qu'il a même égaré l'opinion ; il fut le premier qui soutint que l'assemblée nationale n'avait pas le droit d'exclure un des ses membres. Il pouvait avoir besoin de cette doctrine ; mais pour qui l'employait-il ? pour maintenir dans l'assemblée nationale un Faucigny, un Maury, les ennemis mortels de la liberté, les éternels perturbateurs de l'assemblée constituante. Voyez la belle conséquence de ce principe !

Il faut être très-réservé, j'en conviens, quand il s'agit d'exclure un représentant. Mais la doctrine de Mirabeau est fausse par cela même qu'elle est une doctrine absolue qui ne veut point souffrir d'exceptions ; les principes universels sont presque tous d'universelles faussetés. S'il est vrai que vous ayez le droit et le devoir de vous rassembler, vous avez donc le droit de retrancher un individu qui s'opposerait à votre rassemblement, et qui le troublerait sans cesse; s'il existait un homme qui ne fût assidu à vos séances que pour troubler toutes vos délibérations, si sa présence excitait des méfiances qui entravassent votre marche ; s'il était à la tête d'un parti qui aurait pour objet d'avilir votre autorité, alors, après quelques actes de sévérité correctionnelle, n'auriez-vous pas le droit de retrancher de votre sein cet individu ? et ne le devriez-vous pas sous peine de trahir vos devoirs ?

Si vous n'aviez pas ce droit, il dépendrait donc d'un individu de priver la nation de sa représentation ? Par un décret d'accusation, vous savez vous priver d'un de vos membres. Le seul motif de la sûreté d'une famille, ou même d'un individu, suffit pour rendre ce décret : et vous hésiteriez lorsqu'il s'agit du salut de la liberté, du salut de la République ! Non, vous n'écouterez pas ces insidieuses subtilités de Mirabeau, si scandaleusement panthéonisé par l'assemblée constituante ; vous conserverez le principe dans toute son étendue. Et il n'est pas à craindre que l'assemblée entière des représentans puisse en abuser : elle restera plutôt au-dessous de ses devoirs; peut-être a-t-elle déjà trop tardé. Mais ici la circonstance est sans comparaison, sans exemple et sans conséquence; ainsi il n'y a pas d'objection raisonnable à faire sur le retranchement de l'individu dont il s'agit.

Mais ressouvenez-vous de cette effroyable lutte d'une cinquantaine de membres contre toute l'assemblée. Rien d'extraordinaire n'était préparé pour ce jour. On vous l'a dit, la motion était préopinée; rien n'était préparé, ni dans l'assemblée, ni dans les tribunes; et les cris, les murmures, les trépignemens, les bravos, les huées de certaines tribunes, affligèrent tous les bons citoyens; et cependant les signaux ordinaires du tumulte furent donnés aux affidés, les injures même les plus grossières, les plus ordurières, furent vomies par les tribunes contre la majorité de l'assemblée : je l'ai vu de mes yeux, je l'ai entendu. Que s'est-il passé depuis ? les groupes, les attroupemens, ont commencé dès le lendemain; ils ont continué, et ils étaient dirigés ouvertement contre votre décret. (Quelques rumeurs s'élèvent dans une tribune.)

N.... Je demande que le procès-verbal de la séance soit imprimé, et qu'on y annonce les mouvemens des tribunes, afin que nos départemens voient comment on nous respecte à Paris.

Kersaint. Il n'y a que quelques particuliers, quelques mauvais citoyens, qui font du tumulte. La grande majorité des tribunes est dans des sentimens purs, et pleine de respect pour la Convention. (*Cela est vrai*, s'écrient plusieurs membres, *nous en sommes témoins.* — Les tribunes applaudissent.) Je demande que le président invite les tribunes, au nom de la Convention, à faire elles-mêmes la police; je suis persuadé qu'elles sentiront que le plus grand des malheurs qu'elles pourraient appeler sur la ville de Paris, serait d'en éloigner les représentans du peuple.

La proposition de Kersaint est adoptée.

Le président prononce le décret. — Le silence se rétablit.

Lanjuinais. On a essayé d'influencer cette assemblée de la manière la plus audacieuse; on a dit : « Écoutez-moi, ou me poignardez. » Je dis que ces discours sont les preuves certaines des grands efforts que l'on fait pour influencer vos délibérations.

Égorgez-moi ! provocation bannale ! on devrait se garder de la répéter trop souvent, de peur qu'on ne la traduise par celle-ci : *Égorgez tels et tels.* Rien ne serait plus propre à influencer des hommes qui, comme vous, n'auraient pas un courage à toute épreuve.

Considérez cette masse de faits, et voyez si les Tarquins sont des citoyens comme les autres ; voyez si les citoyens royaux, si les citoyens qui s'appellent *Égalité* sont égaux aux autres citoyens. Non. Ils ont un parti, comme on l'a dit avec autant de naïveté que de vérité, dans une société populaire. Ils ont des salariés, des affidés, des courtisans, des intrigans, des factieux, qui troublent la République ; il faut donc prendre à leur égard une grande mesure, un moyen efficace de sûreté générale ; il faut éloigner tous les individus royaux du territoire de la République, au moins ceux qui sont *légitimés*, les autres n'ayant aucune prétention au trône. Il faut prononcer contre eux la peine de mort, s'ils osent, *avant une loi qui les rappelle dans des temps plus paisibles,* y reparaître. Confirmez donc le décret mémorable que vous avez rendu. Avec le prompt jugement du roi, il n'y a pas d'autres moyens de ramener le calme et de sauver la République.

Billaud-Varennes. Je demande l'impression de ce discours.

Legendre. Et l'envoi aux quatre-vingt-quatre départemens.

Tallien. Et la traduction en français.

Taillefer. Je demande que ces propositions ironiques et inconvenantes ne soient pas mises aux voix.

Quelques membres insistent sur l'impression.

L'assemblée décide qu'il n'y a pas lieu à délibérer.

Pétion. Je demande le renvoi du tout après le jugement du roi. (On applaudit. — On demande à aller aux voix sur l'ajournement.) Je prie l'assemblée de me permettre un seul mot pour motiver mon opinion. Elle est fondée sur ce que beaucoup de membres ne pourraient peut-être pas opiner avec la liberté nécessaire, si l'on posait la question uniquement ainsi : *rapportera-t-on le décret ?* car tel membre qui ne serait pas d'avis, au fond, de ce qui a été décidé, pourrait ne pas vouloir le rapport, afin de ne pas imprimer sur l'assemblée un caractère de légèreté et de vacillation. Ensuite je dis qu'il est extrêmement possible que le jugement du ci-devant roi influe sur cette question. Quant à moi, je ne pourrai fixer mon opinion sur les considérations politiques qui y sont attachées, qu'après que le sort du chef des Capet aura été déterminé. Je demande donc l'ajournement. (On applaudit.)

Une grande partie de l'assemblée est levée, et demande, par des acclamations réitérées, à aller aux voix sur l'ajournement.

Kersaint. Permettez-moi un mot, car je ne suis pas éloigné de l'opinion de Pétion; je m'en rapproche d'autant plus volontiers, que je ne puis vous dissimuler que le décret de dimanche me paraît très-imparfait dans sa rédaction, et qu'un décret ne doit pas sortir de vos mains lorsqu'il a besoin d'interprétation et d'exception. Vous sentez que tous les Capet indistinctement, que les femmes et les enfans ne peuvent, sans injustice, être compris dans cette proscription. C'est d'après ces motifs que je demande que l'exécution du décret soit suspendue. (On applaudit.)

Buzot paraît à la tribune. — Il demande à proposer des amendemens.

L'assemblée ferme la discussion.

La suspension de l'exécution du décret et l'ajournement après le jugement de Louis Capet sont décrétés presque à l'unanimité.

Le maire de Paris est introduit à la barre. — Le président lui annonce qu'il est accusé par Tallien et Bazire d'avoir provoqué la pétition des sections.

Bazire et *Tallien.* Nous n'avons pas dit cela. (Il s'élève un murmure général. — Pétion rapporte les expressions dont s'est servi Bazire, et établit qu'elles équivalent à l'accusation énoncée par le président.)

Le maire répond qu'il était obligé, par les devoirs de sa place, d'être le porteur et l'organe passif de la pétition des sections; qu'au reste, la pétition n'a été provoquée par personne, tous les citoyens de Paris s'étant simultanément assemblés dans leurs sections respectives pour émettre leur vœu contre le décret.

L'assemblée, satisfaite des explications du maire de Paris, l'invite aux honneurs de la séance.

La séance est levée à six heures et demie.]

La relation du *Moniteur* est inexacte. Elle donne tort à l'opinion émise par Bazire, soutenue par Robespierre et Tallien, sur les provocateurs de la démarche des sections de Paris, et sur la part qu'y avait prise le maire nouvellement nommé, et qui n'était autre que Chambon, dont nous avons vu la candidature appuyée par le *Patriote français*. Voici ce que nous trouvons dans un journal girondin, le seul au reste qui nous fournisse moyen de faire cette rectification; car les autres journaux, que nous avons consultés, ou se taisent, ou expriment seulement leur opinion.

« La séance était levée, et les membres prêts à sortir, lorsque le maire paraît; un grand silence s'observe. Le président lui lit le décret et lui fait quelques questions. On s'oppose à cette forme qui semble un interrogatoire. Le maire de Paris est invité à rendre compte des faits; il les cite avec ingénuité, et propose de lire la pétition. — Non, non, s'écrie-t-on de toutes parts! Plusieurs voix se croisent. Gorsas monte à la tribune. « Il n'est pas possible, dit-il, que le maire de Paris s'explique catégoriquement si l'on ne lui rend pas compte des allégations dirigées contre lui. Je demande que le président les lui explique, et particulièrement celles de Tallien. » — Celui-ci paraît à la tribune.

» Le maire dit quelques mots. — Gorsas s'aperçoit que le fait n'est pas assez éclairci, et que les allégations de Tallien, indifférentes si elles avaient été isolées, demeurent graves en ce qu'elles venaient à l'appui de l'inculpation de Bazire et de Robespierre. — Pétion reparaît à la tribune et explique les faits. — Bazire veut récriminer et soutenir qu'on a mal entendu; il rappelle ce qu'il a dit, mais il omet la partie essentielle.

» Un cri général s'élève contre lui. Le maire enfin s'explique; il rapporte ce qui s'est passé. Il présidait le conseil général pendant que les sections délibéraient; il n'avait donc pas connu l'objet de la délibération. « Ce matin, dit-il, après avoir présidé la

» commune, me trouvant fatigué, je me suis retiré chez moi.
» Tout à coup j'ai été rappelé. De retour au conseil général, on
» m'a intimé la délibération prise par les sections. Le devoir de
» ma place et la loi exigeaient que j'accompagnasse leurs députés.
» Je me suis donc rendu à l'assemblée, et j'ai dû lui écrire et atten-
» dre ses ordres. » Il rend compte ensuite de son entrevue avec
Tallien, de ce que ce dernier lui a dit, des réponses pesées avec
sagesse qu'il lui a faites.—Les plus vifs applaudissemens retentis-
sent après cette explication. Les accusateurs sont confondus,
et le maire est admis aux honneurs de la séance par une acclamation générale. » (*Courrier des Départemens*, n. XXI.)

Voilà une narration qui n'est rien moins qu'impartiale, mais qui change néanmoins beaucoup la signification de celle donnée par le *Moniteur*. Il est curieux de remarquer que la fameuse adresse ne fut point rédigée par le conseil général formant la Commune, mais par une assemblée de commissaires des sections. Voici au reste comment elle l'approuva.

Commune de Paris.

« Le conseil général, après avoir entendu la rédaction de l'adresse pour le rapport du décret rendu le 16, relativement à la famille des Bourbons, se lève par un mouvement spontané avec les commissaires des quarante-huit sections, et se met en marche pour la porter à la Convention.

» *Adresse.* — Mandataires du souverain, nous avons aboli la royauté, mais ce n'est pas pour laisser les secrètes facultés de s'en disputer les débris. Nous avons anéanti les rois; mais nous ne l'avons fait que pour conserver les droits sacrés de l'homme.

» Vous avez adopté l'ostracisme, mais est-il sanctionné par le peuple? Vous voulez imiter les peuples de l'antiquité : à Athènes l'ostracisme était établi; mais Athènes n'était qu'une petite république. La France forme une république qui, pour être immense, n'en veut pas moins l'unité du gouvernement. A Athènes, le peuple gouvernait en quelque sorte par lui-même; en France, il gouverne par des représentans. Athènes, *petit*, craignait la prépondérance d'un individu ; on lui donnait, en l'exilant, plus de poids encore qu'il n'en avait. Athènes voulait par cette loi conserver la liberté et l'égalité : cette loi, admise en France, renverserait les droits de l'homme et détruirait l'égalité.

» Nous ne savions pas qu'il existât encore parmi nous des Bourbons autres que ceux qui sont au Temple ; votre décret vient de nous l'apprendre.

» Vous n'avez encore rien fait pour la Constitution, cette Constitution qui doit assurer parmi nous la liberté, l'égalité; et déjà vous paraissez préjuger la chute d'un édifice dont la première pierre n'est pas encore posée.

» Si vous avez décrété que le peuple, dans ses assemblées primaires, sanctionnerait la constitution qu'il nous a chargés de lui présenter, pourquoi donc ne prenez-vous des mesures provisoires qui, dans le principe, ne peuvent et ne doivent être que constitutionnelles ?

» Que va dire l'Europe? que va dire la postérité, quand, dans une seule séance, au milieu des orages amoncelés de toutes parts, vous portez un pareil décret?

» Craindriez-vous les restes d'une famille? Croyez-vous qu'ils n'aient plus à craindre, à présent que nous sommes plus forts, et de nos droits et de nos principes?

» Nous ne vous parlerons pas des dangers qui s'accumuleraient sur la tête des proscrits. Nous n'avons plus qu'un mot : L'ostracisme chez nous serait une peine ; toute peine suppose un délit ; législateurs, où est donc le délit ? Nous vous demandons le rapport du décret du 16 décembre. » (*Journal de Paris*, n. 356.)

— Nous terminerons cette notice sur la séance du 19, en donnant l'article suivant des *Révolutions de Paris*, n. CLXXX, journal qui s'était placé entre la *Gironde et la Montagne*, et prétendait représenter le patriotisme purement révolutionnaire.

« L'assemblée n'a pas tardé à reconnaître son erreur ; elle a suspendu son décret jusqu'après le jugement de Louis-le-Dernier, et elle a fait sagement : alors s'il y a quelque motif de crainte raisonnable, elle pourra laisser à cette mesure son plein effet ; et jusque-là la République sera trop tranquille pour donner lieu à une pareille proscription. Mais il est triste de voir une assemblée dans les mains de qui reposent les destinées de la France se mouvoir avec cette turbulente précipitation, n'avoir aucune assiette; tantôt courir au-delà du but, tantôt rester en arrière, obligée ainsi de revenir sur ses pas, d'avouer à tout l'univers le peu d'ordre de ses délibérations, l'incohérence de ses idées. Ce n'est pas avec ce peu de dignité que doivent marcher des législateurs; ces reculades affaiblissent le respect dont ils devraient être entourés, relâchent dans leurs mains le ressort de l'autorité, et les dépouillent insensiblement de la confiance publique qui fait toute leur force. On ne saurait trop répéter à nos représentans actuels cette maxime du sage : Hâtez-vous lentement.

» Nous n'avons point considéré leur décret dans ses rapports particuliers avec Philippe Égalité. On a dit avec raison que Collatin avait trouvé Lavinium pour asile, et qu'il eût pu même se retirer partout ailleurs, tandis qu'Égalité n'aurait pas un lieu où reposer sa tête, si ce n'est en passant les mers et en allant dans les États-Unis. Cette considération s'effacerait entièrement devant l'intérêt public, s'il exigeait son départ; mais elle reprend sa force puisqu'il n'y a ni nécessité ni urgence.

» Égalité est représentant du peuple. La Convention, qui a décrété il y a peu de jours que nul corps administratif et judiciaire n'avait le droit de rejeter de son sein un mandataire du peuple, devait sentir qu'elle se liait également les mains, en reconnaissant ce principe qui émane de la souveraineté de la nation. Ceux qui avaient proposé ce décret voulaient néanmoins passer outre; heureusement la Convention ne partagea pas leur seconde erreur : Philippe Égalité fut excepté du décret; et cette question, qui pourtant n'en est pas une, après beaucoup de débats et de tumulte, fut enfin ajournée et l'est encore.

» Comme il faut rendre à chacun ce qui lui est dû, nous avouerons que le peuple, tout en condamnant avec raison le décret de la Convention nationale, a eu autant de torts qu'elle. Sur une pétition de la section des Gardes-Françaises, les sections de

Paris se sont assemblées, ou plutôt convoquées, à la hâte, se sont réunies à la hâte dans l'hôtel commun, ont rédigé à la hâte une pétition, sont parties à la hâte avec le maire à leur tête, pour se rendre à l'assemblée. Pressés, entassés dans les couloirs, les pétitionnaires n'ont voulu entendre aucune invitation amicale de la part de divers députés qui leur représentaient que ce n'était point là un jour destiné aux pétitions. Il fallut un refus formel de la part de la Convention, et encore continuèrent-ils à insister quelque temps par l'organe du maire. Tout cela est montrer aussi trop d'enthousiasme dans un sens contraire. Nous verrons bientôt si ceux qui en sont l'objet en valent tant la peine; mais si l'on n'eût voulu défendre que les principes, à coup sûr on l'eût fait avec plus de dignité, de calme et de sang-froid.

» Des citoyens ont démonté la voiture de voyage de la ci-devant duchesse de Bourbon, ont braqué des canons devant sa porte, pour l'empêcher de partir. Les habitants d'Anet ont juré qu'on les hacherait plutôt que de leur enlever l'ex-duc de Penthièvre. On se rappelle qu'ils l'ont déjà arrêté une fois lorsqu'il partait, vraisemblablement pour émigrer.

» S'il est une manière de nous prouver que le décret était bon et utile, c'est celle-là : ces faits coïncident bien avec ce que disait Buzot, que la popularité et le patriotisme même le plus pur rendraient de tels hommes excessivement dangereux. Il est vrai qu'Égalité, qui a marché le plus dans le sens de la révolution, n'a donné lieu à aucun événement particulier, et a démenti, en quelque sorte, les reproches qu'on faisait à sa réputation. Ce qu'il y a de sûr, c'est que le passé semblait promettre autre chose. Nous ne parlerons pas de son buste promené dans Paris aux premiers jours de la révolution; nous dirons encore moins que ce furent là des marques de prétention à la royauté, puisque Necker les eût partagées aussi bien que lui; mais nous dirons que quelques personnes ont pu craindre qu'il ne se formât une coalition en faveur d'Orléans dans la Convention même. On voyait quelques députés lui faire en quelque sorte la cour, lui donner à dîner, vanter son patriotisme et sa sensibilité, s'extasier sur une larme qu'ils avaient vue couler de ses yeux à la lecture des exploits de son fils ; ces particularités nous étaient connues, mais tout en blâmant la conduite de ces patriotes si peu éloignée de l'ancien régime, nous n'en avons tiré aucune conséquence qui pût nous effrayer.

» Nous nous sommes dit dès ce temps-là : Comment Philippe Égalité pourrait-il être dangereux ? Qui ne connaît les détails de sa vie privée ? Il porte ses mœurs sur sa figure. Comment des Français pourraient-ils aimer un homme qui ne parut jamais aimer que des Anglais, qui se plaisait plus chez eux que parmi nous, qui ne s'entourait que d'Anglais ? Comment les Parisiens pourraient-ils aimer un homme qui a ruiné, par son Palais-Royal, et les marchands qui y logent, et ceux qui n'y logent pas ; qui en a fait l'asile des tripots et des filles publiques ? Comment un parti pourrait-il s'élever autour d'un homme blasé, qui n'a ni talens ni caractère ?

» Il a servi la révolution, nous en convenons avec plaisir. Mais était-ce par amour de la liberté ? N'était-ce pas plutôt pour se venger d'une cour qui le haïssait autant qu'elle le méprisait ? N'était-ce pas même une spéculation adroite ? Il a spéculé sur la révolution comme sur ses jokeis. Il a vu qu'en s'opposant au torrent il aurait le sort de ses parens émigrés ; que ses biens pourraient être confisqués comme les leurs ; il a choisi le parti le plus sage, c'est-à-dire le plus convenable à ses intérêts.

» D'Orléans ne nous a point paru dangereux et ne doit pas l'être. Il est vrai que ses fils peuvent joindre des talens à des qualités morales, et que l'aîné promet déjà l'un et l'autre ; mais, ayant un frère et une sœur, il sera moins riche que son père. Si tout homme qui a quelques vertus et quelques talens était par cela même dangereux ; s'il était accusé d'aspirer à la tyrannie, il faudrait donc chasser des républiques tous les talens et toutes les vertus, ce qui serait chasser la liberté. Malheur à nous si nous ne nous croyons pas assez forts pour résister même à l'ascendant de la vertu : en vain chasserons-nous les Bourbons ; dans la famille la plus obscure, la plus ignorée, nous devrions craindre de voir croître pour nous un maître. Non, le Français n'est pas assez vil ; et si la génération actuelle, dont les lumières luttent souvent avec les habitudes, trébuche quelquefois, il n'en sera pas de même de nos enfans. Moins corrompus que nous, ils voudront que l'ex-duc de Chartres remplisse tous les devoirs attachés à son nouveau nom, qu'il reste l'égal de tous, ou que sa tête tombe à leurs pieds.

» Lorsque les habitans d'Anet firent à Penthièvre ce que les Parisiens avaient fait au roi partant pour Saint-Cloud, nous gémîmes de leur ignorance. Nous dîmes : Voilà une ville esclave qui baise les bottes d'un autre La Fayette ; mais cet homme solitaire ne nous parut pas encore dangereux. Nous ne vîmes dans ce second Brunoi qu'un cerveau rétréci par la dévotion, qu'un fanatique ignorant et timide. La même scène vient de se renouveler à peu près ; elle nous apprend que le peuple d'Anet a fait peu de progrès en liberté, que des secours pécuniaires font à ses yeux tout le mérite d'un homme ; que s'il existe quelque chose de funeste à la liberté, c'est le pouvoir de la fortune, et qu'il faut proscrire, non les personnes, mais les richesses.

» On a beaucoup loué Conti de ce qu'il paie exactement ses fournisseurs. Il est vrai que ne pas payer était jadis un privilége de prince et de noble ; mais est-on si estimable pour n'être pas évidemment un fripon ? Si tout le monde savait que depuis l'abolition des droits féodaux il a presque doublé ses baux pour se dédommager, qu'il a exigé de ses fermiers, déjà ruinés, deux années d'avance, qu'ensuite il a vendu ses fonds, ces louanges feraient place au mépris. Si vous lui demandiez maintenant où sont passées ces sommes immenses, peut-être l'embarrasseriez-vous beaucoup. Qui sait si elles n'ont pas été employées à acheter des fonds en Allemagne, en Espagne, ou ailleurs ? Tout cela n'annonce pas encore un homme à redouter. Conti a l'air d'avoir peur, et qui a peur ne doit pas effrayer.

» Les restes de la dernière dynastie sont si méprisables, que nous ne concevons pas qu'on puisse s'en inquiéter. Il y aurait peut-être cependant deux choses à faire à leur égard : la première, de convenir avec nous-mêmes de ne les porter à aucune place qui soit à la nomination du peuple ; la seconde, de trouver des moyens légitimes de réduire les grandes fortunes. L'argent sera pour long-temps notre plus grand ennemi. Quant à la magie des noms, on en est corrigé.

» Représentans du peuple, laissez là les Bourbons, ces êtres nuls, et tâchez de les rendre plus nuls encore, en n'appelant point l'attention directement sur eux. Jugez Louis suivant les lois ; et si vous ne pouviez mettre en cause ni la moderne Médicis, ni ses enfans, chassez-les ; voilà la véritable famille des Tarquins : et songez que Brutus lui-même était parent de Tarquin-le-Superbe. »

— Tout annonce que l'opinion exprimée dans l'article que nous venons de lire était celle d'une grande partie du public. Marat donna de son côté, n. LXXX, son opinion sur cette affaire dans un article ayant pour titre : *Les Renards rolandins et les Dindons patriotes*, article d'ailleurs déclamatoire, vide d'intérêt et de renseignemens. Il revint sur la question dans son n. LXXXIV ; nous citerons quelques passages de celui-là, qui est certainement un des plus modérés et des mieux faits qui soient sortis de sa plume. Nous le citerons, quoique nous ayons hâte de terminer tout ce qui est relatif au procès de Louis XVI dans ce mois, parce qu'il devint le sujet de l'une des deux interruptions parlementaires que nous devons mettre sous les yeux de nos lecteurs, et parce qu'il deviendra le moyen d'apprécier l'un des orateurs les plus féconds de la Montagne, l'ex-capucin Chabot.

« En sa qualité de représentant de la nation, dit Marat, d'Orléans ne peut en aucune manière être frappé d'un pareil décret ; car la Convention n'a pas le droit de dépouiller un citoyen de sa qualité de député, et elle ne pourrait le faire sans attenter à la souveraineté nationale, sans usurper le pouvoir absolu, sans se rendre indépendante de la nation elle-même.

» Telle est mon opinion sur l'application du décret à d'Orléans, dit l'Égalité, considéré comme représentant du peuple,

Considéré comme membre de la dynastie déchue, c'est autre chose. Je dois ici ma profession de foi, puisque les suppôts de la faction Roland répandent dans tous les départemens que le parti de Marat et de Robespierre, qui n'exista jamais, n'a pour but, en demandant la punition du despote détrôné, que de mettre la couronne sur la tête d'Orléans.

» Je déclare donc que j'ai toujours regardé d'Orléans comme un indigne favori de la fortune, sans vertus, sans ame, sans entrailles, n'ayant pour tout mérite que le jargon des ruelles.

» Je déclare aussi que je n'ai jamais cru à son civisme; que les marques qu'il en a données me paraissent tenir à des projets ambitieux, qu'il n'a eu ni l'esprit ni le courage de conduire au succès, malgré les nombreux partisans que lui faisaient sa naissance, sa fortune et ses immenses prodigalités.

» Je déclare encore que je le regarde comme un intrigant caché, cajolant les patriotes avec lesquels il est faufilé, et secrètement lié avec les meneurs de la faction Roland, qui machinent pour lui, tout en paraissant le poursuivre.

» Enfin je déclare que, si les énormes dilapidations des agens du nouveau régime, les perfidies alarmantes des traîtres qui commandent les armées de la République, l'excès de la misère du peuple et les désordres de l'affreuse anarchie portés à leur comble, forçaient jamais la nation à renoncer à la démocratie pour se donner un chef, comme je crois la chose inévitable si la Convention ne s'élève à la hauteur de ses importantes fonctions, d'Orléans me paraît le dernier des hommes (après les conspirateurs et les traîtres) sur lequel il conviendrait de jeter les yeux; et si je suis alors du nombre des vivans, je souffrirai plutôt le martyre que de lui donner ma voix.

» Mais j'espère en Dieu qu'à l'approche des crises orageuses qui nous menacent, la saine majorité de la Convention cessera de se traîner sur les traces de la faction Roland, et qu'elle adoptera enfin la seule mesure qui nous reste pour sauver la chose publique, savoir : d'exclure de tout emploi et de déclarer incapable d'en occuper aucun, au moins pendant dix ans, tout homme connu pour avoir été agent de l'ancien régime, ou suppôt du despotisme.... Pour cela, il importe qu'elle simplifie extrêmement la machine politique ; qu'elle réduise au dixième le nombre des municipalités, et au quart le nombre des administrateurs de districts et de départemens ; qu'elle supprime les juges civils en réduisant les procédures au pur arbitrage, organisation qui aura le double avantage de suppléer au défaut de patriotes instruits, de détruire l'esprit de corps, d'accélérer l'expédition des affaires et de faciliter la marche du gouvernement (1).

» Cela fait, il restera à déployer la plus grande sévérité contre les perturbateurs de la société, c'est-à-dire contre les machinateurs secrets, les corrupteurs clandestins et les malversateurs : c'est à ces mesures vigoureuses qu'il faut avoir recours, si nous voulons sauver la patrie.... Après quoi la Convention pourra s'occuper immédiatement d'une constitution... car il est désolant de voir le législateur ne faire encore que l'office d'administrateur général de la République... et qu'on ne répète pas ici avec les perfides ennemis de la patrie que je cherche à perdre la Convention dans l'opinion publique, comme si la réputation de la Convention pouvait dépendre d'un écrivain politique, comme si elle pouvait jamais dépendre d'autre chose que de ses œuvres ! » (*Journal de la République française*, n. LXXXIV.)

SÉANCE DU 20 DÉCEMBRE.

Barrère occupe le fauteuil.

Aimé Goupilleau. Je demande la parole pour un objet qui intéresse le salut de l'état. J'ai à vous dénoncer un fait extrême-

(1) Le grand mal de nos législateurs est de vouloir tout faire... vouloir tout régler; c'est prétendre conduire à la lisière des hommes faits ; et puis n'est-ce pas le comble de la folie de tenir le peuple toujours en l'air, et de le convoquer pour le choix d'un commissaire de section, d'un commis-greffier, d'un vicaire, et d'arracher au sommeil ou de mettre en rumeur dès la pointe du jour toute une ville pour de pareilles minuties. Il semble qu'en chargeant les assemblées primaires de tous ces soins, on n'ait cherché qu'à dégoûter le peuple de ses devoirs de citoyen. Dans ce cas le succès est complet, car l'ennui et le dégoût ont rendu les assemblées désertes. (*Note de Marat.*)

ment grave et intéressant pour la sûreté publique et le respect de la Convention. Je vous prie de me répondre à ces différentes questions. Quand vos décrets ont-ils force de loi? quand doivent-ils sortir de vos bureaux pour être envoyés au conseil exécutif? Vous me répondrez qu'un décret ne doit être expédié au ministre de la justice qu'après que la Convention en a adopté la rédaction.

Reportez-vous à la séance de dimanche, le résultat en a été un décret qui expulse du territoire de la République tous les Bourbons, excepté Philippe Égalité. Le procès-verbal de cette séance n'a pas été lu; vous n'avez pas adopté la rédaction du décret; il n'en est pourtant pas moins vrai que ce décret a été affiché, avec injonction au département d'y obéir. Je ne suis point du nombre de ceux qui se livrent à des dénonciations vagues. Lorsque je parais à cette tribune pour y faire une dénonciation, c'est que j'ai des faits positifs à articuler. Je vous dénonce cette affiche émanée d'abord du conseil exécutif, et ensuite du département, comme ayant force de loi. Je dépose cette pièce sur le bureau.

Louvet. Comment peut-on dire qu'un décret n'existe pas, lorsque hier vous en avez rendu un qui prouve son existence? Auriez-vous suspendu l'exécution d'un décret qui n'existait pas?

Quant à la lecture du procès-verbal, j'ai voulu la faire avant-hier; Sillery est venu au bureau et m'a paru satisfait de ce que je ne le lisais pas, parce qu'il voulait demander le rapport du décret. Hier encore, j'ai voulu le lire, on m'a fait remarquer que le fond de la question allant être discuté, il était inutile de donner lecture du procès-verbal.

Thuriot. Citoyens, je crois que les faits qui sont soumis à votre discussion vous donneront la clef de toutes les intrigues. Souvenez-vous comment, dimanche, sous prétexte de présenter un article additionnel au décret que vous veniez de rendre sur ma proposition, on fit une motion de la plus haute importance. Buzot vous lut un travail qui indiquait que cette motion avait été depuis long-temps préméditée. Ce que personne ne peut encore ignorer, c'est que Louvet parla après Buzot, et prononça un discours qui aurait exigé, du plus habile, au moins trois jours d'étude.... Nous parviendrons à la fin à connaître les intrigans. Les agens de La Fayette, qui agitaient Paris en 1790, sont encore ici. (L'orateur prononce ces dernières paroles avec véhémence ; et aussitôt les tribunes d'applaudir avec transport.— Une grande partie de l'assemblée fait entendre des murmures d'improbation.)

J. B. Louvet. Nommez-les.... car ceux qui, dans ce moment-ci, nous calomnient vaguement, nous assassinent.

Thuriot. Eh bien ! c'est *Brissot*... c'est lui qui, en 1791, commit *un faux* dans la fameuse procédure criminelle qui suivit l'affaire du Champ-de-Mars.... c'est lui qui.... (on sait qu'il était alors l'ami du général de la garde nationale parisienne) c'est lui qui s'entendit avec *La Fayette* pour faire naître les événemens du Champ-de-Mars. Il *rédigea* la pétition, c'est un fait notoire, et *La Fayette* égorgea les pétitionnaires.... (Les murmures de l'assemblée presque entière interrompent l'orateur : on le rappelle à l'ordre et à la question.)

Chabot. J'atteste ces faits. Nous étions alors assassinés par La Fayette et par Brissot....

Thuriot. Je reviens à la question. Je suis loin d'imputer à Buzot l'odieux de la proposition qu'il a faite.... Je crois qu'il a été trompé....

Montaut, Duquesnoi, Legendre, et quelques autres membres assis auprès de Thuriot. Que dites-vous là ? Cet intrigant...

Thuriot. Revenons au point qui doit nous occuper. Conformément à votre réglement, les procès-verbaux doivent être lus dans la séance suivante. Lundi nous nous sommes présentés plusieurs au bureau, pour demander la parole sur le rapport du décret ; Louvet savait que nous voulions faire des observations sur ce décret ; je ne sais si cela l'a empêché de le lire : il doit y avoir une règle sûre pour les secrétaires. Je demande que le secrétaire qui n'a pas lu le procès-verbal, comme le veut le réglement, et qui a expédié un décret dont vous n'aviez pas adopté la rédaction, soit censuré. (Applaudissemens d'une partie de l'assemblée.)

Goupilleau. Je vais convaincre l'assemblée de l'iniquité de Louvet. Par la distribution qui vient de m'être faite de la note qui nous apprend tous les matins l'envoi des décrets, je vois que l'expédition du décret sur l'expulsion de la famille des Bourbons est daté du 16 décembre. Comment est-ce que Louvet a la scélératesse.... (*A l'Abbaye , Louvet! à l'Abbaye!* s'écrient tout à coup quelques membres d'une extrémité. — Applaudissemens dans les tribunes.)

Doulcet monte précipitamment à la tribune. Je ne rappellerai point ce qu'a dit un des préopinans sur les inconvéniens d'adopter une motion incidente qui peut être de grande importance. L'assemblée constituante et la législature avaient senti la nécessité de mettre des entraves, pour qu'une motion ne fût point adoptée sans avoir été mûrement réfléchie... Je dis donc qu'un décret ne peut avoir force de loi, que lorsqu'il est signé du président et des secrétaires, que lorsque la rédaction en a été présentée à l'assemblée.

Louvet vous a dit que Sillery avait paru content de ce qu'il n'avait pas lu le procès-verbal. Je m'embarrasse peu de cela, je m'attache aux principes. Le décret a été affiché par ordre du ministre, mais le ministre pouvait ignorer s'il avait été lu à l'assemblée. Le vrai coupable, c'est celui qui l'a envoyé; on a demandé contre Louvet l'inscription au procès-verbal, avec censure. Je ne trouve pas cette punition assez sévère; il a compromis le ministre de l'intérieur et la sûreté publique. Je demande qu'il soit envoyé pour trois jours à l'Abbaye. (On applaudit dans une partie de la salle. — Ces applaudissemens sont aussitôt suivis de ceux des tribunes.)

Bréard. Je me contenterai de faire quelques observations ; je les ferai froidement, parce que je suis sans passions, sans intérêt particulier ; je vois les choses et non les hommes. On délivre un décret important avant qu'il ait été lu, et dans le moment où il est incertain s'il sera rapporté. Je dis que la nation.... (Murmures.) Maintenez-moi la parole, monsieur le président, les criailleries ne m'épouvanteront pas. J'appuie la proposition qui vous a été faite d'envoyer Louvet pour trois jours à l'Abbaye. Je demande en outre que les frais d'affiches soient à sa charge.

Valazé. Je demande que, pour que l'assemblée puisse asseoir une décision, on remette sous nos yeux le décret qui défend aux secrétaires d'expédier les décrets avant que le procès-verbal de la séance où ils ont été rendus n'ait été lu.

Cambacérès. On ne peut se dissimuler que la question qui nous occupe ne fasse jeter de grands soupçons sur celui qui a expédié le décret ; mais il faut d'abord constater les faits, et que le secrétaire soit interpellé, s'il a envoyé une expédition du décret signée de lui, ou s'il ne l'a envoyé que comme un avis. Lorsqu'il aura répondu, vous statuerez. Je demande aussi que vous preniez des mesures pour qu'à l'avenir vous ne décidiez pas dans l'enthousiasme une question importante.

On demande que les interpellations proposées par Cambacérès soient faites à Louvet.

Louvet. Je ne demande point à éluder les questions...

Cambacérès. Avez-vous envoyé au ministre le décret certifié ou seulement en forme d'avis ?

Louvet. Je réponds : je n'ai point envoyé le décret au ministre, je l'ai certifié de ma signature, comme cela se pratique tous les jours. Je vous observe que j'ai fait la même chose pour le décret rendu sur la proposition de Thuriot, qui condamne à mort celui qui voudrait séparer quelque partie de la République pour la joindre à un territoire étranger ; pourquoi ne réclame-t-on pas contre la signature que j'ai apposée à ce décret ? Dans l'accusation qu'on me fait, il y a des passions, il y a un projet de vengeance. (Murmures des tribunes.) Tous les jours, quand un décret est rendu, les secrétaires signent que le décret a été rendu.

Bourdon. L'avez-vous envoyé au ministre ? (Les tribunes applaudissent.)

Le président. Il est impossible de maintenir l'ordre. Quand il est rétabli d'un côté, le trouble recommence de l'autre.

Louvet. Lorsque hier soir des hommes furieux disaient qu'ils verseraient jusqu'à la dernière goutte de leur sang pour défendre ce qu'ils appellent le prince, le duc d'Orléans.... (Murmures d'une partie de l'assemblée et des tribunes.—*Nommez-les, Nommez-les*, s'écrie-t-on.) Lorsque hier, dans les groupes, sur la terrasse des Feuillans, on demandait la tête de Louvet. (Mêmes murmures.) Lorsque hier soir on demandait la tête de Pétion et des amis de la République... (Murmures.) c'est le moment qu'on choisit pour dénoncer vaguement les vrais républicains. (Les murmures des tribunes continuent.) Je crois en avoir dit assez pour me justifier et pour répondre à l'impatience de l'assemblée. Je renonce au facile avantage de dénoncer mes adversaires. (Mêmes murmures encore. Une extrémité de l'assemblée paraît agitée. — On entend une voix, celle de Legendre : *C'est un monstre que cet homme-là!*... — Violentes rumeurs. — On demande que Legendre soit rappelé à l'ordre. — Il parle dans le tumulte.)

Treilhard. Il est temps que cette discussion finisse. (Murmures des tribunes.) Il faut aussi la rendre utile en adoptant une mesure qui obvie à un pareil désordre. Il est d'usage au bureau de signer les décrets rendus dans la séance : un de vos décrets ordonne de le faire. Il y a aussi un décret qui ordonne d'expédier les décrets au ministre dans vingt-quatre heures. Votre réglement veut que les procès-verbaux soient lus dans la séance du lendemain; quant à moi, j'ai toujours lu le procès-verbal de la veille. Je propose de n'expédier à l'avenir aucun décret au conseil exécutif, que lorsqu'il aura été lu à la Convention ; ce qui peut se faire dans la séance.

Bourdon. Ce que vient de dire le préopinant n'est pas exact. Les décrets ne doivent être envoyés que vingt-quatre heures après que le procès-verbal de la séance où ils ont été rendus a été lu.

La discussion est fermée. — Plusieurs insistent pour parler encore.

Bréard. Je demande que vous décrétiez que, conformément à votre réglement, aucun décret ne sera expédié que vingt-quatre heures après que le procès-verbal aura été lu, excepté dans les circonstances où l'assemblée en ordonnerait autrement.

Leroux. J'avais demandé la parole pour vous présenter les réflexions qu'on vous a déjà soumises avec plus de clarté peut-être que je n'aurais fait. J'insiste pour que la Convention fasse une loi qui obvie à l'inconvénient dont nous nous plaignons tous.

Merlin de Thionville. Je demande à lire un article du réglement. Le voici :

« Toutes les lois seront envoyées au ministre, trois jours après qu'elles auront été rendues, pourvu qu'elles aient été lues. »

Je demande que le ministre de la justice, qui a dû apposer les sceaux sur le décret avant de l'envoyer au ministre de l'intérieur, soit mandé. Je demande aussi que le ministre de l'intérieur, qui a envoyé des courriers extraordinaires aux armées pour porter le décret, soit mandé séance tenante, et que le décret de suspension rendu hier soit envoyé par des courriers extraordinaires aux départemens et aux armées.

Bréard. Je retire ma proposition, mais je demande l'exécution stricte du réglement.

Bourdon. Que le président et les secrétaires qui ont signé ce décret soient expulsés du bureau. (Murmures.)

Doulcet. Avant de punir un délit, il faut le constater. J'appuie la proposition de Merlin.

Le décret suivant est rendu :

« Le ministre de la justice se rendra dans le sein de l'assemblée, séance tenante, pour rendre compte comment le décret sur la famille des Bourbons lui est parvenu. »

N.... Depuis que nous sommes assemblés, nous sommes tiraillés dans tous les sens ; et la cause de ces tiraillemens, c'est le pouvoir exécutif. (Murmures.) Toutes les parties du gouvernement sont républicaines, la Convention et toutes les administrations sont électives, il n'y a que le conseil exécutif qui ne soit pas l'effet immédiat de la volonté du peuple... (*L'ordre du jour !* s'écrie-t-on de toutes parts.)

Laurent. Je demande la parole pour un fait, je serai court. (*L'ordre du jour !*) Un fait a été dénoncé ; il faut le vérifier. On a dit que le ministre a dépêché un courrier extraordinaire à l'armée de la Belgique, pour y porter le décret rendu dimanche... (L'ordre du jour est réclamé vivement.)

Turreau. Je demande que le ministre de l'intérieur soit mandé. (*Non, non.*)

Doulcet. Le ministre de l'intérieur reçoit les lois du ministre de la justice. Entendez donc d'abord le ministre de la justice, et ensuite vous verrez s'il y a lieu de mander celui de l'intérieur.

On passe à l'ordre du jour.

Louvet fait lecture du procès-verbal de la séance du dimanche, 16 décembre. Il est adopté sans réclamation.

Le ministre de la justice. Je viens, en exécution du décret rendu ce matin, donner les éclaircissemens que la Convention nationale attend de moi. Il a été remis, le 17 de ce mois, à deux heures après-midi, aux bureaux du ministre de la justice cinq décrets expédiés en forme et signés du président et de deux secrétaires de la Convention nationale. Dans le nombre se trouvait le décret relatif à la famille des Bourbons. Le même jour, sans aucune intervertion de l'ordre constamment établi dans mes bureaux, j'ai envoyé deux expéditions au ministre de l'intérieur, l'une pour lui, l'autre pour le département ; voilà tout ce que j'ai fait. Si ce décret a été imprimé, s'il a été envoyé dans les départemens, ce n'est pas par mon ordre. J'ajouterai, en usant de mon droit de réflexion comme citoyen, que s'il est une circonstance où j'eusse été le maître d'apporter dans l'accomplissement de mes devoirs plus ou moins de délai, ce n'eût pas été dans l'expédition du décret relatif à la famille des Bourbons que j'eusse mis plus de célérité.

Legendre. Je demande que le ministre fasse connaître les noms des signataires du décret...

Le ministre fait lecture du décret ; il est certifié conforme à l'original : *Fermont*, président ; *Jean-Baptiste Louvet, Saint-Just*, secrétaires.

Saint-Just. L'usage établi au bureau est cause de ce qui vient d'arriver. A quatre heures, les commis expéditionnaires apportent à la signature des expéditions des décrets rendus dans la séance. On les signe ensemble, et sans avoir le temps de les collationner. Je pense que le soupçon ne peut peser sur ma tête. L'assemblée passe à l'ordre du jour.

Châle. Je demande si un commis peut expédier un décret avant que la rédaction du procès-verbal ait été adoptée par l'assemblée. Je propose, en second lieu, que le ministre soit interpellé sur la question de savoir s'il a envoyé des courriers extraordinaires ; et, troisièmement, qu'on examine s'il en avait le droit, sans un décret exprès de l'assemblée.

Buzot. J'appuie la demande de Châle, et mon intention est de ne pas laisser peser sur un ministre un soupçon qu'on a l'art de lancer, sans la bonne foi de l'approfondir. Le trait effleure, mais la cicatrice reste. Je demande que le ministre de l'intérieur soit tenu de rendre compte de sa conduite à cet égard.

On demande la question préalable, l'ordre du jour.

Mailhe. La discussion ne se prolonge que parce qu'on ne s'entend pas ; le décret exigeait par sa nature la plus prompte expédition ; ceux-là élèvent donc une réclamation injuste, qui pensent que le ministre pourrait être répréhensible s'il avait expédié des courriers. Mais, vu que, quand même ces décrets n'auraient été envoyés que par la voie ordinaire de la poste, celui qui en suspend l'exécution doit le prévenir, ou au moins l'atteindre de près, je demande que le dernier décret soit envoyé par des courriers extraordinaires.

La discussion est fermée au milieu de quelques réclamations.

Thuriot. Je demande qu'on décrète Roland infaillible.

La proposition de Mailhe est adoptée.

Une lettre du ministre des affaires étrangères annonce que le citoyen Malesherbes lui demande des copies collationnées et certifiées de plusieurs pièces qui sont dans ses bureaux, mais qu'il n'a pas cru pouvoir accéder à cette demande, sans une autorisation spéciale de la Convention nationale. Malesherbes réclame la communication de la date du traité de Pilnitz, celle de la notification de ce traité, des extraits certifiés des avis que le ministre avait reçus de ce traité, soit de Dresde, soit de Naples ; copie de la lettre du ministre des affaires étrangères à l'ambassadeur de

Vienne, copie de la réponse de cet ambassadeur, et surtout la date de ces deux pièces ; copie des avis qui, n'étant pas de nature à être mis sous les yeux de la Convention nationale, ont été donnés par le ministre des affaires étrangères au comité diplomatique.

La Convention décrète que le ministre est autorisé à donner au conseil copie de ces différentes pièces, à la charge d'en expédier de pareilles à la commission des Vingt-Un.

On fait lecture d'une lettre du ministre de l'intérieur ; elle est ainsi conçue :

« Président, j'apprends à l'instant que l'on a annoncé à la Convention nationale, dans la séance de ce matin, que j'ai expédié des courriers extraordinaires chargés du décret qui prononce l'exil de la famille des Bourbons. Ce fait est faux ; je n'ai jamais envoyé de courriers extraordinaires sans y avoir été autorisé par les décrets de la Convention nationale. *Signé*, ROLAND. »]

SÉANCE DU 25 DÉCEMBRE.

Chabot. Vous avez décrété la peine de mort contre quiconque oserait proposer le rétablissement de la royauté ou appellerait un chef sur la nation ; eh bien, je viens vous dénoncer un journaliste qui appelle ce chef. (*Plusieurs voix* : Marat.) C'est Marat. (On applaudit.) Voici l'article du numéro du 25 décembre, c'est-à-dire d'aujourd'hui : « Enfin je déclare que si les énormes dilapidations des agens du nouveau régime, les perfidies alarmantes des traîtres qui commandent les armées de la République, l'excès de la misère du peuple et les désordres de l'affreuse anarchie portés à leur comble, forçaient jamais la nation à renoncer à la démocratie pour se donner un chef, comme je crois la chose inévitable.... (Marat court à la tribune.) si la Convention ne s'élève à la hauteur de ses importantes fonctions. » Vous voyez, citoyens, que c'est de la Convention seule que Marat fait dépendre la possibilité d'avoir un chef, comme si le peuple français avait perdu sa souveraineté. Je ne dirai pas qu'il calomnie la Convention nationale, peut-être est-il nécessaire de lui dire des vérités fortes ; mais jamais on ne calomnia davantage le peuple français, qui a fait trois révolutions pour se donner la démocratie. Il est faux que la chose soit inévitable, comme Marat a la criminelle audace de le dire, quand même la Convention ne s'élèverait pas à la hauteur de ses importantes fonctions; et vous allez voir si, d'après Marat même, elle peut s'y élever. (Chabot lit le passage d'un numéro de Marat, cité dans le *Moniteur* du lundi 24, troisième colonne de la première page, et où il dit que « le peuple ne peut voir clair que quand il aura reconnu que la Convention, dans laquelle il a placé ses dernières espérances, ne saurait aller au but, composée comme elle l'est, etc. ») Vous voyez donc que Marat faisant dépendre le sort de la République de la hauteur à laquelle la Convention nationale doit s'élever, et disant ailleurs que la Convention ne peut s'élever à cette hauteur; il est évident qu'il appelle un chef dans la nation. Je demande le décret d'accusation.

Le président. La parole est à Marat.

Marat. Il est trop affreux d'avoir à se défendre contre les ennemis que j'ai poursuivis sans cesse et contre des patriotes sans vertu, pétris d'amour-propre et choqués de ce que je les ai traités de dindons. (On murmure et on rit.) Comment peut-on me soupçonner de vouloir appeler un chef, moi qui le premier ai travaillé à détruire la royauté, moi qui ai fait parvenir à Louis XVI, dans le temps de l'adoration royale, une adresse qui courut dans les départemens, et qui y fit peut-être quelque sensation; moi qui ai engagé tous les membres à venir prononcer ici la peine de mort contre le dernier de nos tyrans. (On murmure.) Je sais bien que j'ai été accusé par plusieurs membres, et nommément par Kervelégan, de ne demander la mort de Louis XVI que pour porter Égalité sur le trône; c'est pour cela que j'ai cru devoir donner ma profession de foi sur cet homme, que je ne crois digne d'aucune confiance. Indigné des scènes scandaleuses qui déchirent la Convention nationale.... (On murmure.)

Le président. Je rappelle à l'assemblée que, quand il s'agit de décréter d'accusation un citoyen, un de ses membres, elle doit l'écouter sans se permettre de murmures ni d'approbation.

Marat. Indigné des dissensions scandaleuses qui régnaient

dans cette assemblée, je me suis élevé contre ceux que je croyais ennemis du bien public; j'ai déclaré aux autres qu'avec leur mollesse ils n'iraient jamais au but. Quant à ma profession de foi, la voici : Je déclare que je regarde l'anarchie où la France est plongée comme le moyen de pousser le peuple à la révolte en l'affamant. Je déclare que j'ai été indigné de la protection qu'on accorde à des bataillons retenus dans la capitale par des ordres clandestins, émanés de votre sein; car Kervelégan, en me dénonçant comme voulant porter Égalité sur le trône, appelait lui-même la force armée des départemens à Paris. Je déclare que j'ai été encore plus indigné de voir des soldats aller dans les rues demandant ma tête, celle de Robespierre, de Danton et autres patriotes énergiques et éclairés. Je déclare que si la Convention ne prend pas les mesures vigoureuses que je lui ai indiquées cent fois... (Il s'élève de nombreux murmures.) Et comment voulez-vous passer pour une assemblée de sages, quand vous laissez à la tête de nos armées des courtisans contre lesquels vous ne rendrez le décret d'accusation, suivant votre usage, que long-temps après que je vous l'aurai demandé? Dans l'effusion de mon cœur, voulant piquer la Convention et la rappeler à ses devoirs, j'ai déclaré que je ne voyais pas comme impossible que le peuple crût efficace de se donner un chef. C'est mon opinion, et voilà comme un prétendu patriote vient me dénoncer quand il connaît la pureté de mon cœur.

Pénières. Je demande que Marat soit rappelé à l'ordre, pour avoir dit que son opinion est que le peuple pourrait croire efficace de se donner un chef.

Le président. Je rappelle à l'ordre le membre qui a interrompu.

Marat. Vous vous déclarez les protecteurs de la liberté des opinions, et vous en êtes les lâches tyrans. C'est vous qui demandez le décret d'accusation contre moi; c'est vous qui mettez le glaive sur ma tête. Voilà de beaux législateurs! (Murmures de l'assemblée. — Applaudissement des tribunes. — On demande l'ordre du jour dans les deux extrémités.) Je déclare à la Convention que je brave les clameurs de mes ennemis, et que je ne crois pas qu'elle oublie assez sa sagesse pour me décréter d'accusation. Je lui déclare que si cependant elle l'oubliait, le mépris me chasserait de son sein, et j'en appellerais au peuple. Je demande à mes lâches calomniateurs de prendre la peine de me réfuter, s'ils en ont le talent. Marchez au bien public à grands pas, et ne perdez pas votre temps dans ces discussions scandaleuses. (Marat descend de la tribune au bruit des applaudissemens de quelques spectateurs.)

N... Je ne descendrai pas jusqu'à parler de Marat (On murmure.), et j'assure la Convention que je ne l'outragerai pas dans mon opinion, comme vient de le faire un homme que je crois indigne d'être dans son sein. Je demande l'ordre du jour et je le motive. Hier, citoyens, vous avez montré un grand caractère ; vous avez presque atteint la hauteur de vos fonctions ; hier, vous avez commencé vos importans travaux ; hier, vous avez bien mérité de la patrie, parce que vous avez employé tous vos momens pour la chose publique ; mais aujourd'hui on vient vous entretenir d'une futile dénonciation, et vous avez senti que jusqu'à présent vos travaux ont été entravés par des dénonciations sans preuves et sans motifs. Je ne crains ni les menaces, ni les voies de fait, ni la mort. Je dirai franchement mon opinion. Je crois voir un piége tendu à la Convention nationale pour faire diversion à ses travaux. Je demande donc l'ordre du jour.

Pénières. Si la Convention veut rétablir l'ordre, il faut qu'elle punisse les agitateurs, les séditieux, les provocateurs au meurtre.

On réclame l'ordre du jour.

Camille Desmoulins. Je demande la parole contre l'ordre du jour.

Plusieurs membres. Fermez la discussion.

Boyer Fonfrède. Je m'oppose à ce que la discussion soit fermée jusqu'à ce que nous ayons le mot de l'énigme.

Taillefer. La dénonciation est appuyée d'écrits avoués par l'auteur, et dans lesquels il tend à exciter l'anarchie, la sédition et le massacre. Je demande qu'au moins il soit envoyé pour trois jours à l'Abbaye.

Salles. Citoyens, une accusation est portée dans cette assemblée... (On continue à réclamer l'ordre du jour.) C'est un piége que l'ordre du jour...

Turreau. Je demande que l'assemblée ne perde pas son temps à discuter les folies maratiques.

Salles. Je demande que le comité de législation soit chargé de faire un rapport non pas sur l'accusation d'aujourd'hui, mais sur tous les crimes que Marat peut avoir commis depuis le commencement de la Convention nationale.

Pénières. Je demande comme Chabot le décret d'accusation contre Marat.

La discussion est fermée.

La priorité est accordée au renvoi au comité de législation et le renvoi décrété.

Léonard Bourdon. Je demande la parole pour une motion d'ordre.

Marat remonte à la tribune.

Le président. Marat, tu n'as pas la parole.

Marat. Je la demande pour un fait.

L'assemblée consultée maintient la parole à Léonard Bourdon.

Marat. C'est pour des faits. (Un huissier de la salle signifie le décret à Marat. Il insiste pour obtenir la parole.)

Plusieurs voix: A l'Abbaye, Marat.

Marat. C'est pour un fait; j'ai une dénonciation à faire.... (Nouveaux murmures, nouveaux cris à l'Abbaye.) J'aurai la parole ; c'est une dénonciation.

N.... Marat ne doit pas faire la loi à la Convention.

Turreau. S'il insiste pour parler, malgré le décret, il faut l'envoyer à l'Abbaye.

Marat. C'est pour un fait.

Manuel. Je demande que Marat, rebelle à un décret, soit censuré et le procès-verbal envoyé aux quatre-vingt-quatre départemens.

Marat. Vous ne m'égorgerez pas comme cela.

N.... Il n'y a rien qui avilisse plus la Convention que de voir un membre lutter contre la volonté générale.

Marat. Eh bien! je cède la parole à Bourdon, mais je la demande après lui.

Lonard. Vous avez décrété que mercredi 26 Louis Capet serait définitivement et irrévocablement entendu. (*Plusieurs voix :* Il n'y pas irrévocablement dans le décret.)

N.... Il est certain que le mot *irrévocablement* ne s'y trouve pas ; mais il est certain aussi que le décret a été rendu en ces termes, définitivement et irrévocablement.

Turreau. Ne voyez-vous pas que ceux qui chicanent sont ceux qui veulent accorder un délai à Louis Capet.

Legendre. Je demande à rétablir le fait. C'est moi qui fis la proposition. Dans la première rédaction j'avais mis *définitivement et irrévocablement*, mais j'ai cru que le mot *définitivement* voulait dire irrévocablement ; j'ai rayé ce dernier et j'ai relu ma rédaction, qui a été adoptée.

Léonard Bourdon. Vous avez décrété que mercredi 26 Louis Capet serait définitivement entendu. Quelle que soit l'issue de cette affaire, qui n'est devenue une grande affaire que parce qu'elle a été mal saisie, mal entamée, et qu'on est parvenu à la compliquer, il est certainement de l'intérêt général, de la tranquillité de la République et de la nécessité d'entrer promptement dans la carrière, et de jeter les bases de la constitution qui appelle tout le temps des représentans du peuple, qu'elle se termine promptement.

Au lieu de faire un acte simple énonciatif du délit dont Louis est notoirement coupable, et dont la preuve n'est pas dans des papiers, mais dans des faits, on a décrété un acte d'accusation très-compliqué, dans lequel des délits bien punissables sans doute, mais que son conseil ne manquera pas, comme Louis l'a déjà fait lui-même, lors de son interrogatoire, de rejeter sur ses agens responsables, des délits dont la preuve ne pourrait devenir évidente que par le résultat d'une instruction, se trouvant mêlés et confondus avec des délits qui lui sont personnels, avec des délits évidens. On a décrété ensuite qu'il serait donné communication à lui et à son conseil de deux cents pièces au moins; et il le fallait bien, puisque c'était sur ces pièces que reposait en partie l'acte d'accusation; et par ces deux décrets on a ouvert une vaste carrière à ses défenseurs, qu'il fallait, au contraire, circonscrire dans le cercle de ses délits bien prouvés, de ses délits personnels.

Prenons garde que cette première faute ne soit suivie d'une seconde. Quelques réflexions m'ont paru propres à nous faire éviter un autre écueil; vous avez sagement rejeté la motion de faire vérifier les écrits que Louis avait désavoués, de faire entendre les témoins qui pouvaient déposer sur le fait des papiers trouvés derrière la porte de fer, parce que vous avez jugé que la vérification de ces deux points de fait, quel qu'en fût le résultat, n'ajouterait ou ne diminuerait rien à l'évidence des autres crimes dont il est prévenu; mais, en rejetant cette motion, vous avez nécessairement en même temps entendu que les pièces qu'il a déniées, et le fait du dépôt des papiers dans cette baie, ne seraient pas les motifs du jugement que vous avez à prononcer.

Votre jugement doit porter et porter uniquement sur ses correspondances personnelles avec les ennemis du dehors, sur la dilapidation de sa liste civile, employée à salarier les émigrés armés contre leur patrie, et à corrompre au-dedans; sur la trahison infâme de Verdun et de Longwi, sur les massacres de Nanci, du Champ-de-Mars; et enfin sur cette masse de crimes et d'attentats contre la sûreté et la liberté publique, dont il n'est aucun Français qui n'ait la conviction intime qu'il soit coupable, et qui ont occasioné les événemens du 10 août.

Qu'il me soit permis de répondre ici à ceux qui, à l'occasion de la journée du 10 août, regardent comme satisfaisante et péremptoire l'explication que Louis a donnée sur l'interpellation qui lui avait été faite. « Je savais, a-t-il dit, que le peuple devait attaquer mon château; j'étais une autorité constituée, je devais le défendre. » C'est la justification de brigands qui, poursuivis par la gendarmerie, se sont retranchés dans leur caverne et ont fait feu sur les assaillans.

Si ces brigands parviennent à repousser la gendarmerie, s'ils sont les plus forts et qu'ils puissent se soustraire, par leur résistance, au glaive de la loi, sans doute ils ont fait tout ce que le soin et l'intérêt de leur conservation exigeait d'eux; comme brigands ils ont bien fait; mais si l'avantage du combat ne leur reste pas, s'ils sont pris, seront-ils favorablement écoutés en faisant à l'interpellation du juge la réponse que Louis a faite à la Convention? Le juge ne leur répondra-t-il pas: Vous aviez commis une longue suite de crimes pour lesquels vous étiez poursuivis; la gendarmerie a fait son devoir en vous attaquant, et la résistance que vous lui avez opposée et le sang que vous avez versé ne sont que de nouveaux crimes dont vous vous êtes rendus coupables.

Louis n'est à mes yeux que le chef de ces brigands, poursuivis par la juste indignation d'un peuple dont la patience était épuisée, et qui voyait sa liberté absolument compromise, et la France livrée à l'Autriche et à la Prusse par ses infâmes manœuvres. Mis en état d'arrestation après la défaite de ses complices, il ne peut être traité autrement que les autres conspirateurs pris les armes à la main; vous n'avez besoin, pour statuer sur son sort, d'autres formalités que de celles qui ont été prescrites contre ceux-ci; la loi qui prononce qu'ils seront traduits devant les juges que vous avez indiqués, et que sur le vu du procès-verbal qui constatera qu'ils ont été pris armés contre leur patrie, ils seront condamnés dans les vingt-quatre heures, nous présente les règles qu'il faut suivre.

Voici donc, ce me semble, la conduite que doit tenir la Convention dans cette mémorable circonstance, si elle veut remplir ce que la justice et le vœu général exigent d'elle.

Elle déclarera d'abord aux conseils de Louis qu'elle n'entend pas le juger sur les délits résultant d'actes contresignés par ses ministres, ni sur des délits dont la preuve serait consignée dans les pièces qu'il a désavouées ou qu'il a déclaré ne pas reconnaître.

N.... C'est ridicule. Un conseil ne peut changer sa défense au moment où l'accusé paraît à la barre. Je demande l'ordre du jour.

L'assemblée passe à l'ordre du jour.

Valazé. Votre commission des Vingt et Un a été autorisée à faire imprimer toutes les pièces trouvées aux Tuileries, on vous en distribue tous les jours des livraisons ; mais elles ne sont pas toutes relatives aux crimes dont est accusé Louis Capet. L'acte énonciatif n'est appuyé que sur cent soixante-deux pièces. Je demande que la Commission soit autorisée à faire imprimer ce recueil séparément, parce que ce sera le livre de l'histoire.

La proposition de Valazé est adoptée.

Marat est à la tribune.

Thuriot propose que les lettres trouvées sur Backmann, officier des gardes suisses, soient annexées à ce recueil.

Turreau. Ces pièces nous ont déjà été lues ; nous sommes instruits des faits. Je demande l'ordre du jour sur cette dernière proposition.

L'assemblée passe à l'ordre du jour.

Maure. Le service public des différentes administrations, notamment à la Trésorerie, languit les dimanches et fêtes par l'absence de la plupart des employés. Je demande qu'il soit rendu un décret portant que le service se fera sans interruption, et à la Trésorerie, et dans les bureaux du ministre, et en général dans toutes les administrations et caisses publiques.

Cette proposition est décrétée.

Marat. Je demande la parole.

Le président annonce que la parole est à Dussaulx pour un rapport sur les jeux publics.

Tallien. Je demande que la priorité soit donnée au rapport de Beauvais, sur les secours à accorder aux blessés dans la journée du 10. (Applaudissemens.)

Le président lit le tableau de l'ordre du jour.

Tallien. J'insiste pour que Beauvais soit entendu malgré la partialité du président.

Robespierre jeune. Le président Fermont s'était inscrit pour le ci-devant roi; je demande qu'il ne préside pas demain. (Applaudissement de quelques personnes des tribunes.)

Genissieux. Je demande, président, que vous rameniez enfin le calme et la dignité dans l'assemblée. Hier il a été décidé que Dussaulx serait entendu aujourd'hui; il faut que les décrets soient exécutés.

Bourdon, Robespierre jeune, Billaud, Legendre appuient la proposition de Tallien.

Granet. La priorité appartient de droit aux braves soldats de la liberté, qui demandent du pain; leurs besoins ne peuvent s'ajourner.

Génissieux insiste pour le maintien de l'ordre du jour; il parle dans le tumulte.

Le président observe que le rapport de Beauvais était inscrit au petit ordre du jour. — L'assemblée décide que ce dernier sera entendu.

Beauvais fait un rapport au nom du comité des secours publics; il propose d'accorder une pension de 125 à 250 liv. aux blessés du 10 août; mais la Convention ajourna sa décision.

Bourdon, de l'Oise. Je demande que ces braves soldats, mutilés par la trahison du ci-devant roi, soient présens quand il comparaîtra à la barre. (Il s'élève des murmures.)

Phelippeaux. Je ne sais pourquoi cette proposition paraît étrangère; il est cependant d'usage en matière de justice criminelle, qu'on présente à l'accusé les pièces de conviction. Il faut montrer à Louis Capet les blessures sanglantes des citoyens dont il avait ordonné le massacre, comme cela est prouvé par les papiers trouvés sur plusieurs officiers et sous-officiers des gardes-suisses.

Leroi. La présence de ces citoyens ne peut, ni ne doit influencer notre jugement. Elle est donc aussi inutile qu'immorale. Je demande qu'il n'en soit pas même délibéré.

Barbaroux. Je demande l'ordre du jour; je le motive sur la volonté même de nos frères blessés le 10 août. Je les connais tous.

Ils sont mes compatriotes, mes frères, mes amis; étant restés à Paris, ils ont suivi l'affaire du ci-devant roi. « Nous avons combattu Louis Capet, m'ont-ils dit; nous avons versé notre sang pour soustraire notre patrie à sa tyrannie; nous désirons qu'il soit puni, parce qu'il est horriblement coupable; mais nous ne voulons en rien influencer son jugement. »

L'assemblée passe à l'ordre du jour.

Marat occupe toujours la tribune. — Un secrétaire y monte, par ordre du président, pour faire la lecture d'une lettre du commandant général provisoire de la garde nationale de Paris, du 25 décembre.

» Citoyens représentans, demain est le jour que vous avez désigné pour entendre Louis Capet. Conformément aux ordres donnés par le pouvoir exécutif, toutes les mesures de sûreté ont été prises pour le traduire sans inconvénient. Il n'y a que *la nuit* qui pourrait nuire. Veuillez me faire avoir ajourd'hui un décret qui détermine mes devoirs, et l'heure à laquelle la Convention veut que Louis Capet soit amené. *Signé,* SANTERRE.

Il est décrété que Louis Capet sera traduit à la barre demain à neuf heures.

Marat. J'ai la parole pour un fait.

Le président. Il y a encore des lettres à lire.

Marat. Détour jésuitique! J'ai cédé la parole pour la lecture d'une lettre, j'ai le droit maintenant de la réclamer.

L'assemblée paraît indécise sur le point de savoir si Marat sera entendu. — On remarque que les membres de l'extrémité de la salle où s'assied Marat sont partagés d'opinion.

Marat insiste, annonçant qu'il a des observations importantes à faire. — Il est décidé, à une petite majorité, qu'il sera entendu.

Marat. L'indignation que j'ai éprouvée en me voyant dénoncé à cette tribune, par des hommes que je crois patriotes, et que je croyais au-dessus des petitesses de l'amour-propre, m'a fait prendre un ton qui n'est pas le mien. J'ai été accusé de vouloir avilir l'assemblée. Je déclare que personne ne désire plus que moi de la voir marcher à grands pas vers le bien public, et s'environner elle-même des respects du peuple. Sentant les regrets de mon cœur, et voulant faire cesser tous les soupçons, je rétracte sincèrement les paroles qui me sont échappées, et dont la calomnie pourrait profiter pour faire croire que je ne suis pas le meilleur ami de l'ordre. Je ne me plaindrai pas du passe-droit du président Fermont, qui a mis aux voix le renvoi, au comité de législation, de la dénonciation faite contre moi, lorsque de toutes parts on demandait l'ordre du jour, et qui a prononcé le décret au milieu du tumulte qui avait empêché un grand nombre de membres de prendre part à la délibération. Je suis au-dessus des efforts de cette politique astucieuse, et je saurai les braver, bien persuadé que l'assemblée aura la prudence de rejeter dans l'antre de l'oubli toutes les dénonciations ridicules et absurdes faites contre moi ; je n'aurai pas la petitesse de demander un décret d'accusation contre les membres qui ont bien plus compromis la chose publique, en demandant de renvoyer aux assemblées primaires le jugement de Louis Capet, proposition qui vous a été faite par Azéma.

Jamais je ne serai le tyran de l'opinion publique, j'en serai au contraire le défenseur ; mais ne voulant pas qu'on l'égare, je demande que vous retiriez au ministre de l'intérieur le décret qui lui permet de faire un abus aussi étrange ; car il a fait tirer à vingt mille exemplaires l'opinion dangereuse d'Azéma, et je mets en fait qu'il n'en a pas envoyé un seul de mon opinion. (On rit.— Quelques applaudissemens se font entendre des tribunes.) Je demande qu'on lui retire le reste des 100,000 livres que l'assemblée législative, dans un moment de crise, lorsqu'on le croyait patriote, a remises dans ses mains pour les distribuer aux écrivains patriotes, capables d'éclairer la nation, et dont il a fait un usage aussi indigne ; car c'est lui qui pensionne ces vils folliculaires que le mépris public condamnerait à l'inaction, s'il ne les soutenait pas. Je demande que ma proposition soit mise aux voix.

Fonfrède. Je demande que l'assemblée décrète que le ministre de l'intérieur donnera à Marat les 15,000 livres qu'il lui avait demandées.

Marat. Je n'en veux plus aujourd'hui : je le méprise trop. (On rit.)

Nouvelle décision de passer à l'ordre du jour.

Thuriot s'avançant précipitamment au milieu de la salle. On vient de me dire que les défenseurs de Louis Capet sont allés chez Fermont, et qu'ils y sont restés pendant trois heures. (Murmures. — On demande l'ordre du jour.) Je demande que Fermont ne préside pas demain. (Murmure général.)

La séance est levée. — Il est cinq heures.]

FIN DU VINGT ET UNIÈME VOLUME.

TABLE DES MATIÈRES

DU VINGT ET UNIÈME VOLUME.

AVERTISSEMENT.— Les auteurs expliquent pourquoi ils se sont trompés dans leurs prévisions sur le nombre probable de leurs volumes. Ils font connaître le critérium qui les guide dans leurs choix, et qui seul doit leur assigner des bornes, p. v.

PRÉFACE. — Considérations sur les institutions militaires ; histoire de ces institutions, du point de vue du serment, p. xi.

NOVEMBRE 1792 (SUITE).

COUP D'ŒIL SUR LA PRESSE — PRESSE GIRONDINE. — Réflexion des auteurs sur le *Patriote français*, p. 1. — Article de la *Chronique* contre Robespierre, p. 2. — Affiche intitulée *Une portion du peuple au peuple*, p. 3. — Article anti-religieux du *Patriote*, p. 4. — Tactique littéraire du parti girondin, p. 4. — Article de Brissot, *sur une contre-révolution prédite pour le 10 novembre*, p. 5. — Commentaire de Gorsas sur l'article plus haut cité de la *Chronique*, contre Robespierre, p. 6. — Article de Gorsas sur les Jacobins, p. 8. — Réflexions des auteurs sur les citations précédentes, p. 9. — Divers extraits des *Annales patriotiques*, et particularités sur la rédaction de ce journal, p. 10. — Éclaircissemens sur l'origine d'un écrit relatif au 10 août, cité dans le tome XVII de l'histoire parlementaire, p. 15. — Conclusion sur la presse girondine. — *Presse jacobine.* — Adresse de Marat, l'ami du peuple, à ses commettans, p. 16. — Article de Marat du 7 novembre, il justifie sa rentrée dans *son souterrain*, p. 20. — Nouvelle de son retour dans le monde, tirée du journal de Perlet, p. 21. — Coup d'œil de Marat sur ses actes révolutionnaires, p. 21. — Réflexions du même sur les Girondins, p. 23. — Lettre à l'*Ami du peuple* sur les affaires du temps, p. 24. — Notice sur le nouveau journal commencé le 11 octobre 1792 par C. Desmoulins et Merlin de Thionville ; article de ce journal sur la réponse de Robespierre à Louvet, p. 26. — C. Desmoulins fait le parallèle de Marat et de Brissot, p. 52.—C. Desmoulins remplace la dénomination de *Brissotin* par celle d'*autocrate*, p. 56. —Réflexions des auteurs sur cette dernière expression, p. 57. — Notice sur le *Républicain* et sur le *Créole*, p. 58. — *Des papiers publics;* article de Robespierre, p. 58. — Notice sur les brochures publiées pendant le mois de novembre, p. 42.

Chronique de la commune de Paris et du tribunal criminel du 17 août. Introduction, p. 43. — Réclamations adressées à la Commune, p. 44.—Panis fait un rapport sur ses comptes, p. 45.—Anecdote relative à Sergent, au sujet d'une agate, p. 46. — Discussion des comptes du comité de surveillance, p. 46, 49.—Réflexions des auteurs, p. 49. — Élection d'un nouveau maire ; note sur l'un des candidats (Lhuillier), extraite du *Patriote français*, p. 50. — Suite du bulletin électoral, p. 51. — Note sur le tribunal criminel du 17 août, p. 51 ; Préface du journal; liste des membres de ce tribunal, p. 52.—Procès du sieur Dossonville ; p. 53.—Procès de Montmorin, gouverneur de Fontainebleau, p. 60. — Procès de Backmann, major-général des Suisses, p. 61. Réflexions des auteurs, p. 72. — Dernière audience du tribunal, p. 74. — situation des armées. — Extrait d'un traité conclu et signé à Pavie, au mois de juillet 1791, p. 76. Conquête de la Belgique et des Pays-Bas autrichiens, p. 81, 92. — Armée du Rhin, p. 92.—Armée du Midi, p. 94.

Documens complémentaires au mois de novembre 1792. Introduction, p. 96. —Discours de Jérôme Pétion sur l'accusation intentée à Robespierre, p. 98. — Lettre de Jérôme Pétion à la société des Jacobins, p. 115.—Réplique de Louvet, intitulée : *A Max. Robespierre et à ses royalistes*, par Jean-Baptiste Louvet, p. 116.—Ni Marat, ni Roland, opinion d'Anacharsis Cloots, député du département de l'Oise, p. 139.

DÉCEMBRE 1792.

Introduction.—Convention nationale ; séance du 2 décembre au soir; la commune de Paris à la barre, p. 141 ; Elle pose deux questions sur Louis XVI, p. 150. — Séance du 3 ; rapport de Ruhl sur les membres de la Convention impliqués dans les papiers trouvés aux Tuileries, p. 151 ; Barrère se justifie, p. 157.— Guadet se justifie, p. 159.— Affaire de Louis XVI; opinion de Robespierre, p. 162.— Proposition de Pétion, p. 171. — Opinion d'Oudot, p. 171. — Robespierre demande la parole pour la lecture d'un projet de décret; il ne peut l'obtenir, p. 173.—Séance du 4 décembre ; Kersaint se justifie à l'égard de son implication dans les papiers trouvés aux Tuileries, p. 175. — Buzot demande la peine de mort contre quiconque proposerait ou tenterait de rétablir la royauté ; longue et violente discussion, p. 175. — Proposition de Phélippeaux ; proposition de Pétion, p. 180. — Robespierre à la tribune ; vive agitation ; murmures; interpellations, p. 180. — La proposition de Pétion est adoptée, p. 184. — Rapport de Rhul sur des pièces relatives au procès du roi ; elles concernent Talon, Mirabeau, La Fayette, etc., p. 184; on demande que le buste de Mirabeau disparaisse de la Convention, et que ses cendres soient retirées du Panthéon ; Manuel veut qu'on donne un défenseur officieux à la mémoire de Mirabeau. — Desmoulins interpelle Pétion sur l'opinion qu'il avait de ce personnage, p. 194. — Pétion s'en explique ; l'assemblée décrète le renvoi des propositions qui ont été faites, à son comité d'instruction publique, et que la statue de Mirabeau sera voilée jusqu'après le rapport, p. 195. — Séance du 6 décembre. Diverses dénonciations relatives aux subsistances, p. 195, 197. Communication de Roland à ce sujet, p. 197, 200. — Reprise de l'affaire du roi. Proposition de Bourbotte, p. 201. — L'assemblée adopte le projet présenté par Quinette, p. 202. — Discours de Marat contre la *faction girondine*, p. 203. — Séance du 7. Rapport de Rhul sur ceux des papiers trouvés aux Tuileries relatifs à Dumourier, p. 206. — Merlin de Douai se justifie à l'égard de son implication dans les papiers sur lesquels un rapport a été présenté à la séance du 5 décembre, p. 209. — Grangeneuve dénonce la minorité du comité de surveillance de la Convention, à l'occasion d'un ordre signé Bazire ; cette dénonciation provoque une fort longue et fort orageuse séance, dont l'espion Achille Viard est le sujet, p. 210, 245. — Réflexions de Marat sur cette séance, p. 244. — Réflexions du *Patriote Français*, p. 246. — Article du même journal sur la dénonciation contre Roland, p. 247. — Extrait de la séance des Jacobins du 7 décembre au soir, p. 248. — Extrait de la séance du 8, p. 255. — Conclusion sur l'affaire Achille Viard, p. 255. — CONVENTION. Séance du 9 décembre. Rapport de Ducos sur les pétitions, p. 255. — Guadet propose de décréter que les assemblées primaires se réuniront pour prononcer le rappel des membres qui auront trahi la patrie, p. 256. Vive discussion, p. 257, 259. — Séance du 10. Rapport de Robert Lindet sur les crimes imputés à Louis Capet, p. 259, 276. Marat, Bazire, Pons de Verdun, Valazé sont entendus : décret, p. 276, 277. — Séance du 11. Barbaroux présente l'acte énonciatif des crimes de Louis XVI, p. 278. Additions et amendemens, p. 279, 286. — Louis XVI à la barre ; son interrogatoire, p. 287, 302. — Dispositions pour la tranquillité publique prises le jour de la translation de Louis XVI, p. 303. — Bulletin de la commune de Paris sur les prisonniers du Temple, p. 304, 511. — Détails sur la translation de Louis XVI, empruntés aux *Révolutions de Paris*, p. 511. — Rapport du maire et du procureur de la Commune sur leur mission au Temple, du 11 décembre, p. 517. — Extrait du procès-verbal par le secrétaire Colombeau, p. 518. — Victor Broglie est arrêté et relâché, p. 323. — Séance du 12 décembre. Affaire du roi ; proposition de Thuriot, 524. — Louis XVI choisit pour conseils Target et Tronchet, p. 526. Target refuse, p. 527. — Malesherbes et Sourdat, citoyens de Troyes, demandent à défendre Louis XVI, p. 527. — Séance du 15. Dartigoyte propose que les pièces originales du procès soient représentées à Louis XVI, et qu'il soit interpellé de déclarer s'il persiste à ne pas les reconnaître, p. 550. — Thuriot propose l'expertise des écritures ; Chabot s'y oppose, p. 552. Desmoulins pense que cette vérification rendrait le procès interminable, p. 553. Après avoir entendu Charlier, Legendre, Lesage, Lepelletier, Lindon, Quinette, Lanjuinais, Osselin, la Convention passe à l'ordre du jour, p. 555. — Vive discussion sur la question de savoir si le roi verra ou ne verra pas sa famille. Il est décrété qu'il ne verra que ses enfans, lesquels ne verront leur mère et leur tante qu'après le dernier interrogatoire, p. 550, 559. — Rapport de Cambon sur la conduite à tenir par les généraux français dans les pays occupés par les armées de la République, p. 559, 547. Discussion, p. 548, 551. Décret, p. *ibid.* Proclamation, p. 552. — Séance du 16 décembre. Motion de Thuriot, p. 553. — Buzot propose de décréter le bannissement de tous les Bourbons, p. 554. Louvet s'oppose à l'ajournement de cette proposition, p. 557. Discours de Lanjuinais, p. 560. Chabot, Génissieux, Thuriot, Saint-Just, Moreau de Châlons, Saint-André, Merlin de Thionville, Barrère, Camille Desmoulins, Cambon, Lacombe Saint-Michel, Kersaint, Rewbel prennent successivement la parole, p. 568, 571. Violente dispute entre la Montagne et la Gironde, p. 572, 573. Choudieu finit par obtenir la parole ; il demande et fait adopter que, en ce qui concerne Philippe-Égalité, la question du bannissement soit ajournée à trois jours ; le bannissement est immédiatement décrété contre tous les autres, p. 574, 575. — CLUB DES JACOBINS. Séance du 16 décembre. Marat, Desmoulins et Robespierre font connaître le but de la proposition de Buzot, et les motifs qui l'ont fait accueillir par les Girondins ; pourquoi ceux-ci attaquent d'Orléans, dont ils ont cependant fait l'élection, p. 576, 584. — Articles de Marat sur la même affaire, p. 584. — Article de Gorsas, où il nous apprend que Manuel a baptisé d'Orléans du nom d'Égalité, où il déclare qu'il lui a donné sa voix et qu'il a brigué pour lui, p. 586. — Lettre de L. P. J. Égalité, ci-devant Orléans, à ses concitoyens, p. 587. — Réflexions des auteurs et divers incidens relatifs à l'affaire du roi, p. 588, 589. — Séance du 19 décembre. Discussion sur Philippe Égalité, p. 590. — L'assemblée passe à l'ordre du jour sur une lettre du maire Chambon, qui annonce qu'une députation des sections demande à présenter une adresse sur le décret rendu pour le bannissement des Bourbons, p. 594. — Violente discussion ; Tallien dénonce Chambon comme ayant préparé cette scène ; le maire est mandé à la barre ; la question du bannissement est renvoyée après le jugement du roi, et Chambon s'explique à la satisfaction de l'assemblée, p. 595, 408. — Inexactitude du *Moniteur* ; analyse de la séance précédente par Gorsas, p. 408. — Adresse que devaient lire les députés des sections, p. 409. — Article des *Révolutions de Paris* sur cette affaire, p. 410. — Article de Marat, intitulé : *Les Renards Rolandins et les Dindons patriotes*. Il donne son opinion sur Philippe Égalité, p. 415. — Séance du 20 décembre. Goupilleau dénonce le conseil exécutif pour avoir affiché le décret du bannissement des Bourbons, avant que la rédaction en ait été arrêtée par la Convention, p. 417. — Discussion, p. 418, 425. — Séance du 25 décembre. Chabot dénonce les doctrines monarchiques de l'*Ami du peuple*. Marat attribue cette attaque de Chabot au dépit d'avoir été traité de dindon. Léonard Bourdon demande que la Convention abandonne les délits qui résultent d'actes contresignés par les ministres, p. 426, 438.

www.ingramcontent.com/pod-product-compliance
Lightning Source LLC
Chambersburg PA
CBHW070218240426
43671CB00007B/694